भुत क्षमता इस दृष्टि में है। इसीलिए जिस निर्ममता के साथ भाषा में ये आज की मानव-स्थिति को कम से कम रेखाओं में उभार कर रख देते हैं, वह पूर्ववर्ती कथाकारों के लिए स्पर्धा की वस्तु हो सकती है। कहानी के रूपाकार और रचना-विधान की दृष्टि से ये कहानियाँ एक अरसे से उपयोग में आने वाले कथागत साज-संभार को एकबारगी उतार कर काफी हल्की हो गई हैं—हल्की, लघु और ठोस। यहाँ तक कि कभी-कभी कथा-चरित्रों के नाम ग्राम-परिचय का भी उल्लेख करना अनावश्यक प्रतीत होता है। केवल इसीलिए कुछ लोग इन कहानियों को 'अमूर्त' और असामाजिक तक मान बैठे हैं। ऐसी आपत्तियों के समाधान के लिए फ्रांसीसी कलाकार रॉब-ग्रिए का यह कथन अप्रासंगिक न होगा : 'कथाकृति में किसी आदमी का नाम ढूंढ़ने की कोशिश में पसीना क्यों बहाया जाय, जब कि वह खुद अपना नाम नहीं बताता। हर रोज हम ऐसे लोगों से मिलते हैं, जिनके नामों से हम वाकिफ नहीं, और हम अपनी मेजबान द्वारा कराये गये परिचय पर बिना ध्यान दिए एक अपरिचित के साथ बातें करते हुए एक पूरी शाम बिता देते हैं।' ऐसी स्थिति में भी कहानी में नाम का अभाव क्या इतना आपत्तिजनक रह जाता है? और फिर सारी शिकायत क्या अब केवल नाम पर आकर अटक गई है? देखने की चीज़ वह नई संवेदना है, जो एक वस्तु-स्थिति का—चाहे वह कितनी ही अप्रिय क्यों न हो, साहस के साथ साक्षात्कार कर रही है।

ऐसी स्थिति में जब कि यह युवक पीढ़ी स्वयं नामों को इतना महत्त्वहीन समझती हो, एक-एक लेखक का नाम गिनाना विडम्बना ही होगा। वैसे, व्यक्तित्व को विशिष्टता प्रदान करने वाली रेखाएँ अभी पूरी तरह उभर भी नहीं पाई हैं। किसी की एक, तो किसी की दो या तीन, बस, इतनी ही रचनाएँ बन पड़ी हैं यानी ऐसी कि जिन्हें 'रचना' कहा जा सके। उदाहरण के लिए प्रबोधकुमार की 'गाँठ', दूधनाथ सिंह की 'रक्तपात', रवीन्द्र कालिया की 'नौ साल छोटी पत्नी', प्रयाग शुक्ल की 'भाषा', विजय चौहान की 'रिक्ति' और काशीनाथ सिंह की 'सुख'। संवेदना और शिल्प की दृष्टि से श्रीकान्त वर्मा के कहानी-संग्रह 'झाड़ी' की कहानियाँ भी इसी कोटि में आती हैं और यह उल्लेखनीय है कि वय में पूर्ववर्ती पीढ़ी से संबद्ध होते हुए श्रीकान्त वर्मा ने इसी पीढ़ी के साथ यानी, '५८-६० से ही कहानी-लेखन प्रारम्भ किया। निश्चय ही उल्लेख मात्र से इन कहानियों की विशेषताएँ स्पष्ट नहीं होती, किन्तु सरहद की ये चौकियाँ हिन्दी कहानी के मानचित्र का कुछ तो आभास दे

ही देती हैं। हिन्दी कहानी में वस्तुतः यह एक नई परंपरा है और न्याय के लिए इस पर स्वतन्त्र विचार अपेक्षित है। प्रसंगात् सिर्फ़ इतना कि यह भी एक शुरूआत है—संभावनापूर्ण शुरूआत।

●

कहानी : नयी कहानी

कहानी : नयी कहानी

नामवर सिंह

लोकभारती प्रकाशन

लोकभारती प्रकाशन
पहली मंजिल, दरबारी बिल्डिंग, महात्मा गाँधी मार्ग
प्रयागराज-211 001
वेवसाइट : www.lokbhartiprakashan.com
ईमेल : info@lokbhartiprakashan.com
शाखाएँ : 1-बी, नेताजी सुभाष मार्ग, दरियागंज
नयी दिल्ली-110 002
अशोक राजपथ, साइंस कॉलेज के सामने
पटना-800 006 (बिहार)
1, अनमोल सोराबजी संतुक लेन
मरीन लाइंस, मुम्बई-400002

मूल्य : ₹ 500

संस्करण : 2023

जे.के. आर्ट प्रेस
प्रयागराज द्वारा मुद्रित

KAHANI : NAI KAHANI
by Namvar Singh

ISBN : 978-81-8031-314-1

'कहानी' और 'नई कहानियाँ'
में कृतकार्य कृती संपादक
भैरवप्रसाद गुप्त को

आभार

- 'कहानी' मासिक, सरस्वती प्रेस, इलाहाबाद के प्रति जिसमें 'आज की हिन्दी कहानी' (नववर्षाङ्क, ५७), 'नयी कहानी : सफलता और सार्थकता' (नववर्षाङ्क १९५८), 'नयी कहानी : नये प्रश्न' (नववर्षाङ्क १९५९) और 'आज की हिन्दी कहानी : ऐतिहासिक नवीनता और उपलब्धियाँ' (जुलाई १९५९) शीर्षक निबन्ध पहली बार प्रकाशित हुए हैं।
- 'नयी कहानी की पहली कृति : परिन्दे' शीर्षक निबन्ध के एक अंश के लिए आकाशवाणी, इलाहाबाद के प्रति जहाँ से वह पुस्तक-समीक्षा के रूप में प्रसारित हुआ है, और शेषांक के लिए 'कृति' मासिक, नयी दिल्ली के प्रति जिसके अक्टूबर '६० के अंक में वह 'कालातीत कला-दृष्टि' शीर्षक से प्रकाशित हुआ है।
- प्रक्रिया-खंड के आरंभिक तेरह निबंधों के लिए मासिक 'नई कहानियाँ', राजकमल प्रकाशन, दिल्ली के प्रति जिसमें ये निबंध क्रमशः जनवरी '६० से दिसम्बर '६२ तक 'हाशिए पर' स्तम्भ के अन्तर्गत प्रकाशित हुए हैं।
- प्रतिपत्ति खंड के निबंध 'नयी कहानी : नये संदर्भ' के लिए मासिक 'माया', इलाहाबाद के प्रति जिसके नववर्षाङ्क १९६५ में वह 'नया कहानी और एक शुरुआत' शीर्षक से प्रकाशित हुआ है।

अनुक्रम

प्रतिपत्ति

यह पुस्तक

यह पुस्तक लगभग एक दशक (१९५६-६५) की चिन्तन-यात्रा की पगडंडी है जिससे मैंने कथा-समीक्षा की एक पद्धति निकालने की कोशिश की है ।

यहाँ वह सब काल-क्रमानुसार संगृहीत है जो अभी तक मैंने कहानी के बारे में लिखा है । पत्र-पत्रिकाओं में बिखरे हुए निबन्धों को अब पुस्तकाकार रूप देने का अर्थ है अपनी ओर के कहानी पर फिलहाल इत्यलम् !

लगता है कि नये कथा-दशक की शुरुआत हो चुकी है और वह कथा-दशक समाप्ति पर है जिसमें कहानी हिंदी से सम्पूर्ण साहित्य-चर्चा का केन्द्र-विन्दु थी । वस्तुतः वह एक ऐतिहासिक संघर्ष है जिससे कुछ संबंध इन निबंधों का भी है । और नहीं तो इन निबंधों की उपयोगिता इस तथ्य को याद दिलाने में ही होगी कि "अनेक स्वीकृत मान्यताओं के पीछे एक संघर्ष है ।"

कहानी-समीक्षा को मैंने "सहयोगी प्रयास" के रूप में शुरू किया और पाया कि ज्यादातर लेखकों ने विरोध के द्वारा ही सहयोग किया । कभी-कभी विषयान्तर करने की कोशिश की गई, किन्तु अपनी ओर से बराबर यही प्रयत्न रहा कि बहस हवाई सिद्धान्तों में न बहके और चर्चा ठोस कहानियों पर टिकी रहे । संतोष की बात है कि इस चर्चा के फलस्वरूप कुछ महत्वपूर्ण कहानियाँ छनकर सामने आई जिनके आधार पर आज कोई भी संकलन-कर्त्ता बड़ी आसानी से नई कहानियों का एक अच्छा-सा संकलन तैयार कर सकता है ।

यह कहानी-चर्चा कुछ काव्य-समीक्षकों को पसन्द नहीं आई । उन्हें इस बात पर एतराज था कि हिन्दी में कहानी-चर्चा को खामखाह इतना तूल दिया जा रहा है । उनकी नजर में कहानी इस लायक है ही नहीं कि उसे गम्भीर समीक्षा का विषय बनाया जाय । हो सकता है, इस प्रकार का पूर्वाग्रह बहुतों के मन में हो । कहानी-समीक्षा की दिशा में कदम उठाने से पहले शायद इस प्रकार की दुविधा कुछ-कुछ अपने मन में भी थी । किन्तु कुछ दिनों के बाद जनवरी '६२ के 'एसेज़ इन क्रिटिसिज्म' में स्वयं उस पत्रिका के सम्पादक और अंग्रेजी के जागरूक समालोचक एफ़० डबल्लू० बेटसन एवं बी० शाहेविच द्वारा

प्रस्तुत कैथरीन मैन्सफील्ड की कहानी 'मक्खी' का विश्लेषण देखकर संतोष हुआ। इस कहानी में आलोचना की वही विश्लेषणात्मक पद्धति अपनाई गई है जो पिछले कुछ दशकों से छोटी कविताओं के विश्लेषण में सफल पाई गई थी। इस निबंध से, मेरे निकट, उन लोगों के लिए भी उत्तर प्रस्तुत था जिनका यह आरोप था कि मैं कहानी-समीक्षा में काव्य-समीक्षा की पद्धति का बलात् उपयोग करके भूल कर रहा हूँ।

यह नजीर दूसरों के लिए भले ही पर्याप्त न हो किन्तु इससे मेरी इस धारणा को बल मिला कि हिन्दी आलोचना जो अभी तक मुख्यतः काव्य-समीक्षा रही है, कविता से इतर कथा-नाटक आदि साहित्य-रूपों का विधिवत विश्लेषण करके ही अपने को सुसंगत एवं समृद्ध बना सकती है। कहानी-समीक्षा संबंधी ये निबंध इसी दिशा में विनम्र प्रयास हैं। इसीलिए मेरे निकट इनका महत्त्व केवल कहानियों की समीक्षा तक सीमित न हो कर एक व्यापक समीक्षा-पद्धति के निर्माण की दिशा में है। निष्कर्षों से असहमति हो सकती है, मूल्यांकनों से मतभेद हो सकता है और सच पूछिए तो उनसे मेरा कोई मोह भी नहीं है किन्तु वह पद्धति और प्रक्रिया, जिनमें मेरी दिलचस्पी सबसे अधिक रही है, व्यापक विचार-विनिमय की अपेक्षा रखती है। और इस जमीन पर यदि अन्यथा अहंकार न समझा जाय तो एक अन्य कवि के शब्दों में कहना चाहूँगा कि

"When me they fly I am their wings"

—नामवर सिंह

लोलार्क कुंड
वाराणसी

प्रस्थान

१

आज की हिन्दी कहानी

आज की कहानी पर विचार करते समय सबसे पहले मेरे मन में यह सवाल उठता है कि 'नयी कविता' की तरह 'नयी कहानी' नाम की भी कोई चीज है क्या ? और हम पाते हैं कि 'नयी कहानी' नाम से कोई आन्दोलन अभी तक नहीं चला है। इससे क्या समझा जाय ? यह कि कहानी में कुछ नयापन आया ही नहीं, कि कहानी में जो नयापन आया है वह कविता की अपेक्षा बहुत कम है, कि स्वयं कहानी के विकास-क्रम में यह नयापन बहुत स्पष्ट नहीं है, कि कविता की तरह कहानी के नयेपन को अलगाने का प्रयत्न ही नहीं हुआ, कि कहानी के क्षेत्र में पुरानी प्रवृत्तियाँ अब कहीं अवशिष्ट नहीं रहीं, जो 'नयी कहानी' संज्ञा की आवश्यकता प्रतीत हो ?

होता यह है कि रूप और शिल्प की नवीनता सामान्यतः लोगों का ध्यान सबसे पहले आकृष्ट करती है और कहानी में कविता की तरह रूप-शिल्प की नवीनता बहुत कम आयी है। कारण स्पष्ट है। साहित्य-रूप की दृष्टि से कहानी स्वयं बहुत आधुनिक है। वह नवीनता के साथ उत्पन्न ही हुई है। इसलिए सौ-पचास वर्षों के इस छोटे-से इतिहास में कहानी के रूप में किसी मौलिक परिवर्तन की न तो संभावना है और न आवश्यकता ही। इसके विपरीत कविता के शताब्दियों पुराने इतिहास की अपनी अन्तर्निहित गत्वरता ने काव्य-रूपों को बदलने में बहुत काम किया है। इसके अतिरिक्त छंद-संबंधी परिवर्तन गद्यभंगिमा के परिवर्तन की अपेक्षा अधिक स्पष्ट होता है। इसलिए लोगों ने यदि 'नयी कहानी' नाम की संज्ञा नहीं चलायी, तो कोई आश्चर्य की बात नहीं।

फिर भी आज की कहानियों के रूप में परिवर्तन अवश्य दिखायी पड़ता है। शिल्प को लेकर नये प्रयोग करने की प्रवृत्ति आज के कवियों की तरह कहानीकारों में भी है और कविता की तरह कुछ कहानियाँ भी केवल प्रयोग के लिए लिखी गयी हैं। डायरी और पत्र-शैली तो काफी पुरानी है या यों कहें

कि पुरानी पड़ गयी है। इसलिए प्रयोगशील कहानीकारों ने नये शिल्प का आश्रय लिया है, जैसे कहानी के किसी अत्यन्त पुराने रूप का, जो अब अप्रचलित हो, पुनरुद्धार करना भी एक तरह का नयापन ही है और 'किस्सा तोला-मैना' या इसी तरह के किसी अन्य किस्से की शैली में नये कहानीकारों ने कहानियाँ लिखी हैं। 'तस्लीम' लखनवी की कहानी 'किस्सा सियासत बी भटियारिन और एडीटर बुल्लेशाह' इसी तरह का नया प्रयोग है परन्तु इसके साथ यह भी सच है कि कहानी के क्षेत्र में कविता की अपेक्षा रूपवादी प्रवृत्ति बहुत कम दिखायी पड़ती है। शायद इसलिए कि कहानी में शिल्प-प्रयोग की गुंजाइश कम है।

शैली के अतिरिक्त कहानी के आन्तरिक रूप में भी काफी परिवर्तन हुआ है। इस बीच कहानी का रूप इतना विस्तृत हो गया है कि बहुत से निबन्ध, स्केच और रिपोर्ताज भी कहानी की सीमा में घुसे हैं। कभी-कभी इन साहित्य-रूपों की सीमाएँ एक-दूसरे के भीतर इस दूर तक चली जाती हैं कि उन्हें अलगाना कठिन हो जाता है। एक ही रचना कभी स्केच है और कभी निबंध।

इसका यह मतलब है कि कहानी में जो चीज पहले कथानक नाम से जानी जाती थी, उसमें कहीं-न-कहीं कोई मौलिक परिवर्तन हुआ है। इसे यों भी कह सकते हैं कि कथानक की धारणा (कन्सेप्ट) बदल गई है: किसी समय मनोरंजक, नाटकीय और कुतूहलपूर्ण घटना-संघटन को ही कथानक समझा जाता था और आज घटना-संघटन इतना विघटित हो गया है कि लोगों को अधिकांश कहानियों में 'कथानक' नाम की चीज मिलती ही नहीं। इसी को कुछ लोग 'कथानक का ह्रास' कहते हैं। परन्तु वास्तविकता यह है कि ह्रास कथानक का नहीं, बल्कि 'कथा' का हुआ है और जीवन का एक लघु प्रसंग, प्रसंग-खंड, मूड, विचार अथवा विशिष्ट व्यक्ति-चरित्र ही कथानक बन गया है, अथवा उसमें कथानक की क्षमता मान ली गयी है। जो छोटी-सी बात पुराने कहानीकारों के लिए अपर्याप्त थी, उसी को नये कहानीकारों ने कहानी के लिये पर्याप्त मान लिया है और फिर उसके भीतर से उन्होंने कहानी के कथानक की विभिन्न सिम्तों का विकास किया है। इस दिशा में नया कहानीकार कभी-कभी इतना अन्तर्गूढ़ हो जाता है कि आदि से अन्त तक केवल एक बात से बातें निकलती चली जाती हैं और बातों में से बात का यह निकालते जाना ही इतना मनोरंजक होता है कि एक कहानी बन जाती है। परन्तु यह कौशल वही दिखा सकता है, जिसके पास बातचीत की उत्कृष्ट कला हो और साथ ही भाषा की बारीकियाँ भी। इधर की अंग्रेजी पत्र-पत्रिकाएँ ऐसी ही कहानियों

से भरी मिलती हैं, पढ़ते चले जाइए, बातों में रस मिलता जायगा, जैसे आप किसी 'टेबिल-टाक' में शरीक हों या उसके श्रोता हों और कहानी खत्म करने पर सोचें, तो हाथ कुछ नहीं लगा, लगा तो केवल यह कि कुछ अच्छा-अच्छा-सा पढ़ा है और बस। हिन्दी कहानी में यह प्रवृत्ति बहुत कम है।

तात्पर्य यह कि नये कहानीकार का ध्यान अब कथानक-शिल्प की ओर नहीं है। वैसे आज भी कुछ कहानीकार नाटकीय अंतवाले कथानकों की सृष्टि करते दिखाई पड़ते हैं, परन्तु ये वही लोग हैं, जिनके पास या तो कहने को कुछ नहीं है या फिर जीवन के प्रति जिनका अपना कोई विशेष दृष्टिकोण नहीं है। आज का जागरूक पाठक केवल कथानक की चरम सीमा से चौंककर आह्लादित होनेवाला भावुक मनुष्य नहीं रह गया है। इसलिए उसे ऐसे स्थूल उपकरणों में बहला लेना सभव नहीं है।

आज बहुत-सी श्रेष्ठ कहानियाँ, गो श्रेष्ठ कहानियाँ बहुत नहीं होतीं और न हैं ही, ऐसी मिलेंगी जिनका कथानक चढ़ाव-उतारहीन, एकदम सपाट है, जिसमें पहाड़ी सड़क की तरह न तो कदम-कदम पर आकस्मिक मोड़ मिलेगा और न ऊँचाई-निचाई ही। ऐसी कहानियों का सूत्रपात रूसी कहानीकार चेख़ोव ने किया और यह प्रवृत्ति क्रमशः सारे संसार में फैलती चली गयी। कहानी में यथार्थवाद की विजय का यह पहला उद्‌घोष है।

पाठक को अपनी ओर खींचने का यह पुराना साधन हाथ से निकलते ही कहानीकार ने अन्य साधनों की खोज की। कभी उसने अत्यन्त मार्मिक प्रसंग-खंड को संवेदनीयता का सहारा लिया, तो कभी किसी झकझोर देने वाले विचार-स्फुलिंग का। इस तरह नये कहानीकार ने अपने अभीष्ट विचार की अभिव्यक्ति के लिए अत्यन्त प्रभावशाली तथा साभिप्राय घटना-प्रसंग का उपयोग किया, जिसकी सारी शक्ति आद्योपान्त व्याप्त उद्देश्य में है। ऐसी कहानियों में अन्त तक जाते-जाते संपूर्ण कथानक एक सारगर्भी विचार के रूप में झंकृत हो उठता है। यह साभिप्राय घटना-प्रसंग सर्वथा कल्पित अथवा अविश्वसनीय भी हो सकता है और अत्यन्त वास्तविक भी। घटना-प्रसंग जितना ही वास्तविक होगा, कहानी उतनी ही जोरदार होगी। यशपाल अपने सर्वोत्तम रूप में इस शैली के प्रतिनिधि कहानीकार हैं। खेद है कि नये कहानीकारों में से बहुत कम हैं जो इधर ध्यान दें और सफलतापूर्वक इसका निर्वाह कर सकें। मोहन राकेश और राजेन्द्र यादव ने इस शैली में कई अच्छी कहानियाँ लिखी हैं।

जो कहानीकार इतने जागरूक चिन्तक तथा पैनी सामाजिक दृष्टि वाले नहीं हैं, उन्होंने अछूते जीवन-क्षेत्रों का सहारा लेकर पाठकों को अपनी ओर खींचने की कोशिश की है। अपने-अपने अंचल या जनपद के लोक-जीवन को कहानी में ले आने की प्रवृत्ति इसी का परिणाम है। निःसंदेह इन कहानियों में ताजगी है और प्रेमचन्द की गाँवों पर लिखी कहानियों में एक हद तक नवीनता भी। लेकिन युवक कहानीकारों के हाथ पड़कर ये जनपदीय कहानियाँ कभी-कभी गहरा रूमानी रंग ले लेती हैं और देखा-देखी लिखनेवालों के अन-सधे हाथों में फैशन का रूप धारण कर रही हैं। फिर भी उम्मीद है कि इस नये उफान के बीच से काफी साफ-सुथरी और निखरी हुई कहानियाँ आयेंगी। इन किशोर कहानीकारों के पास एक ही चीज की कमी है और वह है पैनी सामाजिक दृष्टि। लोक-जीवन का मुग्ध-चित्रण अपने-आपमें कोई बहुत ऊँची चीज नहीं है और न साध्य ही। इस सामग्री के आधार पर जागरूक पाठकों का मन ज्यादा देर तक बहलाया नहीं जा सकता! लोक-जीवन के अन्तर्वैयक्तिक सामाजिक सम्बन्धों की समझ जैसे-जैसे बढ़ती जायगी, ये कहानीकार भी प्रौढ़ आंचलिक कहानियाँ दे सकेंगे। फणीश्वरनाथ रेणु, मार्कण्डेय, केशव मिश्र, शिवप्रसाद सिंह की कहानियों से इस दिशा में आशा बँधती दिखाई दे रही है।

कहानियाँ तो आज प्रतीकवादी भी लिखी जा रही हैं लेकिन मालूम होता है कि इनमें विकास की सम्भावनाएँ बहुत कम हैं, इसलिए कुछ-एक प्रतीकवादी कवियों को छोड़कर और कहानीकार इधर आने में हिचकिचा रहे हैं।

भाषा इधर की कहानियों की काफी बदली है, यह भी कह सकते हैं कि मँजी है। यहाँ तक कि हिन्दी गद्य का अत्यन्त निखरा हुआ रूप आज की कहानी में ही सबसे अधिक मिलता है। कहानी में एक भी फालतू शब्द न आये, इसके प्रति आज का लेखक बहुत सतर्क है और यह शुभ लक्षण है।

एक बात यहाँ यह भी याद आती है कि तीन-चार साल पहले उर्दू कहानी-कार कृशन चंदर की कहानियों के हिन्दी अनुवादों के फलस्वरूप हिन्दी के नये कहानीकारों में जो एक लहर आयी थी, वह सौभाग्य से जल्द ही समाप्त हो गयी। कृशन चंदर की विशेषता तो इन नये लेखकों में आती नहीं थी, बस कमजोरियाँ ही अपने स्फीत रूप में प्रकट होती थीं। सम्भावना के बीज भी वहाँ अवशिष्ट नहीं थे। इसलिए यह प्रभाव यदि चला गया, तो इसे अच्छा ही कहना चाहिए।

कुल मिलाकर आज की कहानियों को देखते हुए यह निःसंदेह कहा जा

सकता है कि हिन्दी कविता की अपेक्षा कहानी में स्वस्थ सामाजिक शक्ति कहीं अधिक है और आज उपन्यास की तरह कहानी सामाजिक परिवर्तन के लिए जोरदार साहित्यिक शस्त्र का काम कर रही है ।

२

नयी कहानी : सफलता और सार्थकता

'छोटे मुंह बड़ी बात' कहने वाली कहानी के बारे में प्राय: 'बड़े मुंह छोटी बात' कही जाती है। कहानी का यह दुर्भाग्य है कि वह मनोरंजन के रूप में पढ़ी जाती है और शिल्प के रूप में आलोचित होती है। मनोरंजन उसकी सफलता है तो शिल्प सार्थकता ! कहानी में अनेक आलोचकों को दिलचस्पी इतनी ही है कि वह साहित्य का एक 'रूप' है। इस लिए कहानी की ओर ध्यान जाता है या तो इतिहास (जिसमें साहित्य के वार्षिक और दशाब्दिक विवरण भी सम्मिलित हैं) लिखते समय या फिर साहित्य-रूपों का शास्त्रीय विवेचन करते समय। जहाँ साहित्य के मान और मूल्यों की चर्चा होती है, वहां कहानियों के हवाले नहीं मिलते। हवाले मिलते हैं प्रायः कविताओं के और कभी-कभी उपन्यासों के। यदि शास्त्रीय आलोचक कहानी को केवल साहित्य-रूप समझते हैं तो मूल्यवादी आलोचक उसे जीवन की सार्थक अनुभूतियों के लिए असमर्थ मानते हैं। संभवतः जीवन के लघु प्रसंगों को लेकर लिखी जाने वाली कहानी स्वयं भी 'लघु' समझी जाती है। इसलिए 'व्यापक जीवन' पर दृष्टि रखने वाले स्वभावतः कहानी-जैसी छोटी चीज को नजर-अन्दाज कर जाते हैं। आलोचकों की कुछ ऐसी धारणा है कि केवल कहानियाँ लिखकर कोई लेखक महान् नहीं हो सकता। बहुत-से लोगों के यह कहने पर भी कि प्रेमचन्द उपन्यासकार से अधिक सफल कहानीकार हैं, डॉ० रामविलास शर्मा जैसे आलोचक ने जोर देकर कहानियों की अपेक्षा प्रेमचन्द के उपन्यासों को ही उनकी महानता का आधार माना है। कहानी की लघुता के सम्बन्ध में यह धारणा मोपासाँ, चेखव, ओ' हेनरी तथा रवीन्द्रनाथ, प्रेमचन्द, यशपाल, कृशन चन्दर जैसे कहानीकारों के रहते हुए भी बनी हुई है !

दूसरी ओर, जिन लोगों ने हर तरह की 'लघुता' को 'सार्थकता' प्रदान करने का झंडा उठाया है, उनके यहाँ भी छोटी कहानी की सार्थकता नहीं

दिखाई पड़ती। मूल्यों की विस्तृत चर्चा करते समय जहाँ वे नितान्त वैयक्तिक और अनुभूति-क्षणों के लघु-लघु 'प्रयोगों' का हवाला देते चलते हैं, वहाँ भूलकर भी किसी कहानी का जिक्र नहीं आता। यह विस्मरण क्या एकदम आकस्मिक है ? यदि इन मूल्य-खोजी आलोचकों को अपने साथियों की कहानियों में मूल्यों के दर्शन नहीं होते तो क्या बाकी कहानी-साहित्य भी सूना है ? या कि जीवन की वास्तविकता के चित्रण में आज की कहानियाँ कविताओं से पीछे हैं ?

नये कहानीकारों में से बहुतों ने आजकल कहना शुरू कर दिया है कि इस पीढ़ी के कहानीकारों में 'मानवीय मूल्यों के संरक्षण, जीवनी शक्ति के परिप्रेषण एवं सामाजिक नवनिर्माण की उत्कट प्यास है।' इतना ही नहीं, बल्कि आज की कहानी 'नयी भावभूमियों का सृजन' भी कर रही है। नये कवियों के दावे, इस तरह, नये कहानीकारों के कंठ से भी अनुगुंजित हो चले हैं। ऐसी स्थिति में यह आवश्यक हो गया है कि कहानी की आलोचना को एक नये स्तर पर उठाया जाय। टेकनीक की शास्त्रीय चर्चाओं और कहानियों का सारांश बतलाते हुए उनकी सामान्य समस्याओं के परिचयात्मक विवरणों का काम बहुत हो चुका; 'ये बहुत दूर जायँगे' और 'भविष्य सुरक्षित है' जैसी सद्भावनाओं से भी अब सद्विवेक की माँग की जा सकती है।

आज इतना ही कहना काफी नहीं है कि अमुक कहानी बहुत अच्छी है या अमुक कहानी सफल है, बल्कि इस 'अच्छेपन' को और 'सफलता' को अधिक ठोस और युक्तिसंगत रूप में उपस्थित करने की आवश्यकता है। दूसरे शब्दों में, आज कहानी की 'सफलता' का अर्थ है, कहानी की सार्थकता ! आज किसी कहानी का शिल्प की दृष्टि से सफल होना ही काफी नहीं है बल्कि वर्तमान वास्तविकता के सम्मुख उसकी सार्थकता भी परखी जानी चाहिए। जीवन के जिन मूल्यों की कसौटी पर हम कविता, उपन्यास आदि साहित्य-रूपों की परीक्षा करते हैं, उन्हीं पर कहानी की भी परीक्षा होनी चाहिए। इससे कहानी-समीक्षा का एक ढाँचा तो तैयार होगा ही; साथ-साथ मानवीय मूल्यों के संबंध में हमारा ज्ञान भी बढ़ेगा और सम्पूर्ण साहित्य के मानों की अपर्याप्तता भी क्रमशः कम होगी। आज साहित्य के क्षेत्र में अनेक एकांगी विचारधाराए केवल इसलिए फैली हुई हैं कि वे केवल एक साहित्य-रूप—कविता पर आधारित हैं। बहुत सम्भव है कि कहानियों का सत्य इनमें से कुछ को एकदम गलत ठहरा दे, कुछ की अनावश्यक नोंकें मार दे और कुछ में नये कोंछे निकाल दे।

यह धारणा गलत है कि साहित्य के तमाम रूपों में एक ही बात कही जाती है। रूप की **विशेषता से वस्तु में भी विशेषता आ** जाती है। एक ही

साहित्यकार कविता में वास्तविकता का एक पहलू दिखाता है, तो उपन्यास में दूसरा कहानी में तीसरा। उदाहरण के लिए, रवीन्द्रनाथ और प्रसाद का साहित्य प्रस्तुत है। इसी तरह एक ही युग कविता, उपन्यास और कहानी में वास्तविकता के विभिन्न पहलुओं के दर्शन किये जा सकने हैं।

साहित्य के रूप केवल रूप नहीं हैं बल्कि जीवन को समझने के भिन्न-भिन्न माध्यम हैं। एक माध्यम जब चुकता दिखाई पड़ता है, तो दूसरे माध्यम का निर्माण किया जाता है। अपनी महान् जययात्रा में सत्य-सौन्दर्य-द्रष्टा मनुष्य ने इसी तरह समय-समय पर नये नये कलारूपों की सृष्टि की ताकि वह नित्य विकासशील वास्तविकता को अधिक से अधिक समझ और समेट सके। हमारी इसी ऐतिहासिक आवश्यकता से एक समय कहानी भी उत्पन्न हुई और अपने रूप-सौन्दर्य के द्वारा इसने हमारे सत्य-सौन्दर्य-बोध को भी विकसित किया। कहानी की इसी ऐतिहासिक भूमिका की माँग है कि वर्तमान परिस्थिति में उसकी सार्थकता की परीक्षा व्यापक संदर्भ में की जाय।

इस कार्य में पहली बाधा है कहानी-सम्बन्धी सामान्य धारणा। कहानी-शिल्प सम्बन्धी आलोचनाओं ने कहानी की जीवनी शक्ति का अपहरण कर उसे निर्जीव 'शिल्प' ही नहीं बनाया है बल्कि उस शिल्प को विभिन्न अवयवों में काटकर बाँट दिया है। लिहाजा, हम कहानी को 'कथानक', 'चरित्र', 'वातावरण', 'भावनात्मक प्रभाव', 'विषयवस्तु' आदि अलग-अलग 'अवयवों' के रूप में देखने के अभ्यस्त हो गये हैं। कालेज-जीवन में 'डायग्राम' बनाकर कथानक के क्रमिक विकास की जो बात दिमाग में भर दी गई है, वह आगे चलकर भी साथ नहीं छोड़ती। 'प्रधानता' के आधार पर कहानियों के जो 'कथानक प्रधान', 'चरित्र प्रधान', 'भाव प्रधान' और 'वातावरण प्रधान' आदि विविध प्रकारों के होने का अभ्यास कराया गया, उसने लत का रूप धारण कर लिया। लिहाजा, हम हर नयी कहानी में चरित्र, वातावरण या कथानक देखने के आदी हो गये। किसी कहानी-संग्रह की आलोचना उठाकर देख लीजिए, सबमें इसी तरह की बातें मिलेंगी : 'इस कहानी में अमुक का चरित्र बहुत उभर-कर आया है', 'वातावरण का चित्रण बहुत सुन्दर बन पड़ा है' कथानक बहुत गठा हुआ है।' यह सारी आलोचना वैसी ही है, जैसे किसी भाषा का परिचय उसकी संज्ञा, सर्वनाम, विशेषण, क्रिया, क्रियाविशेषण आदि 'परिभाषाओं' में दिया जाय।

इस धारणा का यह असर पड़ा कि लोगों ने कहानी में जीवन-सत्य तथा भाव-बोध को देखना छोड़कर, उसे कहानी की पारिभाषिक संज्ञाओं के रूप में

देखना शुरू कर दिया। 'प्रभावान्विति' और 'एकान्विति' की माला जपते हुए भी इस तरह के आलोचकों ने कहानी को अनुभूति की एक 'इकाई' के रूप में देखना छोड़ दिया। इस तरह उन्होंने कहानी के सत्य को ही नहीं, बल्कि कहानी के 'कहानीपन' की समझ भी खो दी।

इस गलत धारणा का असर स्वयं आलोचना पर जो कुछ पड़ा वह तो स्पष्ट ही है कि न तो वह पाठक के काम की रही और न कहानी-लेखक के काम की, परन्तु इसके अतिरिक्त इस विभक्तिवाद ने कहानी के शिल्प को बिगाड़ने में भी बहुत काम किया। मेरा अनुमान है कि वर्तमान कहानियों में जहाँ-कहीं शिल्पवादी प्रवृत्ति का अतिरेक दिखाई पड़ता है, उसका सम्बन्ध किसी-न-किसी रूप में कहानी की विभक्त धारणा से अवश्य है। यदि कोई कहानीकार शिल्प के किसी विशेष अवयव की रचना करके सफलता का ढोल पीटता है तो यही समझना चाहिए कि वह कहानी को एक 'शिल्प' समझता है। श्रीपतराय का यह कथन इसी स्थिति की ओर संकेत करता है—"उनकी (आज के कहानीकारों की) कहानियाँ जैसे सफलता के पास पहुँचकर भी, या उसे मुट्ठी में पाकर उँगलियाँ के बीच से फिसल जाने देती हैं। किसी कहानी में वर्णन की खूबी है, किसी में प्राकृतिक दृश्यों का जीता-जागता चित्र मन को लुभा लेता है, किसी में कोई मनोवैज्ञानिक रहस्य इस सजीवता और स्वाभाविकता से उद्घाटित होता है कि चित्त प्रसन्न हो जाय; पर ऐसा बहुत कम ही होता है कि किसी कहानी के सभी पक्ष निर्दोष हों।" ('कहानी' विशेषांक, '५६)।

कहानी की यह असफलता परिश्रम और अभ्यास की कमी के कारण भी हो सकती है, लेकिन अभ्यस्त लेखकों के यहाँ यदि कहानी की ऐसी रूपहानि दिखाई पड़े तो क्या कहा जायगा ? यही कहानी के क्षेत्र में नये शिल्पवादियों की पहचान हो सकती है। 'नये भाव-सत्य के अनुसार नये कहानी-शिल्प' के नाम पर ये कहानी में कभी केवल वातावरण देते हैं, तो कभी केवल एक व्यक्ति का रेखाचित्र, तो कभी रोचक व्यंगों में फैलाकर आद्यन्त एक विचार। अज्ञेय की 'कलाकार की मुक्ति' और 'देवीसिंह' तथा अमृतराय का 'नंगा आदमी, नंगा जख्म' जैसी एक दर्जन कहानियाँ उदाहरण के लिए पेश की जा सकती हैं। फार्मूले के अनुसार कहानियाँ लिखने की प्रवृत्ति भी इसी धारणा का प्रभाव है। नये भाव-सत्य के अनुसार कहानी का रूप बदलता जरूर है लेकिन इतना नहीं बदलता कि वह कहानी ही न रह जाय। कहानी का रूप कहानी के भीतर ही बदला जा सकता है जैसा कि समय-समय पर महान् कहानीकारों ने किया

है। कहानी का रूप प्रेमचन्द ने कब नहीं बदला? 'पूस की रात', 'कफन', 'ईदगाह', 'शतरंज के खिलाड़ी' और 'सवा सेर गेहूँ'—इन कहानियों का रूप एक-सा नहीं है और न एकदम पुराना ही है, लेकिन फिर भी ये कहानी हैं। कहानी का रूप चेखोव ने भी बदला और एकबारगी उसने कथानक-सम्बन्धी पूर्ववर्ती धारणा को तोड़कर अलग कर दिया, लेकिन उसने कहानीपन का दामन एकबारगी नहीं छोड़ दिया। इससे स्पष्ट है कि कहानी-शिल्प के भी मालिक वही हैं जो उसके गुलाम हैं। क्या साहित्य, क्या जीवन, सभी क्षेत्रों में स्वाधीन होने की सामर्थ्य उन्हीं के लिए संभव है जिनमें अधीन रहने की योग्यता है।

कहानी में शिल्पगत नवीनता की सीमा को स्पष्ट करने के लिए साहित्य के एक दूसरे रूप 'गीत' का उदाहरण लें। नये कवियों ने नये गीत लिखे हैं लेकिन उन्होंने गीतात्मकता का ढाँचा एकदम तोड़ नहीं दिया। गीतगोविंद, विनयपत्रिका, गीतिका और नये गीत-प्रयोगों की तुलना करके आसानी से देखा जा सकता है कि 'गीत' के ढाँचे की रक्षा करते हुए भी समर्थ कवियों ने समय-समय पर किस प्रकार उसके रूप में नवीनता उत्पन्न की है।

इस प्रकार कहानी के कहानीपन की रक्षा करते हुए भी कहानी के शिल्प में नवीनता उत्पन्न की जा सकती है। जैसे कुछ दिन पहले प्रकाशित 'राजा निरबंसिया' (कमलेश्वर)। यहाँ एक लोककथा की पृष्ठभूमि में एक आधुनिक निम्न मध्यवर्गीय परिवार की कहानी कही गयी है। दो भिन्न युगों के दो निरबंसियों की जीवन-कथा दो रेखाओं की तरह एक दूसरे को छूती और काटती हुई चलती चली जाती है। कहानी में लोककथा का यह उपयोग शिल्प-सम्बन्धी नवीनता कही जा सकती है लेकिन यह कोरा शिल्प नहीं है, न इससे कहानी के कहानीपन में बाधा पड़ती है। इसके विपरीत, वह लोककथा मुख्य कथा को और भी मार्मिकता प्रदान करती है। जैसे दो समीपवर्ती तारों में से एक की झंकार दूसरे में भी सह-स्पन्दन उत्पन्न कर देती है। मुख्य कथा की गति में जैसे ही संवेदना की तीव्रता आती है, वह सहधर्मी लोककथा से छू जाती है और हम देखते हैं कि लोककथा का टूटा हुआ सूत्र अनजाने ही हाथ में आ गया है। शिल्प के लिए लाई हुई अतीत की यह कथा वर्तमान वास्तविकता को उभारने के साथ ही अतीत का अर्थ भी हमारे लिए बदल देती है। और अन्त में दो कथाओं की विषमता दो युगों की विषमता की गहरी खाई पर ही रोशनी नहीं डालती, बल्कि वर्तमान वास्तविकता पर मीठा व्यंग भी करतो है कि इतना विकास करने के बाद भी आज का निम्न मध्य-वर्गीय युवक है कि अपनी पत्नी को स्वीकार नहीं कर सकता, जब शताब्दियों

पहले एक राजा ने सारी लोक-मर्यादा तोड़कर अपनी रानी को अपना लिया। यह अन्तर दो युगों का है या दो वर्गों का या कल्पना और यथार्थ का? शिल्प-विधान का यह नया प्रयोग कहानी में अनेक अर्थों और व्याख्याओं की सम्भावना भर देता है और इस तरह एक विशेष घटना के भीतर से मानवीय सत्य की व्यापकता उद्भासित हो उठती है।

यहाँ इस एक कहानी के विस्तार में जाने का अवसर नहीं है और न तो इसका यही अर्थ है कि नये शिल्प-विधान के द्वारा कहानीपन की रक्षा करने वाली यह एकमात्र नयी कहानी है। कहानियाँ और भी हैं तथा शिल्प के नये विधान दूसरे-दूसरे भी हैं। यहाँ तक कि इनके लिए कोई सीमा नहीं बनाई जा सकती। असल बात है कहानी का कहानीपन। यह आकस्मिक नहीं है कि कहानीपन की उपेक्षा करके केवल शिल्प के लिए लिखी हुई एक भी श्रेष्ठ कहानी नहीं बन सकी। पत्र और डायरी शैली में जाने कितनी कहानियाँ लिखी गयीं लेकिन उनमें से एक भी कहानी ऐसी नहीं है जिसका नाम श्रेष्ठ कहानियों में लिया जा सके या लोक-चित्त पर अमिट छाप छोड़ गयी हो। इसके विपरीत पिछले आठ-दस वर्षों के भीतर की 'हत्या-भरन' (तेज बहादुर चौधरी, 'गदल' (रांगेय राघव), 'छोटा डाक्टर' (निर्गुण), 'चीफ की दावत' (भीष्म साहनी), 'गिद्ध और सेवंती के फूल' (शशि तिवारी), 'भैंस का कट्या' (विद्यासागर नौटियाल), 'जिन्दगी और जोंक' (अमरकान्त) आदि श्रेष्ठ कहानियाँ सब-की-सब 'कहानी' भी हैं।

कहानी का यह कहानीपन समझने में कठिन होते हुए भी कोई 'रहस्य' नहीं है। कविता में जो स्थान लय का है, कहानी में वही स्थान कहानीपन का है। कविता चाहे जिस हद तक छंदमुक्त हो जाय, लेकिन वह लयमुक्त नहीं हो सकती। लयमुक्त रचना काव्य होते हुए भी कविता नहीं कहलायेगी। कहानीपन से रहित गद्य रचनाओं के बारे में भी यही बात लागू होती है। लय की तरह कहानी कहना मनुष्य की काफी पुरानी कलात्मक वृत्ति है और इसकी रक्षा अपने-आप में स्वयं भी एक महत्त्वपूर्ण सांस्कृतिक कार्य है और इतिहास से प्रमाणित होता है कि नीति, लोक-व्यवहार, धर्म, राजनीति आदि विभिन्न उद्देश्यों की पूर्ति के लिए इस कला का उपयोग करते हुए भी मानव-जाति ने आज तक इसकी रक्षा की है। निःसन्देह इस कला का चरम विकास आधुनिक युग में हुआ जब उद्देश्य और कहानीपन दोनों घुल-मिलकर इस तरह एक हो गये कि उद्देश्य से अलग कहानी के रूप की कल्पना भी कठिन हो गई। कहानी के संबंध में आधुनिक युग के प्रथम कहानीकार एडगर एलन पो के

'एकान्विति' शब्द में निःसंदेह अनेक अर्थों की भावनाएँ हैं। कहानी की यह आन्तरिक एकता केवल रूप-गठन तक ही सीमित नहीं है बल्कि उसकी वस्तु का भी समाहार करती है। जिस प्रकार कविता में अर्थ-व्यंजना अथवा वस्तु-व्यंजना से भिन्न लय की कल्पना नहीं की जा सकती, उसी प्रकार कहानी में भी वस्तु-व्यंजना से भिन्न कहानीपन की कल्पना करना खतरनाक है। वस्तु-व्यंजना से रहित लय कोरे पद्य को जन्म देती है उससे रहित कहानीपन कोरी आख्यायिका को।

इसलिए कहानी के कहानीपन की सफलता का अर्थ है उसकी अर्थवत्ता या सार्थकता। नये कहानीकार कहानी की इस शक्ति से भली-भाँति परिचित हैं। राजा 'निरबंसिया' में कहानीपन की रक्षा करनेवाले लेखक ने स्पष्ट शब्दों में कहा है कि 'केवल सोद्देश्यता की पृष्ठभूमि में ही आज के लेखक की कहानियों का अध्ययन किया जा सकता है।' इस सोद्देश्यता को मैं सार्थकता कहना चाहता हूँ क्योंकि आजकल सोद्देश्यता का बहुत सीमित अर्थ लिखा जाने लगा है। लेकिन मूलतः इसका अर्थ है एक इशारा—इशारा एक दिशा की ओर या एक अनदेखी स्थिति की ओर। कहते हैं कि जब डाक्टर को मर्ज का पता नहीं चला तो एक प्रसिद्ध चित्रकार ने उसके पास अपना नग्न चित्र बना-कर एक जगह छोटा-सा धब्बा लगाते हुए इस नोट के साथ भेज दिया था कि यहाँ 'दुखता है'। कहानी में इतना-सा इशारा ही सोद्देश्यता है। दर्द से छट-पटाते हुए जिस व्यक्ति अथवा समाज को यह पता न हो कि दर्द कहाँ है और क्या है, उसके लिए उसकी दुखती रग पर हाथ रख देना भी बहुत बड़ी बात है।

लेकिन कहानी में जब मैं सार्थकता की बात कहता हूँ तो इसका यह अर्थ है कि कहानी हमारे जीवन की छोटी-से-छोटी घटना में भी अर्थ खोज लेती है या उसे अर्थ प्रदान कर देती है। इस युग में जब कि 'निरर्थकता' की भावना व्यापक रूप से फैली हुई है और एक वर्ग के लोगों द्वारा फैलाई भी जा रही है, कहानी जैसे छोटे गद्य-रूप से सबसे पहले सार्थकता की माँग की जा सकती है। यह नहीं है कि छोटी-छोटी बातें ही अर्थहीन प्रतीत होती हों; कुछ लोगों को अपना सारा-का-सारा जीवन ही अर्थहीन मालूम होता है और कुछ को तो दुनिया का सारा कारोबार भी व्यर्थ लगता है। परन्तु लघुता में निरर्थकता का खतरा सबसे अधिक है। कहानी की सृष्टि इसी लघुता को सार्थकता प्रदान करने के लिए हुई थी।

लोगों की यह धारणा ग़लत है कि कहानी जीवन के एक टुकड़े को लेकर चलती है, इसलिए उसमें कोई बड़ी बात कही ही नहीं जा सकती। कहानी जीवन के टुकड़े में निहित 'अन्तर्विरोध', 'द्वंद्व', 'संक्रान्ति' अथवा 'क्राइसिस' को पकड़ने की कोशिश करती है और ठीक ढंग से पकड़ में आ जाने पर यह खंडगत अन्तर्विरोध की वृहद् अन्तर्विरोध के किसी-न-किसी पहलू का आभास दे जाता है। यह खंडगत अन्तर्विरोध की पकड़ श्रेष्ठ कहानियों के कथानक में कहीं नाटकीय मोड़ पैदा करती है तो कहीं चरित्र को वस्तु-स्थिति के साथ संघर्ष करते दिखलाती है और कभी स्वयं उस चरित्र के भीतर संकल्प-विकल्प की दुविधा दरसाती है या फिर उसके चिंतन और कार्य के बीच विडम्बना (आयरनी) को चित्रित करती है। यह एक विरोधाभास है कि कहानी जैसा एकान्वित शिल्प अन्तर्विरोध पर निर्मित होता है। नये कहानीकारों में भीष्म साहनी में एक ही साथ इन दोनों विशेताओं का सर्वोतम सामंजस्य मिलता है। इस दृष्टि से भीष्म साहनी सबसे सफल कहानीकार हैं। एक इकाई के रूप में उनकी कहानियाँ अत्यन्त गठित होती हैं; साथ ही प्रायः किसी-न-किसी प्रकार की विडम्बना (आयरनी) को व्यक्त करती है और यह विडम्बना किसी-न-किसी रूप में हमारे वर्तमान समाज के व्यापक अन्तर्विरोध की ओर संकेत करती है। उदाहरण के लिए उसकी 'चीफ़ की दावत' कहानी ही लीजिए।

कहानी शुरू होते ही 'संवाद-विन्दु' उपस्थित हो जाता है या यों कहें कि 'संकट' से ही कहानी शुरू होती है :

'अब घर का फ़ालतू सामान आलमारियों के पीछे और पलंगों के नीचे छिपाया जाने लगा। तभी शामनाथ के सामने सहसा एक अड़चन खड़ी हो गयी, माँ का क्या होगा ?'

'चीफ़ की दावत' में अपनी निरक्षर और बूढ़ी माँ ही एक समस्या बन गयी जैसा घर के 'फ़ालतू सामान'; बल्कि सामान से भी बड़ी समस्या। सामान को छिपाना तो आसान है लेकिन इस जीवित सामान का क्या करें ? और इस तरह शामनाथ एक कूड़े की तरह अपनी माँ को इस घर से उस घर में छिपाता फिरता है। उधर माँ है कि लड़के के इस व्यवहार का बुरा नहीं मानती, बल्कि स्वयं ही अपने अस्तित्व से संकुचित हुई जा रही है और लड़के के भले के लिए अपने को यहाँ से वहाँ छिपाती फिरती है। एक विडम्बना यह भी है। परन्तु हुआ यह कि शामनाथ ने जिस चीज़ को इतना छिपाया, आखिर में वह खुल ही गयी। चीफ़ ने माँ को देखा ही नहीं बल्कि बुरी हालत में देखा। पर परन्तु शामनाथ की घबराहट के बावजूद स्थिति सुधर गयी। चीफ़

माँ से स्वयं मिले और अन्त में शामनाथ ने देखा कि जिस 'सामान' को छिपाने के लिए उन्होंने इतनी परेशानियाँ उठाईं, वह खुल ही नहीं गया बल्कि हितकर भी साबित हुआ। यहाँ तक कि दावत से भी बढ़कर ! यह सबसे बड़ी विडम्बना है। और गहरे जाकर देखें तो माँ केवल एक चरित्र नहीं, बल्कि प्रतीक भी है। प्रतीक सम्पूर्ण प्राचीन का।

इससे स्पष्ट हो सकता है कि एक समर्थ कहानीकार किस प्रकार जीवन की छोटी-से-छोटी घटना में अर्थ के स्तर-स्तर उद्‌घाटित करता हुआ उसकी व्याप्ति को मानवीय सत्य की सीमा तक पहुँचा देता है। ऐसे अर्थगर्भत्व को मैं सार्थकता कहता हूँ।

हमारे सन्त कवियों ने इसी तरह पिंड में ब्रह्मांड का दर्शन कराया था और भक्त कवियों ने मानव चरित्र के भीतर विराट की लीला को उद्‌भासित किया था। हद में बेहद और मानव में भगवान् की उद्‌भावना इसी अर्थवत्ता का मध्य-युगीन रूप है। काव्यशास्त्र के आचार्यों ने मुख्यार्थ के भीतर से जो अर्थ की व्यंजना कराई थी, वह भी इसी का एक रूप है। जीवन का सत्य इसी तरह खंड के भीतर से, किन्तु उसे खंडित करता हुआ पूर्ण की ओर संकेत करता है; खंड की सीमा को तोड़कर पूर्ण से मिलता है, मुख्यार्थ को बाधित करके रसमय अर्थ को व्यंजित करता है; जीवन की हर छोटी घटना के भीतर से सम्पूर्ण जीवन की सार्थकता अनुभव करता है।

इस प्रकार जीवन के प्रत्येक प्रसंग में निहित अन्तर्विरोध को पकड़कर जागरूक कहानीकार उसे सार्थकता प्रदान करते हैं। राजेन्द्र यादव के नव-प्रकाशित कहानी-संग्रह 'जहाँ लक्ष्मी कैद है' की भूमिका के बीच भी हम 'दाभ्यां तृतीयः' होने का संकट उठाकर इसे 'ओवरहीयर' कर सकते हैं। अपनी 'एक कमज़ोर लड़की की कहानी' का अर्थ समझाते हुए वह वर्तमान जीवन के एक अन्तर्विरोध की ओर संकेत करते हैं। वह प्रेमिका और पत्नी दोनों की भूमिकाएँ एक साथ ईमानदारी से निबटाने का ढोंग करती हैं—"ट्रेजेडी यह नहीं है कि वह दोनों के प्रति सच्ची क्यों नहीं है, ट्रेजेडी यह है कि वह दोनों में से किसी एक को अपने जीवन से झटककर नहीं निकाल सकती।"

जहाँ अन्तर्विरोध है, वहाँ विरोधी तत्त्वों में से किसी को भी झटककर नहीं निकाला जा सकता। यदि कहानीकार कहानी में एक विरोधी तत्त्व को निकाल देता है अथवा उसे जबर्दस्ती कमजोर कर देता है या उस द्वंद्व को जल्दी-जल्दी निपटाने की कोशिश करता है तो वह कथानक को उत्सुकताहीन, चरित्रों को सपाट और वस्तु पर उद्देश्य का आरोप ही नहीं करता, बल्कि अपनी कहानी

की सार्थकता भी नष्ट करता है। अन्तर्विरोध को उसकी सम्पूर्ण तीव्रता में ग्रहण करके ही किसी कहानी को सफल और सार्थक बनाया जा सकता है। लेकिन इसका अर्थ यह नहीं है कि किसी घटना-प्रसंग में निहित अन्तर्विरोध को जान-बूझकर अत्यन्त तीव्र बनाया जाय। यदि अन्तर्विरोध को कम करना सपाटता है तो उसे वास्तविकता से अधिक तीव्र करना भावुकता है या फिर दिमाग़ी ऐय्याशी। अक्सर देखने में आता है कि जिन्हें अन्तर्विरोध के बीच ठीक दिशा मालूम है, वे कहानी को बिल्कुल सपाट बना देते हैं और जिन्हें कोई दिशा नहीं सूझती, वे उसे और भी उलझा देते हैं। 'एक कमजोर लड़की की कहानी' में राजेन्द्र यादव ने इस सत्य को उलझा दिया है, जिसके लिए पाठकों पर उनका आरोप है कि कहानी को लोगों के ग़लत समझा है। लोग तो ग़लत समझेंगे ही लेकिन जिनके लिए वे लिखते हैं, वे 'कमज़ोर लड़कियाँ' उसे ग़लत नहीं समझेंगी। कमज़ोरी उभारने के लिए ताकत की बात कही जाती है तो उलझ ही जाती है। किसी आलोचक ने बिल्कुल ठीक लिखा है कि राजेन्द्र यादव का लेखन बहुत उलझा हुआ होता है। यह बात राजेन्द्र यादव के शिल्प के बारे जितनी सच है, उतनी ही वस्तु के बारे में भी। शायद इसीलिए वे प्रायः चक्करदार शिल्प गढ़ने के चक्कर में रहते हैं और उनकी भाषा की पेचीदगी भी संभवतः इसी का परिणाम है।'खेल-खिलौने' कहानी से लेकर 'जहाँ लक्ष्मी कैद है' तक में इसी पेचीदगी और उलझन को देखा जा सकता है। अपनी कहानियों के द्वारा वह एक अतिरिक्त तीव्रता उत्पन्न करना चाहते हैं, फलतः कहीं वह कथानक में पेच डालते हैं तो कहीं भावनाओं के स्तर पर मानसिक गुत्थियाँ। लिहाजा, उसके चरित्र विचित्र हो उठते हैं और कहानी अवास्तविक, जिन्हें समस्या को धैर्य के साथ धोरे-धोरे सुलझाने की अपेक्षा परिश्रम से उल-झाने में ही सुख मिलता है, उनकी कला की यही गति होती है।

इस मामले में मोहन राकेश की स्थिति थोड़ी भिन्न है। जैसा कि उन्होंने 'नये बादल' कहानी-संग्रह की भूमिका में लिखा है, उनकी पैनी दृष्टि अपने आस-पास की हर घटना में कहानी ढूंढ़ लेने की क्षमता रखती है—कहानी अर्थात् कहानी की 'वस्तु' अथवा अर्थ। यह बहुत बड़ी बात है। आधुनिक कहानीकारों में यह सामर्थ्य हम केवल यशपाल में पाते हैं। जब कोई कवि हर चीज़ में कवित्व देखने लग जाय और कोई कहानीकार हर घटना में कहानीपन पा जाय तो उसमें बहुत बड़ी संभावना का बीज समझना चाहिए। लेकिन इसके बाद भी बहुत-कुछ शेष रह जाता है। यथार्थ की इस विविधता में 'सुपरफ्लुअस' होने का बहुत बड़ा खतरा है। यह प्रवृत्ति अंधकार में उड़ते हुए जुगनुओं को

पकड़ने की-सी है। अंधकार के कणों मे मिचमिचाती आँखों को बंद कर लेने की अपेक्षा जुगनुओं को देखने का साहस कहीं अधिक सराहनीय है, लेकिन जुगनू रोशनी नहीं है।

अपने आस-पास के वातावरण में उड़ती हुई कहानियों को पकड़कर निः-सन्देह मोहन राकेश ने उन्हें उतनी ही तेजी के साथ व्यक्त किया है जो मन में एक 'फ्लैश' की तरह कौंध जाती हैं। लेकिन लगता है कि उन्होंने अभी बिजली की कौंध ही पकड़ी है, बिजली की वह शक्ति नहीं पकड़ी जिसका उपयोग हम अपनी सीमा में उष्णता तथा आलोक के लिए कर सकें, जो कि मनुष्योचित सामर्थ्य का प्रतीक है। इसीलिए कुछ लोग मोहन राकेश को 'डाक बंगलों' का कहानीकार कहते हैं। लोकप्रिय कहानीकार सामरसेट माम की तरह मोहन राकेश भी जैसे अपनी यात्राओं में कहानी बटोरते चलते हैं और यात्रा के दौरान प्राप्त कहानियों की तरह ही इनमें गहरी मानवीय संवेदना का अभाव मिलता है। वस्तुतः यात्रा की संवेदनशीलता बड़ी 'सुपरफ़िशल' होती है। यात्रा में या तो हम अतिरिक्त संवेदनशील होते हैं या फिर नितान्त संवेदनहीन। हम परदेश में हैं, पराये लोगों के बीच हैं, 'अपने' लोगों से मुक्त हैं, यहाँ हमारे बारे में कोई कुछ नहीं जानता, आदि बातें मन की स्थिति को सहज नहीं रहने देती। इस तरह की कहानियों की सबसे बड़ी कमजोरी यह है कि ये दर्शक का सत्य हैं, द्रष्टा का सत्य नहीं।

बड़ी ईमानदारी के साथ मोहन राकेश ने स्वीकार किया है कि हमारी पीढ़ी ने यथार्थ के अपेक्षाकृत ठहरे हुए अर्थात् वैयक्तिक और पारिवारिक रूप को अपनी रचनाओं में अधिक स्थान दिया है, जो समूची पीढ़ी के लिए तो सच नहीं है लेकिन कई कहानीकारों पर ठीक बैठता है। यायावर को अपनी यात्रा में उड़ती हुई कहानियों का टूटा हुआ सत्य ही मिल पाता है, जिसे चाहें तो 'ठहरा हुआ' भी कह सकते हैं। निःसन्देह कुछ कहानीकार लंबी यात्राएँ न करते हुए भी वर्तमान जीवन में वस्तुतः 'यायावर' हैं।

और यहाँ हम इस निष्कर्ष पर पहुँचते हैं कि जो कुछ हाथ लग जाय या दृष्टि में पड़ जाय वह सब सार्थक नहीं है। हर घटना में अन्तर्विरोध को लक्षित करना एक बात है लेकिन युग के मुख्य अन्तर्विरोध के प्रवाह में सार्थक घटनाओं को लक्षित करना बिल्कुल दूसरी बात है। कहानीकार की सार्थकता इस बात में है कि वह अपने युग के मुख्य सामाजिक अन्तर्विरोध के संदर्भ में अपनी कहानियों की सामग्री चुनता है। ऐतिहासिक विकास के दौरान विरोधी शक्तियों के संघर्ष के फलस्वरूप जीवन के नये-नये क्षेत्र खुलते चलते हैं, पिछले

युग की दबी हुई शक्तियाँ उभर आती हैं और उभरी हुई शक्तियाँ दब जाती हैं; गौण प्रधान हो जाता है और प्रधान गौण। इस प्रकार सामाजिक अन्तर्विरोध का रूप ही नहीं बदलता बल्कि उसमें भाग लेनेवाली अथवा भाग न भी लेने-वाली किन्तु भाग बननेवाली हर सामाजिक इकाई के भीतर अन्तर्विरोध के रूप भी बदल जाते हैं।

वर्तमान वास्तविकता में मेहनत करनेवाले लोगों का उभरना और दूसरों की मेहनत पर जीनेवालों का दबना ऐतिहासिक तथ्य है। स्वाभाविक है कि जीवन में शक्ति और सौन्दर्य का आधार इस नयी शक्ति के जीवन में दिखाई पड़े और इस नयी शक्ति की समस्याओं की ओर जागरूक कहानीकारों का ध्यान जाय। जहाँ कुछ कहानीकारों ने अपनी मध्यवर्गीय वास्तविकताओं के चित्रण में ही अपनी कला की सार्थकता समझी, वहाँ दूसरे कहानीकारों ने इसमें सम्भवत: कोई रस न पाकर नव-जीवन के प्रतीक गाँवों की ओर दृष्टि दौड़ाई। इसे अपनी वास्तविकता से पलायन नहीं कहा जा सकता। अपने वातावरण से लड़ने के लिए पहले भी मध्यवर्ग ने व्यापक जन-शक्ति का सहारा लिया है। इसलिए इन नये कहानीकारों की यह निर्वैयक्तिकता सराहनीय है। सम्भवत: शहरों के मध्यवर्गीय जीवन में जीवन और सौन्दर्य को न पाकर ही महत्त्वाकांक्षी कहानी-कारों ने गाँवों की राह ली। जो जीवन स्वयं ही निरर्थक प्रतीत हो रहा हो उसमें सार्थकता की खोज कहाँ तक की जा सकती है। मध्यवर्गीय जीवन को लेकर लिखी हुई आज की शायद ही कोई वास्तविक कहानी ऐसी हो, जिसमें जीवन का स्वस्थ सौन्दर्य और मानव की ऊर्जस्वल शक्ति मिले। इसके विपरीत गाँव के जीवन को लेकर लिखी हुई कुछ कम वास्तविक कहानी में भी ऐसे वातावरण तथा ऐसे चरित्रों के दर्शन हो सकते हैं। रांगेय राघव की 'गदल', मार्कण्डेय के 'गुलरा के बाबा', 'हंसा जाई अकेला' वाले 'हंसा', शिवप्रसाद सिंह की 'कर्मनाशा की हार' वाले 'भैरों पांडे' जैसे सशक्त व्यक्ति केवल चरित्र ही नहीं हैं बल्कि आज की ऐतिहासिक शक्ति के प्रतीक हैं।

इन कहानियों ने निरर्थक प्रतीत होने वाले वर्तमान जीवन में भी शक्ति और सौन्दर्य की झलक दिखाकर जीवन की सार्थकता में आशा बँधाई है। इस-लिए देखते-देखते इस जीवन के चित्रकार नवोदित कहानीकारों ने कहानी के क्षेत्र में अपनी जगह बना ली। यह सफलता केवल नयी सामग्री की सफलता नहीं है, बल्कि वर्तमान जीवन के एक सार्थक सत्य को पहचानने की सफलता है।

इस कठिन कार्य में हमारे इस नये कहानीकारों को सचमुच उतनी सफलता

नहीं मिली है, जितनी अन्य अनुभव-सत्यों के चित्रकार कहानी लेखकों को मिल चुकी हैं। किन्तु इसका एक कारण शायद यह है कि उन कहानीकारों को कहानी की एक बनी-बनाई परिपाटी प्राप्त है; वस्तु की भी और वस्तु के अनुरूप शिल्प की भी; जब कि इन नये कहानीकारों को बहुत कुछ अपने अनुभव और अभ्यास से निर्माण करना है। सचमुच 'इसे समझने के लिए पूरे दो युगों की संपूर्ण संयोजित चेतना का उपयोग करना पड़ेगा।'

अन्त में इस निबन्ध के उद्देश्य और सीमाओं का समाहार करते हुए निवेदन करना चाहूँगा कि नयी कहानी को कहानी-कला की अपनी विशेषता के साथ ही सम्पूर्ण साहित्य के मान और मूल्यों के संदर्भ में देखने की आवश्यकता है और इसके लिए कहानी-समीक्षा की एक व्यापक और निश्चित 'भाषा' का निर्माण भी होना चाहिए। मेरी अपनी सीमा यह है कि मैं अब तक मुख्यतः काव्य का पाठक रहा हूँ (जिसका आभास इस कहानी सम्बन्धी लेख में भी लाचारी के कारण आ गया है।) कहानियाँ मैंने कम पढ़ी हैं और उनमें अन्तर्निहित सत्य को समझने तथा व्यक्त करने की 'भाषा' भी अब तक नहीं तय कर पाया हूँ। अपनी सीमाओं में संकोच का अनुभव करते हुए भी मेरा विश्वास है कि कहानियों के अधिक व्यापक और समर्थ पाठकों के सहयोग से प्रस्तुत आधार पर कहानी-समीक्षा के संतुलित प्रतिमान तैयार हो सकते हैं।

३
नयी कहानी : नये प्रश्न

और अब कहानीकार भी अन्वेषण, प्रयोग, नयी संवेदना, सांकेतिकता, सम्प्रेषणीयता, जटिलता, दुरूहता, बिम्ब, प्रतीक वगैरह की बातें करने लगे हैं। फिर कौन कह सकता है कि कहानी में नये प्रयोग नहीं हो रहे हैं? अभी तक जो शब्द नयी कविता के लिए बदनाम (?) थे, उन्हीं से कहानी भी अलंकृत हो रही है। और महत्त्वपूर्ण बात तो यह है कि ये जुमले स्वयं कहानीकार की कलम से बोलने लगे हैं। यह परिवर्तन किस दिशा की ओर संकेत है? क्या कहानी पर भी नयी कविता हावी हो रही है? क्या कहानीकार भी इतने दिनों के बाद उन्हीं कठिनाइयों का अनुभव करने लगे हैं, जिनसे नये कवि पिछले पन्द्रह-बीस वर्षों से जूझते आ रहे हैं? क्या कहानी भी अब आत्म-सजग (सेल्फ-कान्सस) हो गयी है?

जहाँ तक मुझे मालूम है, तथाकथित 'सम्प्रेषणीयता' का सवाल कहानी के संदर्भ में पहली बार उठा है। एक समय था जब कहानी केवल कहने-सुनने की चीज थी। फिर वह समय आया जब वह लिखने-पढ़ने की अवस्था तक पहुँची। लेकिन आज तो वह समझने-समझाने की स्थिति से गुजर रही है। 'सम्प्रेषणीयता' की कठिनाई केवल भाषा या साहित्यिक माध्यम की कठिनाई नहीं है, बल्कि किसी गहरे सांस्कृतिक संकट का लक्षण है। कहते हैं कि लकवे का हमला जब जीभ पर होता है तो घातक सिद्ध होता है। भाषा—मनुष्य मनुष्य के बीच विचार-विनिमय के माध्यम—पर जो यह संकट दिखाई पड़ रहा है, वह क्या किसी पक्षाघात का सूचक नहीं है? दर्शन और कविता ने काफी पहले इस खतरे की घण्टी बजायी थी। नये कहानीकारों द्वारा उठाया हुआ 'सम्प्रेषणीयता' का सवाल भी क्या उसी तरह का है?

नये तो नये, कुछ पुराने कहानीकारों ने भी इतने दिनों के बाद इस विषय पर मुँह खोला है, जिन्हें आलोचकों की समझ में सन्देह के बावजूद अपने पाठकों का पूरा भरोसा था। 'कहानी लेखिका और जेहलम के सात पुल' के बारे में

अश्क का यही अनुभव रहा कि पाठक उसके 'आधारभूत विचार' को पकड़ नहीं पाता। पाठक की असमर्थता से खिन्न होकर लेखक ने विस्तार से समझाने की कोशिश की है कि किस प्रकार पूरी कहानी संकेतों से भरी हुई है और ऊपर से देखने पर जो तुच्छ घटना मालूम होती है वस्तुतः वह प्रतीक है! सवाल केवल इस एक कहानी का नहीं है। इस दौर की अधिकांश कहानियों में ऐसी सांकेतिकता भरी हुई है। अछूता इससे शायद ही कोई कहानीकार हो। मई, '५८ की 'कहानी' में प्रकाशित एक अज्ञात-नाम लेखक द्रोणायन की 'चालान' कहानी ही लीजिए। बात इतनी-सी है कि ट्रैफिक के सिपाही ने बिना बत्ती के इक्केवान का चालान कर दिया। सवारियों में से किसी ने कुछ नहीं कहा। सैर को निकले एक दम्पत्ति ने इस दृश्य को देखा लेकिन वे भी आगे चल दिये। टहलते हुए पत्नी ने भावी सन्तान की शुभ सूचना दी लेकिन पति ने कोई ध्यान नहीं दिया। थोड़ी दूर जाकर पति को अचानक होश हुआ। उसने कुछ सोचने-से स्वर में कहा—तुम....तुम....किसी बच्चे के चालान की बात कर रही थी! सुनना था कि पत्नी हँस पड़ी। 'बच्चे का चालान' हँसी की बात ही है! आखिर लेखक कहना क्या चाहता है? जो बच्चा अभी गर्भ में है; उसके चालान का मतलब? चालान तो इक्केवान का हुआ। परन्तु इक्केवान के संदर्भ में गर्भस्थ बच्चे के उल्लेख का कुछ तो प्रयोजन होगा ही। स्वयं इक्केवान ही क्या गर्भस्थ शिशु है : मानवता का गर्भस्थ शिशु सर्वहारा!

इन सांकेतिकता को चाहे दूरारूढ़ कहिए, चाहे हठाकृष्ट? लेकिन सांकेतिकता तो है ही! सवाल यह है कि यह सांकेतिकता क्या एकदम कोई नयी चीज है? क्या प्रेमचन्द की 'कफ़न' और 'पूस की रात' कहानियाँ कम सांकेतिक हैं? जैनेन्द्र, यशपाल, अज्ञेय आदि ने क्या सांकेतिक कहानियाँ नहीं लिखी हैं? फिर सांकेतिकता को आज की कहानी की विशेषता मानने का क्या मतलब है? सवाल जितना सीधा है, जवाब उतना सीधा नहीं है। भेद शायद मात्रा का ही हो। सांकेतिकता का सहारा पिछली पीढ़ी के लेखक कभी-ही-कभी लेते थे, जबकि आज का लेखक अक्सर इसका सहारा लेता है। लेकिन इससे भी आगे बढ़कर कहा जा सकता है कि पहले की तरह आज की कहानी 'आधारभूत विचार' का केवल अन्त में संकेत नहीं करती; बल्कि नयी कहानी का समूचा रूप-गठन (स्ट्रक्चर) और शब्द-गठन (टेक्स्चर) ही सांकेतिक है। कहानी के दौरान लेखक जगह-जगह संकेत देता चलता है और ये सभी संकेत एक दूसरे से इस तरह जुड़े रहते हैं कि एक संकेत प्रायः किसी पूर्ववर्ती तथा परवर्ती संकेत की ओर संकेत करता जाता है, इस प्रकार आधारभूत विचार

द्रवीभूत होकर सम्पूर्ण कहानी के शरीर में भर उठता है, कहीं एक जगह स्थिर नहीं रहता ! देह में जैसे रक्त अथवा प्राण ! शास्त्रीय भाषा में चाहें तो इसे भाव और रूप की अतिसंगति भी कह सकते हैं। भाव-रूप के तादात्म्य की बात अब इतनी प्रचलित हो गयी है कि बहुत-से लोग इसे स्वयंसिद्ध और सनातन मान बैठे हैं। किन्तु वास्तविकता यह है कि आधुनिक रचनाकारों ने इसे रचना-क्रिया द्वारा सिद्ध किया है और कहानी के क्षेत्र में इस रचनात्मक संगति की प्रतिष्ठा पहली बार इस युग में हुई है। 'प्रभावान्विति' कहानी में उतनी पुरानी है जितनी स्वयं आधुनिक कहानी। किन्तु प्रभाव की सम्पूर्ण अन्विति को सांकेतिक बनाने का श्रेय एकदम नयी कहानी को है। नयी कहानी संकेत करती नहीं, बल्कि स्वयं संकेत है !

अभीष्ट विचार या भाव को सांकेतिकता प्रदान करने के लिये नये कथाकारों ने प्रायः कथानक और चरित्र के स्थूल उपादानों से ध्यान हटाकर 'वातावरण' पर दृष्टि केन्द्रित की है। 'वातावरण' शब्द काफी व्यापक है। इससे प्रकृति का भी बोध हो सकता है और शहर, कस्बा, गाँव वगैरह के भीतरी जीवन का भी। पिछली पीढ़ी के कहानीकार वातावरण का चित्रण कभी कहानी को सजाने के लिए करते थे तो कभी यथार्थ का रंग देने के लिए। किन्तु नयी कहानी में वातावरण अलंकरण-मात्र नहीं है बल्कि अन्तःकरण है। वातावरण-निर्माण में नये कहानीकार प्रायः बिम्ब-विधान का सहारा लेते हैं। ध्यान देने की बात है कि बिम्बों की प्रधानता नयी कविता में भी है। यह आकस्मिक संयोग नही। बिम्ब वस्तुतः आधुनिक युग की कलात्मक अभिव्यक्ति का अनिवार्य माध्यम हो गया है। तथाकथित आंचलिक कहानियों की जीवंतता मुख्यतः बिम्बों द्वारा निर्मित वातावरण से ही उत्पन्न हुई। शेखर जोशी की 'कोसी का घटवार', शिवप्रसाद सिंह की 'दीनू के साथ एक सुबह', राजेन्द्र यादव की 'नया मकान और प्रश्नवाचक पेड़', मोहन राकेश की 'आर्द्रा' तथा निर्मल वर्मा की 'तीसरा गवाह' कहानी में बिम्ब-विधान तथा वातावरण के सार्थक प्रयोग को देखा जा सकता है। कहीं कोसी नदी की सूखी धार घटवार के अकेलेपन का बिम्ब है, तो कठ-फोड़वा की किट-किट तथा पनचक्की की मथानी की छच्छिट छच्छिट सूने हृदय की निरर्थक धडकन का नादमय चित्र है। कहीं आम की खुसली ही जिन्दगी की किसी कठिन गाँव का प्रतीक बन जाती है, तो कहीं नया मकान एक मध्यवित्त व्यक्ति के उत्थान (?) की साकार प्रतिमा है, जिसके सामने प्रश्नवाचक चिह्न की तरह एक पेड़ खड़ा है। कहीं छः बच्चों-वाली मादा सूअर को हुँफ-हुँफ की आवाज तथा उसके ऊपर चमकते हुए नक्षत्र का

सांकेतिक चित्र है, तो कहीं कोर्ट का अंधेरा कमरा ही वर्तमान कानून का प्रतीक बन जाता है, स्पष्ट ही ये बिम्ब नये हैं और अपने प्रतीकार्थ के बावजूद आकर्षण हैं। इस दृष्टि से नयी कहानियाँ बहुत समृद्ध हैं।

नये बिम्ब वस्तुतः नये कहानीकारों के विकसित ऐन्द्रियबोध के सूचक हैं और जो कहानीकार जितना ही संवेदशील है, उसकी कहानी का वातावरण उतना ही मार्मिक और सजीव हुआ है। इस दृष्टि से निर्मल वर्मा की कहानियाँ सबसे अधिक प्रभावशाली हैं। संगीत की जैसी सूक्ष्म संवेदना निर्मल ने व्यंजित की है, वह नयी कहानी की बहुत बड़ी उपलब्धि है। 'परिन्दे' कहानी में 'पियानो के संगीत के सुर रुई के छुई-मुई रेशों से अब तक मस्तिष्क की थकी-मांदी नसों पर फड़फड़ा रहे हैं। संगीत के सुर मानों एक ऊँची पहाड़ी पर चढ़कर हाँफती हुई साँसों को आकाश की अबाध शून्यता में बिखेरते हुए नीचे उतर रहे हैं।' इसी प्रकार मीडोज पर उतरती हुई साँझ की छायाओं में न जाने कितने स्वर एक दूसरे में घुल-मिल जाते हैं। 'दहलीज' में 'ग्रामोफोन के घूमते हुए तवे पर फूल-पत्तियाँ उठ आती हैं, एक आवाज उन्हें अपने नर्म-नंगे हाथों से पकड़कर हवा में बिखेर देती है, संगीत के सुर झाड़ियों में हवा से खेलते हैं, घास के नीचे सोयी हुई भूरी मिट्टी पर तितली का नन्हा सा दिल धड़कता है....मिट्टी और घास के बीच हवा का घोंसला काँपता है....काँपता है।'

ऐसे सजीव बिम्बों द्वारा ही निर्मल की कहानियाँ मन में वे संवेदनाएँ जगा जाती हैं, जिन तक दूसरे कथाकारों के चरित्र और कथानक भी कभी-कभी नहीं पहुँच पाते।

परन्तु निर्मल की कहानियाँ नयी कहानी के एक और तत्त्व की सार्थकता की ओर ध्यान आकृष्ट करती हैं, जिसे अंग्रेजी में 'टेक्स्चर' कहते हैं। कहानी में वाक्यों की श्रृंखला इतनी लयबद्ध चलती है कि सम्पूर्ण विन्यास अनजाने ही मन को संगीत की लहरों पर आरोह-अवरोह के साथ बहाता चलता है। और इस तरह हमारे अनजाने ही कहानी का यह विन्यास कथानक, चरित्र, वातावरण आदि द्वारा उत्पन्न प्रभावान्विति को समृद्ध कर जाता है।

इन बातों से स्पष्ट है कि नयी कहानी में अभीष्ट भाव या विचार की अभिव्यंजना एक साथ ही अनेक स्तरों पर होती है और उसे समग्र-रूप से प्राप्त करने के लिए पाठक को उतने स्तरों पर एक साथ संवरण कर सकने की क्षमता प्राप्त करनी होगी। नयी कहानी के प्रसंग में यदि 'सम्प्रेषणीयता' का कोई अर्थ हो सकता है, तो रस-बोध के विविध स्तरों की प्रेषणीयता।

परन्तु प्रतीक और संकेत का दूसरा पहलू भी है। यह रास्ता बहुत खतर-

नाक है। इस पर बेहद फिसलन है। संकेत इतना भी बारीक हो सकता है कि पाठक ताकता ही रह जाय, कभी कहानी की ओर और कभी लेखक के अदृश्य मुंह की ओर। ऐसी स्थिति में कहानी के सर्वथा विचारशून्य हो जाने का भारी खतरा है। इस खतरे की घण्टी राजेन्द्र यादव की 'अंधा शिल्पी और आँखोंवाली राजकुमारी' में सुनी जा सकती है। क्या नया कहानीकार ज्ञान के ऊपर रूप को प्रतिष्ठित करने के प्रयत्न में एकदम 'अंधा शिल्पी' हो जाना चाहता है? जिस अंधे शिल्पी के पास केवल हाथ है और हृदय है, लेकिन आँखें नहीं हैं, वह आँखोंवाली राजकुमारी को नये रूप के मातृत्व का गौरव देकर आश्वस्त तो कर सकता है, परन्तु वह नया रूप अपने अभीष्ट के अनुरूप होगा ही, इसका आश्वासन कौन दे सकता है। काश कि यथार्थ-जगत् में आज भी अंधे शिल्पियों को उसी प्रकार की आँखोंवाली राजकुमारियाँ सुलभ होतीं! 'जिसे मैं स्पर्श कर लूंगा, उसे अनुभव भी कर लूंगा और तब उसे साकार तो कर ही सकूंगा।' ऐसा अदम्य विश्वास एक अंधे शिल्पी में ही सम्भव है, शायद इसीलिए राजेन्द्र यादव का शिल्पी कला-कर्म छोडकर राजकुमारी को 'ज्ञान-दान' देने लग गया! गनीमत है, शिल्पी ने तो राजकुमारी के लिए कला ही छोड़ी, आँखवाले अपनी आँखों से भी बाज आ सकते हैं! और साहित्य के क्षेत्र में यह घटना कोई अनहोनी नहीं है! अनुभूति और सौन्दर्य के लिए बहुतों ने अपना दृष्टिकोण खोया है और जिनके पास कोई दृष्टिकोण ही नहीं था, उन्होंने अपनी कला भी खोयी है।

'अंधा शिल्पी और आँखोंवाली राजकुमारी', 'अभिमन्यु की आत्म-हत्या', 'कुलटा' आदि इधर की तथाकथित कहानियों में स्वयं राजेन्द्र यादव ने क्या-क्या खोया है, इस प्रश्न का उत्तर वह अपने तईं स्वयं दे सकते हैं। 'रूप-तरंग' में पड़कर एकाध बार रूप की रूपकबाजी की जाय तो कोई बात नहीं; लेकिन कवियों की देखादेखी कभी अभिमन्यु की तरह चक्रव्यूह में कूद पड़ना और कभी उकाब के पंजों में लटकते हुए अजदहों की घाटी में जाकर हीरे बटोरना तो सचमुच आत्महत्या करके भी जीवित रहने की जादूगरी है!

सचमुच यह प्रतीक संकेत-पद्धति बहुत-सी अस्वस्थ प्रवृत्तियों के लिए आवरण बन रही है। सेक्स-संकेत इन्हीं में से एक है। जब संकेत की पद्धति मालूम है, तो सेक्सी बातों का लोभ संवरण कैसे किया जाय?

पुरानी कहानियों की रोमांटिक भावुकता की कमी को कुछ नये कहानीकार सेक्स-संकेतों से पूरा कर रहे हैं। राजेन्द्र यादव तो खैर पाठकों को सिर्फ 'झटका' देने के लिए ऐसे संकेत देते हैं और मोहन राकेश भी 'जानवर और

जानवर' में फर्क करने के इरादे से ही विवश हैं, लेकिन निर्मल वर्मा जैसे 'सॉफिस्टिकेटेड' कहानीकार भी जब 'गर्दन के नीचे फ्राक के भीतर से ऊपर उठती हुई कच्ची-सी गोलाइयों में मीठी-मीठी सी चुभती हुई सुइयों' का लोभ संवरण नहीं कर पाते, तो इस सुई के उपयोग पर प्रेमचन्द याद आते हैं : सेक्स सुई है, उससे सोने का भी काम लिया जा सकता है और चुभाने का भी ! उपयोगितावाद का कला से बैर प्रसिद्ध है ! इसलिए नये कलाकार इस सुई का केवल कलात्मक उपयोग कर रहे हैं।

प्रतीक-संकेत की पद्धति से भाषा में जहाँ एक ओर सूक्ष्म अर्थवत्ता आयी है, वहाँ दूसरी ओर उस पर अनावश्यक काव्यात्मकता का लदाव भी हुआ है। कथासाहित्य ने भाषा की एक परम्परा कायम की है। गद्य ने विशेष उत्तरदायित्व के साथ जन्म लिया है, जो कविता की भाषा के उत्तरदायित्व से कहीं बड़ा है। आधुनिक कथाकार सार्त्र ने भी स्वीकार किया है कथा-साहित्य में गद्य का मुख्य कार्य है आत्म-निषेध, क्योंकि गद्य एक प्रकार का निरन्तर नामकरण है और नाम की सार्थकता इस बात में है कि बोध्य वस्तु के अस्तित्व को स्पष्ट करने के लिए अपने अस्तित्व का लोप कर दे। सार्त्र से सर्वथा सहमत होना आवश्यक नहीं है। लेकिन जिस प्रकार कहानियों में शिवप्रसाद सिंह जैसे लेखक कदम-कदम पर उपमाओं का कोष लुटाते चल रहे हैं उससे एक दिन कहानी के ही लुट जाने का खतरा है। दूसरी ओर राजेन्द्र यादव हैं, जो संभवतः कहानी के लिए निबन्ध की ही भाषा को आदर्श मानते हैं, यह दूसरा छोर है। शायद इसीलिए क्षति-पूर्ति के लिए उन्होंने 'कुलटा' में उर्दू के शेरों की सहायता ली है। 'मन्दी' के जमाने में मोहन राकेश भी कहानी के अन्दर 'निरीक्षणात्मक', 'अध्ययनात्मक' तथा 'निर्णयात्मक' जैसे शब्दों का प्रयोग करते थे, जैसे कोई आलोचनात्मक लेख लिख रहा हो। लेकिन धीरे-धीरे राकेश ने अपनी भाषा को काफी माँजा है। मार्कण्डेय और रेणु जैसे आंचलिक कहानीकारों की नवीन गति-विधि से भी स्पष्ट है कि वे धीरे-धीरे ग्रामीण शब्दों के आरम्भिक उत्साह को संयत कर रहे हैं।

दरअस्ल भाषा का सवाल केवल कुछ शब्दों के छोड़ने और लेने तक ही सीमित नहीं है। सवाल नयी वास्तविकता के अनुरूप उतनी ही यथातथ्य, कठोर, चुस्त, संवेदनशील, सजीव भाषा के निर्माण का है। और इस कार्य में नयी कहानी को अपनी भाषा की परम्परा से अनुशासित होना पड़ेगा। सार्त्र या आल्वेयर काम्यू की कहानियों की भाषा से जो परिचित हैं वे देख सकते हैं कि नयी कहानी के गद्य का विकास सादगी की किस सीमा तक पहुँचा है।

हल्के-हल्के शब्द और छोटे-छोटे वाक्य एक पर एक जमे हुए सहज प्रवाह में बहते चलते हैं, फिर भी सूक्ष्म भाव अथवा विचार का कोई रेशा छूटने नहीं पाता। तमाम अलंकरण, आवरण का कूड़ा-करकट छोड़कर भाषा इतनी स्वच्छ और निर्मल हो उठी है कि विषय-वस्तु और पाठक के बीच में भाषा का व्यवधान ही नहीं रह जाता। कहानी का कथ्य पूरी ताकत के साथ मन पर सीधा असर डालता है। क्या नये कहानीकार भाषा को ऐसी शक्ति प्रदान करने के लिए प्रयत्नशील हैं? प्रसन्नता की बात है कि अमरकान्त ने इस दिशा में एक आदर्श प्रस्तुत किया है। अमरकान्त की भाषा प्रेमचन्द की परंपरा का अद्यतन विकास है : वही सादगी और वही सफ़ाई है। पढ़ने पर गद्य की शक्ति में विश्वास जमता है। परन्तु इस भाषा को और भी संवेदनशील बनना है।

इतना होते हुए भी यह कहा जा सकता है कि नये कहानीकारों ने शिल्प की साधना में अनेक नयी-पुरानी विधियों को कूट-पीसकर एक मिली-जुली शैली का निर्माण किया है। आज स्थिति यह है कि कहानी का ओ' हेन्री तथा चेखव की दो भिन्न-शैलियों में बाँटकर देखना असंभव है। जहाँ प्रतीक-संकेत और वातावरण है, वहाँ कथानक में नाटकीय मोड़ भी मिल सकता है। मोहन राकेश की 'उसकी रोटी' या और कोई भी कहानी इस मिश्रित शिल्प के निर्वाह को प्रमाणित कर सकती है। लेकिन इस दौरान एक बात निश्चित रूप से प्रमाणित हो गयी कि कथानक का कोरा नाटकीय मोड़ व्यर्थ है। दरअस्ल इस तरह का चमत्कार इस युग में प्रोत्साहन पा ही नहीं सकता। जो कहानीकार समूचे आदमी को उठाने की जगह केवल उसकी भौंहें उठाकर रह जाता है, उसके लिये भी भौंहें ही उठ सकती हैं। वैसे, कथाकार के लिये भी चमत्कार का शौक बड़ा मँहगा पड़ता है। पाठक को एक बार चौंकने का मतलब है, उसे निरन्तर चौंकाते जाने के लिये तैयार रहना और इसके लिये दूसरी तरह की तैयारी अपेक्षित होती है। खेद है कि राजेन्द्र यादव जैसे लेखकों ने अभी तक इस लत से अपने को मुक्त नहीं किया है। जिस तरह कुछ पनडुब्बे कवि मोतियों की खोज में परेशान हैं, उसी तरह वे भी जाने किन पहाड़ों में 'हीरों' का 'अन्वेषण' कर रहे हैं! अत्याधुनिक होने की होड़ में कहानीकार को स्वधर्म का भी तो कुछ खयाल रखना चाहिए। कहीं ऐसा न हो कि यह 'अन्वेषण' कहानी को भी उसी अँधेरी खाई तक ले जाकर छोड़े, जिसकी दाँती पर योरप की वर्तमान कहानी तथा अपने यहाँ की नयी कविता का एक भाग खड़ा है।

इस चेतावनी के लिये कहानीकार आलोचक को चाहें तो तरह भी दे सकते हैं कि किन्तु अपने सहधर्मी कहानीकारों से तो सबक ले ही सकते हैं। जिस प्रभु ईशु के भक्तों के भीतर की घुटन को निर्मल वर्मा 'परिन्दे' में चित्रित करते हैं और मोहन राकेश जिसके भक्तों की पशुता को 'जानवर और जानवर' में उद्‌घाटित करते हैं, उसी प्रभु ईश के चित्र को अपनी एकाधिक कहानियों में लटकाकर राजेन्द्र यादव पूजा करते हैं। निःसन्देह उन्होंने एक नया हीरा हासिल किया है ! शायद नयी कविता की हाट में जो मोती पुराने पड़ गये हैं, उन्हें कहानी की दुनिया में 'हीरा' कहकर बेचना ही अन्वेषण है।

'अन्वेषण' से विरोध नहीं, लेकिन 'अन्वेषण' आप करते कहाँ हैं ? और फिर किसका अन्वेषण करते हैं ? इतनी विशाल और समृद्ध जिन्दगी का जंगल सामने लहरा रहा है और आप हैं कि जाने किन सूक्ष्म मान्यताओं और रूढ़ प्रतीकों के 'ऐब्सट्रैक्शन्स' में झक मार रहे हैं। इन बातों के लिए दर्शन या एक हद तक कविताएँ कुछ कम हैं ? फिर इस जिन्दगी की मांसलता और छोटी-छोटी बातों के ब्यौरे में बिखरी हुई ठोस वास्तविकता का चित्रण कौन करेगा ? उपन्यास और कहानियों का निर्माण आखिर किस काम के लिये हुआ है ? जिन्दगी की इस सम्पूर्णता को गद्य वाणी नहीं देगा, तो कौन देगा ? कहाँ तो ऑडेन जैसे कवि हैं कि मांसलता का ज्यों-का-त्यों कविता में समेट लेने के लिए कविता के ढाँचे को दूर तक ऋजु करने की कोशिश करते हैं और कहाँ हमारा कहानीकार है कि कहानी को कविता के तंग दायरे की ओर घसीट डालना चाहता है ! जिन्दगी के गहन जंगल में आज भी न जाने कितनी सजीव वस्तुएँ पड़ी हैं जिनको अभी तक किसी कहानीकार से नाम नहीं मिल सका है, जिन्हें किसी की आँखें नहीं मिल पाती हैं और जो बोल उठने के लिये कहानीकार की वाणी के अभी तक मुहताज हैं। इन्हीं में 'बिन्दा महराज' छुपा हुआ था जिसे शिवप्रसाद सिंह ने अपनी बात कहने का अवसर दिया। इन्हीं में 'मोटर-मिस्त्री' 'उस्ताद' थे, जिन्हें शेखर जोशी ने शिष्य बनकर पहचाना, यहीं 'बदबू' महसूस न करनेवाले और 'बदबू' को न भूलनेवाले लोग भी मौजूद हैं। यहाँ से थोड़ी ही दूर पर 'कोसी का घटवार' रहता है और आंचलिक कहानियों में उभरनेवाली दर्जनों सजीव आत्माएँ यहीं से ली गयी हैं। इस ताजगी को अन्वेषण कहें या बन्द किताबों से लिये गये चित्रों की दमघोंट गन्ध को।

'अन्वेषण' का हौसला अतिपरिचित और नितांत समीपी जीवन के क्षेत्र में भी पूरा किया जा सकता है। वैसे, निगाहों में हमेशा 'कुलटाओं' की ही खोज हो तो बात ही और है। आज की कहानियों के पाठकों का जो बहुत बड़ा

समूह तथाकथित निम्न मध्यवर्ग के परिवारों में रहता है, उनकी ज़िन्दगी की तहों में भी खोजने को बहुत कुछ पड़ा हुआ है। कितने ही प्राइवेट मज़ाक होते हैं, हाथ और मुँह के बीच में भी बहुत-सी बातें पैदा होती रहती हैं। अमरकान्त ने अपनी कहानियाँ यहीं से उठायी हैं और इस तरह हमारी आँखों में हमारी ही ज़िन्दगी के जाने कितने पर्दे उठ गये हैं। इस क्षेत्र में अमरकान्त की कहानियाँ किसी भी नये लेखक के लिये चुनौती हैं। हरिशंकर पारसाई के कथात्मक व्यंग्यों की धार यहीं पैनी हुई है।

विचार जब इस स्तर पर किया जायगा, तो अन्वेषण, प्रयोग, प्रतीक, संकेत वगैरह तमाम गूढ़ शब्दों का भेद खुलेगा। कोई हर्ज नहीं, कहानी चाहे जितनी सांकेतिक बनायी जाय। लेकिन पाठक तो यह देखना चाहेगा कि यह सारा संकेत किस ओर है? यह केवल कटाक्ष है या इसमें किसी सत्य की ओर इशारा भी है। वह आँख अपने-आप ही में सुन्दर है या अपने से परे किसी और सुन्दर वस्तु को भी दिखलाती है? यह इशारा नश्तर है तो केवल दिल में ही उतरना जानता है, या दिल और दिमाग पर छायी हुई कुछ पर्तों को भी चीरता है? ये इशारेबाजियाँ बेमतलब बस यूँ ही थोड़ी देर के लिए हैं या ज़िन्दगी की कोई राह भी दिखाती हैं? ज़िन्दगी की अँधेरी गलियों में रोशनी की तलाश करने वाले राही को ये क्षणिक इशारे ज्यादा देर तक नहीं थाम सकते!

इन बातों को स्वयं न समझ सकने के कारण कहानीकार को पाठकों की समझ से शिकायत होने लगती है और वह अपनी कमज़ोरी की वकालत के लिए किसी ज़बर्दस्त लेखक की शरण लेता है। 'कहानी लेखिका और जेहलम के सात पुल' की दुर्बलता को ढँकने के लिए इसी तरह अश्क ने अलेक्जेंडर बूनिन की 'दि जेंटिलमैन फॉम सैनफ्रांसिस्को' की आड़ ली है। कहाँ 'दि जेंटिल-मैन फ्रॉम सैनफ्रांसिस्को' में चित्रित मशीन युग की पूँजीवादी संस्कृति की विडम्बना और कहाँ जेहलम के सात पुलों का चक्कर लगाकर कश्मीर के बारे में कहानी लिखने की समस्या! यही नहीं, इन दोनों समस्याओं को व्यक्त करनेवाले प्रतीक संकेतों के विधान में भी आकाश-पाताल का अन्तर है। बूनिन की कहानी में विराट समुद्र, 'अटलांटिस' नामक विशाल जहाज और उसके इंजिन का एक-एक पुर्जा, आकाश और समुद्र के बीच रात के सन्नाटे में जहाज के ऊपर चुपचाप सोचते हुए कप्तान की उदात्त मूर्ति, मृत भद्र पुरुष के शव को स्टीमर तक पहुँचाने के लिए आया हुआ घंटियों, झालरों से सुसज्जित खच्चर और स्मारक-स्वरूप बनी हुई पुरातन रोमन प्रतिमा की भव्यता! आश्चर्य है कि अपनी कहानी के प्रसंग में अश्क ने इस कहानी का नाम क्यों-

कर लिया ? सामान्य पाठकों और आलोचकों को अपनी कहानियों का मर्म समझानेवाला कहानीकार कहानी का इतना-सा अन्तर न समझता होगा, यह तो नहीं माना जा सकता।

निःसंदेह कहानी बेहद नाजुक कला है, अश्क के दोस्त राजेन्द्र सिंह बेदी की 'लाजवन्ती' की तरह। और लाजवन्ती की यह बूटी अत्यन्त संवेदनशील हाथों की अपेक्षा रखती है। ज्यादा कलाबाज़ी से भी कुम्हला सकती और रूखे हाथों के स्पर्श से भी। देखना है कि नये कहानीकार इसे कितनी सतर्कता और सजीवता से बढ़ाते हैं !

●

४

आज की हिन्दी कहानी : ऐतिहासिक नवीनता और उपलब्धियाँ

'आज की हिन्दी कहानी' की उपलब्धि का अर्थ 'अच्छी कहानियाँ' हैं, तो इस बारे में ज्यादा मतभेद नहीं है। लगभग एक दर्जन कहानियाँ तो ऐसी हैं ही, जिसका उल्लेख आज की कहानी-चर्चा में प्रायः उपलब्धि के रूप में किया गया है। वस्तु और रूप दोनों ही दृष्टियों से इनमें काफ़ी विविधता है और इनके लेखक भी भिन्न-भिन्न प्रवृत्तियों से संबद्ध हैं। यदि इसके मूल में कोई सुविधा-जनक आपसी समझौता नहीं है तो ज़ाहिर है कि आज की हिन्दी कहानी की उपलब्धि के बारे में कोई बुनियादी मतभेद नहीं है।

लेकिन 'उपलब्धि' का एक ऐतिहासिक अर्थ भी है, जिसके अनुसार आज के सामाजिक और साहित्यिक विकास के सन्दर्भ में इन कहानियों के मूल्यांकन का प्रश्न उठता है। विचार के इस स्तर पर आते ही सारी रुचिगत एकता बिखर जाती है; उपलब्धि के रूप में स्वीकृत हर कहानी प्रवृत्ति का रूप धारण कर लेती है और हर प्रवृत्ति की प्रेरक मान्यताएँ जोर लगाने लगती हैं। कहानी के सामान्य पाठक के लिए इन प्रश्नों का विशेष महत्त्व नहीं है; लेकिन एक रचनाकार और उसके सहधर्मी आलोचक के लिए इन प्रश्नों से बच निकलना असम्भव हैं, क्योंकि इन प्रश्नों का सम्बन्ध सीधे कहानी के विकास की दिशा तथा तद्विषयक रचनात्मक प्रयत्नों से है।

इसीलिए इस कहानी-चर्चा में उपलब्धि-सम्बन्धी ऐतिहासिक प्रश्न इतने रूपों में उठाये गये हैं। कभी ग्रामकथा बनाम शहरी कथा का प्रश्न उठा है, तो कभी परम्परा बनाम प्रयोग या प्रगति का। कुछ लोगों ने 'जातीय कहानी' का भी नारा दिया है और कुछ ने 'नयी कहानी' के संभावित ख़तरनाक अर्थ की ओर से आगाह करते हुए हिन्दी कहानी के अपने 'ऐतिहासिक दाय' की याद दिलायी है। कहानियों की एक प्रवृत्ति को एकदम विदेशी क़रार देना

और कुछ शिल्प प्रयोगों को 'कहानी' मानने से इनकार करना भी इसी सैद्धांतिक संघर्ष का एक पहलू है। प्रश्नों को यही अनेकरूपता जिस स्तर पर जाकर उलझ गयी है, उसे देखकर यह कहना जरूरी हो गया है कि ऐसी विचार-चर्चा में प्रश्न को सही रूप में उठाना पहली आवश्यकता है। यदि आज की हिन्दी कहानी का उपलब्धि-संबंधी ऐतिहासिक प्रश्न सही रूप में उठाया गया होता, तो सम्भवतः इतना मतभेद खड़ा न होता और न इतने दलील-भरे आग्रह ही प्रकट होते। व्यक्तिवादी दृष्टि और समूचे सामाजिक तथा साहित्यिक परिवेश-बोध के अभाव के कारण ही इस बहस में ये भटकाव आये हैं।

दरअस्ल पूरी बहस के शाब्दिक भेदों को हटाकर देखें, तो यहाँ भी बुनियादी तौर पर काफ़ी समान मान्यताएँ मिलेंगी। जो बार-बार अपने 'ऐतिहासिक दाय' की दुहाई देता है, वह भी परंपरा-प्राप्त कहानी-शिल्प में नवीनता पैदा करने के लिए उत्सुक है; जो अपनी कहानियों के लिए 'जातीय साहित्य' के नारे को ढाल की तरह इस्तेमाल कर रहा है, उसे भी कहानी-कला की विश्व-व्यापी बिरादरी का एहसास है, क्योंकि अनेक विदेशी लेखकों ने स्वयं उसके निर्माण में योग दिया है। इसी प्रकार परम्परा-च्युत तथा विदेशी कहे जानेवाले कहानीकार भी अपने जातीय वातावरण तथा कहानी परम्परा के अनुशासन का दबाव महसूस करते हैं; साथ ही कतिपय ग्राम-कथाओं की कड़ी आलोचना करनेवाले तथाकथित शहरी लेखक भी रचनाकार के नाते इस जीवन्त शक्ति के महत्त्व को इनकार करने में असमर्थ हैं। हर एक के अपने सामर्थ्य की सीमा हो सकती है, किन्तु सभी विकासकामी कहानीकार परम्परा, जातीयता और नवीनता वगैरह की बातों को सैद्धांतिक रूप में स्वीकार करते हैं और रचना में उन्हें चरितार्थ करने के लिए प्रयत्नशील हैं। यदि ऐसा न होता तो जिन दर्जन-डेढ़ दर्जन कहानियों की उपलब्धि हुई है, वह न होती।

इसलिए शुरुआत इस सामान्य उपलब्धि के विश्लेषण से ही होनी चाहिए। महत्त्वपूर्ण निष्कर्षों की उपलब्धि इसी प्रकार सम्भव है।

आज की हिन्दी कहानी में जिन कहानियों को हम मोटे तौर से 'अच्छी' कहते हैं, वे कलाकृति के रूप में अखंड इकाई हैं, किन्तु उनके निर्माण में अनेक तत्त्वों का योग दिखाई पड़ेगा। वे जिस वस्तु-सत्य की जीवन्त कला-सृष्टि हैं, उसमें जातीय जीवन तथा व्यक्तिगत अनुभूति, परम्परागत दाय तथा नवीन परिवर्तन, यथार्थ आधार तथा कल्पना का आवरण आदि बहुत-सी नयी-पुरानी

बातों का समवाय हो सकता है। किन्तु इस समवाय का सबसे महत्त्वपूर्ण तत्त्व वह 'ऐतिहासिक नवीनता' है जो सम्पूर्ण कहानी को सार्थकता प्रदान करती है और जिसके कारण सम्पूर्ण परम्परा में उसका योगदान स्वीकार किया जाता है। समीक्षा-विचार में इस 'ऐतिहासिक नवीनता' को पकड़ना पहली आवश्यकता है।

'ऐतिहासिक नवीनता' के लिए थोड़ा स्पष्टीकरण आवश्यक है, क्योंकि 'नये' विशेषण से इधर कुछ लोग घबराने लग गये हैं। कहानी चर्चा में अनायास ही 'नयी कहानी' शब्द चल पड़ा है। और सुविधानुसार इसका प्रयोग कहानीकारों ने भी किया है और आलोचकों ने भी, लेकिन कुछ लोगों की घ्राण-शक्ति बड़ी तेज होती है और वे दूर से ही शब्दों को भी सूंघ लेते हैं। सो, ऐसे लोगों को 'नयी कहानी' की 'नयी' में कुछ और ही गन्ध मिल गयी है। उन्हें आशंका है कि 'नयी कहानी' कहने से "आज के नवोदित, स्वस्थ, जीवन्त कहानीकार 'नयी' के अस्वस्थ आग्रह से सृजन के महत्तर पथ स अलग हटकर बौद्धिक तृप्ति के लिए केवल अन्वेषण, प्रयोग, प्रतीक आदि के आलोचनात्मक जाल में पड़ जायेंगे।" उन्हें शायद नहीं मालूम है कि 'नयी' की घबराहट में अनजाने ही वे 'सृजन के जिस महत्तर पथ' पर चलना चाहते हैं, वह 'सृजन' भी उसी डराकू 'नयी' का हो भाई-बन्द है!

थस्तुतः आत्म-विश्वास की कमी से ही ऐसी आशंकाएँ पैदा होती हैं। यह सही है कि आजकल अच्छे-से-अच्छे शब्द को दूषित अर्थ प्रदान करने का कार्य बड़े पैमाने पर चल रहा है; हिन्दी में ही नहीं, तमाम भाषाओं में, साहित्य में ही नहीं, दर्शन-राजनीति आदि में भी। साम्राजी जंगबाजों ने 'शान्ति' जैसे शब्द को भी 'युद्ध' की व्यंजना दे रखी है। लेकिन इससे शब्द में कहीं छूत लगती है? इससे क्या हम उस शब्द को निरर्थक मानकर छोड़ दें? वे तो यही चाहते हैं! प्रयोग करनेवाले की शक्ति ही शब्द को अर्थ की शक्ति प्रदान करती है। अभी कल तक नया युग, नया मानव, नया साहित्य जैसे शब्द प्रगतिशील लेखकों के अपने थे। यदि उनका अर्थ दूषित नहीं हुआ है, तो कोई वजह नहीं कि 'नयी कहानी' का ही अर्थ दूषित हो जाय।

कुछ शुभचिन्तक कहानो को 'नयी कविता' के प्रभाव से बचाने के लिए भी 'नयी कहानी' संज्ञा से परेशान हैं। कहानी के प्रसंग में 'नयी कविता'-सम्बन्धी शब्द उन्हें गवारा नहीं है, गोया कहानी की चर्चा में जितने पारिभाषिक-ग़ैरपारिभाषिक शब्दों का प्रयोग किया जाता है, वे सब एकदम कहानी के ही हैं! पता नहीं, यह बाड़ेबन्दी कहानी का कितना उपकार करेगी? विचारों के

करारे संघर्ष में शब्दों के औचित्य-अनौचित्य का सहारा प्रायः वही लेते हैं, जिनकी समझ साथ छोड़ देती है। किसी समय दार्शनिक विवाद में नव्य नैयायिकों ने यही किया था और आजकल योरप-अमेरिका के किंकर्तव्य-विमूढ़ नये अर्थ-विज्ञानवादी विचारण यही व्यायाम कर रहे हैं।

एक अरसे से साहित्य की समस्त विधाएँ आपस में आदान-प्रदान करते हुए आगे बढ़ रही हैं। यही नहीं, बल्कि अन्य ललित कलाओं तथा विधाओं के बीच भी यह विनिमय चल रहा है ! ऐसे समय साहित्य में बाड़ेबन्दी की बात करना बचकानापन है। जिसकी आँख अपनी नाक से आगे देखना ही नहीं चाहती, वहीं ऐसी बात कह सकता है।

सैद्धान्तिक रूप से यदि ये बातें मान्य न हों, तो कम-से-कम वस्तुस्थिति के दबाव को तो स्वीकार करना ही पड़ेगा। उदाहरणों से प्रमाणित करने की जरूरत नहीं है कि इस बीच अपने यहाँ कहानी, उपन्यास, नाटक, रेखाचित्र, डायरी, संस्मरण आदि विविध गद्य-रूपों तथा कविता के बीच आपसी विनिमय काफ़ी हुआ है। बेशक इस विनिमय से वे परेशान होंगे, जिनके लिए साहित्य की हर विधा एक ईश्वर प्रदत्त (?) चौखटा है। लेकिन जिनके सामने विविध साहित्य रूपों का इतिहास स्पष्ट है, वे जानते हैं कि किस प्रकार मानव की संवेदनाओं के विकास के साथ अभिव्यक्ति के विविध रूप पैदा हुए और बदले ! इस प्रकार साहित्य के रूपों का परस्पर मिश्रित होना और रूढ़ ढाँचों का टूटना एक नये स्तर पर वास्तविकता के विकसित होने और रचनाकार की समझदारी तथा संवेदनशीलता के समृद्ध होने का द्योतक है। इस परिवेश में 'कहानी' कला की स्वतंत्रता भी सापेक्ष है। 'रसप्रिया' (रेणु), 'परिन्दे' (निर्मल वर्मा), 'एक कमजोर लड़की की कहानी' (राजेन्द्र यादव) आदि मिश्रित शिल्प की कई उत्तम कहानियाँ हैं, जो सम्यक् समीक्षा के लिए ठेठ कहानी से इतर साहित्य-रूपों से सम्बद्ध शब्दावली की अपेक्षा रखती हैं।

रेणु ने अपनी कहानियों की विशेषता स्पष्ट करने के लिए संगीत-कला से शब्दावली उधार लेकर उन्हें 'ठुमरी धर्मा' कहा है, क्योंकि सभी कथाओं का 'अन्तर्मार्ग' एक ही है। 'गीत के अन्तर्भाग में, बीच-बीच में, विभिन्न स्वरों के प्रयोग से जो वैचित्र्य और कारु-कार्य सम्पादित होता है उसको अन्तर्मार्ग कहते हैं।' अभी तक तो कहानी के हितैषियों को 'नयी कविता के शब्दों से खतरा था, यहाँ तो संगीत कला भी आ गयी ! कहानियों की आलोचना में अक्सर जिस 'फ्लैश बैक' की चर्चा की जाती है, वह कब कहानी का अपना शब्द है ! कहानी यदि सिनेमा-शिल्प से प्रभावित हो रही है और सिनेमा-शिल्प-सम्बन्धी शब्दों के

द्वारा उसकी विशेषताओं की चर्चा अवांछनीय नहीं है, तो फिर 'नयी कविता' वाले शब्दों से ही इतनी चिढ़ क्यों ! ऐसी धारणाएँ फैलानेवाले लोगों के कहानी-सम्बन्धी विचारों से जाहिर है कि उन्हें कहानी के नवीनतम विकास की समझ नहीं है ! ऐसे ही लोगों ने फ़तवा, दिया है कि 'जिन बहुत सारी बातों को हम नयी प्रकृति कह या समझ रहे हैं, उनमें तीन-चौथाई ऐसी हैं; जिनमें पुनः प्रस्तुतीकरण का दोष व्याप्त है।' यह बात मुख्य रूप से आज की तथाकथित ग्राम-कथाओं को लेकर कही गयी है। दूसरे शब्दों में, आज की ग्राम-जीवन पर लिखी हुई कहानियाँ प्रेमचन्द की स्वस्थ और प्रकृत प्रवृत्ति का अस्वाभाविक, परिवर्तित, कृत्रिम और डिस्टॉर्टेड पुनःप्रस्तुतीकरण हैं।' वेद में जिस तरह सब-कुछ है, उसी तरह प्रेमचन्द में कहानी का सब-कुछ है। जगत् ब्रह्म का विवर्त है, तो आज की ग्राम-कथाएँ प्रेमचन्द की विकृति हैं ! लेकिन विवर्तवाद ने जिस तरह जगत् को समझाया है, उसी तरह क्या यह नया 'विकृतिवाद' भी आज की ग्राम-कथाओं को समझाना चाहता है ? विवर्तवाद से जगत् तो माया हो ही गया, ब्रह्म भी रहस्य की पहेली बन गया ! डर है कि इस 'विकृतिवाद' से ग्राम-कथाओं का कुछ हो या न हो, प्रेमचन्द ब्रह्म की अवस्था को अवश्य प्राप्त हो जायेंगे !

'ग्राम-कथाओं' को प्रेमचंद की विकृति कहनेवालों ने तथाकथित 'शहरी कहानियों' को भी अधिकांशतः 'मोराविया, सारोयान, हेमिंग्वे, कामू' आदि विदेशी कथाकारों का ऐसा ही पुनःप्रस्तुतीकरण बतलाया है ! इस प्रकार 'थोड़ी आधुनिकता और शिल्प-चमत्कार के अलावा बाकी सभी मामलों में हिन्दी की वर्तमान कहानी पूर्ववर्तियों का अनुसरण करके चल रही है। सवाल यह है कि यदि सभी मामलों में पूर्ववर्तियों का अनुसरण हो रहा है, तो 'पुनःप्रस्तुतीकरण' करते समय यह शिल्प-चमत्कार, प्रकृत प्रवृत्ति में विकार और थोड़ी आधुनिकता भी क्यों ? इन आधुनिक कहानीकारों का दिमाग़ एकबारगी क्यों फिर गया ? आज भी कहानी के क्षेत्र में लीक पीटनेवालों की कमी नहीं है; फिर सुगम मार्ग को छोड़कर थोड़े-से लोग प्रेमचन्द की प्रकृत प्रवृत्ति को बिगाड़ने तथा विदेशियों को हूबहू उतारने में क्यों लगे हुए हैं ?

इन सभी का उत्तर स्वयं उन कहानियों में ही मौजूद है। वहाँ दृश्य भी है और दृष्टि भी ! ये कहानियाँ जीवन की सीधी आलोचना ही नहीं बल्कि जीवन के अधिक-से-अधिक संवेदनशील पहलुओं का चित्र भी हैं। कुछ कहानियाँ ऐसी हैं, जिनमें आलोचना-पक्ष पर ज़ोर कम है, संवेदनशील पहलुओं के ग्रहण का आग्रह अधिक है। कहानी के लिए अब जीवन का एक कतरा काटते समय उसके

हर जीवन्त रेशे को भी सुरक्षित रखने की कोशिश की जाती। इसीलिए सीधे-सीधे कहानी कहने अथवा एक विचार व्यक्त करने की अपेक्षा वास्तविकता के अधिक-मे-अधिक स्तरों को उभारने की कोशिश हो रही है। इस कार्य को भली-भाँति सम्पन्न करने के लिए कहानीकारों ने परम्परागत कार्य-कारण-बद्ध कथानक को जगह-जगह तोड़ दिया है, ताकि उनके बीच से जीवन-खंड के अन्य अनुभूति-तत्त्व उभर जायँ ! फिर इन टूटे हुए टुकड़ों को नये-नये रूपाकारों में सजाकर कहानी की नवीन कला-सृष्टियाँ की जाती हैं।

चित्र-कला में नवीन प्रवृत्तियों का प्रवर्तन करने वाले पिकासो जैसे चित्र-कारों ने जिस प्रकार परम्परागत रूप को खण्डित करके नये-नये अनुक्रमों द्वारा जीवन-वास्तव के विविध आयाम चित्रित किये, उसी प्रकार सम्भवतः आज की हिन्दी कहानी में भी कहीं-कहीं यह कार्य चल रहा है। रेणु और मार्कण्डेय ने इस कला के द्वारा यदि ग्राम जीवन के कुछ मार्मिक पक्ष उभारे हैं तो निर्मल वर्मा और राजेन्द्र यादव ने भी जीवन के अन्य क्षेत्रों के अलक्षित पहलू दिखलाये हैं। इसी को कुछ लोगों ने यथार्थ को विकृत करना कहा है। वस्तुतः यह एक दूसरे स्तर पर यथार्थ के जटिलतर रूप की उपलब्धि है !

यह नवीनता केवल शिल्पगत नहीं है; बल्कि इसके मूल में कहानीकार की नवीन दृष्टि है। इसका मतलब यह है कि आज का यह कहानीकार वस्तुओं को उसी रूप में नहीं देखता, जिस रूप में वे देखी जाती रही हैं। रचनात्मक दृष्टि का यह परिवर्तन कहानीकार के समूचे व्यक्तित्व के परिवर्तन का द्योतक है। इसलिए इस कथा-दृष्टि की सीमाओं पर विचार करते समय उन ऐति-हासिक सामाजिक तत्त्वों को ध्यान में रखना ज़रूरी है, जिनके कारण वर्तमान समाज में कहानीकार की स्थिति नियत होती है। हमारी सामाजिक परि-स्थितियाँ जिस रूप में बदली हैं, उनमें अनेक साहित्यकारों के साथ कई कहानी-कार भी एक विशेष स्थिति में फेंक दिये गये हैं, जो चाहे या अनचाहे एक विचित्र प्रकार के अकेलेपन की है। वास्तविकता को एक विशेष दृष्टि से देखने का कारण बहुत-कुछ यही स्थिति है। इस स्थिति में अतिरिक्त संवेदनशीलता अनिवार्य है, जो बहुत प्रयत्न करने पर भी दृष्टिगत वास्तविकता पर भावना-परक कुहासा डाल देती है ! इस प्रकार इस संवेदनशीलता ने परिस्थितियों के बारे में कहानीकार की समझ को भी सीमित किया है। इसी सीमित समझ के फल-स्वरूप इन कहानियों में वस्तु का चयन काफी याद‍ृच्छिक दिखायी पड़ता है। समस्याएँ या तो उठायी ही नहीं जातीं या फिर उठायी जाती हैं, तो ऐसी, जिनका सम्बन्ध हमारे जीवन के मुख्य संघर्ष से नहीं है। यह नहीं कहा जा

सकता कि कहानी जैसे छोटे रूप में जीवन की मुख्य समस्याओं को नहीं उठाया जा सकता ! यदि छोटी-छोटी कविताएँ यह कार्य करती हैं तो कहानी भी कर सकती हैं । इसके अलावा बात एक कहानी पर ही खत्म नहीं हो जाती; कहानीकार की सम्पूर्ण कहानियों से पता चल जाता है कि वह अपने परिवेश को समझने और बदलने के लिए निरन्तर प्रयत्नशील है या नहीं ? जागरूक कथाकार की हर कहानी उसके सामाजिक संघर्ष की दिशा में एक क़दम होती है और यही दिशा उसकी हर छोटी-से-छोटी कहानी को वृहत्तर अर्थवत्ता प्रदान करती है ! कहानी के लिए अभीष्ट वर्ण्य वस्तु चुनने के क्रम में भी एक निश्चित जीवन-दृष्टि होती है ।

इसलिए प्रश्न यथार्थ-खण्ड के नये-नये पहलुओं को उभारने का ही नहीं है; बल्कि उस यथार्थ-खण्ड को घेरनेवाले व्यापक परिवेश की ओर संकेत करने का भी है । स्वीकार करना चाहिए कि इन कहानीकारों को छोटी-छोटी अनुभूतियों के चित्रण में जितनी उपलब्धि हुई है, उतनी ऐतिहासिक परिवेश की दिशा में नहीं है । इस परिवेश-बोध के ही अभाव में कभी-कभी कथागत संवेदनाएँ नितान्त काल्पनिक प्रतीत होने लगती हैं और किसी महत्त्वपूर्ण बात की कमी से कहानी का समस्त रूपाकार शिल्प-चमत्कार होकर रह जाता है । प्रकाशचन्द्र गुप्त के इस कथन में बहुत सच्चाई है कि 'किसी बड़ी आस्था अथवा विश्वास के अभाव में कला के तत्त्वों का विघटन होने लगता है ।' आशा करनी चाहिए कि स्वयं अपनी रचना-सम्बन्धी आवश्यकताओं से ही प्रेरित होकर कहानीकार उस सामाजिक विवेक और मानववादी आस्था की उपलब्धि करेगा ।

बहरहाल, इस नवीन संवेदनशील कथा-दृष्टि से सम्बन्धित कुछ और भी प्रश्न हैं । आज की हिन्दी कहानी की उपलब्धियों के सिलसिले में सामान्य रूप से प्रायः यह स्वीकार किया गया कि वह पहले से कहीं ज्यादा संवेदनापूर्ण और नाना स्तर की अनुभूतियों से भरी हुई है । लेकिन संवेदनाओं और अनुभूतियों का चित्रण हवा में नहीं होता । संवेदनाएँ किसी मूर्त मानव-व्यक्ति का आधार लेकर खड़ी होती हैं और एक निश्चित संदर्भ में पैदा होती हैं ! यह संदर्भ चाहे सामाजिक हो, चाहे प्राकृतिक । सामाजिक संघर्ष के सिलसिले में ही व्यक्ति की संवेदनाएँ छिटकती हैं । व्यक्ति के सामाजिक संघर्ष का रूप बदलता है, तो संवेदनाओं के ढाँचे में भी परिवर्तन आता है । नयी संवेदनाएँ व्यक्ति और उसके समाज के नवीन संघर्ष की सूचक होती हैं । इसलिए आज की हिन्दी कहानी में जब नयी संवेदनाओं की उपलब्धि की बात कही जाती है,

तो इसका स्पष्ट अर्थ है कि उनमें नवीन सामाजिक संघर्षों का चित्रण है। संघर्ष का अर्थ केवल युद्ध या कोई स्थूल लड़ाई नहीं है। यह एक प्रकार से व्यक्तियों और समुदायों के आपसी सम्बन्धों की प्रतिक्रिया है। जो लोग आज की हिन्दी कहानी में नवीन संवेदनाओं के अस्तित्व को तो स्वीकार करते हैं, लेकिन द्वन्द्व या संघर्ष का अभाव बताते हैं, उनका द्वन्द्व या संघर्ष कोई हवाई चीज है। आज की कहानी के किसान, जमींदार या दफ्तर के बाबू क्या आज की परिस्थितियों के संघर्ष में चित्रित नहीं हुए हैं ? इन कहानियों को पढ़ते समय क्या ऐसा नहीं लगता कि इनके चरित्रों को किसी नयी परिस्थिति का सामना करना पड़ रहा है ? जहाँ पुरानी रूढ़ियों के बीच दबे हुए व्यक्ति की कराह सुनायी पड़ती है और जहाँ वह किसी पुरानी रूढ़ि के विरुद्ध लड़ते अथवा अपने जीने का जुगाड़ करते दिखाई पड़ता है वहाँ भी गौर से देखने पर पता चलेगा कि आज की कहानी में चित्रित वे पुरानी रूढ़ियाँ भी एकदम पुरानी नहीं है और इस संघर्ष का रूप भी पहले से भिन्न है। आज की हिंदी कहानियों में चित्रित संघर्ष चाहे नैतिक हो या चाहे आर्थिक, पारिवारिक हो चाहे राज-नैतिक, आज की परिस्थिति का संघर्ष है। सदियों पुरानी समस्याओं को भी आज की कहानियों का किसान या निम्न मध्यवर्गीय कोई शहरी व्यक्ति नये स्तर पर तथा नये रूप में झेल रहा है।

मार्कण्डेय के किसान-चरित्र जीवन की जिन परिस्थितियों के सन्दर्भ में चित्रित हुए हैं, वे आधुनिक भूमि-सुधारों और विकास-योजनाओं से सम्बद्ध हैं और इनकी भूमि-समस्याएँ नयी जीवन-व्यवस्था तथा मानसिक अवस्था को व्यंजित करती हैं। इसी प्रकार आज की अन्य ग्रामकथाओं में स्त्री-पुरुष के पारिवारिक तथा नैतिक सम्बन्धों के बदलते हुए रूपों का चित्रण किया गया है। निःसन्देह इस चित्रण में सब समय व्यक्ति की महत्तर संवेदनाओं का उभार सम्भव नहीं हो सका है और समस्याएँ भी बहुत सुलझे हुए रूप में प्रस्तुत नहीं हो सकी हैं। किन्तु प्रयास की नवीनता को देखते हुए यह उपलब्धि भी कम नहीं है।

इसी प्रकार भीष्म साहनी, मोहन राकेश तथा अमरकांत की कहानियों में नवीन आर्थिक परिस्थितियों का सामना करनेवाले निम्न मध्यवर्गीय व्यक्तियों की लाचारी, पीड़ा, आत्मप्रवंचना और जिजीविषा आदि मनःस्थितियों का कलापूर्ण मार्मिक चित्रण मिलता है। राजेन्द्र यादव, निर्मल वर्मा, कृष्णा सोबती तथा मन्नू भंडारी के निम्न मध्यवर्गीय स्त्री-पुरुष के सामाजिक सम्बन्ध की नैतिक और मानसिक समस्याओं के नये परिवर्तित रूप का भावपूर्ण चित्रण

प्रस्तुत किया है। इन कहानियों में चित्रित प्रेम पूर्ववर्ती प्रेम-कथाओं के प्रेम या रोमांस से काफ़ी जटिल है; इन कहानियों के नारी-चरित्रों की लाचारी और मुक्ति की कामना बदली हुई सामाजिक रूढ़ियों की जटिलता तथा नारी के नवीन मानसिक का पता देती हैं। इसी प्रकार इन कहानियों के पुरुष-चरित्रों के स्त्री गठन सम्बन्धी दृष्टिकोण में भी पहले से परिवर्तन मिलेगा। इस आंतरिक कशमकश में भी एक विचित्र प्रकार का साहस है और चहल-कदमी में भी एक नये स्तर की उलझन है !

तात्पर्य यह कि 'आज की हिंदी कहानी' के चरित्र हमारे जीवन की वास्तविकता के ऐतिहासिक विकास के प्रतीक हैं ! इन कहानियों में चित्रित पुरानी पीढ़ी के चरित्र भी परिस्थितियों में परिवर्तन का अनुभव करते हैं और फलस्वरूप वे कभी इनके साथ अपने मन की संगति बैठाने की कोशिश करते हैं और कभी उत्साह में आकर नयी पीढ़ी का साथ देने अथवा उससे दो कदम आगे बढ़ जाने का प्रयत्न करते दिखायी पड़ते हैं। परन्तु इन कहानियों की उपलब्धि की सबसे महत्वपूर्ण कसौटी तरुण व्यक्ति-चरित्र हैं। विचारणीय बात यह है कि आज के कहानीकारों ने अपनी पीढ़ी के व्यक्तियों का चित्रण किस रूप में और किस हद तक किया है ! और इस विषय में एकरूपता का मिलना मुश्किल है। कहानीकारों के व्यक्तित्व, सामाजिक स्थिति, पारिवारिक संस्कार, जीवन-दृष्टि तथा अनुभव-सीमा के भेद से उनकी कहानियों के युवक चरित्र भी भिन्न-भिन्न प्रकार के हैं। जागरूक कहानीकार बहुत कम हैं, जिनके युवक चरित्र अपने वर्तमान की व्यापक स्तर पर गहराई से अनुभव करते तथा समझते हुए भविष्य का पथ प्रशस्त करने में संलग्न हों। फलस्वरूप ऐसी कहानियाँ भी बहुत कम हैं, जिनमें सम्भावित भविष्य के आलोक में नयी पीढ़ी के व्यक्तियों का चित्रण मिले !

और इस बिन्दु पर पहुँचते ही कहानीकार की संवेदना से सम्बद्ध एक नया प्रश्न सामने आता है। संवेदना के प्रसंग में कुछ लोगों ने प्रायः कहानीकार में 'नयी ग्रहणशीलता' की आवश्यकता बतलायी है, और हमने अभी देखा कि आज की कहानी में किस प्रकार वास्तविकता के विकसित रूप को विकसित संवेदना द्वारा ग्रहण किया गया है। किन्तु नयी संवेदना लेने की ही नहीं, बल्कि देने की भी चीज है। सवाल यह है कि आज का कहानीकार अपनी संवेदना किसे देता है और उस दी हुई संवेदना का रूप क्या है, स्तर क्या है ? यह सवाल इसलिये महत्वपूर्ण है कि कहानीकार की यही संवेदना हर पाठक के लिए अंततः उपलब्धि है।

इस प्रसंग में मोटे तौर से इस बात का उल्लेख प्रायः किया गया है कि आज के कहानीकारों ने बहुत-से उपेक्षितों को अपनी संवेदना दी है। एक जमाने में जिस प्रकार वेश्याओं और पतिताओं के उद्धार का उत्साह था, उसी प्रकार आज के कुछ संवेदनशील कहानीकारों ने कंजड़ों, नटों, मुसहरों, मीरासियों, हिजड़ों, रमन्तू नर्तकों आदि यायावरीय मनुष्यों का उद्धार किया है, जिसके लिये शिवप्रसाद सिंह की कहानियां दर्शनीय हैं! इसी प्रकार कोई अपनी संवेदना केवल किसानों को देता है तो कोई शहर के निम्न मध्यवर्ग को; कोई परिवार के बूढ़े-बूढ़ियों को तो कोई-अनमेल ब्याही महिलाओं को; कोई चिर-कुमारी कन्याओं को तो कोई केवल अपने को, चाहे वह जो हो; सूची और भी लम्बी हो सकती है, लेकिन यदि इसको लेकर कहानीकारों ने आपस में बहस न की होती, तो इसकी जरूरत भी नहीं थी। ये सभी संवेदनाएँ साहित्यकार की बृहत्तर मानव संवेदना का दायरा पूरा करती हैं। इसलिए इनमें परस्पर-विरोध देखना वस्तुतः अपनी संवेदना की संकीर्णता साबित करना है। यह बात इतनी मोटी है कि इसके लिए ज्यादा महीन अक्ल की ज़रूरत नहीं है। संवेदना एक नैतिक दायित्व है, जिसके अनुसार 'आज के उपेक्षितों और कल के अपेक्षितों के लिए' साहित्य रचने की आवश्यकता है!

और यह तथ्य है कि आज के अधिकांश हिन्दी कहानीकार कभी-कभार के ऊपरी प्रलोभनों के बावजूद वुनियादी तौर से इस नैतिक दायित्व का निर्वाह कर रहे हैं। वस्तुतः आज का कहानीकार समाज में स्वयं इतना पीड़ित है कि अपने समानधर्मा लोगों के बीच अपनी पीड़ा बँटाने के लिए कुछ अपनी और कुछ उसकी कहने के लिए विवश है। यदि इस नैतिक दायित्व के निर्वाह में आज के कहानीकारों से कहीं चूक होती है, तो यही कि वह अपनी कमज़ोरी को बहुत अधिक उभार देता है या किसी कमज़ोर को अतिरिक्त संवेदना प्रदान कर देता है! वय और युग को देखते हुए यह कचाई क्षम्य है!

यह सही है कि आज के अधिकांश कहानीकारों में वास्तविकता के विधेयात्मक पक्ष को उभारने की जगह निषेधात्मक पक्ष की आलोचना पर ही ज़ोर अधिक है; लेकिन यह कमज़ोरी तो साहित्य के अन्य क्षेत्रों के रचनाओं में भी है। आज का लेखक जिस विरोधी परिवेश से घिरा हुआ है, उसे तोड़-कर नवनिर्माण के आशाप्रद तत्त्वों के प्रति एहसास पैदा होना कुछ मुश्किल है और इसके लिये अधिक सक्रिय नैतिक प्रयत्न की अपेक्षा है।

अन्त में एक बात और, क्योंकि 'कहानी' की यह कहानी-चर्चा समाप्ति पर है। 'आज की हिन्दी कहानी' की एक उपलब्धि यह कहानी-समीक्षा की

परम्परा भी है ! 'कहानी' पत्रिका को ही इस परम्परा के सूत्रपात का श्रेय है। कहानी के क्षेत्र में इस बीच जो-कुछ महत्वपूर्ण लिखा गया है, उसे प्रकाशित करने का कार्य मुख्यतः 'कहानी' ने ही किया है। इसलिए यह 'समीक्षा-विचार' 'कहानी' के दायित्व के अनुकूल ही है। देखा-देखी इस बीच दूसरी पत्रिकाओं में भी कहानी-चर्चा को प्रधानता मिली है। इस चर्चा का सबसे महत्वपूर्ण पक्ष यह है कि इसमें भाग लेनेवाले अधिकतर कहानीकार रहे, 'जिनका योग आज के कहानी साहित्य में महत्वपूर्ण है।' ऐसा भी हुआ है कि कुछ कहानीकारों की निगाह 'आज की हिन्दी कहानी' की उपलब्धि बताने से अधिक आत्मोपलब्धि पर ही रही और इस सिलसिले में उन्होंने व्यर्थ ही अन्य कहानीकारों तथा कुछ आलोचकों से आतंकित होकर अनकही कह डाली। बहरहाल, आगे के लिए इस बात की ओर सावधान कर देना जरूरी है कि 'आज की हिन्दी कहानी' के विकसित तत्वों के रसास्वादन के लिए यथोचित अभिरुचि का वातावरण बनाने की ज़िम्मेदारी सबसे पहले आज के जागरूक कहानीकारों की है। अभिरुचि के द्वारा ही सुरुचि सम्पन्न पाठकों का समुदाय तैयार किया जा सकता है, जो कि आज की 'हिन्दी कहानी' के जीवन्त तत्व के विकास की खास शर्त है !

•

५

नयी कहानी की पहली कृति : परिन्दे

फ़क़त सात कहानियों का संग्रह 'परिन्दे' निर्मल वर्मा की ही पहली कृति नहीं है बल्कि जिसे हम 'नयी कहानी' कहना चाहते हैं उसकी भी पहली कृति है। पढ़ने पर सहसा विश्वास नहीं होता कि ये कहानियाँ उसी भाषा की हैं जिसमें अभी तक शहर, गाँव, कस्बा और तिकोने प्रेम को ही लेकर कहानीकार जूझ रहे हैं। 'परिन्दे' से यह शिकायत दूर हो जाती है कि हिन्दी कथा-साहित्य अभी पुराने सामाजिक संघर्ष के स्थूल धरातल पर ही 'मार्कटाइम' कर रहा है। समकालीनों में निर्मल पहले कहानीकार हैं जिन्होंने इस दायरे को तोड़ा है—बल्कि छोड़ा है; और आज के मनुष्य की गहन आन्तरिक समस्या को उठाया है।

व्यक्ति-चरित्र वही है, जीवन-स्थितियाँ भी रोज़ की जानी-पहचानी ही हैं, लेकिन निर्मल के हाथों वही स्थितियाँ इतिहास की विराट नियति बन कर खड़ी हो जाती हैं और उनके सम्मुख खड़ा व्यक्ति सहसा अपने को असाधारण रूप से अकेला पाता है और उसकी ज़बान से निकला हुआ मामूली-सा वाक्य एक युगव्यापी प्रश्न बन जाता है।

पहाड़ के पीछे से आते हुए पक्षियों के झुंड को देखकर 'परिन्दे' की लतिका चलते-चलते सोचती है : "क्या वे सब प्रतीक्षा कर रहे हैं? लेकिन कहाँ के लिए, हम कहाँ जायँगे ?" प्रश्न मामूली है लेकिन कहानी के माहौल में वह सिर्फ पक्षियों का या लतिका का व्यक्तिगत प्रश्न नहीं रह जाता। जैसे इस प्रश्न से लतिका, डाक्टर मुखर्जी, मि० ह्यूबर्ट सबका सम्बन्ध है—इन सबका और इनके अलावा भी और सबका। देखते-देखते प्रेम की एक कहानी मानव-नियति की व्यापक कहानी बन जाती है और एक छोटा-सा वाक्य पूरी कहानी को दूरगामी अर्थवृत्तों से वलयित कर देता है। हम कहाँ जायेंगे यह वाक्य सारी कहानी पर अर्थ-गंभीर विषाद की तरह छाया रहता है। प्रसंगात् चेखव की कहानियों में बार-बार गूँजने वाला वह प्रश्न याद आ जाता है—हम क्या

करें ! वह प्रश्न जिसकी गूंज उन्नीसवीं सदी के सारे रूसी कथा-साहित्य और सामाजिक चिंतन में बार-बार सुनाई पड़ती है। जैसे सारा ज़माना एक साथ पूछ रहा हो कि क्या करें ?

इसी प्रकार 'सितम्बर की एक शाम' का बेकार नवयुवक घास पर लेटे हुए जब सोचता है कि "सारी दुनिया उसकी प्रतीक्षा कर रही है कि वह "उसे अर्थ दे" तो उससे साधारण बेकारी से कहीं बड़ा अर्थ ध्वनित होता है। "उसने आँखें उठायीं—सारी दुनिया उसके सामने पड़ी थी और उसकी उम्र सत्ताईस वर्ष की थी।" यह एक वाक्य बहुत कुछ कह देता है; एक वाक्य में आज का सारा अन्तर्विरोध झलक उठता है। संभावना और व्यर्थता का अन्तर्विरोध ! बेकारी पर लिखी हुई दर्जनों कहानियाँ एक ओर और 'सितम्बर की एक शाम' एक ओर ! 'माया का मर्म' की बेरोजगारी भी इसी प्रकार ज़िन्दगी की व्यापक निरर्थकता को व्यंजित करती है जिसे आलबेयर कामू 'ऐबसर्ड' कहता है।

स्वतंत्रता या मुक्ति का प्रश्न, जो समकालीन विश्व-साहित्य का मुख्य प्रश्न बन चला है, निर्मल की कहानियों में प्रायः अलग-अलग कोण से उठाया गया है। एक तरफ से देखा जाय तो 'परिन्दे' की लतिका की समस्या स्वतंत्रता या मुक्ति की समस्या है ! अतीत से मुक्ति, स्मृति से मुक्ति, उस चीज़ से मुक्ति 'जो हमें चलाए चलती है और अपने रेले में हमें घसीट ले जाती है।' इन कहानियों के प्रायः सभी व्यक्ति-चरित्र अपने अतीत की स्मृति से मुक्त होने के लिए प्रयत्नशील हैं। सारी कहानियाँ इस मुक्ति की पीड़ा की मार्मिक अभिव्यंजना हैं। सर्वत्र कोशिश यही है कि इतिहास से अपने को मुक्त करके एक साक्षी या 'विटनेस' के रूप में उसे देखा जाय। मुक्ति का यह क्षण जिसमें मनुष्य स्वयं अपना साक्षी हो जाता है, निर्मल की अनेक कहानियों का आलोककेन्द्र है। और उस क्षण के आलोक में ही व्यक्ति देखता है कि "वह मुक्त है और सारी दुनिया उसकी प्रतीक्षा कर रही है।" इस प्रकार ये कहानियाँ जीवन की विभिन्न स्थितियों के सन्दर्भ में आज के सबसे बड़े मानव-मूल्य—मानव-मुक्ति—को परिभाषित करती है।

यह आकस्मिक नहीं है कि कहानी के माध्यम से मानव-मुक्ति का प्रश्न उठाने के साथ ही निर्मल ने अपनी कहानियों को भी हिन्दी कहानी की परिपाटी से मुक्त करने का प्रयत्न किया है। सच्ची रचना वहीं शुरू होती है जब लेखक अपनी स्मृति को जीवन-सम्बन्धी प्रचलित 'साहित्यिक' यथार्थ से मुक्त कर लेता है। जैसा कि एक निबन्ध में निर्मल ने स्वयं कहा है, "ऐसे ही शून्य से कला का जन्म होता है।" विरासत में मिले 'फार्मूलों' से मुक्त होकर जब कोई

लेखक सीधे जीवन का साक्षात्कार करता है और ज़िन्दगी की जटिलताओं से प्रवेश करके सच्चाई का पता लगाता तभी नवीन कलाकृति का सृजन संभव होता है। 'तीसरा गवाह' कहानी जैसे इसी सृजन-सिद्धान्त को उदाहृत करने के लिए कही गई है।

प्रेम और विवाह के सम्बन्ध में एक वकील साहब अपनी 'घिसी-पिटी' धारणाएँ प्रकट करते हैं तो रोहतगी साहब बहुत ही धीमे स्वर में कहते हैं कि "हम केवल अनुमान ही लगा सकते हैं, वकील साहब ! सच्ची बात उस लड़की के अलावा कोई नहीं जान सकेगा और मुझे सन्देह है कि क्या वह खुद भी सही कारण जान पाएगी ?" इस कथन के पीछे जीवन की जटिलता की ओर कितना संजीदा संकेत है; इसका ठीक-ठीक अहसास उस समय होता है जब हम बड़े-बड़े लोगों को हर मसले पर दनादन राय देते हुए देखते हैं। 'तीसरा गवाह' कहानी इस बात को जैसे साबित करने के लिए लिखी गई है कि स्वयं अपने ही जीवन में घटी हुई घटना भी कितनी जटिल होती है कि कभी-कभी स्वयं हमारे लिए ही उसे ठीक ठीक समझना मुश्किल हो जाता है। इस प्रकार यह कहानी वास्तविकता के प्रति एक नये दृष्टिकोण की ओर संकेत करती है जिसे चाहें तो 'नई कहानी' की शुरुआत भी कह सकते हैं। हर घटना अनेक व्याख्याओं के लिए खुली हुई है और समस्त व्याख्याओं के बावजूद वह घटना समाप्त नहीं हो जाती—यह भावबोध हिन्दी कहानी में एक नये मोड़ की सूचना देता है।

अभी तक जो कहानी सिर्फ कथा कहती थी या कोई चरित्र पेश करती थी अथवा एक विचार का झटका देती थी, वही निर्मल के हाथों जीवन के प्रति एक नया भावबोध जगाती है; साथ ही ऐसे दुर्लभ अनुभूति-चित्र प्रदान करती है जिन्हें हम कम-से-कम हिन्दी में कहानी के माध्यम से प्राप्त करने के अभ्यस्त नहीं थे।

ज़ाहिर है कि एक नये गद्य के बिना कहानी के क्षेत्र में इस प्रकार के नवीन प्रयत्न असम्भव थे। इन कहानियों को पढ़ते समय एक नये गद्य से परिचय होता है—अपने प्रयोजन के लिए बनाया हुआ लेखक का अपना गद्य ! सम्भवतः कहानी का गद्य इतना संवेदनशील तो पहले कभी न था। या तो भावोच्छ्वसित गद्य काव्य था या नितान्त कामकाजी ! 'परिन्दे' को देखकर लगता है कि भाषा के क्षेत्र में जो काम इतने दिन में प्रयोगशील नयी कविता भी न कर सकी उसे अन्ततः कहानी के गद्य ने कर दिखाया। छोटे-छोटे संवादों

में उभारी हुई 'पिक्चर पोस्टकार्ड' कहानी संभवतः इस गद्य के निखरे हुए आधुनिकतम रूप को प्रकट करती है।

कुल मिलाकर इस संग्रह की कहानियाँ कहानी के एक परम्परासिद्ध ढाँचे में अनेक नई संभावनाओं का संकेत देती हैं। अभी तो यह एक शुरुआत है! लेकिन एक संभावनापूर्ण शुरुआत।

२

कहानी-संग्रह 'परिन्दे' का प्रकाशन अब हुआ है, लेकिन निर्मल वर्मा की कहानियों की चर्चा एक अरसे से हो रही है। प्रायः सभी मानते हैं कि उनकी कहानियाँ गहरा प्रभाव डालती हैं। लेकिन ऐसा प्रभाव उत्पन्न करने वाली कला का विश्लेषण अभी तक नहीं हुआ है, भावुकता, निराशा एकरसता वगैरह की शिकायत अलबत्ता की गई है। बेहतर है शुरुआत इस प्रभाव के विश्लेषण से ही हो।

यह सही है कि निर्मल की कहानियाँ गहरा प्रभाव छोड़ जाती हैं यहाँ तक कि तमाम कहानियाँ लगभग एक-सा प्रभाव छोड़ती हैं और यह भी सही है कि इस प्रभाव के आगे न चरित्र याद रहते हैं और न घटनाएँ। लेकिन सवाल यह है कि क्या इनका याद रहना जरूरी है? पाठक के लिए जरूरी क्या है: प्रभाव या चरित्र आदि? जिन कहानियों के चरित्र आदि याद रह जाते हैं क्या वे भी ऐसा ही प्रभाव डालती हैं? क्या यह सही नहीं है कि जिन कहानियों में विविधता के नाम पर ढूंढ़-ढूंढ़ के अजीबो-गरीब चरित्र लाए जा रहे हैं और अछूते जीवन-खंड पेश किए जा रहे हैं वे प्रभाव के नाम पर या तो शून्य हैं या फिर केवल विस्मय जगा कर ही रह जाती हैं? ज़ाहिर है कि ये कहानीकार कहानी के प्रभाव की जगह सिर्फ अपना प्रभाव पैदा करना चाहते हैं।

चरित्र वहीं याद आते हैं जहाँ भाव कमजोर होता है और शिल्प प्रबल; देसरे शब्दों में, जहाँ कहानी के ढाँचे में दरार रहती है। और साफ है कि ऐसी दरारोंवाली कहानी अभीष्ट प्रभाव उत्पन्न नहीं कर सकती। अचंभा तो इस बात का है कि जीवन-विविधता की इस दौड़-धूप में कहानीकारों के हाथ से यह परम्परागत बुनियादी सिद्धान्त भी छूटता जा रहा है कि कहानी का लक्ष्य 'प्रभावान्विति' है, चरित्र, कथानक आदि तो उसके साधन हैं।

निर्मल की कहानियों में प्रभाव की गहराई इसीलिए है कि उनके यहाँ चरित्र, वातावरण, कथानक आदि का कलात्मक रचाव है। कलात्मक रचाव स्वयं रूप के विविध तत्त्वों के अन्तर्गत फिर वस्तु और रूप के बीच तथा स्वयं वस्तु के अन्तर्गत। पात्र अलग इसलिए याद नहीं आते कि वे परिस्थितियों के अंग हैं। निर्मल के मानव-चरित्र प्राकृतिक वातावरण में किसी पौदे, फूल या बादल की तरह अंकित होते हैं गोया वे प्रकृति के ही अंग हैं। 'परिन्दे' कहानी की छोटी-छोटी स्कूली लड़कियाँ तथा मीडोज़, झरने, झाड़ियों, फूलों, चिड़ियों में कोई अन्तर नहीं है। नीचे वे शोर करती हुई खेल रही हैं और दूर लतिका तक जो प्रभाव पहुँचता है उसमें झरने, चिड़ियों और लड़कियों के स्वर घुल-मिल गए हैं। निसर्ग एक है जिसमें सारे भेद सहज ही मिट जाते हैं। एक हृदय है जो तमाम चीजों को रागात्मक संबंध में जोड़ देता है। कलाकार का एक स्पर्श है जो सारे अनमेल तत्त्वों को एक 'रूप' में रच देता है। अँधेरे में' कहानी के कलाकार वीरेन की तरह 'आँखें हैं जिन्हें देख कर लगता है कि जिस वस्तु पर टिक जायँगी वह अपने आप सँवर-निखर जायेगी।'

इतने अधिक तत्त्वों को लेकर एक प्रभाव की सृष्टि करना आसान नहीं है। हर तत्त्व आकर्षक है, हर आकर्षक में भटकाव है और एक भी भटकाव प्रभाव को क्षीण कर सकता है। शायद संगीत ही एक ऐसी कला है जो प्रभा-वान्विति की दृष्टि से कला की पराकाष्ठा है। और इसीलिए हर कलाकार की यह सबसे बड़ी आकांक्षा रही है कि उसकी कलाकृति संगीत की हद को छू ले। इस लक्ष्य की प्राप्ति के लिए चित्रकारों ने यदि चित्र-कला को अधिक से अधिक ज्यामितिक रूपाकारों में बदलने की कोशिश की तो मलार्मे में जैसे प्रतीकवादी कवियों ने भाषा की सीमा में रहते हुए भी कविता को संगीत बनाने का प्रयत्न किया। बहुत सम्भव है कि कहानी में 'प्रभावान्विति' को सबसे अधिक महत्त्व देने वाले एडगर एलेन पो के ध्यान में भी कहानी को प्रभाव की दृष्टि से संगीत की हद तक पहुँचा देने की ही आकांक्षा रही हो क्योंकि उसका भी कलात्मक आदर्श संगीत ही था। अपने प्रेमचन्द ने भी कहानी की उपमा ध्रुपद की तान से दी है।

बहरहाल, कहानी, प्रभाव-सृष्टि की दृष्टि से, संगीत की हद छू सकती है या नहीं मुझे नहीं मालूम; लेकिन इतना मालूम है कि निर्मल की कहानियाँ संगीत का-सा प्रभाव उत्पन्न करने में समर्थ है। आकस्मिक नहीं है कि उनकी अधिकांश कहानियों में संगीत का प्रकरण आता है। 'डायरी का खेल' कहानी में चैपल के बरामदे में एक स्त्री खड़ी थी संगमर-सी सफेद, स्तब्ध, निश्चल····

जिस पर फीकी, पीली-सी चाँदनी गिर रही थी—पीछे बहुत धीमे सिसकता-सा पियानो का संगीत-स्वर बहता सा आ रहा था। 'पिक्चर पोस्टकार्ड' कहानी में परेश धीरे-धीरे जूक-बाक्स के पास आया और कुछ देर तक उसके सामने खड़ा रहा। फिर उसने चवन्नी डालकर धीरे से बटन दबाया। रिकार्ड धीरे-धीरे ऊपर उठने लगा। जूक-बाक्स के भीतर सितारे-सी लाल बत्ती जल उठी। 'परिन्दे' कहानी में तो स्वयं एक चरित्र ही पियानो-वादक है मि० ह्यूबर्ट।

"उसी क्षण पियानो पर शोपां का नाक्टर्न ह्यूबर्ट की उँगलियों से फिसलता हुआ धीरे-धीरे छत के अँधेरे में घुलने लगा—मानो जल पर कोमल स्वप्निल उर्मियाँ भँवरों का झिलमिलाता जाल बुनती हुई दूर-दूर किनारों तक फैलती जा रही हों। लतिका को लगा कि जैसे कहीं बहुत दूर बर्फ की चोटियों से परिन्दों के झुंड नीचे अनजान देशों की ओर उड़े जा रहे हैं।

निर्मल ने संगीत का चित्रण, केवल चित्रण—वातावरण-चित्रण के लिए ही नहीं किया है बल्कि संगत के उस रागधर्म (Harmony) को भी व्यक्त किया है जिसके द्वारा विविध वस्तुएँ पिघल कर अपनी पृथक् सत्ता खोती हुई एक भाव-धारा में बदल जाती हैं। 'परिन्दे' की नायिका लतिका को चैपल में संगीत सुनकर "ऐसा लगा कि जैसे मोमबत्तियों के धूमिल आलोक में कुछ भी ठोस, वास्तविक न रहा हो—चैपल की छत, दीवारें, डेस्क पर रखा हुआ डाक्टर का सुघड़-सुडौल हाथ—और पियानों के सुर अतीत की धुंध को भेदते हुए स्वयं उस धुंध का भाग बनते जा रहे हों।"

रागधर्म के अतिरिक्त निर्मल के यहाँ संगीत अनुभवों को अर्थ प्रदान करता है। ह्यूबर्ट को लगा, 'पियानो का हर नोट चिरन्तन खामोशी की अँधेरी खोह से निकल कर बाहर फैली नीली धुंध को काटता, तराशता हुआ एक भूला-सा अर्थ खींच लाता है।

ऐसा प्रतीत होता है कि संगीत-वर्ण निर्मल के लिए कहानी में केवल शोभा नहीं है बल्कि सम्पूर्ण रचना-प्रक्रिया ही संगीत-धर्मी है। फरवरी-मार्च '५९ की 'कृति' में 'सौंदर्य की छायाएँ' शीर्ष निबंध में "उनका मौन पियानो के भीतर का मौन है। हर चरित्र एक छोटा-सा 'नोट' है, एक मौन-बिन्दु से दूसरे-बिन्दु तक उड़ता हुआ—प्रतीक्षारत। वे प्रतीक्षा करते हैं अँगुली के स्पर्श की, हलके से दबाव की। और इस दबाव के अनेक स्तर हैं।"

"मौन की चिरन्तन स्थिति' से अमूर्त लय को बाहर निकालने के लिए 'अँगुली का दबाव' निर्मल के अनुसार, कहानीकार की रचना-प्रक्रिया का पहला

कर्तव्य है। कहना न होगा कि इस दबाव के द्वारा उन्होंने कहानी के रूप में एक 'पाग' की 'रचना' की है जिसमें कहानी के सभी तत्त्व एक-रस होकर एक अन्वित प्रभाव की सृष्टि करते हैं। सम्भवतः यह वही विशेषता है जिसे इर्विंग होवे 'स्टोरी टोन' कहते हैं; दर्जनों कहानियाँ लिखने के बाद भी आज के बहुत से कहानीकार जिस 'टोन' को प्राप्त नहीं कर सके हैं, निर्मल ने उसे उपलब्ध करके अपने व्यक्तित्व की विशिष्टता प्रतिष्ठित कर दी है।

अब सवाल यह है कि यह प्रभाव क्या है, कैसा है, इसका रूप क्या है, इससे क्या भाव उत्पन्न होता है?

जैसा कि कुछ लोगों का कहना है, उनके मन में भावुकता उत्पन्न होती है। भावुक व्यक्ति किसी भी प्रभाव से भावुक हो सकते हैं। लेकिन इसका निर्णय कैसे हो कि भावुकता निर्मल की कहानियों में है या इन पाठकों में? प्रभाव चाहे जिसका हो लेकिन स्वयं कहानी नहीं हो सकता। यदि यह सच है तो यह भी उतना ही सच है कि अपने प्रभाव के अलावा कहानी को ग्रहण करने का दूसरा कोई साधन भी नहीं है। निर्णय स्वयं कहानी के हाथ है क्योंकि वह केवल प्रभावित ही नहीं करती, बल्कि विशेष रूप में प्रभावित करना चाहती है और उस विशेष संकेत को जो पाठक पकड़ लेता है वह कहानी की आत्मा के सबसे निकट होता है, बल्कि रूपगत अन्तःसूत्रों को आपस में तुरन्त जोड़ भी लेता है और इस तरह उसके सामने कहानी के अधिक-से-अधिक करीब की प्रतिमा होती है।

निर्मल की अधिकांश कहानियाँ अतीत की स्मृति है। कहानी कहनेवाला बरसों बाद उन स्मृतियों को जैसे दुहराता है। 'डायरी का खेल' कहानी के अन्त में वाचक (नैरेटर) कहता है : "आज उस बात को बीते अनेक साल गुजर चुके हैं।" 'तीसरा गवाह' कहानी के वाचक मिस्टर रोहतगी भी बरसों बाद अपनी जवानी के दिनों की कहानी सुना रहे हैं। 'परिन्दे' की लतिका की दुखांत गाथा भी बरसों पुरानी है। स्मृति में भावुकता सम्भव है किन्तु समय का अंतराल तात्कालिकता के आवेग को काफी कम कर देता है। ऐसा प्रतीत होता है कि तात्कालिक आवेग की भावुकता को कम करने के लिए ही निर्मल समय का इतना अन्तराल दे देते हैं।

"डायरी का खेल' कहानी में वाचक कहता है : "किन्तु बिट्टो की स्मृति सेन्टीमेंटल नहीं बनाती, वह अतीत का भाग है, जो कि याद करके भुलाया जा सके। इसमें कुछ ऐसा होता है, जो न होकर भी संग-संग चलता है, जिसे याद नहीं किया जाता क्योंकि उसे वह कभी नहीं भूलता।—अतीत समय के संग

जुड़ा है, इसलिए चेतना नहीं देता, केवल कुछ क्षणों के लिए सेन्टीमेंटल बनाता है। जो चेतना देता है, वह कालातीत है।''

इसके अतिरिक्त जो कहानियाँ अतीत की स्मृति नहीं हैं, उनमें कथा कहनेवाला पात्र सम्पूर्ण घटना से बहुत कुछ असम्पृक्त है, सबका साक्षी है। 'अँधेरे में' कहानी कहनेवाला एक छोटा-सा बच्चा है जो अपनी माँ के प्रेम की दुःखद कहानी का अबोध दर्शक है।

'माया का मर्म' 'सितम्बर की एक शाम' कहानियाँ ऐसी हैं जिनमें घटना एकदम तत्काल की है और वाचक भी स्वयं भोक्ता है, किन्तु इन कहानियों के नायक वर्तमान से सहसा अपने को मुक्त करके स्मृतिहीन व्यक्ति बन जाते हैं। 'माया का मर्म' के नायक के शब्द हैं : ''मैंने पहली बार बेरोज़गारी के इस लम्बे और उदास अर्से पर के दरिद्रता को राख को बिना दर्द के कुरेद दिया। जो अभाव की रिक्तता से अब तक चुभती थी, वह अब भी है, किन्तु जैसे वह अपनी न रहकर परायी बन गई है जिसे मैं बाहर से तटस्थ भाव से देख सकता हूँ—जिसने अब 'छुट्टी' का सहज भाव अपना लिया है।''

वह खुली हुई प्रकृति के बीच आता है और फिर प्रकृति-सी प्रसन्न एक छोटी-सी बच्ची का साथ हो जाता है और नये वातावरण में उसे महसूस होता है ''मेरी उम्र कहीं बहुत पीछे छूट गई—जैसे उसका कभी मुझसे वास्ता न रहा हो।''

'सितम्बर की एक शाम' का बेरोज़गार नायक भी घर से बाहर निकलते ही महसूस करता है कि ''उसके पाँव पीछे कोई निशान नहीं छोड़ गए हैं—जैसे वह अभी जन्मा है। उसकी ज़िन्दगी की गाँठ अतीत के किसी प्रेत से नहीं जुड़ी है, इसलिए वह मुक्त है और घास पर लेटा है।''

'परिन्दे' की नायिका लतिका बेशक भावुक मालूम होती है लेकिन उसकी भावुकता को कम करने के लिए साथ-साथ दूसरा पात्र डाक्टर मुकर्जी आता है जो कहानी समाप्त होते-होते सारी भावुकता को मिटा कर दूसरा ही प्रभाव उत्पन्न कर देता है। डाक्टर स्वयं दुःखी है किन्तु अपने दुःख के प्रति अनासक्त-सा है। ज़िन्दगी के तजुर्बे ने उसे प्रौढ़मना बना दिया है। लतिका के बचकानेपन को वह कभी ठहाके में उड़ा देता है तो कभी ऐसे अनुभवपूर्ण वाक्यों द्वारा जो परोपदेश की रूक्षता उत्पन्न करने की जगह स्वगत-संलाप की गंभीरता पैदा करते हैं। ''मरने वाले के संग खुद थोड़े ही मरा जाता है'' अथवा ''किसी चीज को न जानना यदि गलत है, तो जान-बूझकर न भूल पाना, हमेशा जोंक की तरह उससे चिपटे रहना—यह भी गलत है।'' और इस बीच अपने-आप

धीरे-धीरे स्वयं लतिका में भी परिवर्तन होता है "अब वैसा दर्द नहीं होता, सिर्फ उसकी याद करती हूँ, जो पहले कभी होता था।"

व्यथा की गहनता में निर्मल के पात्र प्रायः खामोश रहते हैं। उनकी खामोशी व्यक्तित्व का अभिन्न अंग है। उनका मौन पियानों के अन्दर का मौन है जिसकी एक-आध 'की' पर कभी-कभी लेखक की उँगली का हल्का-सा दबाव पड़ता है। 'पिक्चर पोस्टकार्ड' का परेश खामोश रहता है, 'तीसरा गवाह' के मिस्टर रोहतगी भी भीड़ के बीच काफी खामोश थे, यहाँ तक कि 'अँधेरे में' का छोटा-सा लड़का भी इस रोग से ग्रस्त है, क्योंकि उसकी हमउम्र-सी एक बच्ची के अलावा, जो कभी-ही-कभी आती है, उससे कोई बात करनेवाला भी नहीं है।

इस अनासक्ति और ऐसी तटस्थता के निर्मल जब किसी करुण प्रसंग का चित्रण करते हैं तो भावावेग-रहित। 'डायरी का खेल' की बिट्टो चुपचाप रो रही थी किन्तु "उनका स्वर इतना सहज, इतना शान्त था कि कितनी ही देर तक मैं जान भी न सका कि बिट्टो रो रही है, अपने ही में धीमे-धीमे.... आँसू जो बिलकुल ठंडे, वंचनारहित होते हैं, जिनको बहाने से रोना नहीं होता, दुःख से छुटकारा नहीं मिलता, जो हृदय को एक मर्मान्तक, घनीभूत पीड़ा में निचोड़ते हुए चुपचाप बूंद-बूंद गिरते हैं—"

इस प्रकार निर्मल की यह 'आत्मीयता' है "जो मानो हमें भिगोकर खुद सूखी रह जाती है।" उन्होंने जो बात बिट्टो के लिए कही है, वह उनके लिए भी लागू करते कही जा सकती है : "आइने की तरह उनके चेहरे पर वह सब कोई देख लेते, जो देखना चाहते हैं किन्तु उन्हें कोई नहीं देख पाता।"

इस सन्दर्भ में १६१६ ई० में प्रमथ चौधरी को शरत्चन्द्र द्वारा लिखे गये एक पात्र का यह अंश बहुत उद्धृत करने योग्य है—

"कोई-कोई अत्यन्त गम्भीर स्वभाव के लोग जैसे अपने दुःख को भी कहने के समय एक ऐसे ताच्छिल्य का पुट देते हैं कि अचानक लगता है कि वह किसी और के दुःख की कहानी कह रहे हैं। मानो, इससे उनका कोई सम्बन्ध ही नहीं है। आप भी ठीक उसी तरह कहते हैं। घुमा-फिराकर कातरोक्ति कहीं भी नहीं है—पर जीवन की न जाने कितनी बड़ी ट्रेजेडी पाठकों के दिल पर चोट करती है। आपकी रचना की यह सहज शांत मँजी हुई लिखने की भंगिमा ही मुझे सबसे अधिक मुग्ध करती है।"

भावुकता का निर्णय पाठकों के अपने-अपने मानसिक प्रभावों से नहीं होता। विचारणीय यह है कि स्वयं **कृति में भावुकता है या नहीं**, लेखक में कलागत

संयम कितना है ? भावात्मक संयम और कलात्मक संगति दोनों पर्याय हैं और जहाँ प्रभाव की गहराई है वहाँ इनका होना निश्चित है ।

यह कला-संयम है जिसके द्वारा जीवन की दु:खान्त स्थिति को भी निर्मल जिजीविषा और आशा से अनुप्राणित कर देते हैं । बिट्टो तपेदिक की मरीज़ है, उसे मृत्यु का भय बराबर बना रहता है । उसका मृत्यु-भय इस हद तक पहुँच गया है कि भय से अधिक जिजीविषा प्रकट होती है । ट्रेन में उसे नींद नहीं आती क्योंकि डर है कि सोते में कहीं ट्रेन उलट न जाय और "मरने से पहले सोते रहना कैसा अजीब है ?" गोया मृत्यु को आना ही है तो आँख खोल के उसका सामना किया जाय । उसकी साध दूल्हन बनने की है लेकिन वह जानती है कि इस बीमारी के रहते वह कभी पूरी न होगी । एक दिन वह आह्लाद के-से स्वर में बब्बू से कहती है : "मरने से पहले बहुत जी भरकर जीना चाहिए, बब्बू ! जैसे हम पहली बार जी रहे हों, जैसे हमसे पहले कोई न जिया हो ।"

जीवन की यह लालसा एक ओर मृत्यु की भयंकरता को उग्र करती है तो दूसरी ओर अज्ञेय जीवनशक्ति का भी आभास दिलाती है। इसी प्रकार घोर से घोर निराशा की स्थिति में भी निर्मल स्थिति का अतिक्रमण करने का प्रयत्न करते हैं । "माया का मर्म" का नायक बेरोजगार है, बेकारी ने उसके अस्तित्व इतनी गहराई तक प्रभावित किया है कि उसके लिए "मेरा सोचना मेरे जैसा ही बेकार है ।" उसी नवयुवक की जीवन-दृष्टि को एक छोटी-सी घटना बदल देती है । वर्षा की शाम । कागज की नाव लिए एक छोटी-सी बच्ची मिलती है। साथ हो जाता है । बातें चल निकलती है गँदेले पानी का नाला है । बच्ची उसी में अपनी नाव डाल देती है और इस आशा से देखती है कि जैसे यह उसी लोक को जा रही है जिसका वर्णन उसने जीजी से कहानी में सुना था । घटना बीत गई । बेकार वह इसके बाद भी रहा । लेकिन 'एम्प्लायमेंट दफ्तर' जाने की आदत छूट गई । उस ज़िन्दगी में भी उसे बच्ची का सपना एक अर्थ देता रहा ।

'पिक्चर पोस्टकार्ड' के परेश, निकी, सीडी तीन नवयुवक विश्वविद्यालय की शिक्षा समाप्त करके शहर दिल्ली में वक्त गुजार रहे हैं । काम है : अख़-बारनवीसी, आई० ए० एस० की तैयारी वगैरह । विद्यार्थी जीवन की आदत के अनुसार विश्वविद्यालय का चक्कर भी लगा आते हैं और खाली ज़िन्दगी को साथ-पढ़ी छात्राओं की बात-चीत से भरने की कोशिश करते हैं । निरुद्देश्यता

अपने आलसी रूप में मौजूद है। थक कर रेस्त्राँ में बैठे हैं। बातचीत अचानक यह मोड़ ले लेती है—

"क्या तुम कभी कम्युनिस्ट रहे थे ?"

"तुमसे किसने कहा ?"

"सीडी ने कहा था। लेकिन मैंने विश्वास नहीं किया। क्या यह सच है ?"

"सीडी ने क्या कहा था ?"

"कुछ नहीं, मुझे सिर्फ उत्सुकता हुई थी। जानते हो, मेरा अभी तक किसी कम्युनिस्ट से वास्ता नहीं पड़ा। दूर से देखा है, लेकिन इतने पास से कभी नहीं जितने तुम हो। परेश, क्या तुम सचमुच कम्युनिस्ट रह चुके हो ?"

"निकी, अगर तुम्हारी बीती हुई उम्र के पिछले पांच साल तुम्हें कोई लोटा दे तो तुम क्या करोगे ?"

"मैं आर्मी में चला जाता।—परेश, मुझे एक बात का हमेशा दुःख रहेगा, पिछली लड़ाई में मैं बहुत छोटा था, वर्ना मैं ज़रूर जाता।"

बातचीत के इस आकस्मिक टुकड़े पर कहानी में कोई टिप्पणी नहीं है। बात बोलेगी, हम नहीं।

निर्मल के चरित्र कहीं-कहीं जीवन की व्यर्थता में भी अर्थ खोजने की कोशिश करते दिखाई पड़ते हैं और निरुद्देश्य में भी एक उद्देश्य, एक आस्था की तलाश है। और इन तमाम अन्तर्विरोधों को अपने अंदर लिए वे एक भविष्य की प्रतीक्षा कर रहे हैं क्योंकि भविष्य उनकी प्रतीक्षा कर रहा है।

"सितम्बर की एक शाम।"

"सारी दुनिया उसकी प्रतीक्षा कर रही है कि वह उसे अर्थ दे, उसकी बाट जोह रही है—साँस रोके।"

"उसने आँखें उठायीं—सारी दुनिया सामने पड़ी थी, और उसकी उम्र सत्ताईस वर्ष की थी।"

निर्मल की यह 'प्रतीक्षा' इतनी विशद है कि प्रेम की कहानी में भी प्रेम-भावना का अतिक्रमण कर जाती है और अपने विस्तार में सम्पूर्ण मानव-नियति का प्रश्न बन जाती है। निर्मल की पैनी दृष्टि भलीभाँति देखती है कि एक प्रश्न है जिसका सामना आज का युवक भी कर रहा है और युवती भी। इसकी काली छाया एक ओर बेरोजगारी की शक्ल में दिखाई पड़ती है तो दूसरी ओर प्रेम के निजी क्षेत्र को भी ग्रस रही है। जीवन का यही व्यापक परिवेश-बोध है जिसके कारण निर्मल की प्रेम कहानियां नितान्त प्रेम-कहानी न

होकर जीवन की अन्य समस्याओं से जुड़ जाती हैं। "एक पहेली-सी रहस्यमयता है जो क्षणिक होते हुए भी एक असीमता घेरे है।"

'परिन्दे' की नायिका लतिका राह चलते-चलते अचानक सिर के ऊपर पक्षियों का बेड़ा उड़ते देखती है और अपने-आप सोचने लगती है :

"हर साल सर्दी की छुट्टियों से पहले ये परिन्दे मैदानों की ओर उड़ते हैं, कुछ दिनों के लिए बीच के इस पहाड़ी स्टेशन पर बसेरा करते हैं, प्रतीक्षा करते हैं बर्फ के दिनों की, जब वे नीचे अजनबी, अनजान देश में उड़ जायँगे—

क्या वे सब भी प्रतीक्षा कर रहे हैं? वह डाक्टर मुखर्जी, मि० ह्यूबर्ट—लेकिन कहाँ के लिए? हम कहाँ जायँगे?

"हम कहाँ जायँगे?" यह सिर्फ एक व्यक्ति का प्रश्न नहीं है, इनका, उनका, सबका प्रश्न है और मानव-नियति का यह विराट प्रश्न सारी कहानी पर छा जाता है।

प्रश्न की यह गूँज कुछ-कुछ वैसी ही है जैसी चेखव की प्रायः तमाम कहानियों में कही-न-कहीं गूँजती रहती है—हम क्या करें? गोया सारा ज़माना एक साथ पूछ रहा है क्या करें? कहाँ जायँ?

निर्मल इस प्रश्न के ठीक बाद धीमे स्वर में केवल इतना कहते हैं : "किन्तु उसका कोई उत्तर नहीं मिला।"

निर्मल की यह ख़ामोशी ख़ास अपनी है। जिन्दगी अक्सर सामने ऐसे सवाल रखती है कि समझदार कुछ देर के लिए ख़ामोश हो जाते हैं, जबकि ज्यादातर लोग ऐसे भी होते हैं जो खामोश नहीं रह सकते, उन्हें जवाब की जल्दी रहती है, सवाल चाहे जो हों।

कहानी इसके बाद भी चलती है। ज़िन्दगी इसके बाद भी है। एक जवाब मिल जाता है और नया सवाल खड़ा हो जाता है, प्रतीक्षा फिर भी है लेकिन नये उत्तर की।

इस विश्लेषण से स्पष्ट हो सकता है कि निर्मल की कहानियों के प्रभाव के पीछे जीवन की गहरी समझ और कला का कठोर अनुशासन है। बारीकियाँ दिखाई नहीं पड़ती हैं तो प्रभाव की तीव्रता के कारण अथवा कला के सघन रचाव के कारण। एक बार दिशा-संकेत मिल जाने पर निरर्थक प्रतीत होनेवाली छोटी-छोटी बातें भी सार्थक हो उठती हैं, चाहे कहानी हो चाहे जीवन। कठिनाई यह है कि यह दिशा-संकेत निर्मल की कहानी से बड़ी सहजता से आता है और प्रायः ऐसी अप्रत्याशित जगह, जहाँ देखने के हम अभ्यस्त नहीं है। क्या जीवन में भी सत्य इसी प्रकार अप्रत्याशित रूप से यहीं कहीं साधारण-से स्थल

में निहित नहीं होता ? कहा तो है निर्मल ने बिट्टो के लिए, लेकिन क्या यह कथन उनकी कहानी के लिए भी सच नहीं है ?

"आज सोचता हूँ, जाने से पहले बिट्टो कुछ ऐसा कहती, जिससे कोई विचित्र चमत्कार उद्घाटित हो पाता— लेकिन ऐसा कुछ नहीं हुआ। वह जिस तरह अचानक कमरे में घुस आई थी, वैसे ही सहज भाव से चली गई। उस समय मुझे ऐसा आभास हुआ था कि वह जाते-जाते दरवाजे पर क्षण भर ठिठक थी, मानो कोई बात करने जा रही हो, जैसे कुछ शेष रह गया है— लेकिन शायद मेरा भ्रम था।"

ज़रूर भ्रम हो सकता है यदि कहानी के अन्तिम कथन के लिए ही कान लगे रहें। जिस तरह बिट्टो अपनी बात साहचर्य के ही क्षणों में अनायास कह चुकी थी, निर्मल की कहानी भी अभिप्रेत को अन्त से पहले ही कह जाती है। जीवन का सत्य यदि मृत्यु के समय ही मिलता हो तो ऐसे सत्यान्वेषियों को आँख मूंद कर केवल मृत्यु की प्रतीक्षा करनी चाहिए या जल्दी हो तो एक छलांग में आयु की सारी दूरी पार कर मृत्यु के तुरन्त समीप पहुँच जाना चाहिए।

ऐसे सत्यान्वेषण का एक दूसरा पहलू है सतह के चाकचिक्य को ही इदमित्थम् मान लेना। ऐसे भी पाठक हैं जिन्हें निर्मल की कहानियों के दृश्य-चित्र अच्छे लगते हैं, सूक्ष्म ऐन्द्रिय-बोध जगानेवाली छवियाँ पसंद है तथा अनुभूतिपूर्ण क्षणों का आलेख सुहाता है। शायद ऐसे ही लोगों के लिए 'डायरी का खेल' में निर्मल कहते हैं : "किन्तु बिट्टो का सत्य इन बातों, घटनाओं, स्मृतियों का जोड़ मात्र है—क्या उससे परे कुछ नहीं--कुछ भी नहीं ?"

कहानी का अभिप्रेत इन चित्रों को प्रस्तुत करते हुए भी उनका अतिक्रमण करता है। क्या पाठक से भी ऐसे अतिक्रमण की माँग नहीं की जा सकती ?

निर्मल ने अपनी रचना के द्वारा प्रमाणित कर दिया है कि जो सबका अतिक्रमण करने की क्षमता रखता है वही सबको सजीव चित्रों में उरेहने की सिद्धि भी प्राप्त करता है। निर्मल ने स्थूल यथार्थ की सीमा पार करने की कोशिश की है, उन्होंने तात्कालिक वर्तमान का अतिक्रमण करना चाहा है, उन्होंने प्रचलित कहानी कला के दायरे से भी बाहर निकलने की कोशिश की है, यहाँ तक कि शब्द की अभेद्य दीवार को लाँघकर शब्द के पहले के 'मौन जगत्' में प्रवेश करने का भी प्रयत्न किया है और वहाँ जाकर प्रत्यक्ष इन्द्रियबोध के द्वारा वस्तुओं के मूल रूप को पकड़ने का साहस दिखलाया है। इसीलिए उनकी कहानी-कला में नवीनता है, भाषा में नव-जातक की-सी सहजता

और ताज़गी है, वस्तुओं के चित्रों में पहले-पहल देखे जाने का अपरिचित टटकापन है। उनका गद्य 'शुद्ध गद्य' है—ठेठ वाचक शब्द, विशेषणहीन संज्ञाएँ, उपमा रहित पद तथा स्वतंत्र वाक्य। अलग-अलग करके देखने पर हर शब्द मामूली है, हर वाक्य साधारण है, लेकिन पूरा प्रभाव जबर्दस्त है। गद्य की रुखाई से भी, वे स्थितियों के अनुरोध से, कवित्वपूर्ण प्रभाव उत्पन्न कर ले जाते हैं। कवित्व लाने के लिए दूसरे कथाकारों की तरह अलग से किसी देशी या विदेशी भाषा की कविता को उद्धृत करने की ज़रूरत महसूस नहीं होती। छोटे-से-छोटे ब्यौरे पर भी उनकी पकड़ है और बड़ा-से-बड़ा सवाल भी पकड़ की सीमा के अन्दर है।

कहानियाँ फकत सात हैं, संग्रह अभी पहला है। जिसे हम 'नई कहानी' कहना चाहते हैं, संभवतः उसका भी पहला संग्रह यही है।

फिर भी अंत में एक बात कहने के लिए रह जाती है और बेहतर है कि उसे निर्मल के ही शब्दों में कहा जाय। आत्म-स्वीकृति 'तीसरा गवाह' के मि० रोहतगी की है—

"जब कभी सोचता हूँ, हर बार कोई नया नुक्ता उभर आता है, जिसकी तरफ पहले ध्यान नहीं गया था, या किसी बात का नया पहलू नज़र आने लगता है जिसे पहले न देख सका था।"

प्रक्रिया

१

साधारण पाठक : सहज दृष्टि
कहानी-पाठ की प्रक्रिया

कहानी पर एक लेखमाला प्रेमचंद ने भी शुरू की थी। सम्भवतः पाठकों के अनुरोध पर। पहला वाक्य था : मनुष्य जीवन को सबसे बड़ी लालसा यही है कि वह कहानी बन जाय। प्रेमचंद कहानी बन गये। आज होते तो उनका पहला वाक्य शायद यह होता कि मनुष्य जीवन की सबसे बड़ी लालसा यही है कि वह आलोचक बन जाय !

आगे, बचपन के दिनों की याद करते हुए प्रेमचंद कहते हैं कि यह खिलौने, मिठाइयाँ और तमाशे सब भूल गये; पर वे कहानियाँ अभी तक याद हैं। लेकिन एक बचपन और है जिसके बारे में बेझिझक कहा जा सकता है कि कहानियाँ तो भूल गईं, आलोचनाएँ सब याद हैं। कब, कहाँ, किस पर, किसने, क्या और क्या-क्या कहा, सब याद हैं, नहीं याद है तो कहानी। और याद रहे भी कैसे ? लिखने बैठे तो याद में आलोचनाएँ, पढ़ने बैठे तो याद में आलोचनाएँ !

गनीमत है, हिन्दी के ज्यादातर कहानी-पाठक आलोचनाएँ नहीं पढ़ते और नहीं पढ़ते कुछ भले कहानीकार भी। अगर यह विश्वास न होता तो भला इस तरह निश्चित होकर यह सब लिखता ? फिर, कौन आलोचक चाहेगा कि दूसरे भी आलोचक हो जायँ ? अपनी मुराद समझिए या गरज, प्रेमचन्द की ही लालसा सबकी हो। कहानीकार कहानी लिखते-लिखते कहानी बन जाय और कहानी बन जाय वह पाठक भी, पढ़ते-पढ़ते। बहरहाल।

जिसमे खोई थी नींद 'मीर' ने कल
इब्तदा फिर वही कहानी की।

लेकिन ऐसे पाठक कितने हैं जो कहानी पढ़ते-पढ़ते खुद भी कहानी बन जाना चाहते हैं। कहानी पढ़नेवालों की तादाद कम नहीं है। हजारों में बताई जाती है। हिसाब लगानेवाले लाखों तक पहुँच जाते हैं। हर लेखक के पाकेट

में 'अपने' पाठक हैं, सो उनकी तादाद अलग। किसे खुशी नहीं होगी ? संख्या सचमुच बड़ी चीज है और शायद अकाट्य भी। लेकिन जिन कहानी बनना है, वह मनुष्य है, संख्या नहीं। संख्या दूसरों का मुंह बन्द कर सकती है, लेकिन लेखक का हृदय नहीं भर सकती।

इतने से संतुष्ट हो जानेवाले लेखक सचमुच भाग्यशाली हैं। लेकिन कुछ ऐसे भी अभागे हैं जो 'सागर बिच मीन पियासी' से हैं। फ्रेंच कथाकार सार्त्र ऐसे ही लेखकों में हैं जिनकी चिन्ता है कि हमारे पाठक तो हैं लेकिन 'पब्लिक' नहीं है (वी हैव रीडर्स बट वी हैव नो पब्लिक)।

सार्त्र से अधिक पाठकों की संख्या अपने यहाँ किस लेखक की होगी ? लेकिन इतने पाठकों के रहते हुए भी उसे आत्मीयता का एहसास करानेवाले पाठक-समुदाय की कमी सालती है। यहाँ लेखक हैं कि केवल हजार पर ही फूले नहीं समाते। क्या यह प्रसन्नता सार्त्र की चिन्ता से अधिक चिन्ताजनक नहीं है ?

पाठकों का दायरा लगातार बढ़ रहा है। पाठकों के दायरे के साथ लेखक का यश बढ़ता है। कभी-कभी यश का दायरा और भी बड़ा हो जाता है। नाम की रफ्तार किताब की रफ्तार को भी मात दे जाती है। किताब आँख के सामने नहीं पहुँचती, नाम कान तक पहुँच जाता है। हवा की एक लहर है जो समुन्दर की लहरों को छूतो चली जाती है। साहित्य हवा हो जाता है; लेखक एक नाम बन जाता है। सभी जगह है और कहीं नहीं। सार्त्र ने इस स्थिति को साहित्यिक 'इनफ्लेक्शन' कहा है। क्या इस विश्वव्यापी 'इनफ्लेक्शन' का असर अपने यहाँ भी पड़ता नहीं दीख रहा ? हमें तय करना है कि इस स्थिति का सामना किस तरह किया जाना चाहिए।

सवाल इस बाढ़ को रोकने का नहीं; बल्कि इसे बढ़ाने के साथ-साथ उसी अनुपात में 'ठोस' पाठक तैयार करने का है। ठोस अर्थात् वास्तविक पाठक अथवा अपने पाठकों का साहित्यिक समाज।

यह बाढ़ गरुड़ की विराट भूख है जिन्होंने जन्मते ही माँ से खाने को माँगा था। और यह चिन्ता अभावग्रस्त माँ की चिन्ता है जिसे सूर्य के समाधान ने प्रसन्नता से पुनः आलोकित कर दिया।

कहते हैं : जैसे पाठक वैसा साहित्य; लेकिन सिर्फ कहते हैं। इसके मूल में क्या यह तथ्य नहीं है कि साहित्य का स्तर नीचा है तो इसकी बहुत कुछ जिम्मेदारी पाठकों पर है ? अगर अच्छी या बुरी सरकार की जिम्मेदारी किसी देश की जनता पर है तो अच्छे या बुरे साहित्य की जिम्मेदारी पाठकों पर है। इसी से खीझ कर एक लेखक ने कहा है कि आजकल सिर्फ दो तरह का साहित्य

लिखा जा रहा है : बुरा, जो कि पढ़ने लायक नहीं है और अच्छा, जो कि पता नहीं जाता।

कौन लेखक है जिसे तोल्सतोय, तुर्गनेव और चेखव की कलाकृतियों से सुखद ईर्ष्या नहीं होती ? लेकिन कितने लोगों ने इस पर ध्यान दिया है कि उस महिमामय साहित्य के निर्माण में बहुत अधिक हाथ रूसी पाठक समुदाय का है ?

सॉमरसेट मॉम रूसी पाठकों का दोस्त नहीं है, लेकिन कथाकार का हृदय इस कथ्य में प्रभावित हुए बिना नहीं रह सका कि तोल्सतोय, तुर्गनेव, चेखव, वगैरह के कथा-चरित्र रूसी जाति के जीवन के अंग बन चुके हैं। उस वक्त तक समाजवादी व्यवस्था की नींद भी नहीं पड़ी थी, करेन्सकी की सरकार थी और १९१७ के शुरू का ज़माना। मॉम अपनी सरकार के किसी गुप्त मिशन पर मास्को गया था। उस समय उसने अपनी 'नोट बुक' में लिखा है, ''हर कोई जो पढ़ भर सकता है, हर चीज पढ़े हैं और प्रायः पढ़ते-पढ़ते उसे अपना साहित्य इतना परिचित हो चुका है जितनी हम लोगों के लिए बाइबिल का प्रामाणिक रूपान्तर।''

क्या हमारे यहाँ भी कथा के चरित्र पाठकों के जीवन के अंग हो सके हैं ? जीवन के कितने अवसर हैं जब, प्रेमचंद के ही सही, पात्र हमारे अनुभवों और विचारों को व्यक्त करने के लिए इस्तेमाल किए जाते हैं ?

एकदम जीवन से उठाये हुए जीवन्त पात्र भी अभी तक हमारे जीवन में दुबारा प्रवेश नहीं प्राप्त कर सके हैं। प्रेमचंद की इतनी कोशिश के बाद भी कहानी-उपन्यास बहुतों के लिये 'गल्प' ही है। किताब के पन्ने नहीं उलटे, कलेंडर के पलटे। जो एक समय लड़के-लड़कियों के हाथ नहीं दिया जाता था, अब अवकाश के हाथ है या सफ़र के साथ।

शायद ही कोई स्तर है जिस पर कथा-साहित्य अपनी वास्तविक गम्भीरता से लिया गया हो ? यहाँ तक कि खतरनाक और हानिकारक कथा-कृतियाँ भी अपने भाग्य पर छोड़ दी जाती हैं। पाठकों की ओर से लेखक एकदम मुक्त है—एकदम स्वतंत्र ! स्वतंत्रता की माँग करनेवाले लेखकों को खुश होना चाहिए !

अगर पाठकों की यह आलोचना ज्यादा हो गई हो तो पुनः इस धारणा से आश्वस्त हो जाना चाहता हूँ कि हिन्दी का पाठक बड़ा उदार है। उदार न होता तो गाहे-ब-गाहे हर किसी द्वारा अपने को 'इस्तेमाल' होने देता ! कौन है जो जरूरत पड़ने पर 'पाठक' नहीं बन जाता ? किसी की आलोचना करनी

हुई तो लेखक अपने को पाठक कहकर शुरू करता है। इतने से भी काम न चला तो 'साधारण पाठक', खासतौर से जब अपनी समझ से कोई असाधारण बात कहनी हुई ! सचमुच साधारण पाठक का कितना सम्मान है ? पहले जहाँ यह कहते थे कि 'मेरी क्षुद्र बुद्धि में—' अथवा 'मैं तो अल्पज्ञ हूँ लेकिन....', वहाँ अब यह कहते हैं कि मैं तो साधारण पाठक हूँ ! फ़र्क इतना ही है कि विनम्रता पहले अपनी कीमत पर प्रकट की जाती थी, अब एक साधारण पाठक की कीमत पर।

साधारण पाठक की हैसियत से बोलनेवाले कितने हैं जिन्होंने सचमुच साधारण पाठक की तरह सहज भाव से कहानी के बारे में जिज्ञासा प्रकट की है ? अँग्रेजी में 'साधारण पाठक' के महत्त्व पर ज़ोर देनेवाले पहले आदमी शायद डा० जॉनसन हैं जो स्वयं भी अपने 'कामन सेंस' अथवा सहज बोध के लिये विख्यात हैं, लेकिन साधारण पाठक की तरह कथा-साहित्य पर लिखने का काम अंग्रेजी में भी बहुत दिनों बाद पूरा हुआ, 'द कामन रीडर' की लेखिका वर्जीनिया वुल्फ के हाथों !

कहने की जरूरत नहीं कि कहानी लोकप्रिय साहित्य है; साहित्यिक माध्यम के रूप में यह प्रकृति से ही जनतांत्रिक है। इसलिए इसके रसास्वादन के ढंग का भी जनतांत्रिक होना स्वाभाविक है। रसास्वादन के जनतांत्रिक ढंग का अर्थ है बहुत कुछ अनुभवपरक ग्रहण। जनसाधारण बहुत-सी बातों को अनुभव के सहज बोध से ही समझने और ग्रहण करने की कोशिश करते हैं। यह सहज-दृष्टि कभी-कभी बेहद अचूक साबित होती है। पोथी-पढ़ुए पण्डित जहाँ चूक जाते हैं, वहाँ सहज दृष्टि जड़ तक पहुँच जाती है। अनुभव-शून्य पोथा-ज्ञान के उपहास की सैकड़ों कहानियाँ एक परम्परा देहातों में प्रचलित हैं और नई-नई बनती रहती हैं।

चाहे जिस भी कारण से हो, कथा-समीक्षा की यदि कोई शास्त्रीय प्रणाली नहीं बनी तो, एक दृष्टि से अच्छा ही हुआ। इस संभार के अभाव में कहानी पढ़ने की सहज-दृष्टि का पुनरुद्धार किया, बल्कि साधारण पाठक की 'सहज-दृष्टि' से अपनी साहित्यिक दृष्टि को समृद्ध कर लिया। उपलब्धि सबके सामने है।

अपने यहाँ भी बहुत पहले सन्तों ने इस सहज-दृष्टि पर ज़ोर दिया था; फिर आधुनिक युग में प्रेमचन्द ने भी रचनात्मक साहित्य के अतिरिक्त समीक्षाएँ लिखकर सहज-दृष्टि की शक्ति दिखलाई। तब से जटिलताएँ बढ़ गई हैं।

साहित्य-विमर्श से रसास्वादन के कुछ नये तरीके भी सामने आए हैं। लेकिन उस सहज दृष्टि की उपयोगिता आज भी है। शायद वर्तमान शिक्षा के प्रसार के साथ उसी संस्कार को फिर से प्राप्त करने की आवश्यकता बढ़ती जा रही है। स्पष्ट रहे कि 'सहज-दृष्टि' 'साधारण-दृष्टि' नहीं है।

लेकिन इससे भी बड़ी आवश्यकता इस बात की है कि यह सहज-बोध जिस साधारण पाठक में है, स्वयं उसे ही उद्बुद्ध और प्रबुद्ध किया जाय। वर्जीनिया वुल्फ जैसे दो-चार 'कामन रीडर' हो जायँ तब भी बहुत है; लेकिन ऐसे 'कामन रीडर' का निर्माण सहज-बोध के स्तर से साधारण पाठक को शिक्षित करने की प्रक्रिया से ही होगा।

सवाल यह है कि वह प्रक्रिया क्या होगी ?

कहानी पढ़ने की भी एक प्रक्रिया है, जैसे कहानी लिखने की। अपने यहाँ दोनों ही पर ध्यान कम दिया गया है। रचना-प्रक्रिया पर कवियों ने ज़रूर लिखा है और उनकी देखादेखी दो-एक कहानीकारों ने भी कहानी की रचना-प्रक्रिया को अंकित करने का प्रयत्न किया है। बेहतर है, अपनी समस्या का समाधान स्वयं कहानीकार ही करें। हमारा सम्बन्ध कहानी पढ़ने से है। और किसी चीज को समझने, समझ कर आयत्त करने का अचूक तरीका है उसकी प्रक्रिया को समझना।

कहानी स्वयं एक प्रक्रिया है। ऐसी प्रक्रिया जिससे होकर लिखते समय लेखक गुज़रता है तो पढ़ते समय पाठक। पाठक इस प्रक्रिया को याद करे तो लिखने की प्रक्रिया के भी कुछ सूत्र हाथ आ सकते हैं; साथ ही कहानी का ज्यादा से ज्यादा रूप पकड़ में आ सकता है।

लेकिन सामान्यतः होता यह है कि अन्तिम प्रभाव में ही लोग डूब जाते हैं; और आलोचना की जगह 'प्रभाव' व्यक्त करते हैं। लेकिन प्रभाव कहानी और पाठक के बीच में धुएँ के हल्के बादल की तरह क्रमशः फैलता जाता है। स्वयं कहानी अलग है, कागज़ में बन्द है और खामोश है। एक छाया है जो शीशे के अंदर बन्द है। सार्त्र के शब्दों में, कहानी पढ़ने का मतलब है आइने में कूदना; और कोई आदमी आइने में नहीं कूद सकता। पाठक के सामने जो कहानी है वह एक छाया है, प्रतिबिंब है जिसमें बारीक रेखाएँ मिट चुकी हैं; कई घटनाएँ ओझल हो चुकी हैं; चरित्र धुंधले पड़ गये हैं और कथानक अति सरल होकर सामने पड़ा है। दिमाग़ में सिर्फ इतना है कि अच्छा या बुरा।

कहानी-पाठ की प्रक्रिया को याद करना दूसरी बात है। कहानी शुरू होती है, मन की दुहरी क्रिया शुरू होती है। मन एक ही साथ वर्तमान में भी है

और भविष्य की ओर भी दौड़ता है। है हम यहाँ, अनुमान लगाते हैं आगे का। आगे बढ़ने पर अनुमान ग़लत निकलता है, कभी सही निकलता है। ग़लत होने पर एक प्रतिक्रिया होती है, सही होने पर दूसरी। लगातार आगे और और कभी-कभी पीछे देख लेने का एक सिलसिला है जो चलता रहता है। क्षितिज का एक चलता हुआ दायरा है जो हर क्षण नया होता चलता है और उस दायरे से होकर हम गुजरते रहते हैं। एक दुहरी प्रतीक्षा है जिसमें अनागत शब्द पाठक का इंतजार करते हैं तो पाठक अनागत शब्द का। एक भविष्य है जो शब्दों से भरा है और हजारों शब्दों के द्वारा पाठक को एक अंत से अलगाए हुए हैं। एक फासला है कि जो दृष्टि के हर कदम के साथ घटता जाता है। हर शब्द से अनेक दिशाएँ शुरू होती हैं। मन कभी इस रास्ते बढ़ता है तो भूल महसूस कर सभी दूसरे रास्ते। अचानक दिशा का संकेत मिल जाता है। हम समझ लेते हैं कि लेखक किधर ले जाना चाहता है। बिजली की एक कौंध-सी होती है। आलोक की एक रेखा में अचानक सब कुछ जुड़ जाता है। बिखरी घटनाएँ एक कथानक में उभर कर उठती है; निरर्थक प्रतीत होनेवाली बातें सार्थक हो जाती हैं; खंड चित्रों को एक 'रूपाकार' मिल जाता है; छिटपुट प्रभाव एक भाव में बध जाते हैं और भाव एक विचार के रूप में आलोकित हो उठता है।

इस प्रकार एकदम मूल तो नहीं; फिर भी काफी करीब की एक कहानी-प्रतिमा निर्मित होती है। इस प्रतिमा का निर्माता स्वयं पाठक है। कहानी पढ़ने का मतलब है एक ऐसी ही प्रतिमा का निर्माण। सिर्फ प्रभाव ग्रहण करना पढ़ना नहीं है। पढ़ना भी एक रचनात्मक कार्य है। और केवल प्रभाव के सोपान तक रह जाना रचना नहीं है। रचना है उस प्रभाव के भाव को पुनः रूप प्रदान करना।

कहा जा सकता है कि पढ़ना एक तरह का अनुवाद है। किसी कहानी को कुछ लोग केवल पढ़कर रह जाते हैं लेकिन कुछ लोग इतने ही से संतुष्ट नहीं होते। वे चाहते हैं कि उनके सामने कहानी का वह रूप हमेशा रहे और उस रूप का निर्माण किए बिना वे नहीं रह सकते, लिहाजा अनुवाद कर डालते हैं। इस प्रकार वे एक नई जिम्मेदारी लेते हैं। यह जिम्मेदारी एक विशेष प्रकार का आनन्द देती है जो केवल पढ़कर रह जानेवाले के लिए दुर्लभ है।

अनुवाद की तरह पढ़ना भी एक जिम्मेदारी है। बहुत बड़ी जिम्मेदारी जिसके लिए आत्मीयता, समझदारी और यथाशक्ति मूल की रक्षा करने की क्षमता अपेक्षित है। अनुवादक की तरह पाठक की भी दुहरी जिम्मेदारी है—

अपनी मानसिक प्रतिक्रिया के साथ ही लेखक की भी मानसिक प्रतिक्रिया को प्राप्त करना। पढ़ने की क्रिया के भीतर से लिखने की क्रिया तक पहुँचना।

कहानी-पाठ की प्रक्रिया, एक प्रकार से निर्मल वर्मा की 'डायरी का खेल' है। एक डायरी है जो एक अरसे तक सिर्फ एक की थी : एक का नितांत निजी; कुछ देर बाद वह दो की हो गई। एक ही डायरी में दोनों को लिखना है। पहले एक आदमी एक वाक्य लिखेगा, उसके बाद दूसरा उसका उत्तर लिखेगा या चाहे तो सवाल के जवाब में सिर्फ़ सवाल ही कर सकता है। इस खेल में जो नहीं लिख पाएगा उसकी हार मानी जाएगी।

कहानी-पाठ क्या इसी तरह लेखक और पाठक के बीच होड़ भरा डायरी का खेल नहीं है ? कथा-समीक्षा की कालसिद्ध प्रतिष्ठित पुस्तक 'क्रैफ्ट ऑफ़ फ़िक्शन' को पर्सी ल्युबक ने इसी सुखद होड़ के निमन्त्रण के साथ पाठक के हाथ सौंपा है। कहानीकार यदि कला-सिद्ध है तो पाठक के लिए चुनौती है कि उस कला-सिद्धि की प्राप्ति में स्वयं कहानीकार से आगे निकल जाय। निमन्त्रण खुला है—इस खेल में शरीक होने कौन सामने आता है ?

लेकिन जाने क्यों, निर्मल के उस कथा-चरित्र की तरह, अब अपना भी मन सहसा उदासीन हो चला है। क्या अपनी दिलचस्पी भी केवल खेल बताने तक ही है ? कह नहीं सकता, इस उदासीनता के बाद भी शायद 'डायरी' के इस खेल में लग जाऊँ। हो सकता है कोई साथ हो जाय और कहानी-पाठ की प्रक्रिया से गुज़रने को जी हो जाय है। साथ जरूरी है, जो भी पाठक साथ दे। क्योंकि यह रास्ता लम्बा है, प्रक्रिया के स्तर अनेक हैं, क्रमशः एक-एक स्तर पार करना है, अभी तो यह इब्तदा है और इब्तदा भी क्या ?

२

कहानी और फैन्टेसी

क्यों न उन्हीं कहानियों से शुरू करें जिनसे पहले-पहल कहानी का ज़ायका पैदा हुआ और जिन्हें पढ़ने की तबीयत अब भी कभी-कभी होती है, लेकिन सुरुचि और समझदारी के अंकुश के कारण जिनका जिक्र करते संकोच होता है क्योंकि वे कहानियाँ सिर्फ कहानियाँ हैं और इस नाते वे 'आधुनिक' कहानियाँ नहीं हैं। स्पष्ट ही मेरा मतलब जासूसी, ऐय्यारी और जीवन की सनसनीखेज़ कहानियों से है। लेकिन कहानी की बुनियाद में जाने के लिए मैं इन कहानियों के साथ भूत-प्रेत देव-दानव, परियों-फ़रिश्तों और जंगल की कहानियों को भी रखना चाहूँगा। चाहे इन्हें सस्ता मनोरंजन कहिए, चाहे बचपन का शौक़, लेकिन इत्तफ़ाक़ से अगर आज भी ये या इनमें से कोई हमारे हाथ लग जाय तो फिर छोड़ना मुश्किल होगा।

जासूसी कहानियों का तो हाल यह है कि बड़े-बड़े विचारकों तथा दार्शनिकों को उनमें इन्तहाई दिलचस्पी लेते सुना गया है। क्या यह उनका सिर्फ़ पागलपन है या दिमाग़ी थकान दूर करने का सत्ता साधन? जो हो, लेकिन अपने आप में यह बात कम दिलचस्प नहीं है कि एक आदमी जो एक ओर शेक्सपीयर के नाटकों और मोज़ार्ट के संगीत का रस लेता हो वही दूसरी ओर पेचीदा से पेचीदा जासूसी कहानियों को खोज-खोजकर पढ़ता हो। तत्काल मेरे दिमाग़ में आधुनिक युग के प्रसिद्ध दार्शनिक 'विटिगिन्सटाइन' का नाम है, यों यह सूची काफ़ी लम्बी है।

भूत-प्रेत की कहानियों के बारे में किसका अनुभव नहीं है कि रात के वक्त बन्द कमरे में अगर भूतों की बात चल पड़ी तो जल्दी उठने का कोई नाम नहीं लेता। भले ही किसी ने भूत न देखे हों लेकिन जाने कैसे हर आदमी के पास से भूत की एक-न-एक कहानी निकल ही आती है। मज़े की बात तो यह कि साधारण-सी घटना के वर्णन में भी जिसकी जबान लड़खड़ाने लगती है और हर दूसरे वाक्य में शब्दों का टोटा महसूस होता है, भूत की कहानी सुनाते

समय उसकी जबान में भी पर लग जाते हैं। बयान में जाने कहाँ से बला की रवानी आ जाती है। कहानी कहने का कौशल तो ऐसा कि गोया पैदायशी किस्सागो हों। अनायास-अनजाने ही अच्छे से अच्छे कहानीकार को भी 'नैरेशन' में मात दे जानेवाले लोग निकल आते हैं। लेकिन अचंभे की बात तो यह है कि वैज्ञानिक युग में साँस लेनेवाले बालिग़ और समझदार लोग भी उन गप्पों में इन्तहाई दिलचस्पी लेते हैं। हर आदमी जानता है कि सब झूठ है फिर भी दिलचस्पी में कमी नहीं आती। हो सकता है कि कुछ लोग उन्हें सच मानते हैं और दिलचस्पी लेते हैं। लेकिन दिलचस्पी तो दिलचस्पी, सच माना तो, झूठ माना तो। दोनों दिलचस्पियों में सचमुच कोई फ़र्क है क्या ? फ़र्क है तो क्या और कहाँ ?

इन अवास्तविक और असम्भव कहानियों में इतनी सार्वभौम और शाश्वत दिलचस्पी क्यों ? हर देश और हर काल के लोग इनमें दिलचस्पी लेते आए हैं, यह तथ्य है। विज्ञान की उन्नति से इनको कोई क्षति नहीं पहुँची बल्कि जिन देशों में विज्ञान की जितनी ही प्रगति हुई है, उनमें इस तरह की असम्भव और अवास्तविक कहानियाँ उतनी ही अच्छी लिखी जा रही हैं। अपना देश यदि विज्ञान में पिछड़ा हुआ है तो बच्चों की कहानियों और जासूसी कहानियों में भी काफ़ी पिछड़ गया है। गाँवों में बच्चों की मानसिक भूख मिटाने के लिए माताएँ अब भी सदियों-पुरानी कहानियों से काम चलाती हैं; स्कूल में पहुँचने पर अच्छी कहानियों के लिए हमारे बच्चे तरस कर रह जाते हैं। शहरों के शिक्षित परिवार इसीलिए बच्चों को अंग्रेजी स्कूलों में भर्ती करा देते हैं कि उन्हें विदेशों की ऐसी कहानियाँ तो मिलेंगी। इसी तरह अपने यहाँ की जासूसी कहानियों की भी मौलिकता का रहस्य कौन नहीं जानता। कौन नहीं जानता कि पात्रों के नाम बदल कर ज्यादातर विदेशी जासूसी कहानियाँ हिन्दी में निधड़क चली आ रही हैं। तेज़ दिमाग़ इधर आते नहीं; नई-नई उद्भावनाएँ बन्द हो गईं। शायद हमारा दिमाग़ एकबारगी 'वैज्ञानिक' हो गया है। झूठ बोलने में किसी की दिलचस्पी ही न रही। लाचार तमाम लोग सत्यवादी हो गए ! यथार्थवाद ज़िन्दाबाद !

लेकिन अजीब बात है कि जिसे हम सतयुग कहते हैं उसकी कहानियाँ 'झूठ' से भरी हुई हैं। और हमारे दिमाग़ में झूठ का तत्त्व कहानी के साथ एक अरसे से जुड़ा हुआ है और आधुनिक युग के यथार्थवादी आन्दोलन के बावजूद यह संस्कार खत्म नहीं हो सका है। कल तक कहानियों को अपने यहाँ 'गल्प' कहते रहे हैं। रवीन्द्रनाथ की तमाम कहानियों का संग्रह 'गल्पगुच्छ'

नाम से प्रकाशित हुआ है। कुछ दिन पहले तक उपन्यासों और कुछ एक कहानियों के पहले लिखा रहता था कि पात्रों और स्थानों के नाम कल्पित हैं। दरअसल यह लिखना ही यथार्थवादी आत्मबोध के आरम्भ का सूचक है, साथ ही इससे गल्प के अंत की भी सूचना मिलती है।

बहरहाल, यह सोचने की बात है कि कहानी का आरंभ असंभव और अवास्तविक से ही क्यों हुआ ? असम्भव और अवास्तविक में ऐसा कौन-सा आकर्षण है जिसने कहानी को सबसे दिलचस्प साहित्य बनाया ?

क्या परियों की कहानियाँ सिर्फ इसलिए अच्छी लगती हैं कि परियाँ अब नहीं होतीं ? क्या वे कभी होती भी थीं ? क्या उनके होने में कभी आदमी का निवास था ? जिन्होंने शुरू-शुरू में परियों की कहानियाँ गढ़ी थीं, वे क्या उनके होने में सचमुच विश्वास करते थे ? कौन जानता है और कौन कह सकता है ? क्या सचमुच ऐसा ज़माना था जब आदमियों के पाँखें थीं और वे उड़ा करते थे ? क्या पंखवाले घोड़े सचमुच कभी होते थे ? वह दुनियाँ कहाँ थी और कब थी, जब देखते-देखते आदमी पेड़ हो जाता था या तोता और तोता भी आदमी का रूप धारण करने में समर्थ था ? कम से कम जिस समय से आदमी की दुविया में ये कहानियाँ बनी और चल रही हैं तब से तो इस तरह की अजीबो-ग़रीब किसी दुनिया का वजूद नहीं मिलता। फिर भी ये कहानियाँ बनीं और निश्चित है कि सिर्फ बच्चों के लिए बनी थीं। पुराण की कहानियाँ बच्चों के लिए नहीं लिखी गई थीं और बच्चों के लिए नहीं लिखी थीं कादम्बरी बाणभट्ट ने !

सामान्यतः इस इन्द्रजाल या जादुई-दुनिया को हम कल्पना की सृष्टि कहते हैं और अपने मन को समझाने के लिए इस कल्पना में सत्य के अंश का समावेश मान लेते हैं; लेकिन हक़ीक़त में उसे यथार्थ से हेय समझते हैं क्योंकि हमारे मन पर यथार्थवाद का आतंक है। ऐन्द्रजालिक कहानियों की व्याख्या भी जब तक हम सत्य के रूप में नहीं कर लेते, हमें संतोष नहीं होता। हमारा यथार्थवादी संस्कार उन कहानियों में अपने-आप को बहुत ज्यादा पढ़ता है या पढ़ लेने की कोशिश करता है। लेकिन इन्द्रजालिक या फैंटास्टिक कहानियों के अवास्तविक होने का कोई दूसरा पहलू नहीं है क्या ?

क्या आज भी 'फैन्टेसी' की कहानियाँ नहीं लिखी जा रही हैं ? काफ्का की 'मैटामार्फोसिस' या 'काया-कल्प' कहानी को क्या कहा जायगा ? अचानक एक सुबह एक आदमी सोकर उठता है तो पाता है कि वह भुनगा है। काफ्का चूंकि आधुनिक लेखक हैं इसलिए हम कहते हैं कि उसकी कहानी व्यंग्य है और फिर

सारी कहानी को यथार्थवादी भाषा में आसानी से रूपान्तरित कर लेते हैं। बहस इस समझ से नहीं है, शायद हो भी नहीं सकती ! सवाल यह कि लेखक ने 'फैन्टेसी' की शैली क्यों चुनी ? और यदि उसने यह शैली अपनाई तो 'फैन्टेसी' की वजह से कहानी में क्या विशेषता पैदा हो गई ? सवाल 'फैन्टेसी' के आधार का है।

'मेटामार्फोसिस' ऐन्द्रजालिक कहानी इसलिए है कि वह एक ऐसी दुनिया की कहानी है—जिसमें इस दुनिया के क़ायदे-कानून लागू नहीं होते, अर्थात् उसके कायदे-कानून अलग हैं और अपने हैं। लेकिन सिर्फ इसी बात से क्या वह दुनिया अवास्तविक है ? कहीं ऐसा तो नहीं है कि वह हमारी अतिपरिचित दुनिया से अधिक वास्तविक है ? अथवा वास्तविक दुनिया तो वही है जो आपाततः 'फैन्टास्टिक' मालूम हो रही हैं ? हो सकता है कि दुनिया के नियमों ने हमारी आँखों पर पर्दा डाल दिया हो और अभ्यासवश अति-परिचित को ही हम वास्तविक मानकर चल रहे हों। कहीं ऐसा तो नहीं है कि अन्तर्दर्शी लेखक ने इस चालू दुनिया के अन्दर छिपी उस असली दुनिया को सहसा 'देख' लिया है और पूरे विस्मय के साथ हमारे सामने उसे उद्घाटित कर दिया और अपरिचय तथा अनभ्यास के कारण हम उसे 'फैन्टास्टिक' कह रहे हैं ?

इस धारणा की पुष्टि विज्ञान से भी होती है। बहुत दिनों तक हम यही जानते थे कि दो बिन्दुओं के बीच की सबसे छोटी दूरी सीधी रेखा होती है लेकिन जिसे दिन पता चला कि वह रेखा सीधी नहीं बल्कि टेढ़ी है तो बहुतों के लिए यह 'फैन्टास्टिक' ही था ! लेकिन इस एक खोज ने विज्ञान के अनेक आविष्कारों को जन्म दिया है। बहुत दिनों तक हमारी दुनिया यूक्लिड की ज्यामिति के नियमों पर चलती रही अथवा चलती हुई मानी जाती रही। यूक्लिड के नियम इस दुनिया के नियम थे। एक दिन सहसा मालूम हुआ कि इन नियमों से अलग दूसरे नियम हैं जिनसे दुनिया चल रही है और देखते-देखते हमारे सामने ही एक जादुई-दुनिया खड़ी हो गई, जिसकी वास्तविकता में सन्देह करना पागलपन कहलायेगा !

क्या तथाकथित ऐन्द्रजालिक कहानियों के पीछे जीवन-दृष्टि का कोई ऐसा ही नियम नहीं ? उस जीवन-दृष्टि का रहस्य हम भले न जान पाएँ, लेकिन किसी सहजानुभूति के द्वारा ही तो उसे पसंद नहीं करते ? बिना विश्लेषण के उन कहानियों को कल्पना-सृष्टि कहकर हम अपने आनन्द को ही कम नहीं करते बल्कि सम्भवतः उन्हें गलत भी समझते हैं। ऐन्द्रजालिक कहानी क्या, देखा जाय तो आज के ज़माने में बहुतों के लिए कहानी मात्र ऐन्द्रजालिक है।

जो कामयाब लोग हैं, जिन्होंने हर चीज के साथ समझौता कर लिया है, जिनके लिए इस तंत्र-यंत्र में कोई गड़बड़ी नहीं है और जो कुछ हो रहा है सब ठीक हो रहा है, उनके लिए क्या अजब कि 'धरती अब भी घूम रही है' कहानी भी किसी दूसरी धरती की हो। लेकिन ऐसे भी लोग हैं जिन्हें अचानक लगता है कि या तो वे स्वयं एकदम बदल गए हैं या फिर एक अजीब-सी परिस्थिति में आ गए हैं। यह आकस्मिक बोध ही 'फैन्टेसी' को जन्म देता है। जिनकी आँखें अंधी नहीं हुई हैं उनके लिए हर घटना या दुर्घटना एक झटका है और हर झटका एक ऐसी दुनिया में फेंक देता है जो सपना मालूम होती है। क्या हम नहीं जानते कि 'हैं ख्वाब में हनोज जो जागे हैं ख्याब में ?'

अब इसे अच्छा समझिए या बुरा, ये कहानियाँ एक ख्वाब से जगाती हैं और दूसरे ख्वाब में आँखें खोल देती हैं; बल्कि यह एक ऐसा ख्वाब है जिससे जगाने के बाद हर चीज़ ख्वाब मालूम होती है। एक तरह का पागलपन है यह। दुनिया को बदलने के लिए लेखक अपनी कहानी की दुनिया बदल देता है; दुनिया के नियमों को तोड़ने के लिए लेखक अपनी दुनिया को दूसरे नियमों से बनाता है। जादू की छड़ी से छूकर हर चीज को वह और का और बना देता है। अजब नहीं जो यह जादू की छड़ी पाठक को भी छू जाय! बचपन में इस जादू की छड़ी का असर गहरा होता था लेकिन अब इस असर को नकारना भी बचपना होगा।

अपने-आप से बाहर निकलना बहुत मुश्किल है, लेकिन कोई कहानी यदि सचमुच बाहर निकालने में कामयाब हो जाती है तो क्या कुछ कम है ?

आज की समस्या ही यही है कि दिन-पर-दिन लोग अपने-आप में सिमटते जा रहे हैं। परिस्थितियों की मार शुरू हुई और लोगों ने मुँह अन्दर किया। स्वर्गीय गुलेरी जी ने इसे 'कछुआ धर्म' कहा था। अन्दर और अन्दर! यथार्थ के नाम पर नितान्त वर्तमान से चिपकते जाना। यह भी एक प्रकार का 'कछुआ धर्म' ही है। एक ओर हम वर्तमान से चिपटते जाते हैं और दूसरी ओर शिकायत करते हैं 'द वर्ड इज़ टू मच विद अस।' दुनिया हमारे साथ बहुत ज्यादा है। ऐन्द्रजालिक कहानियाँ समय के इस सिमटते दायरे को तोड़ती हैं।

वैसे भी, कहानी के साथ समय का कुछ अजीब-सा सम्बन्ध है। कहानी शायद समय की कला है; समय के साथ कहानी अनेक प्रकार की कलाएँ दिखाती हैं। कभी वर्षों को समेट कर एक क्षण में बाँध देती है; कभी क्षण को खोलकर वर्षों में फैला देती है; कभी समय के दायरे को तोड़ती है तो कभी टुकड़ों को जोड़कर एक दायरा बनाती है। कहानी का पहला वाक्य 'एक था

राजा—' शुरू हुआ नहीं कि यह एक 'था' मन को उठाकर जाने कहाँ कितनी दूर लेकर उड़ जाता है। कहानी बेपर की उड़ती है और शुरू-शुरू में इसी गुण के कारण हमें पसंद भी आती है।

इस तरह की कहानियाँ शायद अब स्वयं कहानी बन गई हैं। अगले जमाने की बहुत-सी चीजों की तरह अब इनकी भी सिर्फ कहानी ही रह गई है। आखिर आदमी अपनी पीठ पर कितना लाद सकता है? लेकिन किसी पुरानी चीज का कब जीर्णोद्धार हो जायगा, कहा नहीं जा सकता। अपने से बाहर निकलने की तड़प कुछ लोगों को शायद एक बार फिर उधर ले जाय। 'पलायनवाद' के आतंक ने बहुतों के सपने छीने हैं; बच्चे तो खैर बहस भी नहीं कर सकते। हमें क्या पता कि अतीत की ओट में हमने कितनों का भविष्य छीन लिया।

लेकिन मैंने भी आज की कहानी-चर्चा में क्या पुरानी बात उठा दी! रकीब भी क्या कहेंगे 'कि अकबर नाम लेता है खुदा का इस जमाने में!'

नीलम देश की राजकन्या और स्वर्ग के खंडहर में

> **मेरी हिम्मत देखिए, मेरी तबीयत देखिए,**
> **जो सुलझ जाती है गुत्थी फिर से उलझाता हूँ मैं।**

आसान समझकर ही मैंने बचपन की कहानियों से शुरू किया, लेकिन वे भी मुश्किल निकलीं। जैसा कि बहुतों को अनुभव होगा, बच्चे सचमुच कभी-कभी चक्कर में डाल देने वाले सवाल कर बैठते हैं। फिर उनकी कहानियाँ भी चक्कर में डाल दें तो क्या आश्चर्य ? कोई जरूरी नहीं कि जो एक स्तर पर सरल हो वह बिलकुल सरल हो। क्या ऐन्द्रजालिक कहानियों की सरलता भी ऐसी ही नहीं है।

एक कहानी है 'नीलम देश की राजकन्या', जैनेन्द्र की। पता नहीं इस पर कितने लोगों का ध्यान गया है ! मैंने इसे केवल एक कहानी संकलन में देखा है—श्री नलिन विलोचन शर्मा द्वारा सम्पादित 'हिन्दी के प्रतिनिधि कथाकार' में। कहानी के साथ जैनेन्द्र जी का एक व्याख्यात्मक निबन्ध भी है, जिसमें उन्होंने कुछ महत्त्वपूर्ण सवाल उठाए हैं।

नीलम देश की कहानी ऊपर से देखने में एकदम सीधी-सादी है। बच्चे भी पढ़ सकते हैं। 'वह सात समुन्दर पार, जो नीलम का द्वीप है, वहीं की कहानी है। वहाँ की राजकन्या को एकाएक किन्नरी-बालाओं का हास-कौतुक, जाने क्यों फीका लगने लगा है—'

इस प्रकार कहानी एकदम जादुई दुनिया की है—'देश है तो नीलम का, कन्या है तो उसके माता-पिता का आभास नहीं है; सहस्रों वर्ष से ऊपर उसे आयु मिली है। इस तरह कुछ भी वास्तविक वहाँ नहीं है।' यही नहीं बल्कि 'उसमें तो पात्र भी नहीं है, घटना भी नहीं है, केवल मात्र वातावरण है। उसमें प्राणी हैं तो प्रेम के मानिंद, जिनमें देह है ही नहीं और निरे वहम के

बने हैं।' जैनेन्द्र जी ने ऐसी कहानियों की सामान्य चर्चा करते हुए कहा है कि ऐसी कहानियों में सोते पेड़, बिछी घास, बहता पानी, सूना विस्तार, रुकी वायु, टिका आसमान, मटमैला, अँधियारा, यही जैसे व्यक्तिगत संज्ञा धारण कर लेते हैं। ऐसे में धरती आसमान से बातें करने लगती है और जो अचर है, वह भी मनुष्य की वाणी बोलने लगता है। क्या मुझे मानना होगा कि जहाँ पेड़, पौधे और चिड़िया आदमी की बोली बोलते हैं, वह कहानी अयथार्थ है ? क्या वह एकदम असम्भव, इसलिये एकदम व्यर्थ वस्तु है। संभव है, वह असम्भव और अयथार्थ, और किसी के लिये व्यर्थ भी हो सकता है। पर डर भी तो अयथार्थ ही है। पर जो डर के मारे मर तक गया है, उसकी मृत्यु ही क्या उसके निकट उस डर के अत्यन्त यथार्थ होने का प्रमाण नहीं है ?

स्वयं जैनेन्द्र जी इन अशरीरी कहानियों को अमर मानते हैं क्योंकि उनके अनुमार जो असम्भव की रेखा को छूती है और जो स्थूल भौतिक जगत् की सम्भावना की सीमाओं से पराजित नहीं है, वह कथा जाने काल के कितने स्थूल पटल को भेदती हुई शताब्दियों से अब तक जीवित बनी हुई है। पुराणों की देवता और राक्षस वाली कहानियाँ, जातक की कथाएँ और ईसप की वार्ताएँ फैल कर हमारे नित्य-प्रति के जीवन में घुल-मिल गई हैं। अतः यथार्थता का आबन्धन और अवलेप जिस पर जितना कम है, वह कहानी समय की छलनी में छनती हुई उतनी ही श्रेष्ठ भी ठहरे, तो मुझे अचरज न होगा।

फिलहाल, हमारा मतलब इन कहानियों की अमरता या श्रेष्ठता से नहीं, बल्कि वास्तविकता से है। सामान्य रूप से इस तरह की तमाम कहानियों का वास्तविक आधार जानने के लिए जरूरी है कि एक विशेष कहानी को ही पहले लिया जाय। और क्यों न हम जैनेन्द्र जी की 'नीलम देश की राजकन्या' कहानी को ही लें ?

इस नीलम देश की कहानी के वास्तविक आधार का भेद खोलने के लिये जैनेन्द्र जी ने एक अद्भुत अनुभव का उल्लेख किया है। 'एक बार मुझे खयाल है कि संध्यानन्तर अकेले एक मैदान में से जाते हुए मुझे अपनी चेतना पर एक अजब तरह का दबाव अनुभव हुआ। था कहीं कुछ नहीं, तो भी एक डर लगा। बाहर का न-कुछ ही जैसे जाने क्या-कुछ हो गया था और उसकी सीधी प्रतिक्रिया मेरे अंतर मानस पर होती थी। मैं तेज चलने लगा था और साँस फूलने लगी थी। छाती धक्-धक् कर रही थी। वह कुछ एक ऐसा अनुभव था कि कुछ देर टिकता और अधिक तीव्र होता तो उसके नीचे जान ही सुन्न पड़ गई होती। कोरे डर से जाने कितने मर गये हैं। यह डर जिसे कोरा कहते हैं,

क्या है ? वह कुछ है अवश्य । और मानो उसी का सचेतन भाव से पुनः स्पर्श पाने के लिए मैंने एक कहानी लिख दी ।'

एक ओर यह अनुभव और दूसरी ओर वह नीलम देश की राजकन्या की कहानी । कहाँ मैदान और कहाँ नीलम देश । कहाँ डर और कहाँ राजकन्या का अभाव । फिर भी कहीं न कहीं समानता तो है ही । मैदान सूना है तो नीलम देश भी खोखला है । चहल-पहल से भरे जगमगाते शहर के बाहर का मैदान ही जैसे नीलम देश पर खोखलापन बन कर छा गया । और वह डर तथा वह अभाव ? क्या दोनों ही एक 'वहम' नहीं है ? अन्त में हम देखते हैं कि जिस अन्तर से वह 'वहम' पैदा हुआ था, वहीं ने उस 'वहम' का समाधान भी पैदा हो गया । किसी दृढ़ इच्छा-शक्ति के द्वारा वह डर दूर हो गया तो राजकन्या का अभाव भी भाव में बदल गया । हो सकता है कि यह इच्छा-शक्ति भी एक वहम ही हो । क्या नीलम देश की वह कहानी इसी वहम से पैदा हुई है ।

अगर परियों की पुरानी कहानी होती तो राजकन्या जिसकी प्रतीक्षा कर रही है—वह राजकुमार अन्त में सचमुच आ गया होता । लेकिन जैनेन्द्र की कहानी में राजकुमार नहीं आता ।

'राजपुत्र । कैसे राजपुत्र ?'

'अभी हमारे आगे-आगे उसकी सवारी आ रही थी, राजकन्या ! सचमुच अब वह कहाँ गये ?'

राजकन्या ने मुस्कराकर कहा—'कौन राजपुत्र जी ? एक तो आये थे, उनको मैंने कैद में डाल दिया है । अब वह उपद्रव नहीं करेंगे । हमारे द्वीप में उनका क्या काम, क्यों सखियों ?

सखियों के लेखे राजपुत्र आए भी तो जैनेन्द्र की राजकन्या ने जाने किस जादू से उन्हें कैद में डाल दिया । दरअस्ल सखियों को ही वहम हो गया था । राजपुत्र तो राजकन्या की कैद में पहले ही से थे । राजकन्या तो इसके पहले ही आँख मूंद कर, कान मूंद कर प्राणपण से भीतर ही भीतर कह उठती है, 'तू है । नहीं आया है तो भी तू आ ही रहा है । तू आने के लिए ही नहीं आया है ।'

गरज कि जैनेन्द्र की राजकन्या के पास इतनी इच्छा-शक्ति नहीं है कि राजपुत्र को मूर्तिमान कर सके । आखिर तक वह राजपुत्र एक वहम ही रह जाता है—उसकी वास्तविकता का एहसास नहीं हो पाता, न सखियों को, न

राजकन्या को और न पाठकों को। परियों की पुरानी कहानियों से यह नीलम देश की कहानी इसी मामले में भिन्न है। इसका कारण सम्भवतः जैनेन्द्र की आत्मवादी दृष्टि है। 'नीलम देश की राजकन्या' कहानी की कमज़ोरी भी शायद यही है। कमजोरी यह नहीं है कि वह 'फैन्टेसी' है बल्कि यह कि वह वास्तविक 'फैन्टेसी' नहीं है। आस्कर वाइल्ड ने कहीं कहा है कि सफल झूठ वह है जिसके लिए किसी अन्य प्रमाण की आवश्यकता न हो। सफल 'फैन्टेसी' वही है जो स्वतः सिद्ध हो, अपने आप में असंदिग्ध हो।

'नीलम देश की राजकन्या' से प्रमाणित होता है कि आधुनिक युग में प्राचीन शैली की 'फैन्टेसी' लिखना कितना मुश्किल है, मुश्किल और साथ ही खतरनाक भी।

प्रसाद जी की 'स्वर्ग के खंडहर में' कहानी से इस तथ्य पर और भी प्रकाश पड़ता है। इस कहानी में प्रसाद जी को कल्पना ने स्वर्ग का मनोरम वातावरण रच दिया है। परन्तु जैसे उन्हें स्वयं ही अपनी कल्पना पर विश्वास नहीं है। इसलिए उन्होंने कहानी के बीच में चुपके से एक वाक्य डाल दिया है कि एक दिन पता चला कि स्वर्ग कैकय के पहाड़ी दुर्ग के समीप कहीं है।

परन्तु इससे भी महत्त्वपूर्ण बात यह है कि जितनी कल्पना-शक्ति से प्रसाद जी ने स्वर्ग का निर्माण किया, उतनी ही पैनी यथार्थ-दृष्टि से उसे ध्वस्त भी कर दिया। कहानी की नायिका लज्जा के ये शब्द 'स्वर्ग' पर नहीं बल्कि 'फैन्टेसी' पर भी चुस्त बैठते हैं—

'स्वर्ग ! इस पृथ्वी को स्वर्ग की क्या आवश्यकता है शेख ? ना, ना, इस पृथ्वी को स्वर्ग के ठेकेदारों के बचाना होगा। पृथ्वी का गौरव स्वर्ग बन जाने से नष्ट हो जायगा। इसकी स्वाभाविकता साधारण स्थिति में ही रह सकती है। पृथ्वी को केवल वसुंधरा होकर मानव-जाति के लिए जीने दो, अपनी आकांक्षा के कल्पित स्वर्ग के लिए, क्षुद्र स्वार्थ के लिए इस महती को, धरणी को नरक न बनाओ, जिसमें देवता बनने के प्रलोभन में पड़कर मनुष्य राक्षस न बन जाय शेख।'

शब्द लज्जा के हैं लेकिन लज्जा शेख को आनी चाहिए थी।

अब, एक ओर है छायावादी समझे जानेवाले प्रसाद जी का यह 'स्वर्ग' और दूसरी ओर है यथार्थवादी समझे जानेवाले जैनेन्द्र जी का 'नीलम देश'। स्पष्ट है कि परियों की कहानी के भी कई रूप हो सकते हैं। कहीं स्वर्ग भी खँडहर हो सकता है तो कहीं खोखलापन नीलम देश।

जिस 'वहम' का ज़िक्र जैनेन्द्र जी ने अनायास ही कर दिया है उसे कुछ 'फैन्टेसी' वाली कहानियों के लिए कुंजी के रूप में इस्तेमाल किया जा सकता है। वहम में आदमी को वह सब दिखाई पड़ने लगता है जो नहीं है और न हो सकता है। डर के वहम में जाने कैसी-कैसी डरावनी सूरतें सामने आ जाती हैं और लोग मर भी जाते हैं, यह तथ्य है। लेकिन वहम से मरकर भी कोई वहम को सच साबित नहीं कर सकता। इससे केवल वहम की पोल खुलती है। जब वहम से एक आदमी मरता है तो दूसरों के लिए एक वहम मरता है।

जिस डर के वहम का ज़िक्र जैनेन्द्र जी ने किया है, उसका पता उनके कथागुरु प्रेमचंद जी को भी था। 'ग़बन' उपन्यास में रमानाथ जब सराफ़े से चन्द्रहार लेकर एक अंधेरी गली से गुज़रता है तो उसे जाने कितने डर का वहम हो जाता है। लेकिन ज्योंही वह रोशन सड़क पर आता है तो सारा वहम ग़ायब हो जाता है। रमानाथ अनुभव करता है कि प्रकाश में कितना विश्वास उत्पन्न करने की शक्ति होती है।

इस प्रकार प्रेमचंद को यदि वहम का पता था तो बाहर के उस प्रकाश का भी ज्ञान था जो वहम के अंधकार को दूर कर देता है। जैनेन्द्र को अपने भीतर से फ़ुरसत नहीं है, इसलिए वे एक वहम को दूर करने के लिए भीतर से ही दूसरे वहम को पैदा कर लेते हैं।

भीतरी वहम से पीड़ित जैनेन्द्र की तरह और भी लेखक हैं जिनकी कुछ कहानियाँ कभी-कभी 'फैन्टेसी' की हदें छूने लगती हैं! राजेन्द्र यादव की 'अभिमन्यु की आत्महत्या' कहानी इसी प्रकार की है, जिसमें आत्महत्या का वहम लेखक को जाने किन-किन लोकों की सैर कराता है। शहरज़ाद और अलिफ़लैला के मध्ययुगीन रोमांस से यादव का दिमाग़ अक्सर ग्रस्त दिखाई पड़ता है। यह भी एक वहम ही है—कहानी-कला सम्बन्धी वहम। कठिनाई सिर्फ़ इतनी है कि वहम से पैदा होनेवाली 'फैन्टेसी' कला नहीं बल्कि कला का वहम पैदा करती है।

"जहाँ पेड़, पौधे और चिड़ियाँ आदमी की बोली बोलते हैं" वे तमाम कहानियाँ एक-सी नहीं हैं। पुराणों की देवता और राक्षसवाली कहानियाँ, जातक की कथाएँ, ईसप की पशु-पक्षियों की वार्ताएं, मध्ययुगीन राजकुमार और राजकुमारी की रोमांचकारी कहानियाँ तथा आधुनिक युग में लिखी हुई नीलम देश की कहानियाँ एक ही कोटि में नही आतीं। प्रकृति और मनुष्य के मेल-जोल, दैव-संयोग, असंभव और असाधारण घटनाओं की समानताएँ सिर्फ़ ऊपरी हैं। एक युग के विश्वास की समय या रूढ़ि के रूप में बहुत दिनों तक

निभाया गया है। भिन्न-भिन्न युगों ने उन रूढ़ियों को भिन्न-भिन्न अर्थ भी प्रदान किया है। यदि हजारों साल की ऐन्द्रजालिक कहानियों को परम्परा पर दृष्टि डालें तो उस पर हर युग की अपनी एक अलग छाप मिलेगी।

वे आदिम लोक-कथाएँ एकदम अलग हो जाती है जिनमें प्रकृति और मनुष्य सहज भाव से आपस में मिलते-जुलते हैं। जिस आदिम युग अथवा जिस आदि समाज-व्यवस्था में मनुष्य प्रकृति का अभिन्न अंग था, उनकी कहानियाँ बड़ी आसानी से अलगाई जा सकती हैं। उस कहानियों में वर्णित निसर्ग की मानवीयता और मानव की निसर्गता इतिहास की मधुर स्मृति हैं। जल, थल, वायु में मनुष्य की अबाध गति दिखलाकर आदिम कथाकारों ने मनुष्य की प्रकृति-विजय की महत्वाकांक्षा व्यक्त की है। इस निधि को यदि मनुष्य की हर पीढ़ी सँजोती रही और आनेवाली पीढ़ी को थाती के रूप में सौंपती गई तो इसलिए कि उस अतीत में मनुष्य के भविष्य के लिए भी संदेश था। वे अमर हैं तो इसलिए नहीं कि जैनेन्द्र जी के शब्दों में उनमें "हाड़-मांस की देह नहीं, बल्कि केवल आत्मा है।" यह भी जैनेन्द्र जी का एक वहम ही है। यदि वे पेड़-पौधे, पशु-पक्षी अमर हैं तो मानव देह प्राप्त करने के कारण। मनुष्य के जिस बचपन ने उन्हें जन्म दिया है उसे आत्मा का पता भी नहीं था, उसके लिए तो तब तक देह और आत्मा दो हुए ही नहीं थे।

लेकिन यही कथा जब मध्ययुगीन 'रोमांस' में दुहराई गई तो ऐन्द्रजालिक कहानियों का एक दूसरा ही रूप सामने आया। दैव-संयोग के सहारे हर असंभव को संभव बनानेवाले रोमांचक उपाख्यान वस्तुतः आकाश-भोगी राजकुमारों और राजकुमारियों का मन बहलाने के लिए लिखे गए। इन रोमांचक उपाख्यानों के साहसी राजकुमार स्पष्टतः भिन्न हैं। इनकी आह भरनेवाली राजकुमारियाँ भी मध्ययुगीन हैं। आधुनिक उपन्यासों और कहानियों की यथार्थवादी प्रतिक्रिया से ही स्पष्ट है कि मध्ययुगीन 'रोमांस' कितने घातक आदर्शों के प्रचारक थे। आर्नल्ड केटिल ने 'अंग्रेजी उपन्यास की भूमिका' पुस्तक में मध्ययुगीन रोमांस के 'विशेष प्रकार के पलायनवाद' पर बहुत अच्छा प्रकाश डाला है।

पहाड़ जब उड़ते थे तब उड़ते थे। इन्द्र ने बहुत पहले ही उनके पर काट दिए। जिन पौराणिक गाथाओं ने पहाड़ों के उड़ने की रोचक चर्चा की है उन्हीं में उनके पर कटने की दुःखद कहानी भी अंकित है। उसके बाद भी अगर कहानी को कोई बेपर के उड़ाना चाहता है तो इसके लिए गज भर सीना और मन भर का कवच हो नहीं बल्कि उससे भी बड़ा दिमाग चाहिए।

गरज़ कि 'फैन्टेसी' केवल एक ऐतिहासिक तथ्य नहीं बल्कि जीवित सत्य है। इसका महत्व केवल कथा-साहित्य के उद्‌भव की चर्चा तक ही सीमित नहीं है, बल्कि नवीनतम कथा-सृष्टि में भी है। बचपन चाहे मनुष्य का हो चाहे मानवता का, सिर्फ़ एक बीती बात नहीं है, बल्कि वह एक ऐसी आप-बीती है जो हरएक नये अनुभव के साथ जुड़ी है और हर नये संदर्भ में एक नया रूप ले सकती है। ग्रीक पुराणों और महाकाव्यों से निरन्तर प्राप्त होने वाले आनन्द का विश्लेषण करते हुए मार्क्स ने कुछ इसी प्रकार की बात कही है कि 'इज नाट द कैरेक्टर आफ़ एवरी ईपक रिवाइव्ड पर्फेक्टली टु नेचर द चाइल्ड ?' क्या हर युग की विशेषता प्रकृति की पूर्ण वास्तविकता के साथ बाल-प्रकृति में पुनर्जीवित नहीं होती ?

यदि बच्चों की-सी सरलता से देखें तो यह चिर-परिचित दुनिया ही किसी 'फैन्टेसी' से कम नहीं है। जो साधारण है वही असाधारण है। इसके विपरीत अब तो यह हालत हो गई है कि असाधारण घटनाएँ भी अब चकित नहीं कर पातीं। रेडियो और अखबार से असाधारण घटनाएँ सुनते-सुनते हम इतने अभ्यस्त हो गये हैं कि अब कुछ भी असाधारण नहीं लगता। आश्चर्य की बात तो यही है कि अब किसी बात पर आश्चर्य ही नहीं होता। इसलिए किसी असाधारण या लोक असाधारण घटना की चर्चा करके आज के आदमी को चकित करना काफ़ी मुश्किल है। यह आश्चर्य ही आज की 'फैंटेन्सी' की प्रेरक है। काफ्का ने अपनी कहानियों के द्वारा इस जड़ता को भंग करने की कोशिश की और 'निःशब्द विस्फोट' की प्रक्रिया से उसने साधारण घटनाओं को ही एक फैंटेन्सी का रूप दे दिया। उसने प्रमाणित कर दिया कि विस्मित करने के लिए किसी दूसरी दुनिया की सृष्टि करने की आवश्यकता नहीं है, बल्कि किसी दूसरी दुनिया के वासी की तरह इस दुनिया में आना ही काफ़ी है। दूसरे शब्दों में, यदि तमाम लोगों और चीज़ों को उनके नाम तथा लेविल अलग करके एक अनजान, अपरिचित आगन्तुक की तरह देखें तो सब कुछ अजीबों-गरीब लगेगा। हो सकता है 'वास्तविकता' का पता इसी तरह चले।

जिस बाजार में तमाम लोग खरीद-फरोख्त, सौदा-सुलुफ़ करते थे और सारी गतिविधि को विधि-विधान की तरह विस्मयरहित स्वीकार किए चल रहे थे उसी बाजार को तार-तार कर मार्क्स ने देखा तो पूँजी की एक अजीब दुनिया दिखाई पड़ी। 'कैपिटल' के आरम्भ में मार्क्स ने 'कमोडिटीज' के जिस रहस्यात्मक और ऐन्द्राजालिक रूप का वर्णन किया है वह एक वैज्ञानिक की खोज ही नहीं, बल्कि एक साहित्यकार का भी सत्यानुसन्धान है। लकड़ी से

मेज़ बनने और इस्तेमाल में आने की क्रिया का वर्णन करते हुए मार्क्स के ये शब्द किसी ऐन्द्रजालिक कहानी के टुकड़े लगते हैं : "पण्यवस्तु होते ही मेज़ अलौकिक-सी चीज़ हो जाती है। वह अपने पैरों के बल सिर्फ ज़मीन पर खड़ी नहीं रहती, बल्कि दूसरी पण्य वस्तुओं के संदर्भ में अपने सिर के बल खड़ी हो जाती है और अपने जड़ दिमाग से अजीब ख़याल पैदा करने लगती है...."

तात्पर्य यह कि यदि बचपन के मोह में बचकाना हरकतें करने के बजाय बचपन की जिज्ञासा, कुतूहल, विस्मित होने की क्षमता को प्रौढ़ रूप में इस्तेमाल करें तो इसी साधारण जीवन के बीच से असाधारण जीवन-सत्य का उद्घाटन किया जा सकता है। इस तरह वास्तविकता के नये-नये स्तर उद्घाटित करने के अतिरिक्त कहानी को और क्या चाहिए ? यह सत्योद्घाटन वास्तविक भी हो सकता है और अद्भुत-अनूठी 'फैन्टेसी' भी।

क्या मैंने अब भी एक सीधी-सादी चीज़ को ख़ामख़ाह के लिए जटिल बना दिया ? या लोग ही हैं जो जटिल को भी ऊपर-ऊपर से सरल समझे बैठे हैं ? क्या यह भी एक वहम नहीं है ? लेकिन किसका ?

४

फिर क्या हुआ ? और मुक्तिमार्ग

अगर आप जानना चाहते हैं कि इसके बाद फिर क्या हुआ तो समझिए कि कहानी शहरज़ाद है। अलिफ़लैला की शहरज़ाद जिसने कुतूहल को शान्त ही नहीं किया बल्कि कुतूहल को जगाया भी। कहानी-पाठक में अधीरता होती है, इसे कुछ-कुछ मैं भी जानता हूँ और यह भी कि कहानी स्वयं भी अधीरता उत्पन्न करती है ? लेकिन यह अधीरता क्या उत्पन्न करती है ? ख़ैर, इस 'क्या' का सिलसिला अभी यहीं छोड़ें। अगली कड़ी जोड़ने के लिये इतनी अधीरता भी क्यों ?

विवशता कही जाय या आवश्यकता, अधीरता तो कहानी के साथ लगी है और इसे छिपाने से कोई फ़ायदा नहीं। इसका पता आचार्य रामचन्द्र शुक्ल जैसे बुजुर्गों को भी है। कहानी सुनने वाला आगे की घटना के लिए आकुल रहता है। कविता सुनने वाला कहता है, 'ज़रा फिर तो कहिए।' कहानी सुनने वाला कहता है, 'हाँ, तब क्या हुआ ?' अनुभव यह चाहे हर किसी का हो लेकिन शब्द ये आचार्य शुक्ल के हैं। निःसन्देह 'घटना-वैचित्र्यपूर्ण कहानियों' को ध्यान में रखकर यह बात कही गई है लेकिन ध्वनि स्पष्ट है कि कहानी-विषयक यह कुतूहल निम्न कोटि का है।

अंग्रेजी के प्रसिद्ध उपन्यासकार ई० एम० फ़ोर्स्टर का भी खयाल है कहानी-सम्बन्धी कुतूहल अवर कोटि का है क्योंकि इसके मूल में गुहा-त्रासी आदिम मानव की मनोवृत्ति है। रात में आग जलाकर आदिम मानव-समूह बैठ जाता होगा और उसमें से कोई एक कहानी कहना शुरू कर देता होगा। 'फिर क्या हुआ' पूछते हुए श्रोता मण्डली का एक-एक आदमी क्रमशः सो जाता होगा और कहानी खत्म हो जाती होगी। हक़ीकत जो रही हो लेकिन किसी कथाकार को ऐसी कल्पना करने से कौन रोक सकता है ? क्या कहानी के बारे में कोई कहानी नहीं गढ़ी जा सकती ? बहरहाल, फ़ोर्स्टर के अनुसार यह कुतूहल

'आदिम' है इसीलिए इसके मूल में एक प्रकार का 'अविवेक' होता है और वह अविवेक आज भी इस रूप में मौजूद है कि जिन कहानियों को हम पसंद करते हैं उनके विरुद्ध कोई तर्क नहीं सुनना चाहते।

यही नहीं, बल्कि कहानी संबंधी इसी कुतूहल के कारण आगे चलकर एक बादशाह ने हज़ारों कहानी कहने वालों का सिर उतार लिया। ज़रूर उसको भी नींद न आती रही होगी और नींद से पहले ही कहानियाँ ख़त्म हो जाती रही होंगी। अगर बीच में कहानी ख़त्म हो गई तो कहानी कहने वाले की ज़िन्दगी क्यों न ख़त्म हो ? जब कहानी में 'आगे क्या हुआ' का जवाब नहीं तो फिर कहानी कहने वाले की ज़िन्दगी का आगे क्या हो ? क्या हो और क्यों हो ? बादशाह का तर्क कितना पक्का है। क्या मि० फोर्स्टर इसे भी 'अविवेक' ही न कहेंगे ?

इस प्रकार कहानी-सम्बन्धी कुतूहल का सम्बन्ध एक ओर आदिम बर्बर मानव से है तो दूसरी ओर मध्ययुगीन बर्बर तानाशाह से। कुतूहल का अंत कहीं नींद में होता है तो कहीं मौत में।

लेकिन इस कुतूहल का अंत मध्ययुग में ही हो गया हो—ऐसा नहीं है 'तब', 'फिर', 'इसके बाद' पूछने वाले लोग आज भी मौजूद हैं। जिज्ञासुओं से दुनिया एक-बारगी ख़ाली नहीं हो गई है। हाट-बाट में किसे ऐसे लोग नहीं मिलते जो बिना परिचय के भी दुनिया-जहान की बातें पूछ डालते हैं : पता-ठिकाना, बाल-बच्चे, पेशा-तनख्वाह, उम्र वग़ैरह। कुछ लोग यही सवाल हर मुलाकात में पूछते हैं, हर बार पूछते हैं और पूछकर भूल जाते हैं, यह भी भूल जाते हैं कि कभी उन्होंने पूछा था। फोर्स्टर के अनुसार ऐसे जिज्ञासु लोगों से न तो दोस्ती हो सकती है और न इन्हें कहानी ही सुनाई जा सकती है। ऐसे कुतूहल के साथ ज्यादा दूर तक चलने की संभावना ही नहीं है—न तो ज़िन्दगी में और न कहानी में।

एक जमाना था जब कहानी सुनाने से पहले 'हुँकारी' भरने की शर्त लगा लेते थे और श्रोता से 'हाँ' सुने बग़ैर कहानी सुनाने वाले की ओर से कहानी आगे सरकने का नाम नहीं लेती थी। अब यह हालत है कि हर वाक्य के बाद 'हाँ' सुनकर सुनाने वाला ऊब उठता है और खीझ जाता है।

अगर कहानी-संबंधी कुतूहल की यह तस्वीर सही है तो फिर इसकी परिणति या तो जम्हाई में होती है या नींद में या मौत में और ये सब एक तरह से ऊब के ही विविध रूप हैं जैसे, शुक्ल जी के अनुसार 'रसात्मक बोध के विविध-रूप' होते हैं। इस विकट कुतूहल के सामने वक्ता, श्रोता और

कथानायक में से किसी एक का सोना या मरना आवश्यक है या फिर पुनरावृत्ति का ही पथ बच रहता है। आकस्मिक नहीं है कि ऐय्यारी और तिलस्मी कहानियाँ लिखने वाले या तो पागल होकर मर गए या थोड़े ही दिनों बाद पुनरावृत्ति करने लगे। रहस्य-रोमांच की कहानी का नायक भी किसी दुर्घटना में मरने अथवा आत्महत्या करने के लिए लाचार हो जाता है। यह लाचारी नैतिक उतनी नहीं है जितनी कहानी के विकास की गति से बाध्य है।

'फिर क्या हुआ' का कुतूहल सामान्यतः दो रास्तों की ओर ले जाता है : एक तो घड़ी की सुई की ओर और दूसरा उर्ध्वमुखी कमानी की ओर। एक रास्ते पर 'सुबह होती है शाम होती है; उम्र यूँ ही तमाम होती है।' दूसरे रास्ते पर 'सितारों के आगे जहाँ और भी हैं, ज़मीं और भी आसमाँ और भी है।' एक साधारण मार्ग है तो दूसरा असाधारण। एक की परिणति क्रमशः अति-साधारण में होती है तो दूसरे की क्रमशः अति-असाधारण में और दोनों रास्ते ऐसे हैं जिन पर ज्यादा दूर चलना असंभव है। एक में निरंतर ऊब है तो दूसरे में निरंतर विस्मय और किसी पाठक को निरंतर विस्मित करते रहना संभव नहीं।

तो क्या कहानी-संबंधी यह आदिम कुतूहल हेय है? जिस कुतूहल ने कहानी को जन्म दिया वह स्वयं कहानी संबंधी बोध का सबसे निचला स्तर है? क्या ज्यादातर कहानी-पाठक इस कुतूहल की शान्ति के लिए कहानियाँ नहीं पढ़ते? तो क्या ये सभी पाठक, कम से कम इस मामले में, कहानी संबंधी बोध के सबसे निचले स्तर पर हैं? इन सवालों का जवाब कौन दे? शहरज़ाद आज नहीं है और उसे अपनी मलका बनाने वाला वह कुतूहली बादशाह। और इत्तफ़ाक़ से अगर कोई ऐसा बादशाह है तो इस दुनिया में न सही किसी और दुनिया में उसकी शहरज़ाद भी मिल सकती है।

लेकिन इस आदिम कुतूहल का कोई दूसरा पहलू नहीं है क्या? एक घटना के बाद दूसरी घटना और फिर तीसरी और फिर····। यह क्रम, यह सिलसिला, यह गति, यह विकास क्या है? क्या इसमें भविष्य की प्रतीक्षा का भाव नहीं है? क्या इसमें कार्य को आगे बढ़ाने की वृत्ति नहीं है? क्या यह आदिम वृत्ति मनुष्य की संचित विधि नहीं है? यदि मनुष्य का यह संचित संस्कार आज भी कहानी से सबसे पहले यह पूछता है कि फिर क्या हुआ तो ग़लत पूछता है।

निःसन्देह 'कुतूहल', 'उत्सुकता' और 'जिज्ञासा' में अन्तर सूक्ष्म है किन्तु काफ़ी और साथ ही महत्त्वपूर्ण भी। एक स्थिति की प्रतिक्रिया में केवल भौंहें

उठती हैं, तो दूसरी स्थिति की प्रतिक्रिया में किसी की गर्दन उठती है और एक स्थिति ऐसी भी होती है जिसकी प्रतिक्रिया में सम्पूर्ण व्यक्तिमत्ता उठ जाती है। ऐसे भी स्थितप्रज्ञ होते हैं जिन्हें किसी बात के लिए न कुतूहल है, न उत्सुकता और न जिज्ञासा। वे त्रिकालदर्शी पुरुष हैं। उन्हें सब पता है कि कल क्या होगा। वे भली-भाँति जानते हैं कि 'होइहै सोइ जो राम रचि राखा।' ऐसे निश्चित जन के लिए कहानी व्यर्थ है। कहानी ही क्यों, दैनिक अखबार भी। ज्योतिषी और ज्योतिष-विश्वासी के लिए कहानी नहीं है। कहानी में कुतूहल होने का मतलब है परिवर्तन में दिलचस्पी, नए की संभावना में विश्वास। कहानी उसके लिए है जिनके लिए इतिहास है। अरस्तू ने कुछ सोचकर ही कथा-तत्त्व को इतिहास के अन्तर्गत रखा है। जिसे हम 'घटना' कहते हैं, मलयालम में उसके लिए 'सम्भवम्' शब्द है जो उत्सुकता जगाने वाली घटना के मूल अभिप्राय को ज्यादा अच्छे ढंग से व्यक्त करता है।

कहानी-संबंधी इस कुतूहल को हेय कहना एक तरह की 'स्नाबरी' है। यदि मि० फ़ोर्स्टर को आदिम कथा-प्रेमियों के कुतूहल में केवल नींद ही दिखाई पड़ी तो कोई आश्चर्य नहीं। यदि हर कल्पना का कोई वास्तविक आधार होता है तो मि० फ़ोर्स्टर की कल्पना का आदिम मानव भी वस्तुतः आधुनिक बोर्जुवा होगा जो नींद बुलाने के लिए कहानियाँ पढ़ता है और प्रायः उन्हें बीच ही में छोड़कर सो जाता है। यदि मि० फ़ोर्स्टर गौर से देखते तो उन्हें पता चलता कि 'फिर क्या हुआ' के प्रश्नों से आदिम मानव अपनी रात को अगली सुबह से जोड़ रहा था और कायम कर रहा था एक सिलसिला अपने हर कार्य और हर घटना के बीच। इसी प्रकार 'अलिफ़लैला' के जिस बादशाह को मि० फोर्स्टर ने खूनी तानाशाह कहा है वह भी शायद 'डिटैक्टिव' कहानियाँ पढ़ने वाले आधुनिक इजारेदारों से अधिक निष्ठावान कथा-प्रेमी था। कल्पना ही सही, लेकिन एक हज़ार रातें कम नहीं होतीं। मि० फ़ोर्स्टर ने बादशाह की तलवार की धार तो देखी लेकिन उस कुतूहल की तेजी नहीं देखी।

लेकिन इससे भी महत्त्वपूर्ण बातें मि० फोर्स्टर ने की है वह है 'स्टोरी' और 'प्लॉट' में अन्तर। अपनी भाषा में कहें तो 'कहानी' और 'कथानक' में अन्तर। उदाहरण के लिए 'राजा मर गये और फिर रानी भी मर गई।' यह 'कहानी' है, 'लेकिन राजा मर गये और फिर दुःख से रानी भी मर गई' यह 'कथानक' है। यदि इस कथानक में रहस्य का पुट देखकर थोड़ा और भी जटिल बनाना चाहें तो कह सकते हैं कि 'रानी मर गई, पता नहीं क्यों, बाद में मालूम हुआ कि राजा की मृत्यु के बाद उन्हें दुःख हुआ था।' इस मान्यता

के अनुसार 'कहानी' केवल 'क्या' का उत्तर देती है तो कथानक 'क्यों' का समाधान देता है। कारण-कार्य परम्परा जोड़ने से कथानक बनता है और इसी मान्यता के आधार पर आधुनिक कहानी का उदय हुआ—कहानी की प्रचलित पाठ्य-पुस्तकों में इसका काफ़ी प्रचार है। लेकिन यदि उपर्युक्त उदाहरण इस मान्यता को सही ढंग से उदाहृत करते हैं तो कोई वजह नहीं कि 'राजा मर गये और फिर रानी मर गई' को कारण-कार्य सम्बन्ध से युक्त कथानक न माना जाय। बल्कि यह कथानक उस कथानक से कहीं अधिक व्यंजक है जिसमें कारण का स्पष्ट उल्लेख कर दिया जाता है।

हो सकता है कि जिसे 'आधुनिक' कहानी कहा जाता है उसमें कारण का उल्लेख आवश्यक रहा हो लेकिन आधुनिकोत्तर युग की कहानी में प्रायः कारण अनुल्लिलित रहता है या अधिक से अधिक उसकी संकेत-भर कर दिया जाता है। यदि मि० फ़ोर्स्टर की कसौटी लागू की जाय तो हेमिंग्वे की ज्यादातर कहानियाँ 'कथानक' की 'आधुनिक' मान्यता से रिक्त मिलेंगी। यदि 'किलर्स' या 'हत्यारे' कहानी को लें तो उसमें किस कारण का उल्लेख है? फिर भी कौन कहेगा कि वह कहानी—और सफल कहानी—नहीं हैं। उपर्युक्त कथानक यदि हेमिंग्वे को कहने के लिये दे दिया जाय तो वह शायद दोनों वाक्यों को जोड़ने वाले संयोजक शब्द 'और फिर' को भी एकदम निकालकर सिर्फ़ इतना कहे, राजा मर गये, रानी मर गई। और मैं नहीं समझता कि अलग-अलग कहे जाने से इनका कथानक नष्ट हो गया। पास-पास दो वाक्यों का होना भी तो कुछ मानी रखता है। एक के बाद दूसरी घटना के आने का स्वयं एक अर्थ है। साहित्य के आचार्यों ने भी अर्थ का विचार करते समय 'आसत्ति' और 'प्रकरण' की चर्चा की है।

लेकिन कथानक के लिये एक कारण-कार्य-सम्बन्ध की आवश्यकता आधुनिक युग में ही क्यों बताई गई? आधुनिक विज्ञान से पहले यह चर्चा क्यों नहीं उठी? क्या यह कारणवादी वृत्ति विज्ञान का प्रभाव नहीं है। कहानी में हर कार्य या घटना का मनोवैज्ञानिक, सामाजिक या आर्थिक कारण खोजने की वृत्ति का उदय क्या उस युग के व्यापक बुद्धिवादी आन्दोलन का फल नहीं है? यह सही है कि कारण-विश्लेषण ने कहानी के कथानक को एक तर्क प्रदान किया, कथानक-गठन में व्यवस्था आई, कहानी में विषय-वस्तु की प्रधानता हुई और सामाजिक दृष्टि से कहानी को सार्थकता मिली। लेकिन इसके साथ ही क्या यह भी तथ्य नहीं है कि इस बुद्धिवादी प्रयास ने कहानी के ढाँचे को जड़ बना

दिया ? क्या यह सही नहीं है कि कारणवादी आरोप की भी अपनी रूढ़ियाँ बन गईं ?

कहानी के परवर्ती विकास से पता चलता है कि कहानी में पुन: आधुनिक युग की कारणता के विरुद्ध प्रतिक्रिया हुई। अकारण, असंबद्ध और संयोग-घटित घटनाओं और कार्यों के कथन की नई प्रणाली चल पड़ी। कुछ देर के लिए ऐसा प्रतीत हुआ कि कहानी का वही पुराना आदिम रूप एक नये अर्थ के साथ पुनर्जीवित हो उठा है। तात्पर्य यह कि मि० फ़ोर्स्टर द्वारा 'स्टोरी' और 'प्लॉट' का विभाजन भी सामयिक था। उन्होंने 'स्टोरी' के ऊपर 'प्लॉट' की मान्यता का निर्माण एक युग की आवश्यकता के अनुसार किया और 'प्लॉट' नामक शिल्पगत मान्यता का आधार वही बुनियादी कहानीपन है। 'कथानक' सम्बन्धी तथाकथित 'आधुनिक' और 'वैज्ञानिक' धारणा कोई शाश्वत चीज नहीं है।

कथानक-सम्बन्धी उस प्रचलित धारणा ने अनेक कहानी-पाठकों को ही नहीं, बल्कि कहानीकारों की दृष्टि को भी धुँधला कर दिया है। फलस्वरूप जहाँ वे सीधा-सादा कथानक देखते हैं उस कहानी को घटिया कहानी मान बैठते हैं। उनका ख्याल है कि बिना दाँव-पेच और मोड़ के कथानक हो ही नहीं सकता। एक विशेष प्रकार के कुतूहल की तुष्टि करने के लिये वे कभी चक्करदार प्लॉट गढ़ते हैं तो कभी कहानी के अंत में झटका देना ही बड़ी बात समझते हैं। कहानी-पाठक की 'फिर क्या हुआ' जैसी बुनियादी जिज्ञासा को वे भ्रमवश ग़लत मोड़ देने की कोशिश करते हैं। क्या यह एक तरह का 'सरकस' नहीं है ? क्या यह पेचीदगी साइकिल, मोटर साइकिल या क़ार की सी पेचदार दौड़ नहीं है ? नाना प्रकार की कथानक सम्बन्धी कलाबाजियों से पाठक के मन को दुविधा में रखने की स्थिति उस-विद्या से किस बात में भिन्न है ? क्या यह पाठक के धैर्य के साथ ख़ामख़ाह के लिये खेलवाड़ नहीं है। क्या यह भी एक प्रकार का रहस्य-रोमांच नहीं है ? क्या इसका मतलब यह नहीं है कि इस प्रकार की कहानी भीतर-भीतर से रहस्य-रोमांच की कहानियों से होड़ लेना चाहती है ? कुतूहल का अर्थ क्या इतना स्थूल है ? क्या हम कहानी को 'घुड़दौड़' बनाना चाहते हैं ? जीवन की घटनाओं को इस प्रकार तोड़-मरोड़ कर विलक्षण-क्रम में पेश करने से किस महान् उद्देश्य की सिद्धि होती है ?

मैं जानता हूँ कि कुछ लोग ओ' हेनरी और मोपाँसा का नाम सिर पर दे मारने के लिये अधीर हो रहे होंगे। लेकिन ओ' हेनरी या मोपाँसा क्या इसी पेचीदगी के **कारण महान् हैं** ? **क्या यह** बतलाने की जरूरत है कि व्यावसा-

यिकता ने 'रुचि विशेष' की दृष्टि से ओ' हेनरी और मोपाँसा के प्रायः इसी प्रकार के रोचक साहित्य का प्रचार किया है ? यदि एक व्यवस्था किसी लेखक को बाजारू रूप दे दे तो क्या यह ज़रूरी है कि अपने को जागरूक समझने वाले लेखक और पाठक भी उसी बाज़ारू रुचि के शिकार रहें ?

इसी रुचि का परिणाम है कि सीधे-सादे ढंग से कही गई कहानियों पर प्रायः लोग मुंह बिचकाते देखे जाते हैं और कहते पाए जाते हैं कि इनमें तो 'पठनीयता' ही नहीं है। ऐसे ही लोग प्रेमचन्द को 'किस्सागो' कहकर एक ओर फेंक देते हैं।

प्रेमचन्द, बेशक किस्सागो थे। वे कहानी कहते थे, जब कि आजकल ज़्यादातर लोग कहानी लिखते हैं। वैसे, प्रेमचन्द भी कहानी लिखते थे और कई कहानियाँ उन्होंने दरअस्ल 'लिखी' हैं, लेकिन उनकी ज्यादातर कहानियाँ पढ़ने की अपेक्षा सुनने और सुनाने पर खुलती हैं। दस-पाँच लेखकों की गोष्ठी में ही नहीं बल्कि हज़ार दो हज़ार के मजमे में उन्हें ठाठ से सुनाया जा सकता है। 'पंच-परमेश्वर' कहानी इस प्रकार शुरू होती है—

"जुम्मन शेख और अलगू चौधरी में गाढ़ी मित्रता थी। साझे में खेती होती थी। कुछ लेन-देन में भी साझा था। एक को दूसरे पर अटल विश्वास था।" कहानी को किस्सागोई को कुछ और गाढ़ा रंग देने के लिए 'आत्माराम' कहानी की शुरुआत का ढंग कुछ और ही हो जाता है—"बेंदों ग्राम में महादेव सोनार एक सुविख्यात आदमी था।"

कहानी शुरू करने के इस ढंग में कुछ ऐसा अतीत-व्यतीत का भाव है कि पहला ही वाक्य श्रोता को कहानी के आदिम रस में डुबा में देता है। 'बेंदों ग्राम में महादेव सोनार एक सुविख्यात आदमी था' जैसे पुरानी कहानियों में 'एक था राजा'। यह अंग्रेजी का 'वन्स अपॉन ए टाइम'—अथवा 'एकदा नैमिषारण्ये—'। यह साधारण-सा वाक्य अपने-आप में कुछ नहीं है, किन्तु इसके पीछे गूंजता हुआ जो आदिम कथावाचक का डूबा-डूबा सा स्वर है वह हमें सहसा पाठक से श्रोता में परिवर्तित कर देता है। एक के बाद दूसरी घटना गुजरती जाती है लेकिन तमाम घटनाओं को जोड़ती हुई जो एक 'आवाज़' है वह सारी कहानी को एक ओर ही गूंज प्रदान कर देती है। यह एक आवाज़ समूचे वृत्तान्त को न जाने किस स्तर पर ले उड़ती है। इस आवाज को हम कितना-कितना पहचानते हैं। नानी, दादी या माँ की कहानी में हम सदियों पार से आती हुई इस आवाज का कंपन सुन चुके हैं और प्रेमचन्द की गाँव-घर की कहानियों में जब हम वही आवाज सुनते हैं तो मन एक विशाल-परम्परा से जुड़

जाता है और कथा-बोध का एक नया स्तर उद्घाटित हो उठता है। एक सहज शुरुआत पाठक को सुखद निजीपन से भिगो देती है।

साथ ही, शुरुआत के इस एक 'था' में कहानी का एक और गुण छिपा हुआ है और वह है अतीतता का बोध (सेन्स ऑफ़ पास्टनेस)। कहानी का मूल अर्थ ही है जो हो चुका है उसका कथन। चाहे वह सुदूर अतीत हो या अभी-अभी एक क्षण पहले का बीता वर्तमान। जब भारतेन्दु ने कहा था कि 'कहैंगे सवैही नैन-नीर भरि भरि पाछे, प्यारे हरिश्चन्द की कहानी रह जायगी।' तो उस कहानी में बीतने का यही भाव था। गुलेरी जी की 'उसने कहा था' शीर्षक कहानी केवल कहानी नहीं बल्कि कहानी की एक परिभाषा भी है। अतीतता का यह बोध कहानी को आज की भाषा में एक और 'आयाम' प्रदान करता है। लेकिन कहानी का यह 'आयाम' आज की कितनी कहानियों से प्राप्त होता है ? क्या यह केवल ऐतिहासिक कहानियों की चीज है ? फिर प्रेमचन्द ने समसामयिक ग्राम-जीवन की कहानी कहते हुए यह विशेष रस कैसे पैदा किया ?

इसे विरोधाभास ही कहना चाहिए कि जो कहानी भविष्य के प्रति इतनी उत्सुकता जगाती है वही मन को अतीत में डुबाती चलती है। यह कैसा द्वन्द्वात्मक सत्य है जो वर्तमान के एक चित्र में भूत को भविष्य से जोड़ देता है। लेकिन जरा-सी असावधानी से यह संतुलन बिगड़ भी सकता है। अतीत का आकर्षण अधिक हुआ है तो 'रोमानी पलायन' की मात्रा बढ़ जाएगी और यदि भविष्य का आकर्षण दुर्निवार हुआ तो कुतूहल की प्रधानता हो जायगी। दोनों अतियों को संतुलित करने का दायित्व वर्तमान के वास्तविक कथा-कथन पर है, अर्थात् मुख्य कथा का घटना-विन्यास इस प्रकार का हो कि 'फिर क्या हुआ' का कुतूहल न तो एक मर्यादा से अधिक प्रबल होने पाए और न भूमिका इतनी लम्बी हो कि मन अतीतवासी हो रहे। कहानीगत यह 'क्या' प्रायः 'क्यों' से मर्यादित होता है। कला इसी में है कि पाठक तो अपनी ओर से केवल 'क्या' के पीछे चलता रहे लेकिन कहानी समाप्त होने के बाद अनायास ही उसके मन में 'क्यों' का भी उत्तर मिल जाय अथवा 'क्यों' जानने के लिये बेचैनी पैदा हो जाय।

प्रेमचन्द की एक कहानी 'मुक्ति मार्ग' से कला की यह बारीकी स्पष्ट हो सकती है। झींगुर किसान और बुद्धू गड़रिया। एक के खेत हैं और दूसरे की भेड़ें। दोनों के हित जुड़े हैं तो टकराव भी हो सकता है और वह हो जाता है। झींगुर के खेत में आग लग गई तो बुद्धू की भेड़ें मर गईं—गोहत्या लगी

सो अलग। सब कुछ गँवाकर झींगुर मजूरी करने शहर चला गया। प्रायश्चित से निवृत्त होकर बुद्धू भी घूमता-घामता लाचार वहीं पहुँचा। दुनिया इतनी बड़ी नहीं है कि मुलाकात न हो। हो गई। बुद्धू सिर पर तसला रखे गारा लेते गया तो झींगुर को देखा। राम-राम हुए, झींगुर ने गारा भर दिया बुद्धू उठा लाया। दिन भर चुपचाप अपना-अपना काम करते रहे।''

'संध्या समय झींगुर ने पूछा—कुछ बनाओगे न ?'

बुद्धू—नहीं तो खाऊँगा क्या ?

झींगुर—मैं तो एक जून चबैना कर लेता हूँ। इस जून सत्तू पर काट देता हूँ। कौन झंझट करे।

बुद्धू—इधर-उधर लकड़ियाँ पड़ी हुई हैं, बटोर लाओ। आटा मैं घर से लेता आया हूँ। तुम तो मेरा बनाया खाओगे नहीं, इसलिये तुम्हीं रोटियाँ सेंको, मैं बिला दूंगा।

झींगुर—तवा भी तो नहीं है ?

आग जली। आटा गूंधा गया। झींगुर ने रोटियाँ बनाईं। बुद्धू पानी लाया। दोनों ने लाल मिर्च और नमक से रोटियाँ खाईं। फिर चिलम भरी गई। दोनों आदमी पत्थर की सिला पर लेटे, और चिलम पीने लगे।

बुद्धू ने कहा—तुम्हारी ऊख में आग मैंने लगाई थी।

झींगुर ने विनोद के भाव से कहा—जानता हूँ।

थोड़ी देर के बाद झींगुर बोला—बछिया मैंने ही बाँधी थी और हरिहर ने उसे कुछ खिला दिया था।

बुद्धू ने वैसे ही भाव से कहा—जानता हूँ।

क्या ये बातें कहानी पढ़ते समय पाठक पहले ही नहीं जान गया था ? फिर कुतूहल कहाँ रहा ? पाठक भी जानता है, झींगुर भी और बुद्धू भी। लेकिन क्या इस प्रकार अपने सामने इस रूप में कोई पहले जानता था। क्या 'इस प्रकार' के जानने में कोई कुतूहल नहीं है ? और यहाँ 'क्या' के अन्दर से सवाल उठता है कि यह 'क्यों' हुआ ? यह गांधीवादी हृदय परिवर्तन है या सर्वहारा हो जाने के बाद का जागा हुआ आत्मबोध और वर्गबोध……? यह नैतिक निर्मलता क्यों आई ? कहानी में इसके बाद, और बिल्कुल अंत का वाक्य है—फिर दोनों सो गये।

और इस बात पर आइये अब हम भी सोने चलें। क्या अब भी पूछने को शेष रह जाता है कि फिर क्या हुआ और क्यों हुआ ? इस सोने की बात पर मि० फ़ोर्स्टर मुँह लटकाएँ तो लटकाने दीजिए। शहरजादी की कहानी में सुबह

हो रही है और सुबह के साथ ही उसकी जीत भी। 'फिर क्या हुआ ?' पूछने की ज़रूरत अब कहाँ रही।

पुनश्च—

श्री शिवदान सिंह चौहान ने 'लहर' के कहानी-विशेषांक (जुलाई, ६१) में आपत्ति की है कि मैं ई० एम० फ़ोर्स्टर की उपन्यास सम्बन्धी एक स्थापना को कहानी पर लागू करके गलत और बेतुक बात साबित कर रहा हूँ। आपत्ति नितान्त मौलिक है क्योंकि अंग्रेजी में भी एक अरसे से फ़ोर्स्टर की प्लॉट-संबंधी उक्त परिभाषा कहानी के प्रसंग में उद्धृत होती आ रही है किन्तु वहाँ किसी को यह बेतुकी नहीं लगी। उदाहरण के लिए, मार्क शोरर की 'दि स्टोरी : ए क्रिटिकल एन्थोलॉजी' (प्रेंटिस हॉल, आठवाँ संस्करण, जून '६१, पृ० ११४) में फ़ोर्स्टर की वही 'उपन्यास-सम्बन्धी एक स्थापना' कहानी पर भी 'लागू' की गई ! क्या प्लॉट की वह परिभाषा केवल इसलिय उपन्यास तक सीमित हो गई कि वह 'एस्पेक्ट्स ऑफ़ नावेल' में है ? अब तो अरस्तू की 'प्लॉट' सम्बन्धी परिभाषा को भी उपन्यास के सन्दर्भ में नहीं उद्धृत करना चाहिए क्योंकि उसका उल्लेख 'ट्रेजेडी' के प्रसंग में हुआ है। इसके अलावा, स्वयं उस परिभाषा में ही कोई खास बात है तो इसे साफ़-साफ़ कहना चाहिए क्योंकि चौहान जी अकेले आदमी हैं जिनका ध्यान पहली बार इस बारीकी की ओर गया है और निस्सन्देह उनकी यह नितान्त मौलिक खोज होगी।

मालूम होता है कि चौहान जी को, दरअसल, तकलीफ़ फ़ोर्स्टर की आलोचना से हुई है और उससे भी अधिक कारण-कार्य शृङ्खला पर आधारित कथानक की आलोचना से, जिसे अनेक लोगों की तरह संभवतः वे भी शाश्वत एवं सार्वभौम मानते हैं ! वस्तुस्थिति यह है कि कारण-कार्य-शृङ्खला-बद्ध कथानक कुछ ही कहानियों में मिलता है; ऐसी भी अनेक कहानियाँ हैं जिनमें इस प्रकार के कथानक नहीं होते और इसके बावजूद वे कहानी हैं और श्रेष्ठ कहानी ! मुझे यह देखकर प्रसन्नता हुई है कि मार्क शोरर भी इसी निष्कर्ष पर पहुँचे हैं कि जिन कहानियों में कथानायक अपना कुछ स्वयं गढ़ता है या 'प्लॉटिङ्ग' करता है उन्हीं में इस प्रकार का प्लॉट मिलता है, सब में नहीं। तात्पर्य यह कि कारण-कार्य-युक्त प्लॉट चरित्र-विशेष की प्रकृति पर निर्भर है और इस प्रकार कहानी-विशेष तक ही सीमित है।

●

५

छोटी है, मगर कहानी तो है !

एक और विश्वास कहानी के जन्म से ही जुड़ा हुआ है कि हर कहानी का कुछ-न-कुछ अर्थ होता है। कहानी से नैनिक उपदेश ग्रहण करने के मूल में यही विश्वास है। पुराने जमाने के लोग पहले से ही यह मान कर चलते थे कि कोई कहानी बेमतलब नहीं होती और पुराने जमाने की कहानियों को देखकर आज भी यह लगता है कि लोगों की यह धारणा ग़लत नहीं थी। चाहे हितोपदेश हो या दादी की लोककथा, अन्ततः वह नीति-कथा। 'ऐसा करने पर ऐसा होता है' यह सूत्रवाक्य कहानी का भी है और नीति का भी। अंग्रेजी में जिसे 'मॉरल' कहते हैं उसका सम्बन्ध एक तरह से देखा जाय तो कहानी के जन्म मे ही है।

इस विश्वास की जड़ें इतनी गहरी हैं कि आज भी यदि किसी को एक कहानी सुनाकर कहा जाय कि इसका कोई अर्थ नहीं है तो उसका सन्देह बढ़ जायगा। अन्त में कोई अर्थ भले ही न मिले लेकिन अर्थ वह ढूंढ़ेगा जरूर। बेमतलब ही कोई कहानी गढ़ने की जहमत उठायेगा, जैसे हम यह मानने को तैयार ही नहीं हैं। आदमी कोई काम निष्प्रयोजन करता ही नहीं, गोया यह एक स्वयंसिद्ध सत्य है। इसे आदमी पर आदमी का अगाध विश्वास कहें या घोर सन्देह ? इसलिए आज भी हर कहानी में 'उद्देश्य' ढूंढ़ा जाता है।

क्या इसके मूल में यह विश्वास नहीं है कि हर घटना का कुछ-न-कुछ अर्थ होता है ? अर्थ न भी हो तो हम हर घटना का एक-न-एक अर्थ लगा लेते हैं। अर्थ नहीं लगता तो हम उस घटना को दूसरी घटना से जोड़ते हैं। दूसरी घटना से जोड़ने पर भी अर्थ नहीं लगता तो स्वयं उस घटना को हम तोड़ते हैं—यह देखने के लिए कि शायद असली अर्थ कहीं अंदर छिपा हो ! हर हालत में हम उस घटना को एक। अर्थ देने की कोशिश करते हैं। अर्थ पाये या दिये बिना जैसे चैन ही नहीं मिलने का ! जरा कल्पना कीजिये उस स्थिति की

जिसमें हमारे आस-पास घटनाएँ तो घटती रहें लेकिन किसी का अर्थ हमारी समझ में न आये ! दुनिया एक बहुत बड़ा पागलखाना हो जायगी । आस-पास की घटनाओं की बात तो अलग, खुद अपनी ही ज़िन्दगी की घटनाओं का अर्थ न मालूम हो तो ज़िन्दगी क्या हो जायगी । कैसी लगेगी वह ज़िन्दगी अपनी ही नज़रों में ? दुनिया में सब कुछ होता चले, किसी का अर्थ समझ में न आये और उनके बीच आदमी जीता रहे—क्या वह व्यापार ज्यादा दिन चल सकता है ? कुछ पागल हो जाते हैं, कुछ खुदकुशी कर लेते हैं और कुछ मशीन बन जाते हैं; लेकिन इसके पहले वे घटनाओं का अर्थ समझने की कोशिश करते हैं । यह भी एक विरोधाभास ही है कि यह निरर्थकता भी कहानी के द्वारा एक अर्थ प्राप्त करती है ।

इससे पता चलता है कि घटना का अर्थ उद्घाटित करना ही कहानी का पहला कार्य है । इसके लिए घटनाओं को जोड़ना पड़े चाहे टुकड़े-टुकड़े तोड़ना पड़े—जोड़-तोड़ का कार्य गौण है; इसका नम्बर बाद में आता है । इस प्रकार कहानी एक 'सार्थक घटना' है । अब यह घटना छोटी हो या बड़ी, सपाट हो या पेचदार, स्थूल हो या सूक्ष्म, बाह्य हो या आन्तरिक, यदि उसका कुछ अर्थ है तो वह कहानी है । विरासत में हमें अतीत से ऐसी बहुत सी कहानियाँ मिली हैं जिनमें सिर्फ एक छोटी-सी सार्थक घटना कही गई है । ईसप, पंचतंत्र और जातक की बहुत-सी कहानियाँ ऐसी हैं । उन्हें चुटकुले की तरह सुनाया जा सकता है । अंग्रेजी में उन्हें Anecdote कहेंगे । और वह छोटी-सी घटना भी जैसे घटना का निरा कंकाल । जीवन के एक अनुभव को गोया एकदम नंगे या मूल रूप में ज्यों-का-त्यों रख दिया गया हो । हजारों वर्ष हो गये लेकिन न उनका कोई हिस्सा टूटा और न चमक कम हुई । कहानी क्या है कि एक हीरा—वर्ष जैसे उसे तराशते चले गये हों ! कभी इस पर भी विचार किया गया है कि उनके इस स्थायित्व का क्या रहस्य है ?

इन कहानियों का जिक्र कहानी का इतिहास और विकास बतलाते समय प्रायः किया गया है लेकिन 'आधुनिक' कहानियों की चकाचौंध में प्रायः इन पर दृष्टि नहीं ठहरी । दरअसल ये इतिहास की ही चीज़ समझी जाती रही हैं । आज भी कुछ लोगों का खयाल है कि ये ठीक-ठीक 'कहानी' नहीं हैं । अधिक से अधिक उन्हें कहानी का 'प्रारम्भिक रूप' ही समझा जाता है । प्रारम्भिक युग की कहानी यदि कहानी का प्रारम्भिक रूप समझी जाय तो इसमें क्या असंगति हो सकती है ? लेकिन यदि आज भी उसी प्रकार छोटी-छोटी 'Anecdotal' कहानी लिखने की प्रवृत्ति दिखाई पड़े तब सङ्गति बैठाने

का प्रश्न अवश्य उठेगा। और यह तथ्य है कि इधर छोटी-छोटी सार्थक घटनाओं को कहानी के रूप में प्रस्तुत करने की प्रवृत्ति बढ़ चली है; लगता है कि कहानी अपने घटना-विन्यास में सहसा आदिम हो उठी है। हेमिंग्वे, जेम्स ज्वॉइस, क़ाफ्का, आइज़क बैबेल आदि की अनेक कहानियाँ सहसा ईसप के 'फेबुल' सी लगती हैं—वही लघुता और वही सादगी! ऐसा प्रतोत होता है कि नये सिरे से घटनाओं का अर्थ ढूंढ़ने के लिए कहानी पुनः आदिम जिज्ञासा से युक्त हो उठी है। आज के कहानीकार में यह आदिम जिज्ञासा पुनः क्यों पुनर्जीवित हुई है।

घटनाएँ, घटनाएँ और घटनाएँ! आज के ज़माने में भला कोई कहानीकार किसी को कोई घटना सुना कर चकित कर सकता है? 'सुना जो कानों से था न हमने, वो आँख से इनकलाब देखा।' कुतूहल की तृप्ति जो आज अखबार ही कर सकता है। और फिर अखबार भी अब क्या चौंकायेगा।

कवि भी ऐसी बात कहने लगे हैं कि 'सूर्योदय एक आघातहीन ताज़ा समाचार है।' इसलिए ज़रूरत तो आज घटनाओं के अर्थ बतलाने की है। क्या करेगा कोई घटनाओं का लम्बा सिलसिला लेकर? मुख्य प्रश्न तो अर्थ है: घटना का अर्थ, अनुभव का अर्थ किसी के ज़बान से निकले हुए मामूली से एक शब्द का अर्थ, किसी के चेहरे पर उभरी हुई एक हल्की सी रेखा का अर्थ! हो सकता है कि इन संकेतों में कोई गूढ़ कहानी छिपी हुई हो। घटनाओं की भीड़-भाड़ में ये छोटे-छोटे संकेत प्रायः बड़े-बड़े सत्य को प्रकट कर देते हैं: जैसे घुप्प अंधकार में सहसा जुगनू की चमक! संभवतः जेम्स ज्वॉइस की अनेक कहानियों के पीछे जीवन-सम्बन्धी यही समझ है जिसे वे 'एपिफैनी' कहते थे। इस प्रकार मुख्य प्रश्न है छोटी से छोटी बात की तदर्थता का प्रकाश।

और अर्थ भी 'कोई-सा' या 'कुछ भी' नहीं। कुछ-न-कुछ अर्थ तो कोई भी बता सकता है, शायद। कहते हैं कि महामहोपाध्याय पं० सुधाकर द्विवेदी के पास यदि कोई अर्थ बूझने के लिए कविता लेकर जाता था तो निराश नहीं लौटता था! द्विवेदी जी का भी दृढ़ विश्वास था कि जब शब्द हैं तो उनका कुछ अर्थ होगा ही! जब लोग हाथ की रेखाओं तक का अर्थ निकाल लेते हैं (यहाँ तक कि हस्तरेखाओं और चिह्नों को लेकर कोश, व्याकरण, लक्षण-ग्रन्थ से युक्त पूरा का पूरा एक शास्त्र ही खड़ा कर दिया गया है) तो फिर जीवन की घटनाओं के अर्थ के बारे में क्या कहना? बुद्धि हो तो आदमी क्या नहीं कर सकता! इसलिए आवश्यकता है ठीक-ठीक अर्थ की। ठीक-ठीक नहीं तो, निकटतम!

यही वजह है कि किसी घटना का ठीक-ठीक अर्थ जानने के अभिलाषी कहानीकार उस धटना को ठीक-ठीक जानने और जानकर ठीक-ठीक शब्दों में प्रस्तुत कर देने के लिए अधिक सचेष्ट दिखाई पड़ते हैं। हेमिंग्वे ने कहानी-लेखन की दिशा में अपने आरम्भिक प्रयास की बात करते हुए एक जगह लिखा है कि कोई घटना ठीक-ठीक किस रूप में घटी है उसको हू-ब-हू उतार देने के लिए मैं उन दिनों जी-तोड़ मेहनत कर रहा था। और इस तरह लिखना सीख रहा था। बर्तोल्त ब्रेख्त की 'प्रयोग' (दि एक्सिपेरिमेंट) शीर्षक एक कहानी सिर्फ इसी वस्तु को लेकर लिखी गई है कि प्रसिद्ध वैज्ञानिक बेकन ने किस प्रकार एक अपढ़ गँवार लड़के को चीज़ों को सही नाम से पुकारने की वैज्ञानिक शिक्षा दी। कहानी अगस्त '६१ की लंदन मैगज़ीन में प्रकाशित हुई हैं। ब्रेख्त ने उस कहानी में दिखलाया है कि किसी चीज़ को ठीक-ठीक जानने के पहले ही किस प्रकार लोग उसके बारे में पूर्व-प्रचलित 'अच्छा', 'बुरा', 'सुन्दर', 'असुन्दर', आदि विशेषणों का प्रयोग कर बैठते हैं! तात्पर्य यह है कि किसी चीज़ के ठीक-ठीक वर्णन में पूर्व-प्रचलित विशेषण कितने बाधक होते हैं, इसे भली भाँति समझने की ज़रूरत है।

सही अर्थ के लिए किसी घटना का सही वर्णन। अतिरंजित करने का जमाना लद चुका। अतिरंजना का प्रलोभन, वैसे, बड़ा ही विकट है; किन्तु हम जानते हैं कि अतिरंजना के लिए पिछले युगों में हमने कितनी बड़ी क़ीमत अदा की है। पलभर का विनोद ज़िन्दगी भर के लिए महँगा पड़ा है।

उदाहरण के लिए यदि ट्रेन में एक आदमी किसी दूसरे यात्री को बैठने की जगह दे देता है तो आज यह ठीक-ठीक बताने की जरूरत है कि उसके मूल में कौन-सा मानवोय कारण है। कौन नहीं जानता कि दूसरों की सहानुभूति लूटने के लिए प्रायः लोग अपनी यात्रा की मुसीबत को बहुत बढ़ा-बढ़ाकर बयान करते हैं। कहना न होगा कि एक की यह मुसीबत ही बहुतों के लिए मुसीबत हो जाती है। रघुवीर सहाय ने 'कहानी की कला' में ऐसी एक छोटी सी घटना के जरिए बात को और भी स्पष्ट किया है। एक यात्री दूसरे यात्री को अन्ततः बैठने की जगह देता है लेकिन उस यात्री के प्रति ज्यादा सहानुभूति बटोरने के लिए कहानीकार किस तरह जमीन आसमान के कुलाबे मिलाते हैं। इस तरह कहानी भी छोटी से बड़ी हो जाती है यानी उनकी समझ से वह चुटकुले से 'कहानी' हो जाती है और कुछ देर तक लोगों को अटकाए भी रखती है। विवरण में उसकी ग़रीबी, मरणासन्न माँ की बीमारी का तार पाकर स्टेशन भागना, प्लेटफार्म पर उसकी जेब का कटना, ट्रेन तक पहुँचते से

पहले दो से टकराना, चार से गालियाँ खाना, बादल-बिजली, वगैरह-वगैरह। और यह सब सिर्फ इसलिए कि उसकी मुसीबत का पूरा-पूरा भान हो जाय और उस पर दया करने के लिए उपयुक्त—बल्कि प्रभूत आधार प्रस्तुत हो जाय !

अब सवाल यह है कि "क्या आपको ऐसे आदमी से कोई मानवीय सहानुभूति नहीं होगी जो न दयनीय हो, न आर्त्त हो वरन् जो केवल कष्ट में हो ? क्या अतिरिक्त भाव से क्लान्त होना सामान्य स्वाभाविक संवेदना पाने के लिए जरूरी है ?" इस प्रश्न शृङ्खला को आगे बढ़ाते हुए रघुवीर सहाय पूछते हैं कि क्यों हम बिना किसी अतिरंजित दृष्टि के वह घटना पहचान ही नहीं पाते और उसे पहचान कर चौंकते क्यों हैं ? क्यों हम यह दिखाने की कोशिश करते हैं कि कोई संबंध तभी बनता है जब उसके बनने की सम्भावनाएँ सबसे कम होती हैं ?

जिस कहानी को चर्खा या तकली पर कात कर कोई लम्बी से लम्बी कर सकता था उसे रघुवीर सहाय ने संक्षिप्त—या यथावत् ?—रूप में प्रस्तुत करते हुए इस प्रकार लिखा है कि "पहले तो दूसरे यात्री ने कहा कि नहीं, मैं आराम करूँगा; लेकिन थोड़ी देर बाद उसे चुपचाप खड़े देख कर अपने आप बोल उठा कि भाई, अब मुझसे बरदाश्त नहीं होता, आप यहाँ बैठ जाइए।"

कहना न होगा कि यह घटना अपरिचित है और घटना का प्रस्तुत रूप अति सहज है। किन्तु स्पष्ट है कि इस सहजता का विशेष अर्थ है। तमाम अतिरंजनाओं को काट-छाँटकर यदि उस घटना को इतना सहज और संक्षिप्त रूप दिया गया है तो सिर्फ इसलिए कि एक "निरपेक्ष मानवीय सत्य" का ठीक-ठीक उद्घाटन हो सके—ऐसी मानवीयता का उद्घाटन जो एक मनुष्य के प्रति दूसरे मनुष्य के मन में सहज संस्कार की तरह बद्ध-मूल है जो तमाम अवरोधों को पार कर सहसा प्रकट हो जाती है। इसको क्या कहा जायगा कि अनेक आवरणों में ढँकी हुई बुनियादी मानवीयता को विवरण के अनेक आवरणों को हटाकर घटना का मूल रूप प्रस्तुत किया गया है या निरावरण घटना का मूल रूप प्रस्तुत किया गया है या निरावरण घटना के द्वारा निरावरण मानवीयता का उद्घाटन किया गया है।

अब आप कहेंगे कि यह कोई कहानी है ? यह तो तीसरे दर्जे में घटने वाली एक दैनन्दिन घटना है। और इसे आप कहानी कहते हैं तो इसमें चौंकाने वाली बात कहाँ है ? इस पर रघुवीर सहाय का कहना है कि मैं जानता हूँ कि "ऐसे कोई कहानी नहीं कही जाती है कि यह हुआ फिर वह हुआ और अन्त

में यह हुआ, इति। मगर यह खूब जानता हूँ कि कहानी होती ऐसी ही है; उसका आरम्भ भी होता है, मध्य भी और अन्त भी, परन्तु उसके बीच केवल एक घटना होती है और मुझे तो केवल घटना का वर्णन करना है, केवल यह बताना है कि जब दो व्यक्तियों, दो मानवों के बीच एक सम्बन्ध टूटा और दूसरा बना तो उसमें क्या कहानी पैदा हो गई।''

मोटे तौर से इधर जो छोटी-छोटी नई कहानियाँ लिखी जा रही हैं उनमें से अधिकांश के मूल में यही सिद्धान्त है। स्वयं रघुवीर सहाय ने 'सेब,' 'खेल', 'लड़के' आदि कहानियों के द्वारा हिन्दी में इस प्रकार की कहानियों की एक नई परम्परा का सूत्रपात किया। 'सेब' कहानी में सड़क के किनारे टूटे से परेम्बुलेटर में बैठी बीमार-सी लड़की के हाथ में लाल सेब देखकर जब वे कहते हैं कि ''उसके हाथ में एक छोटा-सा लाल सेब दिखाई पड़ गया और मैं एकदम हक् से वहीं खड़ा रह गया'' तो तुरंत आभास हो जाता है कि कहानीकार को सहसा कोई नया 'सत्य' झलक गया है।

''लड़की ने अपने सेब की तरफ़ देखा, पूछा, ''बप्पा ?'' बाप ने बड़े प्यार से मना कर दिया। बीमार लड़की धर्य से अपने सेब को पकड़े रही। उसने खाने के लिए ज़िद नहीं की।''

एक साधारण भी घटना भी कितनो अर्थपूर्ण हो सकती है, 'सेब' जैसे इसका एक उदाहरण है। प्रचलित कहानियों के अभ्यस्त पाठक, संभव है, इसे कहानी ही न मानें; लेकिन क्या अपने आप में पूर्ण यह छोटी-सी सार्थक घटना कहानी नहीं है ? कहानी के लिए और चाहिए क्या ? छोटी है, मगर कहानी तो है !

६

रचनाधर्मी कहानी की संश्लिष्टता और पठार का धीरज

लोग कितनी मासूमियत से हर 'कहानी' का संक्षेप पूछते हैं और वे लोग भी कितने समर्थ हैं जो उस कहानी को संक्षेप से सुना जाते। ईर्ष्या होती है। कथा-संक्षेप को देखता हूँ और फिर रवि ठाकुर के एक गीत की यह पंक्ति —'माला छिलो तार फूलगुलि गेलो, रयेछे डोर।' माला थी, फूल चले गए, डोर रह गई है। फूलों की ममता न हो तो डोर को प्राप्त कर लेना कितना आसान है। सम्पूर्ण कहानी की चाह न हो तो कहानी के संक्षेप से सन्तुष्ट हो जाना कितना सरल है। क्या कथानक कहानी का संक्षिप्त रूप नहीं है— संक्षिप्त और सरल ?

यह सही है कि सरलीकरण अनिवार्य है। समझने का मतलब ही है किसी चीज़ को सरल करना। वर्णन करने में भी हर चीज सरल हो जाती है। किसी चीज का वर्णन करते समय हम अक्सर महसूस करते हैं कि कुछ-न-कुछ छूट रहा है और तमाम कोशिशों के बाद भी अंत में पाते हैं कि काफ़ी हिस्सा छूट ही गया। चेख़व की कहानी, 'चुंबन' के नायक रायाबोबिच की लाचारी सबकी लाचारी है। प्रथम चुंबन की अनुभूति रायाबोबिच के दिमाग में कई दिनों तक घुमड़ती रही और जी हल्का करने के लिए उसने जब एक साथी से सब-कुछ बता देने का फैसला किया तो सोचा कि उसके वर्णन में सारी रात लग जायगी, लेकिन जब वह बात दो मिनट में ख़त्म हो गई तो रायाबोबिच चकित रह गया। घंटों की बात आसान होकर मिनटों में आ गई। लेकिन यह आसान होना भी क्या ? 'बस कि दुश्वार है हर काम का आसां होना।'

निःसन्देह ऐसी भी कृतियाँ होती हैं जिन्हें संक्षेप करना काफी आसान है और संक्षेप से उनका कुछ नष्ट नहीं होता है। जैसे विचारात्मक निबंध। कसे हुए तर्क-प्रतिष्ठ एवं वरिष्ठ निबंध के विचारों को संक्षिप्त किया जा सकता

है, तर्क-शृङ्खला को पकड़कर सारी युक्तियों का सारांश प्रस्तुत हो सकता है और इससे उस निबंध के साथ विशेष अन्याय भी न होगा। किन्तु क्या किसी कथात्मक कृति को भी इतनी ही आसानी से संक्षिप्त किया जा सकता है? जिन कहानियों में ज्यादा से ज्यादा एक दाँव-पेच वाली कहानी कही गई हो, उन्हें तो शायद किसी कदर थोड़े में कहा जा सकता है; किंतु जो केवल कहानी से कुछ अधिक है उसे किस प्रकार संक्षिप्त किया जा सकता है?

ऐसी संलिष्ट कहानियों को कभी हम कथानक के स्तर पर प्राप्त करने की कोशिश करते हैं तो कभी चरित्रों के स्तर पर, कभी वातावरण को अधिगत करते हैं तो कभी विषय-वस्तु को पकड़ने के लिए माथा लड़ाते हैं। अन्त में एक-एक कर इन तमाम चीजों को लेकर अपने दिमाग में जब कहानी की एक तस्वीर खड़ी करते हैं तो पाते हैं कि बहुत कुछ एक 'कंकाल' ही है। सूक्ष्मदर्शी अमरीकी समीक्षक एलेन टेट ने इसे कहानी-पाठक तथा कथा-समीक्षक का 'अनिवार्य अज्ञान' कहा है। समीक्षक चाहे जितना सूक्ष्मदर्शी हो और पाठक चाहे जितना सुरुचि-सम्पन्न, कहानी-पाठक में ज्ञान की यह सीमा अनिवार्य है। अपनी इस सीमा को स्वीकार करने के अलावा को चारा नहीं है। और सचाई यह कि जो पाठक अथवा आलोचक इस सीमा को जितना ही जानता है, उतना ही अधिक किसी कहानी को वह 'उपलब्ध' कर सकता है। क्योंकि उसके सामने उस छूटे हुए या अवशिष्ट अंश को प्राप्त करने की समस्या लगातार बनी रहती है। कहानी के अवशिष्ट अंश का पता लगाने के लिए कभी वह एक कोण से रोशनी डालता है तो कभी दूसरे कोण से। इस तरह उसे नई-नई पद्धतियों के आविष्कार करने पड़ते हैं।

कहानी के अन्दर बहुत-सी बारीकियाँ हो सकती हैं जिन्हें रचनाकार होने के कारण केवल कहानी-लेखक ही जानता है। वह जानता है कि कौन सा 'टच' क्या 'इफेक्ट्स' पैदा कर सकता है और इस तरह वह एक विशेष प्रकार का 'प्रभाव' उत्पन्न करने के लिए जहाँ-तहाँ कुछ 'बिन्दु-विसर्ग' रख देता है। कभी-कभी हमपेशा दूसरे कलाकार इन बारीकियों को भाँप लेते हैं क्योंकि वे पेशे के अन्दरूनी आपसी रहस्यों से परिचित होते हैं। लेकिन इन बारीकियों को पकड़ने के लिए एक निरे पाठक के पास क्या साधन है? वह तो ज्यादातर उन्हीं विशेषताओं से परिचित होता है जो बार-बार दुहराई जाकर और प्रचलन में आकर रूढ़ हो जाती हैं। कथानक, चरित्र, वातावरण आदि संबंधी जाने कितनी ही विशेषताएँ हैं जो कहानी समीक्षा के दायरे में आकर 'रूढ़ि' और 'नुस्खा' बन गईं।

आज भी कितनी आसानी से लोग कथानक, चरित्र, वातावरण आदि वर्गों और शीर्षकों के द्वारा कहानियों की विशेषताएँ निरूपित करते हैं। क्या कभी इस पर भी विचार किया गया है कि ये पारिभाषिक शब्द केवल सुविधाजनक संज्ञाएँ हैं जिनका उपभोग उस प्रभाव को व्यक्त करने के लिए किया जाता है जो प्रभाव कोई कहानी हमारे मन पर छोड़ती है। इस समझदारी के जगते ही कथा-समीक्षा की रूढ़ शब्दावलियों की सीमा स्पष्ट हो जाती है और किसी कहानी से प्राप्त होने वाले नये प्रभाव का वर्णन करने के लिए हम मुक्त हो जाते हैं और 'लगभग' की सूचना देने वाले इन पारिभाषिक शब्दों की जगह आवश्यकतानुसार अन्य शब्दों को खोजने के लिए प्रयत्नशील होते हैं। कहना न होगा कि इस रूढ़ि से मुक्त होने की कितनी आवश्यकता है।

जिसे 'कथानक' कहा जाता है, वह दरअस्ल पाठक के दिमाग की उपज है। कहानीकार तो कहानी की रचना करता है; उसे संक्षिप्त और सरल करके 'कथा-सूत्र' निकालने का काम पाठक करता है। एक संश्लिष्ट अनुभव-पुञ्ज को अगल-बगल से काट-छाँट कर जो सीधी-सपाट चीज प्रायः निकाली जाती है, उसका सारा श्रेय पाठक को है और वह एकदम पाठक की अपनी रचना है। कहानीकार इस मामले में निर्दोष है। काश कि पाठक अपनी इस 'रचना' के प्रति आत्म-सजग होता।

निःसंदेह यह तथाकथित 'कथानक' हर कहानी की सतह पर होता है। कहानी के अन्तर्वर्ती विविध प्रसंगों में जो सम्बन्ध-सूत्र होता है, कहानी समाप्त करने के बाद सबसे पहले मन में वही उभरता है। और जैसा कि किसी लेखक ने कहा है, कहानी की गति पाठक के मस्तिष्क में जो प्रथम तरंग-माला उत्पन्न करती है उसी सुसम्बद्ध रूप कथानक है। लेकिन कितने लोग यह जानते हैं कि यह केवल 'सतह' है—प्रभाव का प्रथम धरातल और इस प्रकार कहानी-पाठ का आरंभ-विन्दु।

श्री रवीन्द्रनाथ ठाकुर की कहानियों पर विचार करते हुए बुद्धदेव बसु ने एक महत्त्वपूर्ण बात कही है कि कुछ कहानियाँ ऐसी होती हैं जिन्हें 'रचना' कहना उचित होगा। 'रचना' वह कहानी है जिससे कथानक के कंकाल को विच्छिन्न कर लेने पर समस्त न पाया जाय। यहाँ तक कि जो कहानी 'रचना' होती है उससे कथानक को विच्छिन्न कर लेना संभव ही नहीं है। बुद्धदेव बसु ने 'रचना' कहलाने योग्य कहानियों को 'वक्तव्य-निर्भर' गल्प कहा है जो स्पष्टतः 'प्लॉट-निर्भर' गल्प से भिन्न होती हैं। 'वक्तव्य-निर्भर' गल्प में भी 'प्लॉट' अथवा कथानक होता है। किन्तु देह की तरह अनिवार्य होते हुए

भी यहाँ कथानक ही गल्प नहीं होता। उनके विचार से 'वक्तव्य-प्रधान' गल्प में कथानक का स्थान हमारे राग संगीत में 'बोल' के समान है, उसके न होने से काम न चलेगा किन्तु एक क्षीण सूत्र रहने पर भी काम चल जायगा। यहाँ तक कि कथानक यदि कहानी-लेखक की स्वकीय उद्भावना न हो तो भी कोई हर्ज नहीं। शायद इसीलिए कथानक की उद्भावना को साहित्य में काफ़ी छोटा कार्य माना गया है और सृष्टि के उच्चतम स्तर पर वह अवान्तर रहा है।

कहानी के क्षेत्र में कथानक साम्य देखकर कितनी बार दो कहानियों को एक नहीं कहा गया है ? अमुक कहानी अमुक लेखक की कहानी की चोरी है, यह आए दिन की बात है। इस समझ के आधार पर कितने कहानीकार चोर साबित कर दिये गए ! गनीमत है, किसी पाठक ने संसार की तमाम कहानियाँ नहीं पढ़ रखी हैं, वरना मुज़रिमों की लिस्ट काफ़ी लम्बी हो सकती है।

ऐसा भी होता है कि एक ही कथानक को लेकर कई लेखक कहानी लिखते हैं और कभी-कभी एक ही लेखक एक बार की लिखी कहानी को दुबारा, तिबारा लिखता है। एक वक्तव्य पर कहानी लिख चुकने के बाद ऐसा भी होता है कि लेखक कुछ दिनों पर फिर लौटता है और किसी नये कोण से उसे उठाता है और जब उससे भी तृप्ति नहीं होती तो पुनः उस पर लौटकर आता है। एक महत्त्वपूर्ण वक्तव्य कभी-कभी लेखक के दिमाग पर आजीवन छाया रहता है और उस एक वस्तु को अधिक से अधिक अथवा सही-सही व्यक्त करने के लिए अनेक कहानियाँ लिखता जाता है। चेखव ने इस तरह की अनेक कहानियाँ लिखी हैं। परन्तु एक ही आधार पर प्रतिष्ठित होती हुई भी हर कहानी भिन्न है और हर 'रचना' अपने आप में स्वतन्त्र तथा पूर्ण है।

'रचनाधर्मी' कहानियों के बारे में बुद्धदेव बसु ने जो विचार व्यक्त किया है वह सामान्यतः सही है। किन्तु गल्प के जो 'प्लॉट-निर्भर' एवं 'वक्तव्य-निर्भर' दो भेद उन्होंने किये हैं वह यांत्रिक है। क्या उन कहानियों का प्लॉट 'प्लॉट' ही होता है, क्या वे वक्तव्य-शून्य हैं ? 'प्लॉट-निर्भर' गल्प का कोई वक्तव्य नहीं होता ? जिन कहानियों में केवल 'प्लॉट' ही होता है, उनका प्लॉट ही क्या उनका वक्तव्य नहीं है ? तथाकथित 'प्लॉट-निर्भर' कहानियाँ जो रहस्य-रोमांच से युक्त एवं सनसनीखेज़ होती हैं वह अकारण नहीं है। इन कहानियों का प्लॉट मन में जो सनसनी से भरा कुतूहल जगाता है, वही उनका वक्तव्य है। इस दृष्टि से अंग्रेजी के 'प्लॉट' शब्द का 'षड्यंत्र', 'कुचक्र' आदि रहस्य-परक अर्थों को सूचित करना विचारणीय है। गंभीर कथाकारों ने 'प्लॉट' के

प्रति जो वितृष्णा प्रकट की है, उसके मूल में बहुत संभव है कि अवचेतन के स्तर पर 'प्लॉट' का अर्थ भी रहा हो।

गरज़ कि 'प्लॉट' और 'वक्तव्य' भिन्न नहीं हैं और परस्पर-विरोधी तो बिल्कुल ही नहीं। 'लॉट' वक्तव्य का ही एक अवयव है : रचनाधर्मी कहानी में 'प्लॉट' भी वक्तव्य के किसी-न-किसी पहलू को व्यक्त करता है—चाहे वह 'प्लॉट' जितना सूक्ष्म, जितना छोटा और जितना सरल हो।

इस सम्बन्ध में रूसी समीक्षक विक्टर श्क्लोव्सकी का यह कथन युक्ति-संगत है कि "'प्लॉट' जीवन एवं मानव-सम्बन्धों के व्यवस्था-क्रम के बारे में लेखक की अपनी समझदारी को सूचित करता है।" जीवन और जगत् की घटनाओं में लेखक जिस सम्बन्ध-सूत्र को देखता है उसकी अभिव्यक्ति कथानक के रूप में होती है। जिस लेखक के लिए जीवन की हर घटना अलग है और हर क्षण की स्थिति दूसरे क्षण की स्थिति से असंबद्ध है, उसका कथानक भी विच्छिन्न होगा, जैसे हेमिंग्वे की कहानियों में। परन्तु जो लेखक जीवन और जगत् के प्रति इस प्रकार की जीवन-दृष्टि रखते हुए भी अपनी कहानियों में सुसंबद्ध कथानक देने का प्रयत्न करते हैं, और कामयाब हो जाते हैं, वहाँ यही समझना चाहिए कि उन्होंने अपनी जीवन-दृष्टि का सुसंगत उपयोग नहीं किया है, फलस्वरूप ऐसी स्थिति में कहानी का कथानक वक्तव्य से साफ़ अलग और बेमेल होगा।

इसलिए मूल प्रश्न लेखक के उस दृष्टि-विन्दु को निश्चित करने का है। कहानी में घटनाओं का वर्णन चाहे जिस क्रम से किया गया हो—क्रम-विपर्यय हो अथवा बीच-बीच में अन्य अवान्तर प्रसंगों के शाखा-सूत्रों का भटकाव, कोई न कोई एक विन्दु होता है जिसकी ओर सारा वर्णन संकेत करता है। तोल्सतोय के शब्दों में यह विन्दु एक तरह का फ़ोकस है जिस पर कहानी की सारी किरणें मिलती हैं अथवा जहाँ से सारी किरणें निकलती हैं, और इसकी व्यवस्था 'स्वयं उस कथा-कृति की समग्रता' के द्वारा ही हो सकती है। इससे कहानी की 'संश्लिष्टता' की पुष्टि होती है। जो कहानी जीवन के किसी गूढ़ एवं गहन सत्य को अभिव्यक्ति करती है उसके विभिन्न अवयव परस्पर इतने ओत-प्रोत होते हैं, और उनमें इतना 'आन्तरिक समवाय' होता है कि कहानी सम्बन्धी यान्त्रिक बोध के द्वारा उसके वास्तविक आशय का पता लगाना असंभव है।

इस आन्तरिक समवाय सा संघटन की जटिलता को स्पष्ट करने के लिए अज्ञेय की 'पठार का धीरज' कहानी ली जा सकती है।

"ऊँचे-नीचे टीले, मटमैली हरियाली, धुंधले छोटे झोंप, अँधेरी खोहें बिखरे हुए पत्थर, कुछ गोल, कुछ चपटे, कुछ उभरे, कुछ चुभन-से तीखे, दूर पर चपटी लम्बी इमारत की बत्तियाँ, मानो रेलगाड़ी खड़ी हो।"

"ये सब यथार्थ हैं।"

"फिर पठार का धीरज भरा फैलाव, दुराव भरा सन्नाटा, झनझनाती तेज़ हवा, चपटे पत्थरों पर मीनों के से हरे-चिट्टे ललौंहे काही के ताराफूल, उड़ते उड़ते बे-भरोस बादल, तीतरों की चौंकी-सी पुकार—'तीत्तिरि-त-तीत्तिरि-तु-तुः', दूर पर गीदड़ के रोने और भूंकने के बीच का-सा-सुर।"

"ये भी यथार्थ हैं।"

"लेकिन यथार्थ के स्तर हैं। स्थूल वास्तव, फिर सूक्ष्म वास्तव जिसमें हमारे भावों का भी आरोप है, फिर क्या और भी कोटियाँ नहीं हैं, जहाँ भाव ही प्रधान हो, जहाँ तथ्य नहीं पहचाना जाय, जहाँ वह व्यक्ति-जीवन के प्रसार में गहरी लीकें काट गया हो, नहीं तो वहाँ पहचानने का कोई उपाय न हो, क्योंकि व्यक्ति-जीवन, व्यक्ति-जीवन के क्षण का स्पन्दन इतना तीव्र हो कि सब कुछ उसी से गूंज रहा हो, और कोई ध्वनि न सुनी जा सके।"

एक पठार है। पठार का एक इतिहास है। इतिहास है या कि किंवदंती। एक प्रेम की किंवदंती। किसी समय वहाँ एक राजकुमार और राजकुमारी मिला करते थे। दोनों में प्रेम था। किस्सा कोतह, राजकुमारी प्रतीक्षा करती रह गई और राजकुमार नहीं लौटा। वर्षों बाद उसी स्थान पर एक दूसरा प्रेमी युग्म जाता है। अतीत की कहानी जैसे साकर हो उठती है किन्तु इस प्रेमी युग्म में यह बोध है कि वे उस प्रेम-कहानी की आवृत्ति नहीं कर रहे हैं। अतीत की कहानी भावुकता का एक वातावरण उत्पन्न करती है, किन्तु थोड़ी ही देर में वह कुहासा छँट जाता है। और बोध जगता है—

"पठार की अपनी एक वास्तविकता है, उनकी अपनी एक वास्तविकता। दोनों समानान्तर हैं, सहजीवी हैं, संयुक्त हैं। यह बिल्कुल आवश्यक नहीं है कि वास्तविकता के अलग-अलग स्तर कहीं भी एक दूसरे को काटे। जो बोध स्वयं ही हो, चेतना स्वतः उभरकर फैलकर जिसे स्तर को भी छू आवे, चेतना स्वच्छंद रहे, निर्धूम रहे, क्योंकि धीरज उनमें है, उनमें रहेगा—"

और संक्षेप में यही है 'पठार का धीरज' जो लेखक के अनुसार अतीत की प्रेम-कहानी में नहीं था। धीरज की कमी से उस प्रेम-कहानी का अन्त दुःखद हुआ था। लेकिन इस प्रेम में धीरज है या कि यह धीरज का प्रेम है जिसमें "दोनों" समानान्तर हैं, सहजीवी हैं, संयुक्त हैं।"

क्या इस कहानी का केन्द्र-विन्दु यही है ? किन्तु यह अनुभव-सत्य कहानी के किन-किन स्तरों पर व्यक्त हुआ है। क्या कहानी के भी कई स्तर हैं और क्या वे सभी स्तर भी परस्पर समानान्तर, सहजीवी और संयुक्त हैं ? क्या वे स्तर एक दूसरे को काटते या छूते नहीं ? लेखक की जीवन-दृष्टि ने स्वयं कहानी के संघटन का कितना भावित किया है ? ये तमाम प्रश्न हैं जो एक साथ मन में उठते हैं। प्रश्न और भी हो सकते हैं। लेकिन लोग संक्षेप जो चाहते हैं। इसलिए 'सौदा खुदा के वास्ते कर क़िस्सा मुख्तसर।'

७

न समझने की ये बातें हैं न समझाने की

यदि कुछ लोगों की दिलचस्पी कहानियों के संक्षेप तक सीमित है तो कुछ लोगों की कहानियों के निचोड़ तक। गोया कहानी न हुई नींबू हुआ। काटा, निचोड़ा। एक बूंद भी रस मिल गया तो मेहनत सफल, कहानी सार्थक। और खुदा-न-ख़ास्ता लेखक ने अन्त में जाते-जाते अपनी बात साफ़ खोलकर कह दी तो फिर क्या कहना। समझने के लिए न कहानी को दोबारा पढ़ने की जरूरत और न अपने दिमाग़ पर जरा भी जोर डालने की तकलीफ़। ऐसे ही लोगों की धारणा है कि कहानी में समझने के लिए कुछ नहीं होता। और जाहिर है कि जहाँ समझने के लिए कुछ न होगा, वहाँ समझाने के लिए भी कोई गुंजाइश न होगी। ऐसे समझदार लोगों के सामने यदि कहानी के बारे में समझने की बात की जाये तो गुस्ताखी होगी।

विडम्बना यह कि जहाँ कहानियों को पाठ्य-क्रम में पढ़ाने के लिये स्वीकार किया गया है, वहाँ भी 'टेक्स्ट' या मूल पाठ को अपने आप ही पढ़ने लायक समझा जाता है, क्योंकि उनमें पढ़ाने के लिये कुछ होता ही नहीं। न शब्दार्थ की आवश्यकता और न गद्यार्थ की अपेक्षा। सामान्य विशेषता, चरित्र-चित्रण या विषय-वस्तु को लेकर कुछ आलोचना-विवेचना हो गई और क़िस्सा खत्म! पढ़ाने-योग्य गद्य तो वह है जो गद्य-काव्य हो या फिर व्याख्या-सापेक्ष निबन्ध! वहाँ भी शुरू से ही हर कहानी से नैतिक शिक्षा निचोड़ने का अभ्यास कराया जाता है, गोया 'ईसप' और 'पंचतन्त्र' के उपाख्यानों की तरह तमाम कहानियों को किसी एक विचार-सूत्र में निःशेष किये बिना काम न चलेगा।

कठिनाई यह है कि हर कहानी को किसी विचार के रूप में निचोड़कर रख देना हमेशा मुमकिन नहीं होता। कभी-कभी ऐसी भी कहानियाँ मिल जाती हैं, जिनमें लेखक अपनी ओर से कुछ नहीं कहता। कहानी के चरित्र भी

विचारों के मामले में अज्ञानी प्रतीत होते हैं और यदि यदा-कदा विचार व्यक्त भी करते हैं तो एक जगह अनेक विचार—यहाँ तक कि परस्पर-विरोधी विचार भी। ऐसी हालत में किस विचार को कहानी का मुख्य अथवा मूल विचार माना जाये। यदि कहानी के शीर्षक से भी मुख्य विचार का निश्चय करें तो देखते हैं कि कभी-कभी शीर्षक ही धोखा दे जाता है और ऐसा लगता है कि गुमराह करने वाला शीर्षक रखने के पीछे लेखक का कोई विशेष प्रयोजन है। जहाँ चरित्र कुछ कहते हों, घटनाओं का पर्यवसान कहीं होता हो, शीर्षक भ्रामक हो और ख़ामोश, वहाँ कहानी के मूल विचार का पता किस तरह लगाया जाये ?

ऐसे अनेक उदाहरण हैं, जहाँ कहानी का आशय नितांत अप्रत्याशित स्थल पर व्यक्त रहता है। अमेरिका के एक विचक्षण समीक्षक एडविन बेरी बर्गम ने रूसी कहानीकार चेख़ब की एक अल्प-परिचित कहानी 'अन्ना आन दि नेक' : गले पड़ी अन्ना अथवा गर्दन पर सवार अन्ना : की व्याख्या करते हुए इस तथ्य की ओर ध्यान आकृष्ट किया है।

जैसा कि कहानी के शीर्षक से स्पष्ट है, कहानी अन्ना नाम की लड़की के बारे में है। बाप एक पियक्कड़ स्कूल-टीचर है। १८ साल की अन्ना का ब्याह ५२ साल के एक ऊँचे अफ़सर से हो जाता है—ऐसा ब्याह जो प्रायः अच्छा कहा जाता है। अफ़सर अन्ना से शादी इसलिए करता है कि अन्ना की ख़ूबसूरती से अफ़सरों की दुनिया में उसकी इज्जत बढ़ेगी और शादी के ठीक बाद ही वह अन्ना को आगाह भी कर देता है कि वह अन्य अफ़सरों की औरतों की तरह सिर्फ़ गले-पड़ी ढोल बनकर उसकी हँसाई न कराये। इस तरह वह अपनी पत्नी अन्ना को अपनी तरक्क़ी के लिए इस्तेमाल करने की कोशिशें करता है। लेकिन नतीजा उलटा होता है। उलटे अन्ना ही अपने अफ़सर पति का अपनी आकांक्षाओं की पूर्ति के लिये इस्तेमाल कर लेती है और परिचय विस्तार करते हुए एक दिन वह एक बहुत धनी आदमी को अपना प्रेमी बना लेती है। इस तरह 'गले पड़ी अन्ना' कहानी की 'आयरनी' या विडम्बना स्पष्ट है। सारी तदबीरें उल्टी हो जाती है। अन्ना गले नहीं पड़ती और गले पड़ जाती है। पति का ख़याल था कि सामाजिक मेल-जोल के जिस रास्ते चलने पर अन्ना गले पड़ी ढोल न रहेगी, उसी रास्ते एक दूसरे रूप में वह गले पड़ी ढोल बन जाती है। शब्द वही है लेकिन अर्थ दूसरा हो जाता है। अप्रत्याशित रूप से अपनी ही इच्छा अपने विरुद्ध हो जाती है। दाँव उल्टा पड़ता है।

लेकिन चेख़ब की इस कहानी का अर्थ यह है तो स्पष्ट है कि साधारण से नाटकीय मोड़ और जीवन की एक अतिपरिचित विडम्बना के अतिरिक्त इस

कहानी में कोई खास बात नहीं है। इस तरह यह एक घिसी-पिटी शैली में लिखी हुई एक मामूली-सी कहानी ठहरती है। लेकिन बर्गम के खयाल से इस कहानी का केन्द्र-विन्दु दूसरी जगह है। और वह केन्द्र-विन्दु अन्ना नहीं, बल्कि उसके छोटे-छोटे दो भाई हैं, जो पूरी कहानी में केवल दो बार आते हैं और सिर्फ दो-दो शब्द बोलते हैं!

शादी की रात जब अन्ना का पियक्कड़ बाप पेग-पर-पेग ढाले जा रहा था, तो वे दोनों बच्चे उसके कोट का पिछला सिरा खींचते हुए घबड़ाये-से सिर्फ इतना कहते हैं, पापा, बस, पापा नहीं····दूसरा अवसर वह है जब अन्ना अपने धनी प्रेमी के साथ गाड़ी में बैठकर सड़क पर जाती दिखाई पड़ती है। फुटपाथ पर पैदल चलते हुए उसका बाप उसे देखता है तो खुश होकर सिर से अपना टोप उतार लेता है और जोर से कुछ कहने ही वाला था कि वहीं दोनों बच्चे फिर अपने बाप का हाथ पकड़ लेते हैं, और बिनती करते हैं, "पापा, नहीं, बस····" और यहीं कहानी खत्म हो जाती है।

प्रसंगों को देखते हुए एक बार बच्चे अपने बाप को शराब पीने के लिये मना करते हैं और दूसरी बार पुकारने के लिये। निःसंदेह बच्चे नितांत अबोध हैं और प्रत्यक्षतः इन्हीं कामों के लिये मना करते हैं। लेकिन अबोध बच्चों के ये सीधे-सादे उन प्रसंगों में क्या कोई अन्य अर्थ व्यंजित नहीं करते? सन्दर्भ के साहचर्य से क्या ये थोड़े से शब्द किसी बृहत्तर अर्थवृत्त की तरंगें उत्पन्न नहीं करते? बर्गम के विचार से यह समाज की अन्तरात्मा और नैतिकता की आवाज है!

इस प्रकार यह एक अन्ना की कहानी नहीं है, बल्कि उन मासूम बच्चों की कहानी है, जिनका बाप पियक्कड़ मुदर्रिस है और खूबसूरत जवान बहन एक अधेड़ अफ़सर से ब्याही जाने के बाद स्वैराचार करने लगती है! क्या यह आश्चर्य की बात नहीं है कि कहानी में जिन चरित्रों का महत्त्व नगण्य हो और जो कहानी के घटना-विन्यास में कोई भूमिका अदा न करते हों, उन्हीं में कहानी का वक्तव्य निहित हो!

यह एक आलोचक की बुद्धि का कोरा चमत्कार है अथवा कहानी के वास्तविक आशय की मार्मिक पहचान? जो भी हो, जब एक नयी व्याख्या सामने आ गई है तो निर्णय देने से पहले कहानी का एक बार फिर पढ़ना आवश्यक हो उठता है और यह आवश्यकता-मात्र इस तथ्य की पुष्टि करती है कि मूल आशय तक पहुँचने के लिए कहानी भी बार-बार पढ़ने की चीज है।

कभी-कभी तो ऐसा लगता है कि हिन्दी में भी बहुत-सी काफी पहले की लिखी कहानियाँ स्पष्ट मानकर छोड़ दी गयी हैं। एक बार उनका जो अर्थ हो गया, वही 'बस' मान लिया गया और आगे की अथवा किसी अन्य संभावना पर विचार करने की आवश्यकता भी नहीं समझी गई। शिक्षापयोगी कहानी-संग्रहों में अज्ञेय की कहानियाँ तो खैर अब आने लगी हैं और वे भी घूम-फिर कर बस वही दो-तीन। लेकिन जैनेन्द्र तो एक अरसे से पाठ्य-क्रम में प्रविष्ट हैं और उनकी कहानियाँ 'असमझदार सराहिबों' की शिकार होती जा रही हैं। यहाँ तक कि सबसे स्पष्ट और सरल समझी जाने वाली प्रेमचन्द की 'पूस की रात', 'कफ़न' आदि कहानियों की भी गहन अर्थ-संभावना पर पूरा विचार नहीं हुआ। सांकेतिकता के सिलसिले में उन कहानियों का नाम इधर भी काफ़ी लिया गया है, लेकिन उनके संकेतार्थ को प्रकाशित करने का खतरा कौन मोल ले ? कौन नहीं जानता कि ऐसी सर्व-सम्मत खामोशियों की छाया में अज्ञान पलता आया है :

लेकिन काल-सिद्ध पूर्ववर्ती कहानियों की गूढ़ता का उद्घाटन न करते हुए भी नये कहानीकारों ने अपनी रचनाओं के द्वारा सतह को तोड़ने और जीवन के जटिल सूत्रों में उलझे हुए सत्य की ओर ध्यान आकृष्ट करने का कार्य किया है। और यह जीवन-दृष्टि जीवन के साथ ही कहानियों को भी समझने की दिशा में रास्ता बना रही है।

जो हर कहानी से नैतिक शिक्षा के विचार निकालने का आसान रास्ता अपनाते हैं, क्या वे जिन्दगी के हर मसले पर भी उतनी ही आसानी से राय नहीं देते ? एक ही समझ है जो जिन्दगी को भी आसान समझती है और कहानी को भी और दोनों ही को अपने विचारों के समान सरल सपाट देखना चाहती है। दिक्कत यह है कि दुनिया अकेले उनकी नहीं है और न है कहानी ही। कहने को अगर कुछ अपना है तो वही सीधा विचार, जो स्वयं कहानी तो नहीं बन सकता, लेकिन किसी कहानी से निकल जरूर सकता है—कहानी चाहे जो हो। ऐसे सतहजीवी लोगों के बारे में इधर कई कहानियाँ लिखी मिलेंगी।

'सतह की बातें' कहानी में मार्कण्डेय ने ऐसे ही सतहजीवी व्यक्तियों का चित्रण किया है, जो कॉफ़ी हाउस में बैठकर प्रेम पर फर्राटे के साथ फतबे देते चले जाते हैं—गोया वह एक प्याली कॉफी से भी कमतर हो 'तीसरा गवाह' कहानी में लगे हाथों निर्मल वर्मा ने भी 'क्लब' में तफरीहन प्रेम-चर्चा के औसत माहौल का खाका खींचा है। एक वकील साहब साहब हैं जो रोमांटिक प्रेम के खिलाफ एकतरफा बहस किये जा रहे हैं, गोया दुनिया अदालत का एक कमरा

है और जिन्दगी का हर मसला मुकदमा जिसका फैसला सिर्फ बहस से हो जायेगा। अलावा इसके, वे अपनी बात साबित करने के लिए एक-पर-एक नजीर इस तरह दिये जा रहे हैं, जैसे किसी किताब या जर्नल से ली गई हो !

इस तथ्य-कथन से आगे बढ़कर दोनों कहानियाँ अपने आन्तरिक कथा-विन्यास में भी सतह की अन्य पर्तें उकेलती हैं। 'सतह की बातें' कहानी के अन्दर एक और कहानी उभरती है, जिसका नायक स्वयं अपनी प्रेयसी की राय में 'हमेशा शतह पर जीता है'। लेकिन एक तह और नीचे उतरने पर हम पाते हैं उस तथाकथित सतह-जीवी व्यक्ति का आचरण-व्यवहार भी काफी जटिल है,—इतना जटिल की उस पर सहसा निर्णय देना कठिन है। नैरेटर भी एक कहानी को यथा-तथ्य रूप में उपस्थित करके बिना किसी टीका-टिप्पणी के चुप लगा रहता है। अर्थ लगाने और मतलब निकालने का काम दूसरों पर है।

इसी तरह 'तीसरा गवाह' कहानी में भी सतही विचारों के जवाब 'नैरेटर' की ओर अपनी-भोगी हुई एक कहानी नजीर के रूप में पेश की जाती है जो एक जामने के बाद स्वयं भोक्ता के लिये भी नितांत अबूझ बनी हुई है। समस्या का समाधान मिलना तो दूर, आज तक उस घटना का मूल कारण भी अज्ञात है। सवाल यह है कि उसका कारण बताए कौन ? सम्पूर्ण घटना का जो चश्मदीद गवाह हो, शायद वही बता सके। लेकिन हकीकत यह है कि शुरू से आखिर तक जो हर क्षण मौजूद रहा, वह स्वयं भोक्ता है, बाकी लोग तो बस एक-आध अवसर पर ही उपस्थित होते हैं और भोक्ता की स्थिति यह है कि वह जब-कभी सोचता है, हर बार कोई नया नुक्ता उभर आता है, जिसकी तरफ पहले ध्यान नहीं गया था, या किसी बात का नया पहलू नजर आने लगता है, जिसे पहले न देख सका था। ऐसी जटिल स्थिति क्या इसलिए है कि वह भोक्ता है और समझने के लिए जो अनासक्ति या तटस्थता अनिवार्य है, वह उसमें नहीं है ? लेकिन अनासक्त होने का अर्थ है, अपने ऊपर घटित अनुभवों का गवाह होना। लकिन जिन्दगी की अदालत में क्या अभियुक्त को ही अपना गवाह होने का हक हासिल है ? सवाल अब भी शेष रह जाता है कि एक ही अनुभव के दो सहयोगियों, दो पक्षों के अलावा वह तीसरा गवाह कौन है ?

कहानी में अनेक संभावनाओं की ओर संकेत किया गया है, ऐसी स्थूल संभावना जिसकी ओर सहज ही ध्यान जाए और ऐसी सूक्ष्म संभावना भी जिसकी ओर ध्यान भी न जाय !

अनुमान के लिए पूरी छूट है। लेकिन कहानी सुगमवर्ग पहेली नहीं है,

जिसके सही उत्तर की आशा राम-भरोसे हो ! कहानी साहित्य है और साहित्य का संभावित अर्थ अनुमान का विषय नहीं है। इस अनर्थ को रोकने के लिए कहानी के मूल पाठ का आधार अपेक्षित है। इसके समीपी सम्पर्क के बिना कहानी का मूल आशय जानना असंभव है।

लोक-कथा के राजकुमार की समस्या भी तो यही जिज्ञासा थी कि आखिर उस दानव के प्राण कहाँ बसते हैं ? लेकिन इसके लिए उसे दानव-कन्या का प्रणयी बनना पड़ा !

हम भी जानना चाहते हैं कि कहानीकार का अभिप्रेत कहाँ निवास करता है, लेकिन यह तो वह कहानी ही बता सकती है और न समझने की ये बातें न समझाने की !

८

रहिए अब ऐसी जगह...

हेमिंग्वे की कहानी 'किलर्स', जिसका हिन्दी अनुवाद 'हत्यारे' शीर्षक से अभी-अभी प्रकाशित हुआ है, पढ़कर कुछ मित्रों ने इस प्रकार राय दी :

—यह भी कोई कहानी है ! न कथानक, न कोई मुख्य चरित्र और न कोई वक्तव्य। यदि एक बड़े लेखक की कहानी न होती तो पढ़ी भी न जाती।

—क्यों, साफ़ है कि पेशेवर हत्यारों की कहानी है और उनकी ज़िन्दगी की एक झलक दिखायी गयी है अब उसमें किसी की दिलचस्पी न हो तो दूसरी बात है।

—वाह, हत्या के सनसनीखेज कारनामे के बिना हत्यारों की यह कहानी कैसी ? जहाँ से कहानी शुरू होना चाहिए वहीं तो खत्म हो जाती है। यह भी कोई बात हुई ?

—चाहे जो हो, भाषा-शैली जोरदार है। छोटे-छोटे वाक्यों में छोटे-छोटे संवाद ! क्या सादगी और सफाई है ! इतना भी हो तो कम नहीं।

—भाषा-शैली ? खाक है ! बिल्कुल एकरस और भावहीन !

शुक्र है, 'किलर्स' नई कहानी नहीं है। तीस साल से ज्यादा पुरानी है। कहानी चर्चा में अक्सर इसके वक्तव्य और शिल्प पर विचार हुआ है। कहानी अत्यन्त अर्थपूर्ण, कलापूर्ण एवं महत्त्वपूर्ण मानी गई है। हो सकता है, उस चर्चा के द्वारा कुछ लोग कहानी के मर्म से परिचित हों। वह भी हो सकता है कि कुछ विज्ञ पाठक अपने आप ही कहानी के मर्म तक पहुँच गए हों, इस प्रकार ऐसे विज्ञ लोगों को उपर्युक्त सम्मतियों का उल्लेख अनावश्यक प्रतीत हो। किन्तु सवाल इस कहानी का ही नहीं है। ये सम्मतियाँ 'टिपिकल' हैं और इनके विश्लेषण से कहानी सम्बन्धी सामान्य समझ की अनेक समस्याओं पर प्रकाश पड़ सकता है।

जब किसी कहानी का अर्थ या उद्देश्य पकड़ में नहीं आता, तो उसके प्रति अनेक प्रकार की प्रतिक्रियाएँ व्यक्त की जाती हैं। या तो कहानी की वियष-सामग्री से संतोष किया जाता है या फिर यदि वह विषय-सामग्री अपनी दिलचस्पी से बाहर की हुई तो भाषा-शैली की ही दाद देकर छुट्टी ली जाती है और जहाँ ये दोनों ही बातें नापसन्द हों, न वह कहानी कहानी रह जाती है और न पठनीय ही। इसमें आश्चर्य की कोई बात नहीं है। कहानी तो क्या, जिन्दगी का भी उद्देश्य समझ में नहीं आता तो जिन्दगी जिन्दगी नहीं मालूम होती : या तो काटे नहीं कटती या फिर ऊपरी विषयों और जीने की 'कलाओं' में ही कटती है।

उदाहरण के लिए 'किलर्स' या किसी कहानी की केवल भाषा-शैली की दाद देने का क्या मतलब है ? यह असंभव है कि भाषा-शैली के सौन्दर्य को समझने वाला उद्देश्य के बारे में 'चाहे जो हो' कहें ! अर्थ की उपेक्षा करके शब्द की दाद देने का क्या मतलब है ? दरअसल जब कोई किसी कहानी की भाषा-शैली की प्रशंसा करता है तो उसके आनन्द का कारण अन्तर्निहित विचार या अनुभूति की कोई विशेषता होती है। परन्तु चूंकि अनुभूतिगत विशेषताओं को नाम देना कठिन है इसलिए बहुत से लोग भ्रमवश यह समझने लगते हैं कि रसानुभूति का कारण भाषा-शैली है। भाषा-शैली को लेकर वाहवाही देना या तो आलोचनात्मक असामर्थ्य का सूचक है या फिर आत्म-प्रवंचना। साधारण पाठक सरलता या भोलेपन से ऐसा करता है और लेखक प्रवंचना से।

इधर कहानी की चर्चा में कितने ही कहानीकारों ने अपने कुछ समवर्तियों के वक्तव्य को दरकिनार करके केवल भाषा-शैली की दाद दी है—विश्लेषण करने पर इस प्रश्न का कारण स्पष्ट हो जायेगा। 'नई कहानी' की शिल्पगत नवीनता तथा विशेषता स्वीकार करने वाले कहानी सम्बन्धी समझ का चाहे जितना ढिंढोरा पीटें किन्तु उन्होंने स्पष्ट कर दिया है कि 'नई कहानी' के 'प्राण तत्त्व' को अभी तक वे नहीं समझ सके हैं। जो यह कहता है कि वक्तव्य चाहे जो हो, हेमिंग्वे की भाषा सुन्दर है वह वक्तव्य तो समझता ही नहीं, उस भाषा की 'सुन्दरता' को भी नहीं समझता। तमाम विशेषणों को काटकर तथा वाक्यों को संक्षिप्त कर हेमिंग्वे ने जिस आदिम सरल-सपाट एवं कठोर भाषा का निर्माण किया है वह अत्यन्त 'कृत्रिम' है। पात्रों की बातचीत में इस भाषा की कृत्रिमता एकदम स्पष्ट हो जाती है। वाक्य जैसे सिले हुए होंठों से निकलते है। भाषा का प्रवाह क्या है कि 'स्टापवाच'। 'क्लिक' और घड़ी चालू। 'क्लिक' घड़ी बन्द। एक-एक वाक्य जैसे किसी मशीन से बराबर-बराबर काटा

हुआ। किसी तरह भावावेग प्रकट न हो। शब्द जैसे किसी सूखी नदी में बिछे हुए छोटे-छोटे चमकते पत्थर। यह भाषा जान-बूझकर एक विशेष प्रयोजन के लिए गढ़ी हुई है। यह आदिम भाषा मनुष्य को नितान्त आदिम स्थितियों में चित्रित करने के लिए है। ये शब्द किसी वस्तु को इस रूप में प्रस्तुत करते हैं जैसे वह तत्काल देखी गई हो या अनुभव की गई हो। स्पष्टः यह भाषा दृश्यचित्र प्रस्तुत करने के लिए है, न वर्णन करने के लिए और न कथा कहने के लिए।

जो इस मशीनी भाषा की 'अमानवीयता' को समझता है वह 'हत्यारे' कहानी के वक्तव्य की, विद्रोह के लिए उत्तेजित कर देने वाली 'अमानवीयता' को समझे बिना नहीं रह सकता। यह भाषा हत्यारों की उस स्वभावसिद्ध निर्ममता को स्वतः उद्घाटित कर देती है जो एक ऐसे आदमी की हत्या करने आए हैं, जिससे उनका कोई लेना-देना नहीं है और जो 'हत्या' जैसे विषय पर उसी तरह बात करते हैं जैसे भोजन पर। इसी प्रकार इस यान्त्रिक भाषा के अनेक स्तर हैं और वह भिन्न-भिन्न संदर्भों के अनुसार भिन्न-भिन्न अर्थों की व्यंजना करती है।

तात्पर्य यह कि यदि केवल भाषा के स्तर पर किसी कहानी के व्यक्तव्य को प्राप्त करने की कोशिश की जाय तो प्राप्ति संभव है। अंततः किसी लेखक को उसकी भाषा के माध्यम से ही जाना जा सकता है : चाहे उसका दर्शन जो हो और जितना भी है उसके अर्थ का विस्तार ! जो इस भाषा-विवेक के अभ्यास से कतराते हैं और इस लम्बे मार्ग को तजकर किसी अगवाह रास्ते से शीघ्र ही उद्देश्य तक पहुँच जाना चाहते हैं वे अक्सर चूकते हैं तथा बारीक कहानियों में तो निश्चय ही कहीं और जा पड़ते हैं।

और ऐसे ही लोग कहानी के विषय' को कहानी का वक्तव्य समझ बैठते है जैसे कि 'किलर्स' को कुछ लोग पेशेवर हत्यारों की कहानी समझ बैठे ! हत्या की ख़बर पाने के बाद भागने के लिए कहे जाने पर भी जब ओल एण्डरसन चुपचाप दीवाल की ओर ताकते हुए कहता है कि अब कुछ नहीं किया जा सकता, तो इस आदिम असहाय स्वर में कोई अन्य ध्वनि नहीं सुनाई पड़ती ? अपनी नियति को इस प्रकार स्वीकार कर लेना क्या है ? और अंत में उसके पास में लौटने पर जब छोटा-सा लड़का निक कहता है कि अब मैं इस कस्बे के बाहर जा रहा हूँ तो इसके पीछे कौन-सा अर्थ है ? क्या यह ध्वनि हत्या-सम्बन्धी किसी सामान्य कहानी में सुनाई पड़ती है ? मानव नियति की ऐसी विवशता और उसके सहसा आलोकिक होने के बाद का ऐसा तीव्र असंतोष क्या

किसी व्यापक सन्दर्भ की ओर संकेत नहीं करते ? कहानी को देखें तो सामान्य-सी घटना, साधारण लोग। न मृत्यु का भयावह चित्रण और न चरित्रों में किसी महत्त्व का आरोप ! किन्तु आभासित होने वाली साधारणता के तल में एक ओर मृत्यु है और दूसरी ओर निरावरण निहत्था मानव ! दोनों अपने असली और नग्न रूप में आमने-सामने ! एक नग्न जीवन सत्य ! यह कैसी दुनिया है जिसमें जान लेने वाली शक्तियाँ अदृश्य अपरिचित और असंपृक्त हैं ! कोई भागे भी तो ऐसे हत्यारों से बच के कहाँ जा सकता है ! अपनी नियति से बाहर बचने की जगह कहाँ है ! मृत्यु से भी अधिक भयावह क्या यह आत्म-बोध नहीं है ? कौन है जिसमें इस आत्मबोध तथा असहायता के विरुद्ध तीव्र प्रतिक्रिया उत्पन्न न होगी ! इस विषाक्त वृत्त से मुक्त होने की यह उत्कट आकांक्षा कहाँ कहानी का विषय और कहाँ कहानी का विचार ! कहानी किसकी है ? हर मानव की या एक विशेष मानव-दल की, जिसने इस सामाजिक व्यवस्था के अन्दर एक खास पेशा अपना लिया है ?

विषय और विचार का यह घालमेल क्या केवल इस एक कहानी की समस्या है ? देखिए तो विषय के अनुसार कहानियों की चर्चा की प्रथा कितनी व्यापक है। 'प्रेम की कहानी' 'जङ्गल की कहानी', 'जानवर की कहानी', 'पारिवारिक कहानी', 'आंचलिक कहानी' आदि संज्ञाएँ किस बात की सूचक हैं ? अभी कुछ दिन पहले हिन्दी में 'ग्रामीण' कहानी और 'शहरी' कहानी को लेकर धींगा-मुश्ती हुई थी वह क्या है ? साधारण पाठक ऐसी ग़लती करते तो कहा जाता कि वे नासमझ हैं। लेकिन ये बातें तो कहानीकारों ने उठाई थीं और वह भी 'नये' कहानीकारों ने। इन्हें क्या कहा जाये ? और कहें भी तो कौन ? इनसे ज्यादा कहानी-कला का मर्मज्ञ कोई हो तब तो ?

बहरहाल, कोई कह सकता है कि कहानी के विषयानुसारी वर्गीकरण से हानि क्या है ? बहुतों के लिए यह एक सुविधाजनक तरीका हो सकता है। अभी कल तक अनेक पत्रिकाएँ विषयों के अनुसार वर्गीकरण करके कहानियाँ प्रस्तुत कर रही थीं ताकि मनपसन्द कहानी चुनने में पाठकों को सुविधा हो। गोया कहानी न हुई विज्ञापन हुआ। वर्गीकृत विज्ञापन और वर्गीकृत कहानियाँ। जिस विषय में जिसकी दिलचस्पी हो, उस विषय की कहानी चुन ले। लेकिन इस सुविधाजनक वर्गीकरण में कभी-कभी धोखा हो जाता है। पाठक को खीझ होती है। कहने के लिए 'प्रेम कहानी' है लेकिन प्रेम का कहीं नाम नहीं।

मुश्किल है कि जीवन इस तरह वर्गों या चौखटों से विभाजित नहीं है। हर आदमी के जीवन में ऐसी जटिल स्थितियाँ आती हैं जिनमें निर्णय लेते

समय अनेक क्षेत्रों की समस्याओं से निबटना पड़ता है ! प्रेम की अत्यन्त कोमल स्थिति भी जाने कितने नीरस धागों से उलझी मिलती है। जो बाजारू पत्रिकाएँ विषयाश्रयी वर्गीकृत कहानियों के द्वारा 'अपने' पाठकों की भूख मिटाती हैं वे उन्हें सम्पूर्ण जीवन से विच्छिन्न करती हैं। वे परोक्ष ढंग से अपने पाठक-समुदाय की कहानो-सम्बन्धी प्राथमिक दिलचस्पी को कुंठित करती हैं। इस प्रकार उनकी रुचि सीमित होती है, समझ संकुचित होती है और आकांक्षा अन्य कहानियों से वंचित होती है। एक ओर कहानियों के वर्ग बनते हैं तो दूसरी ओर पाठकों के। फल-स्वरूप कहानीकार 'टाइप' कहानियाँ लिखने लगते हैं। देखते देखते घटिया ढंग के 'टाइप' कहानीकारों के बाजार पट जाता है। आकस्मिक नहीं है कि जिस मध्यवर्ग ने कहानी जैसे जीवन्त साहित्य रूप को जन्म दिया उसी के द्वारा अनेक जीवन्त कहानीकार पारिवारिक कहानीकार बनाकर मारे भी गये। पहले-पहल कहानी को प्रकाश में लानेवाली पत्र-पत्रिकाओं के ही हाथ कहानी विज्ञापन बन गयी ! फिर भी लोग कहते हैं कि इससे हानि क्या है।

कहानी के स्थूल-विषय में दिलचस्पी लेने वाला पाठक उस विषय का ब्योरा चाहता है और यदि पाठक को माँग का असर कहानीकार पर कुछ भी पड़ता है तो कहानी एक भोंड़े यथार्थवाद या यथातथ्यवाद के स्तर पर उतरने के लिए लाचार है। इस तरह कहानी तथ्यों का ब्योरा बनी और विचार ग़ायब हो गया। जहाँ तथ्य ही उद्देश्य हो वहाँ विचार की आवश्यकता क्या ? इधर की लिखी हुई अनेक तथाकथित ग्राम-कथाओं पर इस विषयी वृत्ति की छाप है, जिनमें किसी महत्वपूर्ण विचार की जगह तथ्यों के ब्योरे के पाठक का मनोरंजन किया जाता है। ऐसी कहानियाँ केवल उनके काम की हो सकती हैं जो या तो किसी असाहित्यिक उद्देश्य के लिए उस क्षेत्र के तथ्य संकलित करना चाहते हैं अथवा जो दिलबहलाव के लिए थोड़ी देर तक उस अनजान क्षेत्र में पलायन करना चाहते हैं। इस विचारहीन तथ्यवादी दृष्टि की काली छाया से तथाकथित 'शहरी' कहानियाँ भी अछूती नहीं हैं ? लेकिन इनके कौशल की कहानी काफ़ी लम्बी है जिसकी चर्चा फ़िर कभी।

परन्तु इस प्रवृत्ति का सबसे बुरा प्रभाव कहानी की समझ और रुचि पर पड़ा है। फलस्वरूप गंभीर विचार-सम्पदा वाली अन्य कहानियाँ बिना समझी और सराही चली जाती हैं। जब विषय की सतह से नीचे उतरकर अथवा ऊँचे उठकर किसी जीवन्त-सत्य को पकड़ने की दिलचस्पी न होगी तो कहानो क्या करेगी ? सवाल सिर्फ समझ को थोड़ा और सक्रिय करने का है। बहुत सी

कहानियाँ ऐसी हैं जो अनेक घुले-मिले तत्त्वों के कारण अच्छी लगती हैं। लेकिन शुरू-शुरू में हम नहीं समझ पाते हैं कि उनके अच्छे लगने का मूल कारण क्या है। विषय जो भी हो, ध्यान से देखने पर उसमें एक संकटपूर्ण स्थिति मिल सकती। जिसमें कुछ या कोई मानव-चरित्र जूझता हुआ दिखाई पड़ सकता है। उस संघर्ष की स्थिपि में वह व्यक्ति कुछ करना चाहता है अथथा कर बैठता है। उस क्रिया अथवा क्रिया की इच्छा के पीछे कोई प्रेरक भाव या विचार होता है। यह विचार ही उसके कार्य को अर्थ प्रदान करता है और साथ ही उस व्यक्ति को एक व्यक्तित्व ! उस व्यक्ति की सफलता या असफलता अनुभव की एक निधि प्रदान करती है। इस प्रकार एक साधारण-सा विषय क्रमशः वस्तु और वस्तु के मूल्य में बदल जाता है। देखते-देखते एक सामान्य विषय के बीच से एक विशिष्ट विचार अथवा जीवन-मूल्य मूर्तिमान हो उठता है। इस उपलब्धि के उपरान्त वही पूर्व-परिचित कहानी एक नये रूप में आलोकित हो उठती है। निरर्थक से लगने वाले ब्योरे सार्थक हो जाते हैं। कहानी के बिखरे हुए तत्त्व एक अखंड रूपाकार में ढल पड़ते हैं। कहानी जीवंत हो उठती है। उससे एक नया परिचय प्राप्त होता है। ज्ञान रस में बदल जाता है। रसास्वाद बढ़ जाता है। निःसन्देह यह मानस-यात्रा एक महत्त्वपूर्ण विचार से संवलित कहानी के साथ ही संभव है। लेकिन यह कार्य हर एक को अपने तईं स्वयं ही करना है। कहानियों के घने जंगल में से ऐसी कहानियों को चुन निकालने में संभव है कि समय-समय पर कुछ प्रबुद्ध जन सहायक दिखें, लेकिन रसग्रहण के कार्य में हर पाठक अकेला है और अपनी इस नियति का पथ उसे अकेले ही तय करना है।

विषय से विचार की ओर अग्रसर होने का मतलब है सामान्य से विशेष की ओर बढ़ना। ऐसे विशेष की ओर जो नितान्त विशिष्ट जीवन अनुभव होते हुए भी अपनी अर्थवत्ता के द्वारा जीवन के समस्त सन्दर्भ-देश को विद्युत-शक्ति की तरह छू जाय ! इस अवस्था में पहुँचकर कोई भी अनुभव कर सकता है कि सचमुच स्थूल-सामान्य से निकाले हुए एक छोटे से विचार-कण में कितने शक्ति होती है जैसे एक विशाल खनिज-राशि में से निकाला हुआ परमाणु।

और ऐसे ही तत्त्व की आज उपेक्षा हो रही है। जीने के छोटे-छोटे ब्योरों में जिन्दगी ख़तम हो रही है और ऐसे ही ब्योरों के चित्रण में कहानी और ब्योरों में बँधकर पाठक की शक्ति ! कहाँ है वह प्रयत्न जो ब्योरों को क्रमबद्ध करके जीवनानुभवों में बदल दे और जीवनानुभवों को मूल्यवान् विचारों में !

सत्य की उपेक्षा भी एक प्रकार की हत्या ही है और कभी-कभी कहानी में इस सत्य की यह हत्या कितनी अबोधता से की जाती है ! और उल्टे फ़तवे सुनाई पड़ते हैं कि यह तो कहानी ही नहीं है : न कथानक, चरित्र-चित्रण और न कोई विषय ! गोया ये कहानी-तत्त्व स्वयं ईश्वर ने बनाए हैं और जो कहानी ये नियम न माने वह खतम ! क्या कहानी-समीक्षा की नियति यही है ? कौन है वह निक आदम ? कहाँ है इस बोध की कौंध ? किधर है इस दायरे से मुक्ति की तड़प ?

'आफ्टर सच नालेज, वाट फ़ारगिवनेस !'

१

छोटे-छोटे ताजमहल

विचार-तत्व को खोजने की उतावली में कहानी को 'समग्रतः' ग्रहण करने की प्रतिज्ञा भूल न जाय—इस पर आज के कहानीकार भी सतर्क हैं। मसलन, राजेन्द्र यादव का कहना है कि 'एक ओर तो आज के कहानीकार का सत्य या 'आइडिया' इतना कटा-छँटा और स्वयं सम्पूर्ण नहीं है, दूसरे शेष सभी-कुछ 'आइडिया' को घटित करने के लिए निमित्त-भर हो, यह उसे स्वीकार्य नहीं है। कोई भी 'आइडिया' विचार या सत्य व्यक्ति या पात्र के जीवन की धारा में रहते हुए ही उसकी उपलब्धि बने, उसका प्रयत्न यह है।'

'जीवनधारा में रहते हुए ही सत्य को उपलब्ध करना' सचमुच बहुत बड़ा प्रयत्न है। यदि किसी कहानी में सम्पूर्ण संश्लिष्ट प्रक्रिया के साथ सत्य की अभिव्यंजना होती है, तो उस कहानी की पूरी प्रक्रिया से गुज़रना पाठक के लिए भी अनिवार्य है; बल्कि पाठक के लिए तो यह सुखद अनिवार्यता है। यदि किसी कहानी-पात्र के साथ उनके विविध अनुभव मार्गों से गुज़रने का अवसर न मिला तो फिर कहानी में क्या मिला ? कोई भी दूसरी चीज़ इस अनुभव-यात्रा की जगह नहीं ले सकती; इसलिए यह जटिल या लम्बी अनुभव यात्रा भी उतनी ही महत्त्वपूर्ण है, जितना कि इसके अन्त में मिलने वाला सत्य। बल्कि कभी-कभी यदि अंत तक जाते-जाते कोई सत्य न मिले तो भी यह अनुभव-यात्रा अपने-आप में एक सत्य की उपलब्धि मानी जा सकती है। निमित्त-मात्र यहाँ कुछ भी नहीं है।

यदि और भी आगे बढ़कर कहें तो ऐसी कोई भी कथाकृति किसी व्यक्ति की अपनी अनुभव-यात्रा को सरल या संक्षिप्त नहीं कर सकती है—जगह लेना तो दर किनार ! फिर भी यह तथ्य है कि कहानी एक कलाकृति है : कलाकृति अर्थात् अपने-आप में सम्पूर्ण एक अधुभव-खंड—निःसंदेह एक कल्पित, रचित या कलात्मक अनुभव-खंड। यदि इस कलात्मक अनुभव-खंड को सार्थक या मूल्य-

वान होना है तो जीवन-प्रक्रिया की-सी अराजकता एवं अव्यवस्था कहानी की रचना-प्रक्रिया में नहीं चल सकती। वर्तमान जीवन की अराजकता, अव्यवस्था निरुद्देश्यता आदि के नाम पर किसी कथाकृति में इन तत्वों की हिमायती कला-धर्म का परित्याग है।

फिर भी जब कुछ कहानीकारों की ओर से ऐसी युक्तियाँ सामने आती हैं तो उनके प्रक्रिया-सम्बन्धी आग्रह पर संदेह पैदा हो जाता है। कहीं इस प्रक्रिया-प्रेम के पीछे कोई बहुत बड़ी कलात्मक कमजोरी तो नहीं छिपाई जा रही है? सत्य की उपलब्धि की अपेक्षा उपलब्ध करने की प्रक्रिया पर आखिर इतना ज़ोर क्यों? रास्ते के प्रति यह अतिरिक्त प्रेम है या मंजिल से अतिरिक्त भय? एक ग़लती की प्रतिक्रिया में कहीं दूसरी ग़लती तो नहीं हो रही है? यदि पहले की कहानियों ने विचार से आरम्भ करके ग़लती की तो कहीं ऐसा न हो कि आज की कहानी अनुभव-प्रक्रिया में ही भटक कर रह जाय! कहीं ऐसा न हो कि आए तो हरिभजन को, ओटन लगे कपास!

आशंका नितांत कल्पित नहीं है। इसकी पुष्टि होती है जब राजेन्द्र यादव कहते हैं कि 'कहानी के कलेवर में एक केन्द्रीय भाव को फ़ोकस करते समय कथाकार के लिए यह छाँटना बड़ी मुश्किल हो जाता है कि क्या रखे और क्या छोड़ दे, सभी तत्त्व तो एक दूसरे से गुंथे हैं, एक दूसरे को प्रभावित करते हैं।' इस 'धर्म-संकट' को समझने के लिए जब हम ठोस कहानियों पर दृष्टि डालते हैं तो पता चलता है कि सारा धर्म-संकट केवल कुछ निजी और काव्यात्मक अनुभूतियों को लेकर उठ खड़ा हुआ है। कुछ ऐसी अनुभूतियाँ हैं जिन्हें छोड़ने में कहानीकार का हृदय फटता है क्योंकि उन अनुभूति-चित्रों के बिना कोरी-कोरी कहानी कहने में क्या मज़ा? और कभी-कभी तो उन अनुभूतियों को छोड़ने की समस्या उतनी बड़ी नहीं होती जितनी यह कि किस तरह उन्हें बटोर लिया जाय! इसके लिए कभी-कभी कहानी को इधर-उधर थोड़ा घुमा भी दिया जाता है, कथानक को कहीं से मोड़ या रोक दिया जाता है और कुछ विशिष्ट अनुभूतियों के चित्रण के लिए जगह कर ली जाती है। यदि महाकाल का दर्शन करने के लिए मेघदूत का पंथ वक्र किया जा सकता है तो आज का कहानीकार कोई वक्रपंथ क्यों नहीं अपना सकता! हिमालय की अलका तक पहुँचने का क्या भरोसा? भरोसा यदि हो भी तो क्या रास्ते की दूसरी अलकाएँ कुछ कम हैं?

कविता के पाठक भी क्या कहेंगे कि कहानी में कविता नहीं मिली। आख़िर कहानी में दूसरों की कविताएँ कब तक उद्धृत की जायँगी? और अब जब कि

कविताएँ भी गद्यात्मक लिखी जा रही हों तो उन्हें कहानी में उद्धृत करने में क्या मज़ा ? फिर कहानी के अंदर गद्य में ही कविता न लिख दी जाय ? अनुभूति-क्षण तो वही हैं न ? यहाँ तो उन अनुभूति-क्षणों को पूरे ब्योरे के साथ नाटकीय रूप देने की स्वतन्त्रता भी अधिक है। झख मारें नये कवि ! कवि शमशेर ने तो नये कवियों को चेतावनी देते हुए कह भी दिया कि कविता में आज जो तत्व हम खोजते हैं, वह अक्सर, कहानी, स्केच और उपन्यास के भावुक और गहरे स्थलों में सहज ही मिल जाता है। मतलब वह कि कवियो, सावधान ! तुम्हारे पाठक कहानियों की ओर गए !

मैं जानता हूँ कि कुछ कहानीकार इस क्षेत्रापहरण के विरुद्ध हैं और पूर्व निर्धारित सीमा का नक्शा दिखा-दिखाकर हवा में लाठियाँ भाँज रहे हैं लेकिन उनके भाई-बन्द दूसरे कहानीकार गर्व के साथ इसे अपनी बहुत बड़ी उपलब्धि मानते हैं। मसलन, राजेन्द्र यादव का कहना है कि 'थीम को अधिक से अधिक यथार्थग्राही, प्रभावशाली बनाने के लिए कहानी ने नहीं कविता की वातावरण निर्माण-क्षमता ली है, तो कहीं संगीत की सूक्ष्म लयात्मकता; कहीं चित्रकला के घुले-मिले बिंब और प्रतीक लिये हैं तो कहीं स्थापत्य की संतुलित घनता।'

ऐसी स्थिति में, सवाल यह नहीं रहता है कि सैद्धान्तिक दृष्टि से यह सर्वग्रहण उचित है या अनुचित। सवाल यह है कि एक साथ इतनी कलाओं का कौशल लेकर कहानी ने क्या कर दिखाया ? सवाल है कि इतने कौशल में 'थीम' अधिक से अधिक यथार्थग्राही एवं प्रभावशाली हुआ या नहीं ? निर्णय व्यावहारिक धरातल पर ही सम्भव है। और चूंकि दावा सबसे अधिक राजेन्द्र यादव का ही है, इसलिए बेहतर है कि उन्हीं की एक कहानी ली जाय और बात चूंकि अनेक ललित कलाओं की आ पड़ी है इसलिए सम्भावनाओं की दृष्टि से उनकी कहानी 'छोटे-छोटे ताजमहल' ही लें।

कथानक संक्षेप में कहानी के पहले पैराग्राफ में ही आ गया है और इस प्रकार स्पष्ट है कि कथानक कितना छोटा है—अथच गौण।

'यह बात न मीरा ने उठाई, न खुद उसने। मिलने से पहले जरूर दोनों को लगा था कि कोई बहुत ज़रूरी बात है जिस पर दोनों की बातें कर लेनी हैं, लेकिन जैसे हर क्षण उसी बात की आशंका में उसे टालते रहे। बात गले तक आ-आकर रह गई कि एक बार वह फिर मीरा से पूछे क्या इस परिचय को स्थायी रूप नहीं दिया जा सकता ? लेकिन कहीं पहले की तरह फिर उसे बुरा लगा तो ? उसके बाद दोनों में कितना खिंचाव और दुराव आ गया था।'

कहानी इसी खिचाव और दुराव के क्षण की है। आरंभिक कथासार से भी स्पष्ट है कि इतने संक्षेप में भी काफी कुतूहल है और कुतूहल पूर्ण कथानक अच्छा माना जाता है। लेकिन कथानक इकहरा ही रहा तो क्या हुआ ? लिहाजा कथानक को सघन बनाने के लिए कहानी के अन्दर एक दूसरी कहानी भी बुन दी गई है। जादू की छड़ी स्मृति तो है ही। वर्षों पहले उसी स्थान पर एक घटी हुई घटना का याद आना स्वाभाविक ही है; खास तौर से जब कि कोई स्वयं उसका साक्षी भी रह चुका हो ! निश्चय करके आने पर भी विजय ने मीरा से इसलिए विवाह का प्रस्ताव नहीं किया कि उसने अपनी आँखों से एक सप्तवर्षीय वैवाहिक जीवन को विच्छिन्न होते देखा था। एक कहानी का कारण दूसरी कहानी से स्पष्ट कर दिया गया ! इस प्रकार विजय और मीरा एक दोपहर को ताजमहल की छाया में मिले और लगभग बिना बात किये लौट आये। कहानी का अन्तिम पैराग्राफ़—

"लगा, जैसे कोई मुर्दा क्षण है जिसका एक सिरा मीरा पकड़े हैं और दूसरा वह, और उसे चुपचाप दोनों रात के सन्नाटे में कहीं दफनाने के लिये जा रहे हों....डरते हों कि किसी की निगाहें न पड़ जायँ—कोई जान न ले कि वे हत्यारे हैं—कहीं किसी झाड़ी के पीछे इस लाश को फेंक देंगे और खूबसूरत खुशबूदार रूमालों से कसकर खून पोंछते हुए चले जायँगे—भीड़ में खो जाएँगे—जैसे एक दूसरे की ओर देखने में डर लगता है—कहीं आरोप करती आँखें हत्या स्वीकार को मजबूर न कर दें—

"बाहर वे दोनों ताँगा लेंगे—झटके से मोड़ लेता हुआ ताँगा ढाल पर दौड़ पड़ेगा और ताज़महल पीछे छूटता जाएगा—और फिर 'अच्छा' कहकर, सूखे होंठों के मरे स्वर पर मुस्कराहट का कफ़न लपेट कर दोनों एक दूसरे से विदा ले लेंगे।"

इस तरह ताजमहल की छाया में एक दूसरा छोटा-सा ताजमहल बना जिस पर मुस्कराहट की सफेदी है लेकिन नीचे एक मुर्दा क्षण या प्रेम ! स्पष्ट ही, इस कौशल से कहानी प्रतीकात्मक भी हो गई। लेकिन क्या इतने ही से ताजमहल का पूरा-पूरा उपयोग कहानी में हो गया ? कुछ और निकट जाने पर पता चलता है कि अभी तो और भी अनेक छोटे-छोटे ताजमहल हैं ! विजय और मीरा स्वयं भी क्या छोटे-छोटे ताजमहल नहीं हैं ? फिर इस तरह के विजय और मीरा भी क्या अनेक नहीं हैं ? हिसाब लगाइये तो कितने हुए छोटे-छोटे ताजमहल ! इनके अलावा मीरा के चश्मे के शीशों में भी छोटे-छोटे ताजमहल हैं और हौज में आसमानी जार्जेट के पीछे से झाँकने वाला ताज है सो अलग !

कहानी क्या है कि शीशमहल, जिसके हर शब्द में अक्स के मानिन्द एक-एक छोटा ताजमहल बैठा है। इतनी प्रतीक-योजना से भी यदि भावुकता की सृष्टि न होगी तो कब होगी !

लेकिन कहानी का अन्तर्गठन इतने से भी यथेष्ट सघन नहीं हुआ। इसलिये अनुभूतिपूर्ण क्षणों का चित्रण ! कौन नहीं जानता कि दो के बीच वाले मौन अनुभूति-चित्रण के लिए अपार सम्भावना है। विजय कभी मीरा की अँगुली अपनी अँगुली में हुक की तरह लटका लेता है; कभी हाथ उठाकर दोनों हथेलियों में दबा लेता है; कभी उसकी खुली गर्दन पर चढ़ते हुए बड़ी-बड़ी मूछों वाले कीड़े को कैरम के स्ट्राइकर की तरह मारकर झटक देता है (फिर प्रतीक ?) फिर उसकी दोनों कनपटियों को हथेलियों से दबाकर अपने पास खींच लेता है। तब मीरा मुस्कराती है और विजय का मन होता है कि "रेगिस्तान में भटकते प्यासे की तरह दोनों हाथों से सुराही को पकड़कर इस मुस्कराहट की शराब को पागल आवेग में पीता चला जाये—पीता चला जाये—गट-ग-ट—और आखिर लड़खड़ा कर गिर पड़े।" (जो विवाह का प्रस्ताव लेकर आया है उसने यह सब नहीं किया तो क्या किया ? और वह भी दोपहर को ताजमहल की छाया में, जब कि नितान्त एकान्त है !)

इतनी बातों से यदि 'थीम' अधिक से अधिक यथार्थाग्रही एवं प्रभावशाली न हो तो कोई क्या करे ? लेकिन सवाल यह है कि वह 'थीम' क्या है। विवाह न करने की विवशता या एक प्रेम की हत्या अथवा ताज की छाया में गुजरे हुए मुर्दा क्षण की अनुभूति ? लेकिन इस सत्य की उपलब्धि की प्रक्रिया क्या है ? विजय और मीरा विवाह करने का साहस जो नहीं जुटा पाते तो क्यों ? वह कौन-सी अनुभव-प्रक्रिया है जिसकी जटिलता से गुज़रते हुए वे इस निर्णय पर पहुँचे अथवा निर्णय लेने में असमर्थ रहे ? कहानी मे उस जटिल अनुभव-प्रक्रिया का चित्रण कहाँ है ? ताजमहल के वातावरण का जो इतना विशद काव्यात्मक चित्रण किया गया है क्या वही अनुभव-प्रक्रिया सत्य की सोपान-पंक्ति हैं ? लेकिन कैसे ? पाठक उस स्थिति की जटिलता का ब्यौरा जानना चाहता है जिसके कारण प्रेम की परिणति स्थायी सम्बन्ध में न हो सकी। लेकिन कहानी में उस स्थिति का चित्रण नहीं है। ऐसा लगता है कि लेखक उस स्थिति की गहराई में नहीं जा सका। जिस प्रकार कहानी के चरित्रों में प्रेम-सम्बन्ध को स्थायी रूप देने का साहस नहीं है उसी तरह उनमें सम्पूर्ण स्थिति की छानबीन करने के साहस की भी कमो है। इसे चरित्रों की "नैतिक कमजोरी" कह सकते हैं और अन्ततः यह लेखक की नैतिक कमजोरी को सूचित करती है। कहानी

से स्पष्ट है कि उसके चरित्र सम्बन्ध टूटने की कल्पना या घटना से इतने अभिभूत हैं कि उस पर भावुकतापूर्ण ढंग से सोचने लगते हैं; वे एक दुखद घटना के 'प्रभाव' में जी रहे हैं; 'कारण' में जाने की क्षमता नहीं रखते हैं। इस भावुकतापूर्ण अनुचिन्तन का ही परिणाम है कि वे उस प्रेम की कल्पना मुर्दा के रूप में करते हैं और उसके लिए 'ताजमहल' के रोमांटिक प्रतीक की सृष्टि करते हैं। स्पष्टत: यह प्रतीक सम्पूर्ण थीम को एक भावुकतापूर्ण रंग प्रदान करता है। इससे स्थिति की गम्भीरता का अहसास नहीं होता, बल्कि एक भावुकता की सृष्टि होती है। लेखक एक अनुभूति के वर्तमान क्षण में कैद हो जाता है और कहानी कमजोर हो जाती है।

क्या ऐसा नहीं है कि अनेक छोटे-छोटे ताजमहलों में मुग्ध हो जाने के कारण मूल ताजमहल कहानी में आने से रह गया। मूल ताजमहल अर्थात् मुख्य थीम। प्रसंगात् कहानी में एक जगह यह सत्य उघड़ गया है।

"बातों के बीच, वह उसे कई बार भूल गया था, लेकिन दाँतों में अटके तिनके-सा अचानक उसे याद आ जाता था कि वे उसकी छाया में बैठे हैं जो महान् हैं, जो विराट हैं—जो ? इतनी बड़ी इमारत। इसके समग्र सौन्दर्य को एक साथ वह कभी कल्पना में ला ही नहीं पाया—एक-एक हिस्सा देखने में कभी उसमें कुछ सुन्दर लगा नहीं। लोगों के अपने ही मन का काव्य और सौन्दर्य होगा जो इसमें आरोपित करके देख लेते हैं। कभी मौका मिलेगा तो वह हवाई जहाज से ताज की सुन्दरता के समग्र को पाने की कोशिश करेगा। कई विहंगम-चित्र इस तरह के देखे तो हैं—और तब सारे वातावरण के बीच कोई बात लगी तो है—मगर ये चश्मे के काँचों में झलमलाते, धूप में चमकते छोटे-छोटे ताज—।"

आँख के चश्मे वाले इन छोटे-मोटे ताजमहलों का ही दुर्निवार आकर्षण है जो एक कहानीकार को विराट ताज से दूर रखे हुए है और वह विराट तथा महान् को अपनी कल्पना में लाने में असमर्थ हो रहा। क्या आज की बहुत-सी कहानियाँ ऐसे ही छोटे-छोटे ताजमहल नहीं हैं ? सुन्दर, सुघड़, कलापूर्ण लेकिन—

क्यों ?

"रेगिस्तान में भटकते प्यासे की तरह दोनों हाथों से सुराही को पकड़ कर इस अनुभूति की शराब को पागल आवेग में गट-गट पीते जाने और लड़खड़ा कर गिर पड़ने का क्या मतलब है ? साधारण पाठक तो अनुभूतियों के वर्णन से अभिभूत हो जाता है—इतना अभिभूत कि इन अनुभूतियों के पीछे छिपे हुए

'दृष्टिकोण' की ओर ध्यान ही नहीं दे पाता; लेकिन इसके पीछे क्या कोई 'मुर्दा भोगवाद' नहीं है ? अमरीकी साहित्य-समीक्षक फ़िलिप रैव ने कुछ दिन पहले अमरीकी कथा-साहित्य में बढ़ते हुए 'अनुभूतिवादी' खतरे के पीछे छिपी विचार-धारा का निर्मम उद्घाटन किया था। क्या हमारे यहाँ भी उसी प्रकार का 'कल्ट आफ एक्सपीरिएंस' नहीं बढ़ रहा है ? वैयक्तिक सम्बन्धों की बारीकियों में इतनी दिलचस्पी और नितान्त निजी अनुभूतियों के छोटे-छोटे क्षणों का ब्यौरा देने में ऐसी रुचि अन्ततः किस ओर ले जायगी ? बोस्टन सोसाइटी के बारे में टी० एस० इलियट ने एक बार कहा था कि 'दे आर क्वाइट रिफ़ाइन्ड, बट रिफ़ाइन्ड बियॉन्ड द प्वाइन्ट आफ़ सिविलिजेशन ! क्या इन कहानियों की अति सूक्ष्मता-प्रियता भी सभ्यता की हद के पार तो नहीं जा रही है ? अत्यन्त सभ्य लेकिन सभ्यता की हद के पार ! ऊपर से सुन्दर लेकिन नीचे प्राणहीन शव। छोटे-छोटे ताजमहल !

●

१०

अच्छी कहानी

कहानी सम्बन्धी तमाम चर्चाओं की सार्थकता इस बात में है कि आप कम से कम एक अच्छी नई कहानी दिखा सकें—ऐसी कहानी जिस पर कोई राय न दी गई हो या दी भी गई हो तो स्थिर न हुई हो। वरना अच्छी कहानी के नाम पर आपने यदि आज भी 'उसने कहा था' का ही नाम लिया तो क्या हुआ? एक अचूक पहचान के आगे समीक्षा के सैकड़ों सिद्धान्त फ़ीके हैं। सिद्धान्त तो एक पहचान को केवल 'सर्व सामान्य' रूप देने का कार्य करते हैं; सिद्धान्त के द्वारा उस पहचान को अधिक से अधिक एक ठोस, वस्तुगत एवं युक्ति-संगत आधार मिलता है। यदि कोई साफ़-साफ़ बता दे कि मुझे अमुक कहानी अच्छी लगती है तो यह बताने में ज्यादा कठिनाई न होगी कि कहानी के बारे में उसकी मान्यता क्या है अथवा कोई मान्यता है भी या नहीं।

कहना न होगा कि इधर की प्रकाशित कहानियों के अम्बार में अच्छी कहानियाँ प्रायः पहचान ली गई हैं। पाठकों के पत्रों, सम्पादकीय टिप्पणियों और आलोचनात्मक लेखों के आलोड़न-विलोड़न से जो दस-बारह अच्छी कहानियाँ ऊपर आई हैं उनके पीछे व्यापक सहमति दिखाई पड़ती है। इससे यह धारणा पुष्ट होती है कि हिन्दी को कथा-जगत् में अच्छे-बुरे का विवेक एकदम लुप्त नहीं हो गया है। किन्तु इसके साथ ही क्या यह भी सच नहीं है कि कुछ अच्छी कहानियाँ अब भी विवादास्पद हैं और क्या यह भी सम्भावना नहीं है कि कुछ अच्छी कहानियाँ अनदेखी रह गई हैं? ऐसे ही सरहदी मामलों को लेकर सैद्धान्तिक सवाल उठ खड़े होते हैं और फिर तो सवाल से पैदा सवाल होते हैं।

इधर बार-बार यह आवाज़ उठाई गई है कि सवाल 'नई कहानी' का नहीं बल्कि 'अच्छी कहानी' का है। गोया 'अच्छी कहानी' सिर्फ़ एक सवाल है और वह भी पहला! मिर्ज़ा होते तो कहे बगैर न रहते 'इस सादगी पे कौन

न मर जाय....!' इतना सीधा-सा सवाल कोई मासूम ही कर सकता है या फिर वह जिसे पूरा आत्मविश्वास हो कि उसके पास अच्छी कहानी का एक बना-बनाया शाश्वत मानदंड है जो कहीं भी कारगर हो सकता है। साहित्यिक दुकानदार ही ऐसे बाट और भाव इस्तेमाल कर सकते हैं। लेकिन जो जानते हैं कि 'अच्छी कहानी' के एक सवाल के साथ दस और सवाल जुड़े हुए हैं जिन पर निर्णय देना कठिन है, उनकी जिज्ञासा का रूप दूसरा होता है और शायद उसके सवालों की शुरुआत भी किसी दूसरे कोण से होती है। यह कहना गलत है कि 'कहानी की बात किसी भी कोण से शुरू की जा सकती है।' ऐसी बात वही लेखक कह सकता है जिसमें यह कहने का साहस हो कि कहानी कहीं से भी शुरू की जा सकती है। इस तरह की बातें उन्हीं को कहने दें जो हर चीज़ को ग्लोब समझते हैं और जिनका ख्याल है कि केन्द्र तक पहुँचने के लिए परिधि के किसी भी विन्दु से रवाना हुआ जा सकता है। क्या अजब कि ऐसे लोगों के हाथ ग्लोब का खाली आकार—शून्य ही हाथ लगे !

किसी कहानी को अच्छी कहने के पीछे न जाने कितने कारण होते हैं। कभी-कभी केवल एक निहायत छोटी-सी बात के लिए भी किसी कहानी को अच्छी कहते सुना गया है—चाहे वह एक चित्र हो, या एक वाक्य। और कहने वालों में अच्छे भले लोग मिलते हैं—यहाँ तक कि साहित्य-समीक्षक और कहानीकार भी। अब इस पसन्द को क्या कहा जायगा ? चार बातें इसके ख़िलाफ़ कही जा सकती हैं तो एक-दो बात इसके समर्थन में भी पेश की जा सकती हैं। सुन्दरता का निर्णय भी क्या सिर्फ एक-आध चीज़ को लेकर ही नहीं किया जाता ? या तमाम चीज़ों की एक-एक कर नाप कर ली जाती है ? अगर यह प्रवृत्ति एकांगी है तो जो लोग केवल विषय-वस्तु या कलाकौशल के लिए किसी कहानी को अच्छी कहते हैं, वे भी क्या एकांगी नहीं हैं ? यदि कुछ तथाकथित 'अच्छी कहानियों' के अच्छे होने की जाँच की जाय तो पता चलेगा कि ये भी शायद एक ही दो बातों के लिए अच्छी कही गई हैं।

तो क्या 'सम्पूर्ण प्रभाव' के अनुसार अच्छी कहानी का निर्णय हो ? लेकिन इस बात का निर्णय कैसे हो कि उस तथाकथित 'संपूर्ण-प्रभाव' में कितना अंश पाठक का अपना है और कितना स्वयं उस कहानी का ? कठिनाई और बढ़ जाती है जब किसी कहानी के 'सम्पूर्ण-प्रभाव' को भावात्मक रूप में व्यक्त किया जाता है। जैसे एक कहानीकार का कहना है कि 'इन दस वर्षों की कोई भी अच्छी कहानी उठा लीजिए—उसका प्रभाव या परिणति एक झटके के साथ देखा या पाया हुआ सत्य नहीं होता। न वह हथौड़े की चोट की तरह

सारे अस्तित्व को झनझनाती है, न खुले तीर की तरह टीसती है। वह तो कुहासे या चन्दनगन्ध की तरह समस्त चेतना पर छा जाती है। उसका अंग बन जाती है और अनजाने ही आत्मा को संस्कार और दृष्टि देती है।' अब इस 'कुहासे' और 'चंदनगन्ध' को लेकर किसी अच्छी कहानी का निर्णय कैसे किया जाय ? इस कुहासे और चन्दनगन्ध से किसी पाठक को क्या दृष्टि मिल सकती है ! यदि हम किसी कहानी के बारे में कहें कि कुहासे या चन्दनगन्ध की तरह समस्त चेतना पर छा जाती है इसलिए अच्छी कहानी है तो कितने लोग हैं जो उसे अच्छी मान लेंगे ? क्या यही बात एक छायावादी कहानी के बारे में लागू नहीं हो सकती है ? फिर किसी को यदि हथौड़ा या नीमकश तीर ही पसंद हो तो कुहासे या चन्दनगन्ध को क्यों स्वीकार करेगा ? निर्णय के लिए प्रभाव की 'तीव्रता' और 'व्याप्ति' ही काफ़ी है या उस प्रभाव की 'प्रकृति' का बोध भी आवश्यक है ? 'अनजाने' ही आत्मा को संस्कार या दृष्टि मिल जाना एक बात है लेकिन उस संस्कार और दृष्टि से अनजान रह जाना बिल्कुल दूसरी बात है। इस आत्म-सजग युग में इस छायावादी अनजानेपन का क्या मतलब है ?

इसके अलावा जिसे कहानी का 'सम्पूर्ण प्रभाव' कहा जाता है, वह हमेशा पड़ता ही है या ग्रहण भी किया जाता है ? क्या 'पड़ा हुआ प्रभाव' और 'ग्रहण किया हुआ प्रभाव' दोनों एक ही हैं ? दृष्टि जो देखती है और दृष्टि जो केवल प्रतिबिम्बित करती है—एक ही है ? सवाल यह है कि हम किस दृष्टि को देखना चाहते हैं और देखते समय स्वयं अपनी दृष्टि को भी देखने की कोशिश करते हैं या नहीं ? इतनी दृष्टियों और दृष्टियों के बिम्ब-प्रतिबिम्बों की यह दुनिया क्या पागल कर देने वाली नहीं है ? आँखें खोलकर जो भी इस दुनिया में प्रवेश करेगा वह यह महसूस किये बिना न रहेगा कि 'आइनाखाने में कोई लिये जाता है हमें !'

निस्सन्देह कहानी के 'सम्पूर्ण प्रभाव' की 'प्रकृति' को भी निर्दिष्ट करने की कोशिशें हुई हैं। कहा गया है कि प्रभाव की सांकेतिकता के 'स्वरूप' या 'अस्वस्थ' प्रभाव का निर्णय होना चाहिए ! क्या यह कसौटी साहित्य के स्वास्थ्य-मंत्री के वक्तव्य जैसे नहीं लगती ? क्या इससे समस्या का समाधान हो जाता है ? स्वरूप अथवा अस्वस्थ प्रभाव का निर्णय कैसे होगा ? स्वस्थ अथवा अस्वस्थ प्रभाव के निर्णय की कसौटी क्या होगी ? एक प्रभाव की व्याख्या को दूसरे प्रभाव के हवाले करके क्या हम एक वृत्ताकार जटिलता में नहीं जा उलझते ? घूम फिर कर बात फिर पाठकों पर जा पड़ती है। और यदि हम पाठकों की आत्मगत (सब्जेक्टिव) प्रतिक्रिया की अनिश्चित, दुर्गम एवं खिसकने

वाली बालुकाभूमि पर अपने मूल्यांकन को प्रतिष्ठित नहीं करना चाहते हैं तो हमें किसी 'आदर्श पाठक' या 'औसत पाठक' का निश्चय करने के लिए सांख्यिकी विज्ञान की किसी पद्धति का आश्रय लेना पड़ेगा। इस प्रकार हम अनिवार्यत: आँकड़ों के जाल में जा पड़ेंगे।

लेकिन हम जानते हैं कि साहित्य का रसास्वादन वस्तुत: अनुभवपरक है और यहाँ आँकड़े की सृष्टि आर्थिक या दूसरे वस्तुगत क्षेत्रों की तुलना में कहीं अधिक जटिल है। इसलिए आलोचना की वर्तमान स्थिति को देखते हुए फ़िल-हाल हमें वस्तुगत अनुभवों के आधार पर ही अच्छी कहानी का निर्णय करना पड़ेगा। यदि पढ़ना एक सचेत क्रिया है तो इस क्रिया का यथासंभव पूरा ब्यौरा देना कठिन नहीं है। अब तक के आलोचनात्मक अनुभव से यही प्रतीत होता है कि किसी अच्छी कृति का निर्णय करने के लिए एक बने-बनाए मानदण्ड से आरम्भ करने की अपेक्षा पढ़ने की प्रक्रिया से शुरू करना अधिक उपयोगी हो सकता है। हो सकता है कि आगे चलकर मूल्यांकन की यह पद्धति भी अपर्याप्त प्रमाणित हो जाय किंतु क्या इसको लेकर एक प्रयोग नहीं किया जा सकता है?

'आलोचना में एक प्रयोग' नामक सद्य: प्रकाशित पुस्तक में प्रोफ़ेसर सी० एस० लेविस ने इस प्रयोग की एक रूपरेखा प्रस्तुत की है जिसे कहानी के क्षेत्र में भी इस्तेमाल किया जा सकता है।

प्रस्तावित प्रयोग इस सम्भावना को लेकर चलता है कि अच्छी और बुरी कहानियों को पढ़ने का ढंग बुनियादी तौर पर भिन्न होता है। अच्छी कहानी एक ढंग से पढ़ी जाती है तो बुरी कहानी बिल्कुल दूसरे ढंग से। धीरे-धीरे पढ़ने का यह ढंग कुछ दिनों बाद जब 'आदत' का रूप ले लेता है तो अच्छी और बुरी कहानियों के अनुसार पाठकों के भी दो भिन्न समुदाय बन जाते हैं जहाँ इस भेद को अच्छी तरह देखा जा सकता है। वस्तुभेद से क्रियाभेद और क्रिया-भेद से व्यक्तिभेद—रूपान्तर की दिशा बहुत कुछ इसी प्रकार की होती है; इसलिए इस प्रक्रिया को पलट कर हम अच्छी-बुरी रचनाओं का निर्णय कर सकते हैं। कुछ अच्छी कहानियों के बारे में क्या यह कहते नहीं सुना जाता कि यह तो पढ़ी ही नहीं जा सकी? अमुक कहानी पठनीय है या अपठनीय—किसी पाठक की यह पहली सम्मति होती है। और सम्भवत: इसी आधार पर वह प्रस्तुत कहानी का मूल्यांकन भी करता है। इससे क्या यह स्पष्ट नहीं होता कि पढ़ने की पद्धति ही सबसे महत्त्वपूर्ण है और इस प्रकार किसी भी पड़ताल का आरम्भिक क्षेत्र भी!

जिन पाठकों को प्रायः असाहित्यिक और असंस्कारी कहा जाता है, उनके पढ़ने के अंग का यदि विश्लेषण किया जाय तो कुछ रोचक तथ्य सामने आ सकते हैं। सस्ती कहानियों को पढ़ते-पढ़ते जिनकी रुचि एक खास तरह की हो गई है उनका पढ़ने का तरीका भी एक विशेष रूप ले चुका है। वे किसी रचना को 'दुबारा' नहीं पढ़ते—यहाँ तक कि दुबारा पढ़ने को ही अनावश्यक समझते हैं। यदि उनसे किसी कहानी को दुबारा पढ़ने के लिए कहा जाय तो चट कहेंगे कि मैं इसे पहले ही पढ़ चुका हूँ। धीरे-धीरे कुछ ऐसा अभ्यास हो जाता है कि हर रचना पहले ही पढ़ी हुई मालूम होने लगती है। यदि कभी भूल से कोई पढ़ी हुई कहानी हाथ लग जाय तो इस तथ्य का निश्चय होते ही वे उसे जहाँ का तहाँ छोड़ देते हैं। किसी कहानी को लेकर बहस होने पर ही अपनी धुंधली याद को ताजा करने के लिए वे उसे देख लेते हैं, लेकिन बस देख ही लेते हैं—पूरी पढ़ने का कष्ट नहीं उठाते! उनके लिए एक बार की पढ़ी हुई कहानी जली हुई सलाई की तीली है या पुराना रेल-टिकट या फिर कल का अखबार जिसका इस्तेमाल हो चुका है। उनके लिये यह समझना असम्भव है कि कुछ लोग कैसे एक ही कृति को दस-बीस-पच्चीस बार पढ़ते हैं।

जहाँ कुछ लोग एक बार अच्छी लगी हुई रचना को दुबारा पढ़ने के लिये शांति और अवकाश की तलाश करते हैं वहाँ वे फालतू वक्त ही पढ़ने का काम करते हैं। एक तरह के लोग जहाँ कहानियों के चरित्रों, दृश्यों और पंक्तियों के साथ जीते हैं और बातचीत के दौरान उनका हवाला देते हैं वहाँ दूसरों के लिये वह सब कपोलकल्पना और सर्वथा अप्रासंगिक है; वहाँ से अपने जीवन के के लिये कुछ भी संग्रह करने योग्य नहीं है। एक के लिये यदि किसी कहानी का प्रथम पाठ एक अविस्मरणीय अनूठा अनुभव है तो दूसरे के लिये कुछ भी नहीं।

ऐसा नहीं है कि इस तरह के पाठकों में केवल 'असाहित्यिक' और 'अल्प-शिक्षित' लोग ही हैं। इस कोटि में बहुत से साहित्यिक और विद्वान् भी प्रायः आ जाते हैं। जो अध्ययन और अध्यापन के व्यवसाय में हैं वे भी पेशे के तकाज़े से ही बहुत कुछ पढ़ते हैं। पुस्तकों के पेशेवर समीक्षकों के पढ़ने का ढंग भी बहुत कुछ इसी प्रकार का होता है। सभ्य समाज में घूमने-फिरने वाले सुसंस्कृत भद्रजन भी ऐसे ही पाठक हैं जो नये फैशन को देखते हुए ही पुस्तकें पढ़ते हैं—उनके लिये पठनीय पुस्तक वह है जिसकी आजकल चर्चा हो, जिस पर कोई विवाद उठ खड़ा हुआ हो या किसी कारण से जिस पर रोक लगा दी गई हो। इसी कोटि में वे विद्वान् समीक्षक भी आते हैं जो केवल 'श्रेष्ठ' और 'क्लासिक'

साहित्य पढ़ते हैं क्योंकि उन्हें किसी नयी रचना के प्रति पहले से आश्वस्त होना कठिन लगता है। एक प्रकार से ये साहित्य के पुरातत्त्वविद हैं। सम्भवतः साहित्य को ये संग्रहालय समझते हैं और अपने को 'क्यूरेटर'! इनके अतिरिक्त साहित्य के प्रति अतिरिक्त भाव से सतत गम्भीर रहने वाले आलोचक हैं जो हर रचना को 'अध्ययन का विषय' समझते हैं—उन्हें भी पढ़ने से मतलब नहीं है।

कुल मिलाकर इस पाठक-समुदाय का पढ़ने का ढंग बहुत कुछ एक सा है चाहे वह हल्का-फुल्का हो या गम्भीर, पेशेवर हो या स्वेच्छा-स्वीकृति, है वह अन्ततः 'असाहित्यिक' ही! इस समुदाय में ज्ञान, दृष्टि और रुचि का भेद चाहे जितना हो किन्तु इनके पढ़ने का जो ढङ्ग है उससे किसी अच्छी नई कहानी का चुना जाना संदेहास्पद ही है।

वैसे, इस बात की पूरी आशंका है कि एक अच्छी कहानी भी बुरे ढङ्ग से पढ़ी जा सकती और इसके विपरीत एक बुरी कहानी को भी अच्छे ढंग से पढ़ने की कोशिश हो सकती है, किन्तु अधिक संभावना इसी बात की है कि एक बुरी कहानी अच्छे पाठ की आँच बर्दाश्त नहीं कर सकती; वस्तुतः वह जिन शब्दों में प्रस्तुत होती है वे एक अच्छे पाठक की तेज़ निगाहों के सामने ज्यादा ठहर सकने में असमर्थ होते हैं। इसलिये प्रोफेसर लेविस के कथन को थोड़ा-सा बदलकर हम कह सकते हैं कि "ए गुड स्टोरी इज़ वन ह्विच परमिट्स, 'इनवाइट्स एण्ड कम्पैल्स' गुड रीडिंग।" कहना न होगा कि 'परमिट्स', 'इनवाइट्स' और 'कम्पैल्स' ये तीनों शब्द साभिप्राय और पूरे वज़न के साथ इस्तेमाल किये गये हैं। जो कहानी कुछ भी अच्छी होती है वह उसमें अच्छे पाठ की 'संभावना' होती है और जो उससे भी अच्छी होती है अच्छे ढंग से पढ़ने के लिये 'निमंत्रित' करती है; लेकिन जो कहानी बहुत अच्छी होती है वह अच्छे ढङ्ग से पढ़ने के लिये 'बाध्य' करती है। इस प्रकार सम्भावना, निमंत्रण और बाध्यता में भी एक निश्चित अनुक्रम है।

इस प्रकार पढ़ने के ढङ्ग के अनुसार बुरी कहानी से अच्छी कहानी को अलग करने के साथ ही अच्छी कहानियों के तारतम्य अर्थात् तर और तम का भी निश्चय किया जा सकता है। इससे गुण और मात्रा—दोनों क्षेत्रों में विवेक किया जा सकता है।

सवाल यह है कि पढ़ने के जिस ढंग पर इतना जोर दिया जा रहा है उसे वस्तुगत रूप में जानने का कोई उपाय है क्या? क्या कुछ मोटे-मोटे नियमों का उल्लेख करके इस पाठ-पद्धति की रूपरेखा पेश की जा सकती है? अवश्य

ही प्रोफेसर लेविस ने कुछ सामान्य सूत्रों का उल्लेख किया है और जिन्हें अंग्रेजी की नई समीक्षा-पद्धति का पता है वे उन सरणियों से परिचित भो होंगे, किन्तु इस पद्धति का सर्वाधिक सुरक्षित रूप है कुछ-एक रचनाओं के रसास्वादन का पूरा विवरण हो। इस पाठ-पद्धति का अधिक से अधिक वस्तुगत रूप यही हो सकता है।

जैसे भी हो लेकिन हर कहानी से होकर स्वयं गुजरने के सिवा कोई चारा नहीं है; शुरू से लेकर आख़ीर तक यह रास्ता हर एक को स्वयं ही तय करना पड़ेगा—कदम-ब-कदम !

स्थिति कुछ-कुछ तोल्सतोय की अन्ना की-सी है। व्रोन्स्की के साथ अन्ना का घातक प्रेमप्रसंग जब चल ही रहा था कि अन्ना अपने भाई से कहती है : "नहीं, स्तीवा, मैं ख़त्म हूँ : ख़त्म से भी बदतर; अभी मैं ख़त्म नहीं हूँ—मैं कह नहीं सकती कि सब कुछ समाप्त हो गया : इसके विपरीत मैं महसूस करती हूँ कि यह ख़त्म नहीं हुआ है। मैं एक कसी हुई वायलिन के तार की तरह हूँ जिसे टूटना ही चाहिए लेकिन अभी इसका अन्त नहीं हुआ है····और अन्त भयंकर होगा।" अन्त का आभास होने पर भी अन्त तक अन्ना को जाना ही था और इन सबके बीच से गुज़रते हुए : वहीं उसकी पूर्णता थी और था चरम अन्त ! नान्यः पन्था विद्यतेऽयनाय !

क्या इसके बाद भी अच्छी कहानी की तलाश करने वाले किसी पाठक के लिए टिप्पणी की आवश्यकता है ! किसो अच्छी कहानी की यह आत्मपूर्णता एक पाठक से भी इसी प्रकार की आत्म-पूर्ण ग्रहणशीलता की अपेक्षा रखती है ! मानदंड मेरे पास कोई नहीं है। यदि है तो एक प्रयोग की चुनौती। क्या मानदंडों का सहारा छोड़कर यह प्रयोग आजमाने लायक नहीं है ?

११

कहानी : अच्छी और नयी

'अच्छी कहानी' का प्रश्न जहाँ उठाया गया है, 'नयी कहानियाँ' के उसी फरवरी अंक की एक कहानी को मेरे सामने रखकर पूछा गया कि इसे अच्छी कहानी कहेंगे या नहीं ? कहानी है श्री द्विजेन्द्रनाथ मिश्र 'निर्गुण' की : 'एक शिल्पहीन कहानी'। जिस मित्र ने यह प्रश्न किया उन्हें कहानी निस्सन्देह अच्छी लगी थी। कहानी ने उन्हें काफ़ी प्रभावित किया था—यहाँ तक कि उनकी आँखों में आँसू आ गए। अब देखता हूँ कि मेरे हाथ में जैसे एक तराज़ू पकड़ा दी गई है जिसके एक पलड़े में आँसू हैं और दूसरे में 'अच्छी कहानी' सम्बन्धी कुछ प्रश्न। आँसुओं से मुझे हमेशा घबड़ाहट होती है, और उन्हें तौलने की तो कल्पना भी नहीं की जा सकती। लेकिन सवाल 'कमिट' करने का है और कहीं यह न समझ लिया जाय कि 'कमिट' करने से भाग रहा हूँ, इसलिए फ़िलहाल यही सही।

'एक शिल्पहीन कहानी' एक रिटायर्ड वृद्ध सज्जन की करुण जीवन-गाथा है जो एक बड़े अफ़सर के पिता होते हुए भी बहू की बेरुखी के कारण काफ़ी कष्ट पाते हैं और कुछ ही दिनों बाद मर भी जाते हैं। मृत्यु के समय उनके पास न उनका पुत्र है और न पुत्रवधू। देखभाल करने वाले हैं एक पुराने मित्र, जो स्वयं रिटायर्ड हैं और उनकी पुत्रवधू। मृत्यु के समय उनके मित्र कहते हैं कि 'यह दुनिया अब तुम्हारे जैसे साधु पुरुषों के योग्य नहीं रही ! यहाँ तो मेरे जैसे पापिष्ठ ही पनप सकते हैं। मूक होकर तुमने सारा जीवन बिताया, मूक होकर सब सहा और मूक रहकर ही चले जा रहे हो। तुम्हारी ज़िन्दगी किसी सच्चे कलाकार की उस कविता की तरह है जो दुर्भाग्य के कहीं किसी पाण्डुलिपि में छिपी रह गई और जिसे किसी ने नहीं पढ़ा।—'इसके पहले वे वृद्ध सज्जन स्वयं अपने जीवन का सिंहावलोकन करते हुए कहते हैं कि 'मेरा जीवन किसी गुणहीन कलाकार की उस शिल्पहीन कहानी की तरह रहा, जिसमें

न कोई चमत्कार होता है न तराश, न कोई कारीगरी न कोई महान् लक्ष्य। मैंने जीवन में कोई ऐसा काम नहीं किया जिसकी कभी कोई सुन्दर चर्चा हो।—'

इस प्रकार इस वृद्ध सज्जन का जीवन 'कविता' भी है और 'कहानी' भी। किन्तु इस जीवन-कविता में ऐसा कुछ नहीं है जो कहीं छिपा रह गया हो और जिसे पहले कहीं किसी ने पढ़ा न हो। और यह जीवन-कहानी भी उतनी 'शिल्प-हीन' नहीं है जितनी उसका नायक विनम्रतावश कहता है। उसकी जीवन-कहानी में एक-एक करके वे सारे तत्त्व एकत्र हैं जिनसे किसी की अधिक से अधिक सहानुभूति मिल सके। जवानी में ही पत्नी मर गई लेकिन उन्होंने लड़के का मुख देखकर दूसरी शादी नहीं की—यहाँ तक कि अपनी साली को भी निराश कर दिया जो इसी आघात से दिक में मर गई। पेन्शन गिरवी रखकर लड़के को पूरा पढ़ाया, बुढ़ापे के लिए कानी कौड़ी नहीं बचाई। बहू ने फुटकर खर्च के लिए पैसे देने में आनाकानी की तो एक सेठ के यहाँ ट्यूशन कर लिया। लड़के की प्रतिष्ठा पर आँच न आए इसलिए सेठ को अपना सही परिचय नहीं दिया। जिस बहू ने इतना दुर्व्यवहार किया उसी को उपहार देने के लिए एक और नौकरी कर ली—यहाँ तक कि इसी में उनके प्राण भी चले गए। गरज कि वे हर तरह से त्यागमूर्ति और साधु थे। ऐसे पुरुष की मृत्यु पर किसे दुख न होगा। सहानुभूति की मात्रा और बढ़ जाती है जब देखते हैं कि उनसे कम अच्छे रिटायर्ड मित्र का जीवन कहीं अधिक सुखी है। दुख की चरम सीमा तब आती है जब उसे बहुत बड़े सुख के विरोध में उपस्थित किया जाता है। इधर इनकी मृत्यु, उधर पौत्र का जन्म। कौन है जो इतने घटना-संयोगों के बाद भी कहानी को 'शिल्पहीन' कहेगा ? उनकी अतिशय विनम्रता एवं निरीहता तो और भी करुणा जगाती है। 'उपेक्षित कविता' तथा 'शिल्प-हीन कहानी' की उपमाएँ विशेष प्रकार की रूढ़ सम्बन्ध-भावना के द्वारा और भी दुख बढ़ा सकती हैं। यदि किसी पाठक की आँखों में इतने पर आँसू न आएँ तो स्वयं कहानी का अंतिम भाग आँसुओं से भरा हुआ है, और आँसू को देख कर आँसू कैसे न निकलेंगे ?

स्वयं मरणासन्न सज्जन का कण्ठ 'कहते-कहते अवरुद्ध हो गया।' मित्र सोहन-लाल ने बहुतेरा रोका,'पर आँसुओं को रोक नहीं सके !' फिर 'दोनों मित्रों की आँखों से आँसुओं की धारें बहने लगीं।' इन दोनों को रोते देख भला बहू कैसे चुप रह सकती है। 'शान्ता का कलेजा निकला आ रहा था इस करुण दृश्य से। उसने पागलों की तरह दौड़ आकर हरेकृष्ण के आँसू पोंछे, फिर ससुर के आँसू

पोंछे, फिर स्वयं अविरल आँसू बहाती कातर वाणी से बोली, रोओ मत, बाबू जी। रोओ मत पिताजी, मेरा कलेजा फटा जा रहा है। हाय, मैं क्या करूँ? हाय, मैं अपने बाबूजी की व्यथा कैसे अपने ऊपर ले लूं? भगवान्! दीनबन्धु दयालु! मेरे बाबूजी को मत ले जाओ अभी, बालक का मुख देख लेने दो उन्हें! नारायण! तुम मुझे मार दो, मुझे उठा लो इनके बदले।'

कौन पाठक इतना कठकरेज होगा जो एक अबला के इस क्रन्दन पर फूट न पड़ेगा? इसी एक प्रभाव के लिए तो पूरी कहानी गढ़ी गई है। पाठक रो पड़ा तो कहानी का उद्देश्य पूर्ण, कहानीकार का श्रम सार्थक!

लेकिन क्या इस करुण प्रभाव का विश्लेषण आवश्यक नहीं है? क्या इस प्रभाव की 'प्रकृति' अथवा 'गुण' का प्रश्न नहीं उठता? क्या हमारे मन में यह खयाल नहीं आता कि यदि बहू अच्छी होती तो उस साधु पुरुष की मृत्यु न होती। और जब कि हम उसी कहानी में एक कम अच्छे रिटायर्ड व्यक्ति का जीवन अच्छी बहू के कारण सुखी देखते हैं तो मन में तुरन्त यह सारी दुःखान्त गाथा केवल एक रिटायर्ड व्यक्ति और एक ख़राब बहू की ठहरती है। और जो कहानी केवल एक की हो उसके बारे में फिर दुख क्या? कहानी खत्म हुई, आँसू बहे, आँसू सूखे, कहानी खत्म हुई। पाठक अपनी जगह कहानी अपनी जगह। कहीं कोई फ़र्क नहीं आया। थोड़ी देर के लिए जो दया, सहानुभूति या भावुकता जगी वह एक सुखद संतोष में परिशमित हो गई। एक प्रभाव उत्पन्न करने के लिए लेखक ने जो इतनी मेहनत की वह एक क्षण के विचार से ध्वस्त! यह लेखक की जीवन-दृष्टि की दुर्बलता है या कहानी-शिल्प की अथवा अन्योन्याश्रित रूप से दोनों की? इस तथ्य को स्पष्ट करने में संभव है कि इसी विषय-वस्तु की एक दूसरी कहानी से कुछ सहायता मिले।

यह दूसरी कहानी है सुश्री उषा प्रियंवदा की 'वापसी' जो 'नई कहानियाँ' में ही अगस्त ६० में प्रकाशित हुई और जिसे पत्रिका की ओर से वर्ष का प्रथम पुरस्कार दिया गया। यह कहानी भी एक रिटायर्ड आदमी की है। गजाधर बाबू रेलवे में छोटे स्टेशन मास्टर थे। पैंतीस साल की लम्बी नौकरी के बाद रिटायर होकर घर लौटे। सारा जीवन अकेले बीता—घर से दूर और परिवार से एकदम अलग। आशा थी, अंतिम समय सुख और स्नेह से बीतेगा। घर में सभी थे—पत्नी, पुत्री, पुत्र, बहू आदि। सब कुछ उन्हीं का बनाया हुआ था। लेकिन परिवार में वे खप न सके। हताश वे कुछ ही दिनों में वापस लौट पड़े—उसी जगह जहाँ वे स्टेशन मास्टर थे। वहीं उन्होंने एक चीनी-मिल में नौकरी ले ली। गजाधर बाबू की वापसी पर किसी की आँख में आँसू नहीं। एक विषाद

की छाया है जो क्रमशः गहरी होती जाती है। केवल दया नहीं, केवल सहानुभूति नहीं, बल्कि एक जीवन के प्रति एक गहरा पीड़ा-बोध। इस रिटायर्ड आदमी का अकेलापन जैसे अपरिहार्य है—अकेलेपन से निकलना चाहते हुए भी वह फिर उसी अकेलेपन में वापस जाने के लिए लाचार हो जाता है। और क्या यह अकेलापन एक गजाधर बाबू का ही है ? क्या ऐसा नहीं लगता कि यह अकेलापन बहुत व्यापक है—ऐसा अकेलापन जो कहीं न कहीं आज सबके अंदर मौजूद है परन्तु जिसका सहयोगी कोई निकटतर से निकटतर व्यक्ति भी नहीं हो सकता ?

कहानी का यह 'अभीष्ट प्रभाव' किसी एक बिन्दु पर केन्द्रित नहीं है और न इसकी कोई शास्त्र-निरूपित निश्चित 'चरम सीमा' ही है। यह प्रभाव आद्योपान्त पूरी कहानी पर जैसे व्याप्त है। इसलिए कथा-विन्यास भी 'एक सामूहिक प्रभाव' डालने वाले कथानक की तरह गढ़ा हुआ नहीं है। कह सकते हैं कि इसके गठन में चिर-परिचित कथानक-सुलभ घटना-विन्यास नहीं बल्कि प्रसंगोपात्त घटनाओं का संकलन है। जहाँ 'एक शिल्पहीन कहानी' के कथानक में सायास शिल्प है, वहाँ 'वापसी' में अनायास शिल्प का आभास मिलता है। छोटी-छोटी घटनाओं के दृश्य-चित्र सामने आते हैं और सभी चित्र कुल मिला कर एक जीवन-मर्म का अर्थ ग्रहण कर लेते हैं। कहानी वर्णनात्मक से अधिक चित्रात्मक है, चरित्रों के क्रिया-कलापों पर आलोचनात्मक टिप्पणियाँ कम से कम हैं, क्रिया-कलापों का तथ्यपरक अंकन ही अधिक है।

घर में गजाधर बाबू के प्रवेश करते समय का पहला ही चित्र जैसे सम्पूर्ण स्थिति को स्पष्ट कर देता है। गजाधर बाबू को देखते ही वहाँ एक सकपकाहट-भरा सन्नाटा छा गया। बहू ने झट से सर ढाँप लिया और नरेन्द्र ने बैठकर चाय का प्याला होंठों से लगा लिया। केवल हँसी दबाने के प्रयत्न में बसंती का शरीर रह-रह कर हिलता रहा। गजाधर बाबू ने चाहा था कि वह भी उस मनोविनोद में भाग लेते, लेकिन उनके आते ही सब चुप हो गए तो उनके मन में थोड़ी-सी खिन्नता उपज आई बैठते हुए बोले, "चाय मुझे भी देना बसंती—लेकिन चाय भी मिली तो फ़ीकी। पत्नी के आते-आते सभी चुपचाप खिसक चुके थे। उन्होंने गजाधर बाबू को देखा तो चौंककर बोली, अरे, आप अकेले बैठे हैं ?'

अपने ही घर में गजाधर बाबू की क्या स्थिति है, उनकी 'चारपाई' जैसे उस स्थिति का प्रतीक है। कुछ दिन तो वह चारपाई बैठक में पड़ी रही 'जैसे किसी मेहमान के लिए कुछ अस्थायी प्रबंध कर दिया जाता है।' फिर पत्नी के

छोटे से कमरे में डाल दी गई जो एक तरह से घर का माल-गोदाम था। उनके जाने के बाद सबसे पहले जो काम किया गया, वह था उस चारपाई का हटाया जाना और यह भी स्वयं उनकी पत्नी के द्वारा।

इस प्रकार 'उनका अस्तित्व घर के वातावरण का कोई भाग न बन सका। उनकी उपस्थिति उस घर में ऐसी असंगत लगी, जैसे कि सजी हुई बैठक में उनकी चारपाई।'

गजाधर बाबू को सबसे बड़ा दुख इस बात का था कि उनकी आन्तरिक अभिव्यक्ति को उनकी पत्नी भी नहीं समझ सकती। बात करते ही वे 'गहरा अकेलापन' अनुभव कर उठते थे।

निर्गुण की 'एक शिल्पहीन कहानी' के रिटायर्ड आदमी के दुख का कारण यदि बहू का स्वभाव है तो उषा प्रियंवदा की 'वापसी' के रिटायर्ड आदमी के दुख का कारण कुछ तो वह स्वयं है और बहुत कुछ पूरी स्थिति जिसके लिए किसी एक को जिम्मेदार ठहराना असम्भव है। यदि एक कहानी में दुख का कारण 'बाहरी' है तो दूसरी में 'भीतरी'। यह अन्तर दोनों कहानियों के केन्द्र-बिन्दु में काफी अन्तर उत्पन्न कर देता है—यहाँ तक कि वापसी की 'थीम' एकदम भिन्न हो जाती है। स्पष्ट ही, यह दो जीवन-दृष्टियों का अन्तर है। इससे दोनों कहानियों के रूपविन्यास एवं शिल्प में अन्तर आ गया है। यदि निर्गुण भावुकतापूर्ण ढंग से कहानी कहते हैं तो उषा प्रियंवदा की कथन-शैली में एक प्रकार की तल्खी लिए तटस्थता है। कथानायक के प्रति 'वापसी' में कहीं अतिरिक्त सहानुभूति नहीं उभरने पाती, बल्कि उसको यथासम्भव 'असंगत' एवं 'उपहासास्पद' ही दिखाया गया है। कथानायक की पत्नी के व्यक्तित्व में जो उदासीनता, तल्खी और अन्दर कहीं दबी हुई ममता का मिला-जुला भाव है, वही जैसी पूरी कहानी का 'स्वर' है। कहना न होगा कि कुल मिलाकर 'वापसी' निश्चित रूप से 'एक शिल्पहीन कहानी' से अच्छी है और 'वापसी' के साथ रखकर देखने पर 'एक शिल्पहीन कहानी' की दुर्बल।एँ स्पष्ट रूप से सामने अ। जाती हैं। यदि अतिसरलीकरण का खतरा उठाकर एक वाक्य में कहना हो तो निर्गुण की कहानी की कमजोरी का मुख्य कारण है लेखक की भावुकता। आँसुओं से लेखक की दृष्टि इतनी धुंधली हो गई है कि वह जीवन की जटिल स्थिति की गहराई को भेद नहां सका। इसीलिए निर्गुण की कहानी में प्रस्तुत जीवन का एक ऊपरी चित्र मिलता है—जिन घटनाओं के सहारे कथानक गढ़ा गया है वे केवल सतह के एक भाग को स्पर्श करती हैं और पूरी कहानी एक रोमांटिक भावुकता जगाकर रह जाती है। यहाँ तक कि 'उपेक्षित

कविता' और 'शिल्पहीन कहानी' वाले वक्तव्य स्वयं लेखक के अपने भावुक निवेदन प्रतीत होते हैं—इस आत्मनिवेदन को भी भावुकता वश लेखक दबाने में असमर्थ है। कहानी के अन्दर वह स्वयं ही आ पड़ता है। पुरुष होकर निर्गुण जहाँ घड़ों आँसू बहाते हैं वहाँ नारी होकर उषा प्रियंवदा एक बूँद भी आँसू नहीं ढुलकातीं, क्या यह आकस्मिक है ?

सवाल यह है कि निर्गुण जैसे सिद्धहस्त और पुराने कहानीकार जहाँ कमजोर पड़ रहे हैं वहाँ उषा प्रियंवदा जैसी एकदम नयी कहानी-लेखिका में इतनी प्रौढ़ता कहाँ से आ गई ? क्या यह आकस्मिक है ? क्या यह अन्तर केवल दो कहानियों का है ? और आगे बढ़कर कहें तो क्या यह अन्तर केवल दो कहानीकारों का है ? क्या यह अन्तर दो युगों की कहानियों तथा कहानीकारों का नहीं हो सकता ? निर्गुण की कहानी की भावुकता तथा भावुकता उत्पन्न करने वाला कथानक गढ़ने के लिए इस्तेमाल किए नुस्खे क्या 'पुराने' नहीं हैं ? 'पुराने' अर्थात् पुराने युग के, पुराने युग-बोध के। इस आधार पर यदि कोई कहे कि आज निर्गुण की कहानी अच्छी नहीं लगती क्योंकि 'पुरानी कहानी' है तो इस कथन में क्या त्रुटि है ? इसके बावजूद यदि वह कहानी किसी को अच्छी लगती है और आज भी कोई उसे पढ़कर रो पड़ता है तो लाचार होकर कहना पड़ेगा कि उसका भावबोध आज का नहीं बल्कि मूलतः पुराना है—बीते युग का है। और जब मैं उस 'भावबोध' को पुराना कहता हूँ तो मेरा मतलब केवल कहानी-सम्बन्धी भावबोध से नहीं बल्कि जीवन और समाज-सम्बन्धी पूरे भावबोध से है। आश्चर्य तो तब होता है जब ऊपर से नवीन जीवन-दृष्टि की घोषणा करने वाले लोग भी ऐसी कहानियों के सामने निरस्त्र हो जाते हैं और अभ्यास-जनित प्रतिक्रियाएँ व्यक्त करते हैं। ऐसे भी लोग हैं जो राजनीतिक एवं सामाजिक क्षेत्रों में तो प्रगतिशील एवं नवीन जीवन-दृष्टि की बात करते हैं किन्तु कहानी के क्षेत्र में पुरानी रुचि को पालते जा रहे हैं और तुर्रा यह कि उसका औचित्य प्रमाणित करने के लिए 'क्लासिक', 'मानवतावाद' एवं 'स्वस्थ सामाजिक दृष्टि' का नाम लेते हैं और ऐसे मामलों में अपने को 'पुराना' कहने में गर्व का अनुभव करते हैं। क्या यह भी एक तरह की 'स्नॉबरी' नहीं है ?

कुछ ऐसे भी लोग हैं जो कविता के क्षेत्र में तो नये भावबोध तथा नये रूपविधान के कायल हैं लेकिन कहानी के मामले में पुरानेपन की ही आस लगाए रहते हैं। इसके अतिरिक्त कुछ सह-अस्तित्ववादी एक ही साथ नये और पुराने दोनों को ही पसन्द कर लेने की क्षमता रखते हैं। खंडित व्यक्तित्व की तरह यह भी क्यों खंडित-रुचि का सूचक नहीं है ?

१०

निस्सन्देह एक समरस एवं अविभाज्य भावबोध का निर्माण दीर्घ प्रक्रिया है। किन्तु जहाँ ऐसे भावबोध के निर्माण के लिए प्रयत्न करने की जगह मन में अपनी-अपनी जगह नई पुरानी सभी रुचियों को सुरक्षित रखने का बौद्धिक आलस्य दिखाई पड़े, वहाँ साहित्य के वास्तविक मूल्यांकन की क्या आशा की जा सकती है ? ऐसी ही स्थिति में साहित्य के दुहरे मानदण्ड इस्तेमाल होते हैं और अराजकता फैलती है। कोई जरूरी नहीं है कि हर रचना को साधारणतया अच्छी कहा ही जाय। साहित्य स्कूल नहीं है और न लेखक छात्र, और इस प्रकार आलोचना चरित्र सम्बन्धी प्रमाणपत्र (कैरेक्टर सर्टिफिकेट) नहीं है कि किसी को 'खासा अच्छा' किसी को 'साधारणतयां अच्छा' और किसी को 'संतोषप्रद' लिखकर सबको खुश रखा ही जाय।

जब कोई कहता है कि 'कहानी ठेठ शास्त्रीय अर्थ में नयी न होकर भी अच्छी हो सकती है' तो इस वाक्य का ठीक-ठीक अर्थ समझना कठिन लगता है। किसी कहानी का 'नयी' होकर भी 'अच्छी' न हो पाना तो समझ में आता किन्तु 'नयी न होकर भी अच्छी होने' का क्या मतलब है ? क्या इसका मतलब है 'पुराने रूप में भी अच्छी' ? लेकिन यह कौन सी साहित्यिक समझ है जो रूप और वस्तु को भिन्न समझती है ? क्या रूप केवल अभिव्यक्ति का 'वाहन' है क्या रूप वक्तव्य अन्वेषण, चिन्तन और विभावन का अनिवार्य 'साधन' नहीं है ? उषा प्रियंवदा की कहानी 'वापसी' का रूप क्या पुराना है ? निस्सन्देह कुछ लोगों को ऊपर से देखने पर इस कहानी का रूप काफी पुराना लग सकता है। किन्तु ध्यान से देखने पर लगेगा कि कहानी का मूल 'स्वर' एकदम नया है जो कहानी की 'भाषा' से भी सूचित हो सकता है। मुझे शक है कि जो लोग वापसी के 'रूप' को पुराना समझते हैं उनका दिमाग इस कहानी के वक्तव्य का भी कोई 'पुराना' ही रूप ग्रहण करता है और वे इस कहानी के नाम पर किसी और कहानी को पसंद करते हैं।

यह आकस्मिक नहीं है कि पुरानी रुचि के लोग बार-बार 'नई कहानी' की जगह 'अच्छी कहानी' का सवाल उठाते हैं। यह किसी से छिपा नहीं है कि जीवन में बार-बार 'अच्छे आदमी' की बात कौन लोग चलाते हैं ? 'आदमी अच्छा होना चाहिए, विचारधारा चाहे जो हो' ऐसे वाक्य के पीछे छिपी हुई भलमनसाहत की तह में कभी-कभी कितने दकियानूस और खतरनाक खयाल पलते हैं—इसे बहुत खोलकर कहने की जरूरत नहीं है। क्या 'अच्छी कहानी' की बाँग देने वाले अच्छे आदमियों की भलमनसाहत से भी ऐसे ही खतरे नहीं हैं ?

श्री शिवदान सिंह चौहान जैसे 'अच्छे' आलोचक को जब रामकुमार की कहानी 'एक चेहरा' के 'सिर पैर का पता नहीं लगता', लेकिन चन्द्रगुप्त विद्यालंकार की कहानी 'जिन्दगी की कीमत' कहानीपन में 'पुराने ढंग की' लगते हुए भी 'पढ़कर संतोष तो देती है' और साधारणतया अच्छी कहानी मालूम देती है तो साफ हो जाता है कि उनकी 'अच्छी कहानी' का क्या रहस्य है ? उधर चन्द्रगुप्त विद्यालंकार को ऐसा प्रतीत होता है कि 'टेकनीक की दृष्टि से कहानी नामक यह साहित्यिक माध्यम क्रमशः इतना नपा-तुला और एग्ज़ैक्ट बन गया है कि अच्छी कहानी लिखना एक अत्यन्त कठिन कार्य बन गया है ।' कठिनाई का कारण ध्यान देने योग्य है । शायद इसीलिये वे केवल एक 'साधारणतया अच्छी' कहानी ही लिख सके, फिर भी चन्द्रगुप्त जी को यह पढ़कर कम सन्तोष न होगा कि जो चौहान जी उनके 'कभी प्रशंसक नहीं रहे' उनके अनुसार भी वह 'अपने आप में एक मुकम्मल कहानी है ।' अब कौन पूछे कि यह 'अपने आप में मुकम्मल कहानी' क्या चीज होती है ? लेकिन ऐसा लगता है कि जिनके लिए कोई कहानी 'अपने आप में मुकम्मल' हो सकती है उनकी आलोचना भी 'अपने आप में मुकम्मल' रहती है—किसी भी प्रश्न के लिए एकदम बन्द ।

दरअसल कहानी की एक ऐसी लीक बन चुकी है कि आज किसी के लिए भी 'अपने आप में एक मुकम्मल कहानी' लिखना आसान हो गया है जिसे पढ़ कर 'साधारणतया अच्छी कहानी' कहने में किसी को भी कठिनाई न होगी और चौहान जी जैसे 'अच्छे अथवा साधारणतया अच्छे (?) आलोचकों को 'सन्तोष भी हो सकता है । जब कोई पाठक या आलोचक अपने सहज अनुभव के आधार पर कहता है कि इधर की अधिकांश प्रकाशित कहानियाँ एक-सी और एकरस लगती हैं तो वह जाने-अनजाने इसी तथ्य की ओर संकेत करता है । आज जो लेखक कहानियाँ लिख रहे हैं वे भी कहानी सम्बन्धी इस आसानी को जानते हैं । कठिन कहने वाले शायद वही होंगे जो किन्हीं अन्य असाहित्यिक कारणों से कहानी लिखना छोड़ चुके हैं । इसलिए जो लोग 'अपने आप में मुकम्मल' और 'साधारणतया अच्छी' कहानी से सन्तोष कर सकते हैं 'उन्हें आज भी निराश न होना पड़ेगा । किन्तु जो इस एकरसता से बाहर निकल कर सचमुच कुछ नया लिखना और पढ़ना चाहते हैं उनकी समस्याएं और हैं, उनके प्रश्न और हैं ।'

वे प्राप्त परम्परा में शिल्प या सामग्री सम्बन्धी कुछ इज़ाफा करके ही संतुष्ट नहीं हो सकते; बल्कि वे सर्वथा अज्ञात क्षेत्र में प्रवेश करने का जोखिम उठाने के लिय तैयार रहते हैं : "वह क्षेत्र जिसमे", रिल्के के अनुसार, "अभी

तक किसी शब्द से कदम न रखा हो !'' यह एक प्रकार से अविवक्षित को विवक्षित करने का प्रयास है, जो मुद्दत से एक नाम प्राप्त करने को तड़प रहा हो उसे एक सही नाम देने की कोशिश है, पहले-पहल किसी चीज को हाथ में लेकर एक रूप देने का प्रयत्न है। यह 'पहले-पहल' वाली बात ही किसी कला-कृति को वह ताज़गी प्रदान करती है जिसके कारण वह वर्षों बाद भी एकदम 'आज की बनी हुई' मालूम होती हैं। बाद के नये से नये प्रयोई भी किसी रचना की इस 'प्राथमिकता' को मिटाने में असमर्थ होते हैं वह 'प्रथम प्रयास' जिससे किसो कृति की रचना होती है, उसमें बराबर बना रहता है—सृजन-कालीन सारी तात्कालिकता, वह आकांक्षा, वह संघर्ष, वह पीड़ा रचना का अविच्छिन्न अंग बन जाती है। इसी गुण के कारण 'क्लासिक' कृतियाँ आज भी नई लगती हैं और इसी गुण के अभाव में परम्पराभुक्त कृतियाँ बासी और मध्यम कोटि की प्रतीत होती हैं। साहित्य और कला के क्षेत्र में नव-अन्वेषण की इस वृत्ति का नाम 'सृजनशीलता' है। यह नये फैशन को ललक भर नहीं बल्कि साहित्य का एक ''मूल्य'' है। विज्ञान में यह मूल्य सर्वस्वीकृत हो चला है और सिद्धान्त के स्तर पर साहित्य और कला के क्षेत्र में भी आधुनिक युग के रचनाकारों ने इसे मूल्य के रूप में प्रतिष्ठित कर दिया है !

●

१२

मूल्यांकन के पहले : भावुकता पर एक टिप्पणी

मूल्यांकन का रास्ता साफ़ करने के लिए, कुछ रुककर, 'भावुकता' पर विचार कर लेना जरूरी है; क्योंकि अच्छी कही जाने वाली ज्यादातर कहानियों के मूल में भावुकता का कोई-न-कोई रूप अवश्य दिखाई पड़ता है। श्री विष्णु प्रभाकर की कहानी 'धरती अब भी घूम रही है' को ही लें। इस कहानी की चर्चा इधर की कहानियों में इस तरह की गई है जैसे निर्विवाद रूप से अच्छी हो। कहानी है भी झकझोर देने वाली। रिश्वतखोरी की कहानियाँ हम अक्सर सुनते हैं—यहाँ तक कि बहन, बेटी और पत्नी के रूप में रिश्वत देने की बातें भी अब चौंकाने वाली नहीं रहीं। लेकिन 'धरती अब भी घूम रही है' में जब दस वर्ष से भी कम की नीना न्यायमूर्ति के सम्मुख खड़ी होकर कहती है कि "मैं एक दो दिन आपके पास रह सकती हूँ" और उसका छोटा भाई इस बात को जैसे स्पष्ट करते हुए कहता है कि "मेरी जीजी खूबसूरत है और आप खूबसूरत लड़कियों को लेकर काम कर देते हैं', तो किसके मानवीय संस्कार को धक्का नहीं लगता ? यह धक्का इतना जबर्दस्त है कि स्वयं कथाकार को भी ऐसा लगा, "जैसे धरती सूर्य की चुम्बक-शक्ति से अलग नहीं हुई, बल्कि धरती अब भी घूम रही है। एक धक्के के बाद दूसरा धक्का ! आश्चर्य की बात यह नहीं है कि इतने छोटे-छोटे बच्चे 'रटे हुए पार्ट की तरह' ऐसी बातें करते हैं; आश्चर्य की बात यह है कि इसके बाद भी कुछ नहीं होता ! ऐसी भयंकर घटना के बाद भी दुनिया में कोई फ़र्क नहीं आता, दुनिया का सारा कारोबार ज्यों का त्यों चल रहा है ! लगता है; जैसे किसी पर कोई असर ही नहीं हुआ।

मुझे भय है कि इस कहानी के बाद भी पाठकों के मानसिक जगत् की यही स्थिति हो सकती है और लेखक के लिए संभवतः यह धक्का सबसे बड़ा हो !

शायद धक्के की तर्क-शृंखला ही यही है। पैर की अँगुली में जहाँ एक बार चोट लगी तो फिर लाख बचाने पर भी लगती ही चली जाती है। भावुक हृदय के लिए इस दुनिया में कदम-कदम पर खतरे हैं !

सवाल यह है कि यह धक्का और आश्चर्य क्या है ? क्या यह भी भावुकता का ही एक रूप नहीं है ? जीवन और जगत् के प्रति यह 'विस्मयादि बोधक' भाव और क्या कहा जा सकता है ? यह कैशोर बोध और कैशोर भाव, संभव है, किशोरमति लोगों के लिए बहुत बड़ी बात हो लेकिन खेद है कि यह दुनिया केवल बच्चों की दुनिया नहीं है। यदि हम थोड़ी देर के लिए बच्चे बन भी जायँ तो इससे दुनिया सरल नहीं हो जाती।

क्या इस कहानी में आठ-दस वर्ष के बच्चों का होना आकस्मिक है ? कहना न होगा कि कहानी का पूरा असर उन बच्चों पर निर्भर है—बच्चों की 'अबोधता' पर, 'सरलता' पर, 'भोलेपन' पर ! कहानी का प्रभाव ही इस एक बात में निहित है कि बच्चे नहीं जानते हैं कि वे क्या कह रहे हैं। उनका संपूर्ण वक्तव्य 'रटे हुए पार्ट की तरह' है ! बच्चों की यह अबोधता हमारे मन में सहज सहानुभूति जगाती है। जहाँ अबोधता है, वहाँ करुणा है। धक्का भी इसीलिए लगता है। जब हम देखते हैं कि सामाजिक भ्रष्टाचार का दुष्प्रभाव अबोध बच्चों को भी भ्रष्ट कर रहा है तो इस भावी (?) आशंका से हमारा मन सिहर उठता है। यह आशंका स्थिति को और भयावह बना देती है। यह खयाल हमारे विद्रोह की आग को और भी भड़का देता है कि आज का रोग आने वाली पीढ़ियों को भी बर्बाद कर रहा है !

और फिर विस्मय होता है बच्चों के साहस पर। न्यायमूर्ति के बँगले में इस तरह घुस जाने का साहस शायद ही किसी प्रौढ़ को होता ! ऐसा साहस बच्चे ही कर सकते हैं क्योंकि हम समझते हैं कि बच्चों के लिए सब कुछ संभव है ! अबोध बच्चा साँप को भी पकड़ सकता है और संभवतः शेर के मुंह में हाथ डाल सकता है। हो सकता है कि शेर बच्चे की सरलता से प्रभावित हो जाय और शायद साँप भी, लेकिन साहस तो यह है ही ! और किसी बच्चे का यह साहस हमें भी बल देता है और जो साहस प्रौढ़ होकर हम नहीं कर सकते हैं उसे ही बच्चों के माध्यम से व्यक्त करके संतोष करते हैं; लेकिन इसके साथ ही यह भी सच है कि हम स्वयं उस प्रकार साहस नहीं कर सकते क्योंकि जानते हैं कि ऐसा करना मूर्खता होगी !

किसी युग में यह साहस भी बड़ी बात थी। अन्याय को साहस के साथ चुनौती देना भी बहुत है, किन्तु साहस के बाद (यदि साथ नहीं तो) समझ की

भी आवश्यकता पड़ती है। यदि अन्याय को दूर करना है, यदि अन्याय के विरुद्ध सफल संघर्ष करना है तो अन्यायी के जटिल दाँवपेंच को भी समझना आवश्यक है। इसीलिए परिस्थिति की जटिलता का तकाजा है कि कोई लेखक करुणा और साहस के साथ समझदारी को भी बनाए। सवाल यह है कि क्या 'धरती अभी भी घूम रही है' कहानी रिश्वतखोरी की जटिल परिस्थितियों का बोध कराती है ?

कहानी में सीधे-सीधे ढंग से रिश्वतखोरी की दो विरोधी स्थितियाँ रख दी गई हैं। एक ओर है बच्चों का पिता जो केवल बीस रुपये की रिश्वत लेता है और सजा भोगता है। दूसरी ओर बच्चों के मौसा हैं जो इससे कहीं लम्बी रकम मारते हैं और बेदाग बचे हुए हैं। इसके अतिरिक्त स्वयं न्यायमूर्ति हैं जिनकी लड़की अपने रूप की रिश्वत देकर ऊँची नौकरी पाती है तथा इसी तरह के तिकड़म से जिनके लड़के को भी ऊँचो नौकरी मिलती है और संभवतः न्यायमूर्ति भी ऐसे ही तरीकों से इस पद पर प्रतिष्ठित हैं और स्वयं रिश्वत की लम्बी रकम मारते हुए ऐश की जिन्दगी बसर करते हैं। विरोध स्पष्ट है : स्याह और सफेद। बच्चों का बाप बच्चों की तरह ही सीधा है, भला है और दुख झेलता है जब कि दूसरे लोग, जो चतुर हैं, बुरे हैं, ऐश करते हैं। जटि-लता कहीं नहीं है। सब कुछ साफ़ है। बच्चों की तरह उनके बाप को भी अधिक से अधिक सहानुभूति का पात्र बनाया गया है। ग़रीब को तनख्वाह कम मिलती है और वह अपने बच्चों को अच्छे से अच्छे स्कूल में पढ़ाना चाहता है, इसलिए घूस लेता है—घूस भी सिर्फ़ जरूरत भर, ज्यादा नहीं। आदमी इतना अच्छा है कि बच्चों की माँ के मरने पर दूसरी शादी नहीं करता। बच्चों को भी पता है कि पड़ोसी उनके पिता की बड़ी तारीफ़ करते हैं। उन्होंने स्वयं अपने कानों से पिता को यह कहते सुना है कि रिश्वत लेना पाप है। लेकिन फिर भी उन्होंने रिश्वत ली····क्यों ली ? क्योंकि वे बच्चों को अच्छी शिक्षा दिलाना चाहते थे और अच्छी शिक्षा मँहगी है ! तात्पर्य यह है कि आदमी वे अच्छे हैं लेकिन परिस्थितियों से लाचार होकर ग़लत काम कर बैठे। पुरानी मानवता-वादी युक्ति ! गोया उसका ग़रीब होना ही काफ़ी नहीं; पर्याप्त सहानुभूति के लिए उसका अच्छा आदमी होना भी ज़रूरी है ! क्या इन बातों के आधार पर भी उसकी ग़लती उचित ठहराई जा सकती है ?

लेखक को संभवतः इतनी युक्तियाँ भी सहानुभूति के लिए अपर्याप्त प्रतीत हुईं इसलिए सहानुभूति का 'कोटा' पूरा करने के लिए बच्चों की दयनीयता एवं असहायता का भी पूरा उपयोग किया गया है। बिना माँ-बाप के बच्चे जिस मौसी और मौसा के घर आश्रय पाते हैं वे बड़े ही क्रूर हैं। मौसी उनसे घर

का सारा काम करवाती है फिर भी ऊपर से बराबर डाँटती रहती है। यहाँ तक कि बहन-भाई को पास-पास सोने भी नहीं देती क्योंकि साथ रहेंगे तो जाने क्या षड्यंत्र करेंगे ! इस क्रूर घर के वातावरण में इन बच्चों को खुलकर रोने की भी सुविधा नहीं है। वगैरह वगैरह !

इन तमाम युक्तियों को देखकर ऐसा लगता है कि लेखक का ध्यान सबसे अधिक 'सहानुभूति' के लिए सामग्री जुटाने पर है; गोया सारी समस्या सहानुभूति पर निर्भर है। लेखक की दृष्टि में, स्पष्ट ही, सारा प्रश्न 'दया' का है, 'अधिकार' का नहीं। बच्चों के अन्तिम व्यवहार में जो अबोधता-जनित साहस है उसमें स्वयं लेखक को भी संदेह मालूम होता है, इसलिए बच्चों के उस आश्चर्यजनक व्यवहार की संभाव्यता के लिए यह शुरू से ही प्रयत्नशील दिखाई पड़ता है। कहानी शुरू ही इस प्रकार होती है— "आयु नीना की दस वर्ष की भी नहीं थी, लेकिन बुद्धि काफी प्रौढ़ हो गई थी जैसा कि अक्सर मातृहीन बालिकाओं के साथ होता है।"

इस प्रकार 'धरती अब भी घूम रही है' कहानी के पूरे गठन को देखकर स्पष्ट हो जाता है कि कहानी के अन्तिम प्रभाव को प्रभावपूर्ण बनाने के लिए लेखक ने एक युक्ति को अपर्याप्त समझकर दूसरी और फिर तीसरी····इस तरह अनेक युक्तियों को गढ़ने और जमाने में काफ़ी मेहनत की है। लेखक के लिए सबसे महत्त्वपूर्ण हैं कहानी का प्रभावशाली अन्त ! और उस अन्त के प्रभाव में कहीं से कोई कोर-कसर न रह जाय, इसलिए कभी वह एक युक्ति जुटाती है तो कभी दूसरी। ज़ाहिर है कि ऐसी स्थिति में जटिल परिस्थितियों की कल्पना तथा वस्तुस्थिति के उद्घाटन के लिए अवकाश नहीं हो सकता। जहाँ यह सिद्धान्त ही हो कि 'अन्त भला तो सब भला' वहाँ साधन का क्या महत्त्व हो सकता है ? कहना न होगा कि 'अन्त भला तो सब भला' जिस प्रकार जीवन में नितान्त सफलतावादी दर्शन है उसी प्रकार साहित्य और कला में भी। ऐसे दर्शन में सत्य के लिए कोई जगह नहीं है और न ऐसी जगह सत्य की कोई उम्मीद की जा सकती है।

दरअसल, भावुकता के साथ सबसे बड़ी दिक्कत यह है कि भावुक व्यक्ति को स्वयं अपनी भावुकता की शक्ति में पूरी आस्था नहीं होती, इसलिए भावुकता को प्रभावपूर्ण बनाने के लिए वह रह-रहकर अनेक युक्तियाँ गढ़ता है; लेकिन खेद है कि इस भावुक प्रयत्न की सारी युक्तियाँ भी लचर होती हैं। जैसे डूबने वाला एक के बाद दूसरी लहर को पकड़ने के लिए हाथ-पाँव मारता है उसी तरह भावुक व्यक्ति की युक्तियाँ भी होती हैं। 'धरती अब भी घूम रही

है' कहानी में एक से एक संयोग-घटित घटनाएँ जुटाई गई हैं; लेखक के लिए सबसे बड़ी समस्या है कि बच्ची को न्यायमूर्ति के बँगले में किस तरह पहुँचाया जाय, साथ ही उनके पहुँचने की स्थिति भी काफ़ी नाटकीय हो; लिहाज़ा पार्टी का अवसर चुना गया जिसमें एक के बाद दूसरी शुभ सूचना के तार आते हैं ! एक नाटकीय स्थिति को प्रभावशाली बनाने के लिए ज़रूरी है कि उसे काफ़ी विलम्बित किया जाय, लिहाजा नाटकीय अन्त से पहली कहानी को दूर तक धीरे-धीरे विलम्बित किया गया है। अन्तिम प्रभाव के लिए पाठकों के हृदय को पहले से तैयार रखना ज़रूरी है इसलिए बच्चों के रोने-सुबकने का पुनः-पुनः वर्णन करके उनके आँसुओं से पाठकों का हृदय काफी गीला कर दिया गया है—इतने छिड़काव के बाद भी यदि रास्ता साफ़ न हो, ज़मीन तर न हो तो मुश्किल ही है। यथास्थान कवित्वपूर्ण भाषा का भी सहारा लिया गया है। जैसे "नीना ने सहसा दृष्टि उठाकर आसमान में देखा। तारे जगमगा रहे थे और आकाश गंगा का स्रोत धवल ज्योत्स्ना में लिपटा पड़ा था। उसने सोचा, वे सब कितने सुन्दर हैं। क्या वहाँ भी रिश्वत चलती हैं ?"

भावुकता में उतावली अनिवार्य है। जब भावुक लेखक देखता है कि उसके भावोच्छ्‌वास का यथेष्ट प्रभाव नहीं पड़ रहा है अथवा उसे यथेष्ट प्रभाव में तनिक भी संदेह की आशंका होती है तो स्वयं आगे आकर उस प्रभाव की घोषणा करने लगता है और इस प्रकार अपनी ओर से पाठकों की यथोचित सहायता भी करता है। अंतिम नाटकीय स्थिति का वर्णन करने के बाद 'धरती अब भी घूम रही है' में लेखक स्वयं प्रकट होकर कहता है कि "जब वे दोनों इस प्रकार बोल रहे थे तो न जाने हमारे कथाकार को क्या हुआ, वह वहाँ से भाग खड़ा हुआ।" ("भाग खड़ा हुआ" वाक्य ध्यान देने योग्य है।)

विडंबना तो यह है कि जिस अंतिम प्रभाव के लिये इतनी मशक्कत की जाती है, वह स्वयं नितान्त क्षणिक होता है—चाहे वह धक्का हो या विस्मय, फिर दया अथवा सहानुभूति ! मन की सतह पर एक लहर उठी और विलीन हो गई। क्षण भर के लिए बिजली की एक कौंध, इसके बाद फिर वही घना अंधकार। कहानी पढ़ने के बाद पाठक के लिए न दुनिया बदली और न दुनिया के लिए स्वयं पाठक—दुनिया की तस्वीर में कोई परिवर्तन नहीं, मन की दुनिया में कोई अन्तर नहीं, अनुभव और ज्ञान की राशि में कहीं कुछ भी नहीं जुड़ा !

यदि कहानी के प्रभाव में आकर कुछ पाठक इस बात की ओर ध्यान नहीं देते कि उनकी किसी कमज़ोरी का सहारा लेकर कहानी को प्रभावशाली बनाया गया है तो लेखक इसी तरह पाठकों की कमज़ोरी का फ़ायदा उठाते जायँगे

क्योंकि इससे लेखक का काम बहुत आसान हो जाता है।

इस प्रकार कहानी में किसी भी स्तर पर भावुकता को परिलक्षित किया जा सकता है। सबसे पहले तो भाषा के स्तर पर भावुकता के लक्षण प्रकट होते हैं। नाटकीय स्थितियों के अतिरिक्त कहानी में जहाँ भाषा को अधिक कवित्व-पूर्ण, ललित, सुन्दर या उदात्त बनाने की कोशिश दिखाई पड़े वहाँ समझ लेना चाहिए कि वस्तु सत्य की पूंजी के अभाव में शब्दों के व्यापार के सहारे कामयाबी हासिल करने की कोशिश है। ऐसे समय प्रायः चिरपरिचित भावुक अनुषंगों से युक्त शब्द प्रयुक्त होते हैं जैसे 'धवल ज्योत्स्ना में आकाश गंगा का स्रोत।'

भाषा के अतिरिक्त कहानी के विन्यास में भी भावुकता के हस्तक्षेप अनेक रूपों में दिखाई पड़ते हैं। अतिनाटकोय अंत, गढ़ा हुआ कथानक, बीच-बीच में लेखक की अपनी टिप्पणियाँ जो मुख्यतः पाठक को कोंचने, उकसाने, समझाने एवं आर्द्र करने के लिए होती हैं, आदि। भावुक लेखक किसी घटना से इतना व्यथित और उस व्यथा से इतना अवसन्न रहता है कि उसमें उस व्यथा के आधार की निश्चित प्रकृति पर विचार करने की क्षमता ही नहीं बचती। वह या तो उस स्थिति से संबद्ध व्यक्तियों की मानसिक क्रिया-प्रतिक्रियाओं की जटिलताओं में प्रवेश करने का साहस ही नहीं करता या फिर वह दरपेश आने वाले सवालों की जटिलता को कहानी की प्रस्तावित योजना के सरल ढाँचे के अनुपयुक्त पाकर छोड़ देता है। भावुकता वहीं होती है जहाँ लेखक पाठक से इतनी तीव्र अनुभूति की मंशा रखता जो स्वयं उस कहानी की वास्तविक सामग्री से उत्पन्न अथवा समर्थित नहीं होती। इस प्रकार भावुकता का दुष्प्रभाव कहानी की कला पर भी पड़ता है—इसके कारण कहानी में जीवन की वास्तविकता का चित्रण ही कम नहीं होता, बल्कि कहानी के रचना-विधान में भी या तो निर्जीव सपाटता आती है अथवा निरर्थक एवं कृत्रिम जटिलता! भावुकता में अनिवार्यतः अतिसरलीकरण का खतरा है—अतिसरलीकरण जीवन की समस्याओं के प्रति और अभिव्यक्ति के माध्यम के प्रति! कहानी जैसी लोकप्रिय साहित्य विधा में भावुकता का ख़तरा, कविता से भी अधिक है क्योंकि यहाँ भावुकता अनेक प्रकार के सूक्ष्म छद्म रूपों में आती है; यहाँ तक कि यथार्थ की घोषणा करनेवाले आज के अनेक नये कहानीकारों में भी यह प्रवृत्ति नये-नये रूप धारण करके अपना कौशल दिखा रही है।

इसलिए कहानी के क्षेत्र में मूल्यांकन का प्रयत्न करते समय बड़ी सतर्कता से 'भावुक' एवं 'भावप्रवण' कहानियों में भेद करने की जरूरत है।

१३

सच्चे निर्णय के सहयोगी प्रयास में

यह समझने में लोग असमर्थ दिखाई पड़ रहे हैं कि 'एक शिल्पहीन कहानी' की भावुकता एक निश्चित जीवन-दृष्टि का परिणाम है। क्या कहानी का यह निष्कर्ष फिर याद दिलाना होगा कि 'यह दुनिया अब तुम्हारे जैसे साधु पुरुषों के योग्य नहीं रही, यहाँ पापिष्ठ ही पनप सकते हैं।' क्या इस वक्तव्य से घोर निराश जीवन और सनकीपना (सिनिसिज़्म) प्रकट नहीं होता ? क्या यह निराशा जीवन और जगत् के प्रति एक निश्चित दृष्टिकोण का सूचक नहीं है ? क्या ऐसे वक्तव्य वही नहीं देते जो अपने दुःख का कारण समझने में असमर्थ होते हैं—यहाँ तक कि समझने की कोशिश भी नहीं करना चाहते। अपनी धारणा को पुष्ट करने के लिए ऐसे लोग दुनिया छोड़ जाते हैं, लेकिन यह भी सच है कि इतने बड़े त्याग के बाद भी उनकी धारणा सत्य साबित नहीं होती। यह भावुकता नहीं तो और क्या है ? इतना दुःख भोगने, इतना खोने के बाद भी उनके हाथ कोई तथ्य नहीं आता। परसाई के शब्दों में—"हज़ारों खोकर वे क्या दो कौड़ी की बात सीखते हैं।' इस पर भी यदि 'एक शिल्पहीन कहानी' किसी को अच्छी लगती है तो कहना पड़ेगा कि कहीं न कहीं वह भी इस जीवन-दर्शन का शिकार है और इससे उसके मन में बैठी हुई उसी धारणा को खुराक मिलती है। इस कहानी में भावुकता की कमज़ोरी को स्वीकार करते हुए भी जो लोग कहानी की 'थीम' में कमज़ोरी नहीं देखते और उल्टे उसे 'स्वस्थ' समझते हैं उनकी कहानी सम्बन्धी समझ को क्या कहा जाय ? क्या इस समझ पर भी भावुकता का पर्दा नहीं है ? क्या यह दृष्टि भी 'धुंधली' नहीं है ?

अधिकांश लेखकों का कहना है कि 'एक शिल्पहीन कहानी' केवल 'एक' की कहानी नहीं है। इसमें क्या शक ? एक साथ इतने लेखकों के कहने से ही जाहिर है कि यह 'एक' की कहानी नहीं है। 'यह दुनिया रहने लायक नहीं रही' कहने वाले, निःसन्देह, आज भी काफ़ी मिलेंगे। लेकिन सवाल यह है कि ये बहुत सारे लोग इस समस्या को सबकी या बहुतों की सामूहिक समस्या

समझते हैं या अपनी-अपनी ? यदि वे इसे 'सामूहिक समस्या' समझते तो अकेले-अकेले दुनिया छोड़कर न चल देते। ऐसे व्यक्तियों की कहानी पढ़ने के बाद दुःख तो हमें होता है किन्तु कोई 'समस्या' सामने नहीं आती। पाठक आँसू बहाकर ही सन्तोष कर लेते हैं। आखिर करें भी क्या ? सोचने के लिए कोई समस्या नहीं आई तो फिर अपने काम लगे। यदि संयोग से लेखक ने उस कहानी को सुखान्त बना दिया तो यह सोचकर सन्तोष किया कि चलो अच्छा हुआ, जैसे उनका राजपाट लौटा वैसे सबका लौटे। हर हालत में कहानी एक की ही होकर रह जाती है—चाहे मन में यह भाव भले ही हो कि ऐसे 'एक' अनेक हैं। कहानी को व्यापकता तब मिलती है जब एक व्यक्ति की अनुभूति को 'समस्या' के रूप में उपस्थित किया जाता है और समस्या को वस्तुगत सामाजिक कारण बताया जाता है—चाहे यह कारण नितान्त सांकेतिक ही क्यों न हो।

'एक शिल्पहीन कहानी' में ससुर के दुःख का कारण क्या बताया गया है ? बहू का स्वभाव। बहू का स्वभाव ऐसा क्यों है कि वह अपने ससुर को सताती है ? कहानी में इसका कोई सामाजिक या मनोवैज्ञानिक कारण नहीं दिया गया है। और 'स्वभाव' का हाल यह है कि किसी बहू का अच्छा है तो किसी का बुरा। इसका कारण क्या हो सकता है ? और जो अकारण है उसे बदलने का क्या उपाय ? या तो वह व्यक्ति स्वयं बदले या फिर भगवान बदल दें तो बदल दें। वैसे है सब कुछ भाग्य के ही साथ। आकस्मिक नहीं है कि कहानी के अन्त में भगवान् को गलदश्रु भाव से पुकारा गया है। इस तरह है सब कुछ एक ही के साथ—चाहे वह भगवान् हो या भाग्य या वह व्यक्ति स्वयं ऐसी सर्वतन्त्र-स्वतन्त्र शक्ति के सामने, ज़ाहिर है कि हर कोई निरुपाय है ! यहाँ तक कि उससे इलाज की भी माँग नहीं की जा सकती। अधिक से अधिक उससे इतनी दया की भीख माँगी जा सकती है कि उस व्यक्ति का दुःख हमें दे दे या फिर उसके साथ ही हमें भी उठा ले। कहानी के अन्तिम विलाप में यही भाव व्यक्त किया गया है। 'एक शिल्पहीन कहानी' इसी अर्थ में 'एक' की कहानी है और इसी अर्थ में उसके दुःख का कारण 'बाहरी' है कि बहू का स्वभाव भाग्य और भगवान् की तरह ही सामाजिक परिस्थिति के प्रभाव से 'बाहर' है—सामाजिक नियमों से एकदम परे, मनोवैज्ञानिक नियमों की तर्क-शृङ्खला से सर्वथा मुक्त और अस्पृश्य। इस जीवन-दृष्टि से उत्पन्न होने वाली विवशता कितनी असामाजिक और समाज-विरोधी है इसे भी क्या विस्तार से समझने की आवश्यकता है।

यह जीवन-दृष्टि भले ही आज बहुत से लोगों में मौजूद हो लेकिन वस्तुतः है बहुत पुरानी। इतनी पुरानी जितनी आदिम सभ्यता, जब मनुष्य अपने दुःख का वस्तुगत कारण समझने में असमर्थ था और भाग्य के सामने निरुपाय रुदन करता था। लेकिन आदिम युग की उस निरुपायता का स्पष्ट ही वस्तुगत कारण था और इसीलिए उस युग की कहानियों की व्यथा आज भी हमारे मन को द्रवित करती है। किन्तु तब से मानव-समाज के अनुभव ज्ञान में काफ़ी वृद्धि हुई है और अपनी समस्याओं के वस्तुगत कारण को समझने की दिशा में मनुष्य ने अत्यधिक विकास कर लिया है। ऐसी स्थिति में यदि कोई आज भी आदिम युगीन निरुपायता का रोना रोता है तो यही कहा जायगा कि वह एक पुरानी बात की ही बासी और सड़े रूप में दुहरा रहा है। (इतने दिनों बाद उसका बासी हो जाना या सड़ जाना संभव नहीं है तो फिर वह भी कोई 'ममी' है।) 'एक शिल्पहीन कहानी' इसी अर्थ में पुरानी है कि 'निर्गुण' कल की कहानी आज भी कह रहे हैं। निःसंदेह इतिहास में पुनरावृत्ति भी होती है किन्तु जैसा कि मार्क्स ने इस पर टिप्पणी करते हुए चुटकी ली थी कि यह पुनरावृत्ति या तो दुःखान्त होती है या मज़ाक़। किसी की दृष्टि में दुःखान्त और किसी की दृष्टि में मज़ाक। पुरानी कहानी के नाम पर 'निर्गुण' के समर्थन के लिए प्रेमचन्द का नाम लेने वाले इतिहास के साथ मज़ाक कर रहे हैं। ससुर-बहू कलह की कहानी कहते हुए 'निर्गुण' प्रेमचन्द से भी काफ़ी पहले की कहानी दुहरा रहे हैं। पिछली सदी के मध्य काल की यानी लाला श्रीनिवासदास के समय की। और जिन लोगों को ऐसी शिल्पहीन कहानी के पात्र आधुनिक लगते हैं उनकी निगाह सिर्फ शिक्षा और नौकरी पर है। शायद उनका ख़याल है कि अच्छी नौकरी पा लेने से ही कोई व्यक्ति आधुनिक हो जाता है। ऐसे लोग भी कभी-कभी आधुनिक विचारों से कितने रिक्त होते हैं इसका जवाब यदि उन्हें अपने अन्दर से न मिले तो किसी साधु-महात्मा, ज्योतिषी या मन्दिर का चक्कर लगा आएँ। वहाँ आई० सी० एस०, आई० ए० एस०, पी० सी० एस० ही नहीं बल्कि विज्ञान के प्रोफेसर भी काफ़ी तादाद में मिल जायेंगे। रिटायर्ड भी और नौकरी-नद्ध भी।

'निर्गुण' की भावुकता का समर्थन करने के लिए शरत् बाबू का भी नाम लिया गया है। ब्यौरे में न जाकर यहाँ श्री प्रमथ चौधरी के नाम शरत बाबू के एक पत्र का उद्धरण देना ही काफी होगा जो १९१६ ई० में लिखा गया था : 'कोई-कोई अत्यंत गंभीर स्वभाव के लोग जैसे अपने दुख को भी कहते समय एक ऐसे ताच्छिल्य का पुट दे देते हैं कि अचानक लगता है कि किसी और के

दुख की कहानी कह रहे हैं। मानो इससे उनका कोई सम्बन्ध नहीं है। आप भी ठीक उसी तरह कहते हैं। घुमा-फिरा कर कातरोक्ति कहीं भी नहीं है—पर जीवन की न जाने कितनी बड़ी ट्रैजिडी पाठकों के दिल पर चोट करती है। आपकी रचना की यह सहज शान्त मँजी हुई लिखने की भंगिमा ही मुझे सबसे अधिक मुग्ध करती है।' स्वयं शरत् बाबू का वह 'ताच्छिल्य' और 'सहज शान्त मँजी हुई भंगिमा' अपनी रचनाओं में कितना प्राप्त कर सके, इसे विचारणीय मानते हुए भी कथा-साहित्य में कोई उनके आदर्श को तो स्पष्ट देख ही सकता है। बेहतर है, लोग 'निर्गुण' को हिन्दी का शरच्चन्द्र समझना छोड़ दें। हिंदी में ही नहीं, स्वयं बँगला में भी बहुत-से लोग शरत् बनने की कोशिश करके देख चुके हैं।

२

'वापसी' के बारे में कई तरह की आपत्तियाँ उठाई गई हैं। किसी के अनुसार वह असंगतिपूर्ण, अवास्तविक, फार्मूलाबद्ध एवं भारतीय वातावरण में अकेलेपन की विदेशी 'थीम' को बिठाने की असफल कोशिश है तो किसी के अनुसार "वह लगभग चौथाई सदी पुरानी है और उस वक्त यह कहानी 'गुलामी' नाम से छपी थी जिसके लेखक हैं राजेन्द्र सिंह बेदी।" किसी-न-किसी की राय में यह भी एक तरह की रोमांटिक कहानी है जिसमें अज्ञेय जैसा 'शाश्वत मजबूरीवाद' या 'दर्दवाद' है। गरज कि 'एक शिल्पहीन कहानी' वाली सारी कमज़ोरियाँ किसी-न-किसी रूप में इसमें भी हैं, इस इज़ाफे के साथ कि इसमें मौलिकता की भी कमी है। इतने पर भी यदि यह बेहतर है तो नई नहीं है, बल्कि पुरानी कहानी है और शायद पुरानी कहानी होने के कारण ही अच्छी है।

बहरहाल, 'गुलामी' और 'वापसी' दोनों कहानियाँ हमारे सामने हैं। बेशक, दोनों कहानियों में एक रिटायर होकर घर लौटता है और कुछ दिनों में घबराकर फिर नौकरी कर लेता है। अपने परिवार में 'ऐडजस्ट' न होने का चित्रण दोनों कहानियों में है। लेकिन ये समानताएँ सिर्फ़ ऊपरी हैं। इनके 'थीम' में बुनियादी अंतर है। नौकरी पर वापस जाने के कारण भी दोनों कहानियों में भिन्न-भिन्न दिये गये हैं और वही उनके केन्द्र-बिन्दु हैं। एक में कारण दिमागी गुलामी है तो दूसरी में मानसिक अकेलापन। गुलामी का नायक दुबारा नौकरी इसलिए करता है कि उसे नौकरी में रस मिलता है, नौकरी ने उसके दिमाग को इस हद तक गुलाम बना दिया है कि उसे परिवार का सुखी शान्त

जीवन रास नहीं आता और शरीर से आशक्त होते हुए भी वह फिर नौकरी कर लेता है—पहले से भी छोटी। इसके विपरीत 'वापसी' का नायक हर तरह से परिवार में रहना चाहता है किन्तु रह नहीं पाता। बड़ी तमन्ना लेकर वह परिवार में वापस आता है किन्तु उसे फिर वापस लौटना पड़ता है। नौकरी तो उसके लिए बहाना है। जिस अकेलेपन से वह भागना चाहता है उसी अकेलेपन में वापस आने के लिए वह लाचार होता है। 'जैसे उड़ि जहाज को पंछी फिर जहाज पै आवै।' अगर एक को गुलामी किसी और लायक नहीं रहने देती तो दूसरे को लम्बा 'अकेलापन' हर तरह से व्यर्थ कर देता है : दोनों ही में एक सांघातिक सम्मोहन है जिससे शिकार कभी मुक्त नहीं हो पाता और दोनों ही कहानियों में इन अलग-अलग बीमारियों का ऐसा मार्मिक चित्रण किया गया है कि इनके विरुद्ध विद्रोह की भावना भड़क उठे।

सवाल फ़िलहाल यह नहीं है कि इन दोनों कहानियों में कौन बेहतर है। सवाल तो सिर्फ यह है कि क्या इन दोनों कहानियों की 'थीम' एक है ? यदि कोई दोनों कहानियों को पढ़कर यही नतीजा निकालता है कि नौकरी बुरी चीज है तो उसके लिए केवल ये दो क्या ऐसी दर्जनों कहानियों की 'थीम' एक ही है। यदि कोई यह समझता है कि दोनों में ही संयुक्त परिवार के टूटने की 'थीम' है तो बहुत दिनों से बहुत सारे लेखक इसी 'थीम' को पीट रहे हैं। जो हर गीत को एक ही राग में गा सकते हैं उनके गले का कोई जवाब नहीं। फिर एक ही घटना की जो भिन्न-भिन्न व्याख्याएँ होती हैं और एक ही जीवन-स्थिति में हर एक के विशेष अनुभव होते हैं और एक ही परिस्थिति में नये नुक्ते उभारे जाते हैं—सब व्यर्थ हैं। जो लेखक द्वारा उठाये हुए निश्चित प्रश्न और लेखक द्वारा प्रेषित किये गये निश्चित अनुभव-सत्य को समझने से इनकार करते हैं उन्हें 'थीम' पर पूरा एक निबन्ध लिखकर भी किसी कहानी की विशिष्टता समझाना नामुमकिन है। जो किसी कहानी के जीवंत रगो-रेशे से युक्त सम्पूर्ण जीवन-खंड को न ग्रहण करके उसे एक नीतिवाक्य में निचोड़ कर चखने के आदी हैं उनसे कोई क्या बहस करे। हैरानी तो उन लेखकों के विचारों को पढ़कर होती है जो खुद कहानी की बारीकियों को समझने का दम भरते हैं और अपनी कहानियों की बारीकी के न समझे जाने की अक्सर शिकायत भी करते हैं। ऐसी स्थिति में क्या समझा जाय कि 'गुलामी' और 'वापसी' की थीम के बारे में उन्हें भ्रम नहीं हैं बल्कि उन्होंने जान-बूझकर यह भ्रम पैदा किया है ? जो हो, एक कहानी के पढ़ने पर उससे मिलती-जुलती किसी दूसरी कहानी की याद आना अवांछनीय नहीं है, अवांछनीय है किसी एक कहानी को पढ़ते समय

दूसरी कहानी की याद आना। वैसे, किसी एक कहानी में दूसरी कहानी को पढ़ने वाले किसी भी स्थिति में नहीं रुक सकते—ज्यादा पढ़ने वालों का यह विशेषाधिकार है और शायद विशेष सुविधा भी।

जहाँ तक 'वापसी' की अवास्तविकता का प्रश्न है उसके बारे में सबसे मार्के की बात यह कही गई कि चूंकि छोटे-से-छोटा स्टेशन मास्टर भी प्राविडेंट फंड के कम से कम पन्द्रह हजार रुपये लेकर रिटायर होता है, इसलिये जिस आदमी के पास इतने रुपये हों उसके बच्चे न तो उसकी उपेक्षा कर सकते हैं और न पत्नी उदासीन रह सकती है। आपत्ति नितान्त मौलिक है और इस पर किसी को क्या आपत्ति हो सकती है क्योंकि यह फार्मूला काफ़ी पुराना है। 'वापसी' का दोष है कि उसमें इस पुराने और चिर-स्थापित फार्मूले की उपेक्षा की गई है और इसीलिए वह अवास्तविक है। कहानी के बारे में जिनके पास इसी तरह के पुराने फार्मूले हैं उनके लिये 'वापसी' क्या आज की दर्जनों कहानियाँ अवास्तविक हैं। इस फार्मूले की सबसे बड़ी खूबसूरती यह है कि इसका आधार आर्थिक है और इससे मार्क्सवाद का भी धोखा खड़ा किया जा सकता है। किसी दूसरे लेखक की आलोचना करने के लिए इस्तेमाल किये जाने वाले तथाकथित मार्क्सवादी हथकंडे चिरपरिचित हैं, यहाँ तक कि यह भी एक 'फार्मूला' है। तथ्य है कि अवसर के तकाजे से मार्क्सवादियों से भी ज्यादा मार्क्सवादी—असली मार्क्सवादी कहलाने वाले प्रकट हो जाते हैं।

बहरहाल, इस विषय में जो अपराध उषा प्रियंवदा ने 'वापसी' में किया है, वही चूक 'सुजान भगत' कहानी में प्रेमचन्द से हो गई है जिसमें सारी गृहस्थी खड़ी करने के बावजूद सुजान महतो भगत हो जाने के बाद अपने ही घर में बीबी-बच्चों के द्वारा उपेक्षित हो जाते हैं। मालूम होता है, प्रेमचन्द भी यह आर्थिक फार्मूला नहीं जानते थे कि रुपया ही सब कुछ है और इससे सब कुछ हासिल किया जा सकता है। फिर भी इस फार्मूले के बिना भी प्रेमचन्द ने बहुत कुछ हासिल किया और इस पर यदि किसी को शक हो तो अपने आर्थिक फार्मूले को आजमा देखे। प्रसंगात्, 'सुजान-भगत' के साथ 'वापसी' को रखकर देखने पर कुछ और रोचक तथ्य सामने आ सकते हैं।

इस जीवन और जगत में चौंकाने वाली अक्षय सामग्रियाँ जो फार्मूला वाली आँखों को अक्सर अवास्तविक लगती हैं लेकिन खुली आँखों देखने वाले लेखकों के लिए रचनात्मक चुनौती होती हैं। आश्चर्य नहीं कि प्रेमचन्द की परंपरा के व्रती हरिशंकर परसाई की दृष्टि में यही 'वापसी' कहानी 'सहज सुलभ यथार्थ के मोह से बच गई है और इसमें जीवन की समस्या का एक नवीन पक्ष

खुलता है।' इसके विपरीत जिनका यह खयाल है कि 'सामान्य मध्यवर्गीय भारतीय परिवार' में 'वापसी' असंभव है वे दूसरों को जीवन की विस्तृत जानकारी की सीख देने से पहले स्वयं आँखें खोलकर अपने आस-पास की ज़िन्दगी को देखने की कोशिश करें।

यह आकस्मिक नहीं है कि किसी रचना को अवास्तविक कहने वाले उसी साँस में उसे 'अभारतीय' भी कहते हैं और कहना न होगा कि इनकी 'भारतीयता' का एक विशेष अर्थ होता है जैसे 'भारतीय जनसंघ' की 'भारतीयता' का एक विशेष अर्थ है। एक ओर 'वापसी' के 'अकेलेपन' को अभारतीय कहना और दूसरी ओर कालिदास के यक्ष तथा निराला की 'राम की शक्ति पूजा' में उसी अकेलेपन के होने पर गर्व करना—कितनी बड़ी विडम्बना है! एक ही साँस में अकेलेपन को शाश्वत और सार्वभौम कहते हुए 'वापसी' में 'अकेलेपन' को अवास्तविक कहने का क्या अर्थ है? एक साँस में इतनी परस्पर-विरोधी बातें कहने से साँस टूट जाने का खतरा है। 'वापसी' के नयेपन का विरोध करने के लिए उसकी 'थीम' को शाश्वत कहिये तो यह भी याद रखिये कि उसे अवास्तविक भी साबित करना है, 'वापसी' की 'थीम' की व्यापकता के बारे में किसी विदेशी लेखक का उद्धरण दीजिए तो यह न भूल जाइये कि उसे अभारतीय भी साबित करना है; इसी तरह कहानी चर्चा में कविता का विरोध कीजिये तो उसी कविता की शरण न जाइये। गरज़ की चौतरफ़ा हमला करने के लिए कुछ दम की जरूरत पड़ती है।

यह सच है कि 'वापसी' के नायक का अकेलापन आज बहुत व्यापक नहीं है किन्तु इतने ही से यह अवास्तविक नहीं हो जाता और न किसी कहानी के लिए अग्राह्य ही। यदि कुछ निहायत 'टिपिकल' अनुभवों को उदाहृत करने के लिए कहानियाँ लिखी जाती हैं तो ऐसे अनुभवों को भी कहानी में लाने की जरूरत महसूस होती है जो 'टिपिकल' नहीं हैं बल्कि दुर्लभ और विलक्षण होने के कारण ही वे कहानीकार का ध्यान आकृष्ट करते हैं, क्योंकि समाज में जहाँ परिपाटी से भिन्न कुछ घटित होता है उससे भी समाज की वास्तविक स्थिति का अधिक पता चलता है। ऐसे अपवाद प्रायः परिवर्तन और संभाव्य की सूचना देते हैं। कहना न होगा कि सूक्ष्मद्रष्टा साहित्यकार ही ऐसे अपवादों को देख पाते हैं और अपनी रचना के द्वारा समाज का ध्यान उस ओर आकृष्ट करते हैं। अग्रदर्शी लेखकों का कृतित्व कहीं अधिक महत्त्वपूर्ण है। हो सकता है कि लीक पीटने वाले लेखकों को इस पर एतराज हो, किन्तु यह तथ्य है कि साहित्य की महान् रचनाएँ प्रायः ऐसे ही तात्कालिक अपवादों को लेकर लिखी गई हैं।

यह सही है कि इतने मात्र से 'वापसी' की महत्ता स्वतः सिद्ध नहीं होती लेकिन इस सिद्धान्त के द्वारा 'वापसी' पर विचार करने के लिए एक द्वार अवश्य खुलता है और जिसका उपयोग इस तरह की अन्य रचनाओं के लिए भी हो सकता है। गरज़ कि 'वापसी' का अकेलापन सारे समाज का भले ही न हो, किन्तु वह 'सामाजिक' तो है ही। अकेलापन, ज़ाहिर है कि, व्यक्ति को ही महसूस होता है किन्तु यह व्याधि तो सामाजिक ही कही जायेगी—उसी प्रकार जैसे असामाजिकता भी सामाजिक व्याधि है। आधुनिक समाज में बढ़ती हुई विच्छिन्नता (एलियनेशन या इन्ट्रैंज़मेंट) की चर्चा मार्क्स ने भी की है जिसका एक रूप अकेलापन भी है किन्तु इससे मार्क्स को कोई व्यक्तिवादी या असामाजिक नहीं कहता। सवाल यह नहीं है कि 'वापसी' पढ़ने के पहले कोई पाठक सामाजिक तथ्य के रूप में इस वस्तु से परिचित है कि नहीं। सवाल यह है कि कहानी पढ़ने के बाद उसके मन में इस आसन्न या सम्भावित सत्य से कल्पना-प्रवण रचनाविधान से कोई दृष्टि मिलती है या नहीं। रचनात्मक साहित्य का कोई की अनुभव-सत्य इस अर्थ में तो अतिशयोक्ति पूर्ण होता ही है कि जीवन में पूर्णतः वह कहीं नहीं मिलता, किन्तु रचना की अपनी तर्क-प्रक्रिया के द्वारा लेखक किसी सामान्य तथ्य की परिणति ऐसी पूर्णता में करता है कि वह हमारे जीवन-संबंधी राग-बोध का मूल्यवान अंग बन जाता है। किसी रचना की 'व्यापकता' का निर्णय इसी धरातल पर किया जाता है।

इस प्रकार अपने जीवन में 'वापसी' की वापसी से असहमत होते हुए भी हम इतना तो समझ ही सकते हैं कि किसी स्थिति में हठवश संघर्ष करने की अपेक्षा कुछ समय के लिए हट जाना ज्यादा समझदारी है। कहना न होगा कि कहानी के इस सत्य को जो लोग नहीं समझ सके हैं उनकी अपेक्षा 'वापसी' के नायक में कहीं अधिक समझदारी दिखाई पड़ती है। न हर पलायन पलायनवाद है और न हर दर्द दर्दवाद, और हर पलायन तथा दर्द को 'रोमांटिक' कहना तो 'रोमांटिक' शब्द का निहायत ढीला-ढाला प्रयोग है। यदि इतने पर भी एक ही स्थिति में उत्पन्न होने वाली विभिन्न संभावनाओं को समझ सकने की 'नैतिक कल्पना' का आधार नहीं तैयार होता तो फिलहाल मैं भी हट जाना ही उचित समझता हूँ।

बहस के दौरान कहानी सम्बन्धी कुछ सामान्य सिद्धान्तों के भी प्रश्न उठाए गए हैं जिन्हें क़ायदे से तो व्यवहार के स्तर पर लाकर देखना ही समीचीन होता, किन्तु परिस्थिति को देखते हुए संक्षेप में उन पर सामान्य चर्चा की जा सकती है।

शिकायत की गई है कि 'नामवर ने नयी कहानी पर इतने लेख लिखे हैं पर वे आज तक सफाई के साथ यह नहीं बता सके (बताएँ भी कैसे जब वे स्वयं उलझाव के शिकार हैं) कि नयी कहानी क्या है और उसकी विशेषताएँ क्या हैं ?' कम-से-कम एक लेखक से ऐसे छात्रोचित सवाल की उम्मीद न थी। नयी कहानी की यदि कोई साफ-सुथरी परिभाषा दे भी दी जाय और उसकी कुछ विशेषताएँ एक-दो-तीन करके गिना भी जायँ तो उसका क्या उपयोग है ? (वैसे, कुछ लोगों का ख्याल है कि 'पाइंट्स में लिखने से ही लेख 'पाइंटेड' होता है और 'पाइंट्स' हासिल होते हैं।) बल्कि मेरा तो ख्याल है कि इससे लाभ की जगह हानि ही होती है ! कम से कम जो लोग फ़तवे के खिलाफ़ हैं उन्हें तो ऐसे फ़तवे की माँग नहीं ही करनी चाहिए। सवाल तो यह है कि इधर की कहानियों में जो नयापन आ रहा है उसे एक-एक कहानी के बीच में समझते और परखते हुए अपने कहानी-सम्बन्धी पूर्वनिर्मित राग-बोध का विस्तार किया जाय। और यह कार्य एक-एक कहानी के अन्तरंग विश्लेषण से ही हो सकता है जिसके लिए कहानी पढ़ने की पद्धति को अधिकाधिक यथातथ्य और परिष्कृत बनाने की आवश्यकता है। मुख्य प्रश्न पद्धति का है, प्रतिमान का नहीं। यदि साहित्य-रचना में आज बने-बनाए सिद्धान्तों की अपेक्षा रचना-प्रक्रिया के महत्त्व पर जोर दिया जा रहा है तो साहित्य-समीक्षा में भी बने-बनाए प्रतिमानों की अपेक्षा पाठ-प्रक्रिया पर ज़ोर देने की जरूरत है। इस संदर्भ में अत्यन्त नम्रता से निवेदन करना चाहूँगा कि एक अरसे से यथाशक्ति मैं वही कार्य कर रहा हूँ और अपने खयाल से सैद्धान्तिक ढंग से सामान्य बातें न कहते हुए भी सिद्धान्तों के निर्माण में योग दे रहा हूँ। हो सकता है कि फ़तवे की तानाशाही भाषा समझने के अभ्यस्त लोगों को इससे उलझन होती हो किन्तु उन्हें संतुष्ट करने के लिए मैं यह पद्धति बदलने से इन्कार करता हूँ।

मेरा विश्वास है कि यदि कहानी पढने की पद्धति का समुचित उपयोग किया जाता तो इधर कहानी-संबंधी जो हवाई वितंडा खड़ा हुआ है वह कम होने के साथ ही किसी उपयोगी रूप में सामने आया होता। तब शायद इस तरह के समझौतावादी नीतिपूर्ण वक्तव्य देने के लिए भी आलोचक विवश न होते कि 'मैं इतना कहकर संतुष्ट हूँ कि मुझे दोनों ही कहानियाँ विचलित करती हैं। मैं 'निर्गुण' की करुणा, दया-माया ममता, भावुकता का आदर करता हूँ। मैं उषा प्रियंवदा के गहरे निर्मम विषाद, उनकी कला की चित्रात्मकता और सामर्थ्य, उनकी भाषा की सहज प्रौढ़ता का प्रशंसक हूँ।' मैं भी ऐसे उदार हृदय का आदर करता हूँ जिसमें हर चीज़ के लिए जगह है, लेकिन हर चीज

अपनी जगह पर तो हो। एक साथ बहुत-सी रचनाएँ पसंद की जा सकती हैं किन्तु सुरुचि उसे कहते हैं जिसमें पसंद की जाने वाली रचनाओं के बीच कोई क्रम या व्यवस्था हो। कहना न होगा कि व्यवस्थित साहित्य-बोध का निर्माण सामान्य परिभाषाओं के द्वारा नहीं बल्कि भिन्न-भिन्न तात्कालिक प्रतिक्रियाओं को सुसंगत रूप देने से ही हो सकता है, इसी प्रक्रिया से अन्तर्विरोध भी शमित हो सकते हैं और राग-बोध भी संतुलित तथा परिपक्व हो सकता है।

जहाँ अभी तक यही विवादास्पद हो कि नई कहानी नाम की कोई चीज है ही नहीं और हिन्दी कहानी में कोई विशेष नयापन आया ही नहीं, वहाँ हवाई बहस से ज्यादा ज़रूरत इस बात की है कि किसी एक कहानी में ठोस ढंग से नवीनता को रेखांकित कर दिया जाय। आवश्यकता तर्क की नहीं, तथ्य की है। ज़ाहिर है कि किसी कहानी का यह नया तथ्य, सभी नई कहानियों की नवीनताओं को नहीं समेट सकता, किन्तु यह आंशिक तथ्य भी एक संभावित पूर्ण की ओर संकेत तो कर ही सकता है। 'एक शिल्पहीन कहानी' के सन्दर्भ में 'वापसी' को नई कहने का अधिक से अधिक यही अर्थ है। यदि 'एक शिल्पहीन कहानी' का पुरानापन 'वापसी' से निर्धारित होता है तो 'वापसी' का नयापन भी 'एक शिल्पहीन कहानी' से निर्दिष्ट होता है। इतनी मोटी-सी बात भी न देखने वाले सिर्फ बहस के लिए बहस कर रहे हैं। ऐसी बेकार की बहस वही रोपते हैं जिन्हें नई कहानी से कोई मतलब नहीं : न लिखने से और न पढ़ने से।

इसके विपरीत जिस लेखक का दृढ़ विश्वास है कि नई कहानी लिखी जा रही है, यह हरिशंकर परसाई की तरह आगे बढ़कर ठोस उदाहरण के साथ नई कहानी के किसी एक नयेपन को सामने रखता है जैसा कि उन्होंने राजेन्द्र यादव और मन्नू भंडारी की कमजोर लड़कियों से सम्बन्धित दो कहानियों की तुलना द्वारा किया है। यदि इसी तरह दूसरे लेखक भी एक-एक कोण से कहानी में आने वाले नयेपन को प्रस्तुत करें तो नई कहानी का स्वरूप स्पष्ट होने के साथ ही आज के युग का स्वरूप भी स्पष्ट हो सकेगा। अभी तक तो ज्यादातर 'नई कहानी' पर वैसी ही हवाई बहस और मारकाट होती रही है जैसी किसी समय निर्गुण-सगुण ब्रह्म को लेकर हुई थी। विचार का स्तर भले ही वह न हो और सम्भवतः संयम भी, लेकिन ढंग कुछ वैसा ही था।

तथाकथित 'अच्छी' कहानियों का विश्लेषण भी इसी प्रक्रिया का एक सोपान है, चाहे वह आरम्भिक ही क्यों न हो। इस बात की जाँच बहुत जरूरी है कि जो कहानियाँ ज़्यादातर अच्छी कही या समझी जा रही हैं वे दरअसल

क्या और कैसी हैं ? इस अस्पष्ट विश्लेषण के नाम पर कई तरह का मिला-जुला माल चालू किया जा रहा है, जिसे पसन्द करने के मूल में अधिकांशतः रूढ़-रुचि का 'स्टाक रेस्पान्स' है। सवाल मूर्ति-भंजन का नहीं, फूल-मालाओं में दबे देवता के उद्धार का है। जब सभी क्षेत्रों में मूल्यों के सामने प्रश्नचिह्न लगाया जा रहा है तो यहीं प्रश्न से परहेज़ क्यों ? इसमें हमें खोना कुछ नहीं है, सिवा अपनी रूढ़ मान्यताओं के। एक बार पाठकों की नाराजगी का ख़तरा उठाकर भी इन रूढ़ धारणाओं को चोट पहुँचाना जरूरी है। काश, जो शक्ति आलोचनाओं में निहित अभिप्राय को ढूंढ़ने में खर्च होती है, वह इस मनोवैज्ञानिक स्थिति को भेदने में लगती !

यह तथ्य है कि आज की बहुत-सी अच्छी कही जाने वाली कहानियों में प्रायः वही होता है जो लेखक के अनुसार पाठक पसंद करता है, वह नहीं जो लेखक स्वयं जीवन के क्षेत्र में खोजने के लिए विवश है। और जब कोई लेखक वह देता है जो लोग चाहते हैं, न कि वह जो स्वयं लेखक चाहता है तो अकसर वह लेखक मुंशी हो जाता है। इससे तात्कालिक लोकप्रियता चाहे जितनी मिल जाय लेकिन अन्ततः वह अपठनीय रह जाता है। जो हालत स्कूल में प्रशंसित 'अच्छे लड़कों' की आगे चलकर होती है, वही हालत प्रायः अपने समय के 'अच्छे लेखकों' की भी होती है। इसी दृष्टि से आज नई कहानी के विरुद्ध 'अच्छी कहानी' के नारे का खंडन आवश्यक है।

यदि किसी को आशंका है कि कहानियों में नवीनता पर ज़ोर देने से 'क्लासिक' समझी जाने वाली पुरानी कहानियों से हम वंचित हो जायेंगे, तो निवेदन है कि नवीनता का वास्तविक बोध केवल नई कहानियों को ही नहीं बल्कि तमाम कहानियों को समझने और रसास्वादन करने में सहायक सिद्ध हो सकता है। क्या यह तथ्य नहीं है कि नई कहानियों के आने के बाद से प्रेमचंद की कहानियों पर भी नई रोशनी पड़ी है ? क्या यह तथ्य नहीं है कि इधर की कुछ नई कहानियों के साथ कहानी कला के क्षेत्र में ऐसी नई बातें आई हैं जिन्होंने हमारी कहानी संबंधी पूर्ववर्ती धारणा को बदल दिया है ? कहानी क्या है और कहानी क्या हो सकती है—जैसे प्रश्नों से संबंधित उत्तर के बारे में क्या इन कहानियों के द्वारा कोई परिवर्तन नहीं हुआ है ? जिन्हें यकीन न हो वे बीस-पच्चीस वर्षों के अन्दर लिखी हुई पाठ्य-पुस्तकों की भूमिकाएँ नए कहानी-संग्रहों की भूमिकाओं के साथ रख कर देख लें। और नहीं तो कहानी सम्बन्धी नई-पुरानी परिभाषाओं की तुलना ही कर देखें।

प्रेमचन्द की कहानियाँ यदि आज भी नई लगती हैं तो इससे क्या साबित नहीं होता है कि आज की नई कहानियाँ नई नहीं हैं या कहानी में कोई नवीनता नहीं आई है। सवाल यह है कि प्रेमचन्द की कौन-सी कहानियाँ आज भी नई मालूम होती हैं ? क्या उनकी कुछ कहानियाँ आज पुरानी नहीं लगतीं ? और जो कहानियाँ नई लगती हैं उनमें क्या है जो नया है और आज का पाठक उनमें क्या पढ़ता है और किस बात के लिए उन्हें पसंद करता है। इस बात का ठोस उत्तर ऐसी किसी एक कहानी की तत्कालीन आलोचना तथा आज की आलोचना को साथ-साथ रख कर ही दिया जा सकता है और कहना न होगा कि आज की आलोचना में इसके लिए उपयुक्त सामग्री यथास्थान सुलभ है। पुरानी कहानी वह नहीं है जो पुराने युग में लिखी गई। पुरानी वह है जो आज भी पुराने युग की लीक पीट रही है, जैसे कोई आज भी रीति-कालीन कविता लिखे। वैसे, इस विषय में 'समान्य' ढंग से कोई बात कहना अति-सरलीकरण होगा।

इसी तरह यह आशंका भी निराधार है कि कहानी के पहले 'नई' विशेषण लगा देने मात्र से वह असामाजिक अथवा समाज-विरोधी तत्त्वों से भर जायगी। यदि समाज में ऐसे समाज विरोधी तत्त्व मौजूद हैं तो कहानी में प्रकट होने के लिए उन्हें किसी विशेषण की दरकार न होगी। 'नया' क्या 'पुराना' विशेषण लगाकर भी वे दाखिल हो सकते हैं और यदि वे कविता में हैं तो उन्हें कहानी में भी आने से रोकने के लिए केवल 'नई' विशेषण को हटाने से काम न चलेगा। वैसे, कुछ कहानीकारों का सारी नई कविता को समाज-विरोधी कहना मान-सिक संकीर्णता है; बार-बार प्रेमचन्द की महान् परम्परा की दुहाई देने से ही आज की हिन्दी कहानी 'स्वस्थ सामाजिकता' की एकमात्र हक़दार न हो जायगी। संसार के शायद ही किसी साहित्य में कविता बनाम कहानी जैसा बचकाना विवाद कभी हुआ है। सवाल समूचे साहित्य के सांगोपांग विकास का है—कहानी को समूचे साहित्य के सन्दर्भ में रखकर देखने का है और यहाँ रच-नात्मक स्पर्धा ही संघर्ष का सर्वोत्तम रूप है। 'सच्चे निर्णय के इस सहयोगी प्रयास' को आगे बढ़ाने के उद्देश्य से प्रस्तुत इस वक्तव्य का अन्त इस निमन्त्रण के साथ—

क्या फ़र्ज है कि सबको मिले एक-सा जवाब
आओ न हम भी सैर करें कोहे तूर की।

●

१४

सहयोगी प्रयास में कुछ ग्रौर

नया विषय लेने से ही कोई कहानी नई कहानी नहीं हो जाती; महत्वपूर्ण है विषय के प्रति लेखक की दृष्टि और फिर तदनुरूप उसका कलात्मक निर्वाह। उदाहरण के लिए, उषा प्रियंवदा की ही एक दूसरी कहानी 'जिन्दगी और गुलाब के फूल' जिसे बहस के दौरान जोर देकर 'नई कहानी' के नमूने के रूप में पेश किया गया है और जो अश्क जैसे कथाकार की राय में "नई भी है और अच्छी भी।" दलील यह दी गई है कि इस कहानी में एक ऐसी समस्या ली गई है जो पहले कभी थी ही नहीं; यह समस्या औरतों के नौकरी करने के साथ आई है। समस्या वह नई हो या नहीं, कहानी-समीक्षा में यह बात जरूर नई है कि सामान्य ढंग से हवाई बातें करने वाले भी अब ठोस उदाहरण लेकर मैदान में आने के लिए विवश हो गए हैं। अपेक्षित विश्लेषण वाले ब्यौरे का अभाव, वैसे, अभी भी है, फिर भी विचार-विमर्श को आगे बढ़ाने के लिए निकट से प्रस्तुत नमूने की जाँच होनी चाहिए और देखना चाहिए कि इसके निष्कर्ष नई कहानी-संबंधी व्यापक प्रश्नों पर कहाँ तक रोशनी डाल सकते हैं?

'जिन्दगी और गुलाब से फूल' एक ऐसे युवक की कहानी है जिसे "जिन्दगी ने गुलाब के फूल दिए थे लेकिन उसने स्वयं ही उन्हें ठुकरा दिया।" माँ की ममता, बहिन का प्यार और शोभा जैसी लड़की जिससे उसकी सगाई हो चुकी थी—यही गुलाब के फूल हैं। लेकिन ये तमाम चीजें तब थीं जब वह नौकरी करता था। आवेश में आकर उसने नौकरी छोड़ दी तो सगाई भी टूट गई और बहिन का प्यार दैनिक अपमान में बदल गया। क्योंकि बहिन अब स्वयं नौकरी करने लगी थी और वह अब रोटी के लिए एकदम बहिन पर निर्भय था। कहना कठिन है किसका दुख उसे ज्यादा है—बहिन के निर्मम व्यवहार का या सगाई के टूटने का या फिर इन दोनों के मूल में निहित अपनी बेकारी और परोपजीवी ज़िन्दगी का? स्वयं उस युवक के मन में यह बात स्पष्ट नहीं है और न कहानी ही इसे कहीं स्पष्ट करती है। कहानी का 'फ़ोकस' इनमें से

किसी एक पर नहीं है। बहुत ध्यान से देखने पर भी कहानी में 'फ़ोकस' या एक केन्द्र विन्दु का पता नहीं चलता; और यह तथ्य स्वयं कहानी-लेखिका की दृष्टि पर 'फ़ोकस' डालता है। यदि कहानी का 'फ़ोकस' किसी एक विन्दु पर नहीं पड़ता तो यही निष्कर्ष निकालना पड़ेगा कि इस विषय में कहानीकार की दृष्टि भी स्पष्ट नहीं है।

लेकिन इससे प्रभाव की किसी 'जटिलता' का निष्कर्ष निकालना भी जल्द-बाजी होगी। 'फ़ोकस' का छितरा जाना और 'जटिल प्रभाव' उत्पन्न करना एक ही नहीं है। यदि मुख्य वस्तु भाई-बहिन का सम्बन्ध है तो इसको तीव्र करने में सगाई वाला प्रसंग कहीं से भी सहायक नहीं साबित होता। सगाई वाले प्रसंग को लाने का अर्थ ही है कहानीकार की दृष्टि में बहिन के ऊपर भाई का निर्भर होना एक कहानी के लिए नाकाफ़ी। यह भी हो सकता है कि मँगेतर की चर्चा एक रोमांटिक अपील के लिए लाया गया हो क्योंकि जिस तरह कहानी में रह-रहकर उसकी मँगेतर आती है उससे एक प्रकार की अतिरिक्त भावुकता के अलावा और किसी प्रभाव की वृद्धि नहीं होती। ये दोनों प्रसंग कहानी के केन्द्रीय प्रभाव को जटिल करने की अपेक्षा विभाजित ही अधिक करते हैं। यहाँ तक कि यह निर्णय करना कठिन हो जाता है कि कहानी मँगेतर वाली समस्या को मुख्य मानती है या बहिन वाली समस्या को! बहिन का अपमान मुख्य है या शादी का टलना? इस प्रकार जिस समस्या के आधार पर कहानी 'नई कहानी' कही गई है वह स्वयं कहानी से मुख्य समस्या के रूप में उभरती दिखती ही नहीं। वस्तुतः जिसे इस कहानी की समस्या कहा जा रहा है, वह कथानक के निमित्त लाई गई एक 'स्थिति' मात्र है—अनेक स्थितियों में से एक स्थिति।

स्वयं कहानी के शीर्षक से भी ऐसा ही लगता है कि कहानीकार का ध्यान किसी एक फूल पर नहीं बल्कि अनेक फूलों पर है। उसकी दृष्टि में गुलाब का फूल नहीं बल्कि 'गुलाब के फूल' हैं। और जाने इस फूल के प्रति लेखिका के मन में कितना लोभ है कि कहानी के अन्दर जहाँ देखिए वहीं गुलाब। कहानी शुरू होते ही कमरे में वह गुलदस्ता मिलता है जिसमें इस समय तो कागज के फूल हैं लेकिन कभी उसकी मँगेतर शोभा अपने बाग के गुलाब लगा जाती थी। फिर थोड़ी देर बाद दृष्टि उस टीकोजी पर पड़ती है जिस पर बहिन वृन्दा ने गुलाब का फूल काढ़ा था। गुलाब के फूल कथानायक के पीछे कुछ इस तरह पड़े हैं कि वह तरकारी खरीदने जाता है तब भी दिमाग में वही रहता है। सामने तरकारियों की दुकान है लेकिन दिमाग में यह ख़्याल कि

"जिन्दगी ने उसे भी गुलाब के फूल दिये थे।" फिर यह अवसर भी आता है जब स्वयं शोभा उसे खाना खिलाने आती है और ऐसे समय इस बात का जिक्र जरूरी हो जाता है कि उसके बालों से गुलाब के फूलों की महक आ रही थी। और इतने पर भी यदि किसी का मन न भरे तो अन्त में लीजिए गुलाबों का एक पूरा बगीचा। कथानायक घायल होकर अस्पताल नहीं जाता बल्कि सीधे पार्क में चला जाता है क्योंकि उसे दवा से ज्यादा गुलाब के फूलों की जरूरत है। कहानी लेखिका के शब्दों में "अपना ध्यान पीड़ा से हटाने के लिए वह फूलों की ओर देखने लगा!" क्यों न हो? कहानी लेखिका की कृपा से "उसकी बेंच की पास ही गुलाब की घनी बेल थी, जिसमें हलके पीले फूल थे।" यही नहीं बल्कि वह बेंच से उठकर घास पर जाता है तो वहाँ भी "सुखदायी हवा में गुलाब के फूलों की सुवास थी।" इस तरह जिन्दगी में न सही, कहानी में कदम-कदम पर गुलाब के फूल हैं। हाथ में कलम है तो क्या ग़म है? जब शीर्षक ही 'जिन्दगी और गुलाब के फूल' रखने का निश्चय कर लिया तो कहानी के अन्दर गुलाब के फूलों को कम से कम आठ-दस बार तो आना ही चाहिए। कहानी-संबंधी कितनी नई समझ है यह! लोग यही कहते हैं न कि प्रतीकों का प्रयोग नई कहानी की विशेषता है—गुलाब के फूल हाज़िर हैं। बासी हैं तो क्या हुआ? प्रतीक तो हैं! क्या यह दुर्बलता केवल एक शीर्षक या प्रतीक की है। या यह एक लक्षण है जिसके मूल में कहानी-सम्बन्धी पूरी एक रूढ़ समझ छिपी हुई है?

ज़रा-सा ध्यान देने से पता चल जायगा कि इतने गुलाब के फूल अचानक नहीं आ गए हैं और न ज़िन्दगी के विरोध में फूलों का प्रतीक ही आकस्मिक है! जिस पद्धति पर कहानी का कथानक गढ़ा गया है और जिस तरह एक के बाद दूसरी घटनाओं को जमा करते हुए अन्त में चरम सीमा के निर्माण के लिए कथानायक को घायल कर दिया गया है वह सब काफी घिसे-पिटे नुस्खे की करामात है। यहाँ तक कि कथानायक का चरित्र भी 'आधुनिक युवक' की अपेक्षा पिछले ज़माने के भावुक रूमानी युवक का अवशेष है। उदाहरण के लिए कथानक का यह भावोच्छ्वास : "मैं जिन्दगी में फेलियर हूँ कम्पलीट फेलियर! कुछ नहीं कर सका। जैसे मेरी जिन्दगी में अब फुल-स्टॉप लग गया है। ऐसे ही रहूँगा। तुम्हारे फ़ादर ने ठीक ही किया है। तुम सुखी होओगी। प्यार से बड़ी एक और आग होती है, भूख की, पेट की।"

'चौंकने की बात नहीं। न यह किसी सस्ती फ़िल्म का संवाद है और न सन् तीस के दिनों की लिखी किसी विद्यार्थी की कहानी का कोई उद्धरण! ये

वाक्य हैं 'जिन्दगी और गुलाब के फूल' कहानी जिसे अश्क जैसे कथाकार 'नई कहानी, कहते हैं—नई कहानी ही नहीं, अच्छी भी। इस पर भी यदि अश्क दावा करें कि 'नयी कहानी क्या है और पुरानी कौन सी है—मैं इसे खूब समझता हूँ'' तो भला कोई क्योंकर उनका मुंह बन्द करे ! क्या यह भाषा आज के युवक की है या आज की कहानी की है ? आज का कौन नया कहानीकार है जो 'सुखदायी हवा' लिखता है ? 'लड़को पढ़ना है सुखमयी' जैसी पंक्ति बहुत से लोगों ने संभवतः बचपन में सुनी होगी ! निष्कर्ष यह कि समूची कहानी का ढाँचा और विषय-वस्तु का 'ट्रीटमेंट' या निर्वाह क़ाफ़ी पुराना है। इस कहानी से स्पष्ट हो जाता है कि किस प्रकार एक परंपरा प्राप्त रूढ़ ढाँचा नई विषय-वस्तु को भी पुराना बना देता है और कभी-कभी 'फ़ार्म' ही 'करंट' के लिए नियामक हो जाता है।

निस्सन्देह कहानी के इस पुराने ढाँचे में भी कहानीकार की यथार्थ-दृष्टि कहीं-कहीं पर उभरती दिखाई देती है—खास तौर से बहिन-भाई के सम्बन्ध के चित्रण में। नौकरी कर लेने के बाद बहिन किस तरह धीरे-धीरे परिवार पर हावी होती जाती है इसके एक-एक ब्यौरे का बड़ा ही सजीव वर्णन उषा प्रियंवदा ने किया है। ''उसकी सारी चीजें वृन्दा के कमरे में जा चुकी थीं, सबसे पहले पढ़ने की मेज, फिर घड़ो, आराम-कुर्सी और अब कालीन और छोटी मेज भी। पहले अपनी चीज वृन्दा के कमरे में सजी देख उसे कुछ अटपटा लगता था, पर अब वह अभ्यस्त हो गया था यद्यपि उसका पुरुष-हृदय घर में वृन्दा की सत्ता स्वीकार न कर पाता था।'' छोटे-छोटे ब्यौरे का यह हाल है कि घर में आने वाले अखबार की बात को लेकर भी अधिकार-परिवर्तन का मार्मिक रूप खड़ा कर दिया गया है : ''पहले जब तक वह स्वयं अखबार न पढ़ लेता था, वृन्दा को अखबार छूने की हिम्मत न पड़ती थी, क्योंकि वह हमेशा पन्ने गलत तरह से लगा देती थी। अब उसे अखबार लेने वृन्दा के कमरे में जाना पड़ता था और इसीलिए उसने घर का अखबार पढ़ना छोड़ दिया था।'' यहाँ तक कि पहले जहाँ भाई के अनुसार घर के काम होते थे, अब खाना भी बहिन की सुविधा के अनुसार बनता था। नारी-दृष्टि जो छोटे-से-छोटे ब्यौरे पर रहने के लिए विख्यात मानी जाती है, उसकी सहज पुष्टि जैसे 'जिन्दगी और गुलाब के फूल' कहानी करती है।

विडम्बना या 'आइरनी' का बोध यथार्थ-दृष्टि का ही आधुनिक विस्तार है और संतोष की बात है कि उषा प्रियंवदा की यह कहानी 'आत्मविडम्बना' के रूप को भी बारीकी से व्यक्त करती है। ''अपने अफसर की अपमानजनक

बात सुनकर तो उसने अपने आत्म-सम्मान की रक्षा के लिए इस्तीफा दे दिया था, लेकिन अब कहाँ है वह आत्म-सम्मान ? छोटी बहिन पर भार बन कर पड़ा हुआ है !" यह आत्म-विडम्बना नहीं तो क्या है ?

और अन्त में घर लौटने का निश्चय करके भी भाई का घर लौटना तथा "तिपाई खींचकर लालचियों की तरह जल्दी-जल्दी बड़े-बड़े कौर खाने लगना" जैसे कटुतम यथार्थ की चरम स्वीकृति है।

आश्चर्यजनक है कि यह यथार्थबोध भी उसी भावुक रूमानी दृष्टि से संबद्ध है। इसकी क्या व्याख्या हो सकती है ? रूमानी और यथार्थवादी दृष्टियों के इस अन्तर्विरोध का क्या समाधान है ?

ध्यान से देखें तो भाई-बहन को सम्बन्ध का जो यथार्थ चित्रण प्रस्तुत हुआ है उसके प्रति कहानीकार की दृष्टि यथार्थवादी नहीं है। नारी हो या पुरुष अधिकार का स्रोत अर्थोपार्जन है, इस वस्तु-सत्य की जगह कहानी यह संकेत देती है कि अर्थोपार्जन करके आत्मनिर्भर होने वाली नारी का अधिकार जताना बुरा है। कहना न होगा कि यह जीवन-दृष्टि पुराने सामंती संस्कारों का परिणाम है और यदि एक नारी लेखिका भी इस जीवन-दृष्टि के अधीन हो तो इसमें आश्चर्य की कोई बात नहीं है। नारी के द्वारा नारी का अहित न होगा—इसके मूल में प्रायः भ्रान्त जीवविज्ञान ही हुआ करता है। यह आकस्मिक नहीं है कि कहानी भाई की दृष्टि से कही गई है जो स्वयं भावुक और रूमानी चरित्र का है। इस रूमानियत और अवैज्ञानिक जीवन-दृष्टि का मेल आकस्मिक नहीं है। क्या इस जीवन-दृष्टि से कहानी के रूपविन्यास का सर्वथा अप्रभावित रह जाना संभव है ? भावावेश में जहाँ कथानायक घायल होता है वहाँ कथा-शिल्प आकस्मिकता का शिकार होता है क्योंकि इसके अलावा कोई गति नहीं है और निश्चय ही इसके साथ ही वह रूमानी जीवन-दृष्टि चोट खाती है। लगता है कि एक हद के बाद वर्तमान जीवन के 'आर्थिक संबंधों की तह में जाने की क्षमता कहानीकार में नहीं है।

यह उल्लेखनीय है कि 'जिन्दगी और गुलाब के फूल' उषा प्रियंवदा की आरंभिक कहानियों में से हैं—पहली बार यह कहानी जुलाई, ५८ की 'कहानी' पत्रिका में छपी थी। इससे एक कहानीकार की रचना-प्रक्रिया की उस संक्रमण-कालीन स्थिति का पता चलता है जिसमें प्राचीन से नवीन की ओर और आदर्शवादी रूमानियत से यथार्थवाद की ओर अग्रसर होने का कठिन द्वन्द्व

होता है। निष्कर्ष यह कि रूढ़ परिस्थितियों और रूढ़ घटनाओं के बीच से गुजरते हुए भी यदि कोई कहानीकार रूढ़ निष्कर्षों से बच जाय तो इसे भी एक हद तक रूढ़ि-मुक्ति ही कहना चाहिए। ऐसे ही नये प्रयास आगे चल कर नई कहानी के पूर्वपंथ प्रमाणित हुए हैं।

प्रतिपत्ति

१

नई कहानी : नया सन्दर्भ

कहानी क्या सचमुच ही, जैसा कि उस आयरिश लेखक ने लिखा है, गुरिल्ला-लड़ाई है जो सरहदों पर लड़ी जाती है ? हिन्दी में कहानी की इतनी चर्चा, जब कि दूसरे देशों में इस विषय पर एकदम सन्नाटा—आखिर इस घटना की क्या व्याख्या है । और क्या हिन्दी में भी कहानी का सच्चा संघर्ष इस शाब्दिक संग्राम की बाहरी सीमाओं पर नहीं चल रहा है । एक समय रूस में भी ऐसे ही सरहद पर चेखब की कहानियों को लड़ना पड़ा था और फिर उसके बाद अमेरिका सरहद पर हेमिंग्वे और उसकी पीढ़ी को ! बहरहाल, हिन्दी में उत्तर-शती का पहला दशक निश्चय ही एक नये कहानी-उत्थान के लिए याद किया जायेगा । कुछ तो इस बात के लिए कि देखते-देखते एक दशक के अंदर दर्जनों व्यावसायिक-साहित्यिक पत्रिकाएँ निकल गईं और उनके साथ नये कहानीकारों की एक पूरी फ़ौज खड़ी हो गई; और कुछ इस बात के लिए भी कि हिन्दी में कहानी-सर्जना की एक नयी संभावना दिखाई पड़ी । शोरगुल के बीच यह सर्जनात्मक संभावना कहीं दब न जाय, इसलिए इतिहास के पूरे परिदृश्य में वस्तुस्थिति को स्पष्ट करना आवश्यक हो उठा है ।

आजादी के साथ भारत में वह शिक्षित मध्यवर्ग स्थापित, विकसित और संवर्धित हुआ जो साहित्य के इतिहास में कहानी का जन्म-दाता है । शुरू के तीन-चार वर्षों की संक्रमणकालीन अराजकता की स्थिति जैसे ही समाप्त हुई और संविधान-निर्माण के द्वारा देश में जनतंत्र कायम हो गया तो साहित्य-सृष्टि के लिए एक नया वातावरण मिला । राष्ट्र-भाषा हिन्दी ने राजकीय स्वीकृति प्राप्त करके भारतीय साहित्य में एक नई ऐतिहासिक भूमिका शुरू की और लोकप्रिय साहित्य-रूप कहानी का स्वभावतः सबसे अनुकूल वातावरण मिला । यह आकस्मिक नहीं है कि जो 'कहानी' पत्रिका सन् १९३८ में निकलकर कुछ दिनों बाद ही लड़ाई के कारण बंद हो गई, उसे फिर निकालने का हौसला सरस्वती प्रेस को १९५४ में हुआ ! सरस्वती प्रेस की कहानी हिन्दी में इस दशक

की कहानी की पहली साहित्यिक पत्रिका तो नहीं, बल्कि एक तरह से इस पूरे कहानी-दशक की शुरुआत है। कहानियाँ हंस, प्रतीक, कल्पना आदि पत्रिकाओं में भी छपती थीं और छपने लगी थीं, निश्चय ही काफ़ी पहले से; किन्तु 'कल्पना' को छोड़कर शेष सभी १९५४ आते-आते बन्द हो गईं। इसके अतिरिक्त बिल्कुल कहानियों की ही पत्रिका निकलने की कुछ और ही बात है।

तब तक साहित्य में कहानी का स्थान प्रायः वही था, जो इन साहित्यिक पत्रिकाओं में कहानी को दिया जाता था। नई प्रतिभाएँ मुख्य रूप से अन्य विधाओं की ओर उन्मुख थीं। इसलिए जब 'कहानी' पत्रिका निकली, तो आभास हुआ कि कहानी के क्षेत्र में भी कुछ नई प्रतिभाएँ आने लगी हैं और शायद इसीलिए पूरी एक पत्रिका की आवश्यकता महसूस हो रही है। महसूस तो इस बात को संभवतः और लोग भी करते रहे होंगे किन्तु उस समय इसको पहली बार वाणी दी अप्रैल, '५४ की कल्पना में 'साहित्य-धारा' के अन्तर्गत 'चक्रधर' नाम से लिखने वाले एक नये लेखक ने! वक्तव्य इस रूप में आया कि 'एक लम्बे समय के बाद छोटी कहानियाँ फिर से अपनी ओर पाठकों का ध्यान आकृष्ट करने लगी हैं। प्रेमचंद के बाद जैनेन्द्र, अज्ञेय और यशपाल को छोड़कर सहसा पाठक हिन्दी कहानियों में किसी भी ऐसे स्थान पर रुकने को बाध्य नहीं हुआ, जहाँ थमकर एक पीढ़ी ऐसी मिली हो, जिसने छोटी कहानियों की वस्तु और शैली समृद्धि की हो। इधर लेखकों की एक ऐसी पाँत उठ खड़ी हुई है, जो अपनी जगह रुचि और सामाजिक संस्कार की विभिन्नता के साथ, पाठकों में अपने ढंग से पहुँच रही है।' यह कथन वस्तु-स्थिति के निकट था, इसकी पुष्टि हुई आगे चलकर 'कहानी' के संचालक-संपादक श्रीपतराय के इन शब्दों से कि "युद्धोत्तर हिन्दी कहानी में जो गतिरोध उत्पन्न हो गया था, वह अब जैसे टूट चला है और स्वस्थ प्रवृत्तियाँ बलशीला हो चली हैं।"

इस प्रकार कहानी में एक नई पीढ़ी आई ही नहीं, बल्कि एक गतिरोध के बाद आई—गतिरोध को तोड़कर! गतिरोध इस प्रकार था कि जैनेन्द्रकुमार, यशपाल, अज्ञेय, भगवतीचरण वर्मा, उपेन्द्रनाथ अश्क आदि युद्धपूर्व की बड़ी प्रतिभाएँ मानी जाती थीं और '१९५४ तक पहुँचते-पहुँचते इनकी रचना-शक्ति को किसी ने ग्रस लिया—कुछ लोग कभी-कभी अच्छी-न-बुरी कहानियाँ लिखते रहे, पर कुछ बिल्कुल ही मौन हो गये।'

यशपाल और अज्ञेय को संभवतः अपवाद कहा जा सकता है। नये कहानीकारों ने, निस्सन्देह, इनसे प्रेरणाएँ ली हैं। किन्तु क्या इनके परवर्ती कहानी कृतित्व में सचमुच ही कोई रचनात्मक संभावना दिखती है? अज्ञेय ने, निश्चय

ही युद्ध के मोर्चे से लौटकर साहित्यिक सक्रियता का परिचय दिया। 'प्रतीक के संपादन के साथ उन्होंने कविता और उपन्यास की तरह कहानी-रचना की दिशा में भी उत्साह से क़दम बढ़ाया और वह भी युद्धोत्तर-कालीन विविध सामाजिक अनुषंगों का आभास देते हुए। किन्तु क्या 'शरणार्थी' और 'जयदोल' की कहानियाँ स्वयं लेखक के पूर्ववर्ती प्रयासों का परिमार्जन मात्र नहीं है ? आकस्मिक नहीं है कि कुछ दिनों बाद 'कलाकार की मुक्ति' कहानी के साथ उन्होंने कहानी से एकदम 'मुक्ति' ले ली। जब 'वस्तु-सत्य' हेय प्रतीत होने लगा और 'काव्य-सत्य' अथवा 'प्रतीक-सत्य' श्रेय, तो कहानी की वास्तविक भूमि का छूटना निश्चित था। विचित्र संयोग है कि इस युग में आकर यशपाल और अज्ञेय दोनों ही पुराण-गाथा की ओर मुड़ गए। एकदम दो भिन्न राहों के राही इस मामले में एक मंजिल की ओर चल पड़े—'प्रतीक-सत्य' की खोज में।

स्पष्ट है कि ये लेखक नये सन्दर्भ से ठीक-ठीक नहीं जुड़ पाए। और यह तथ्य है कि स्वाधीनता के बाद हमारा साहित्य सर्वथा एक नये संदर्भ में आ पड़ा। इस संदर्भ से जुड़े बिना लेखन तो संभव है, लेकिन साहित्य-सृजन नहीं। नये भावबोध पर प्रकाश डालते हुए अज्ञेय ने स्वयं स्वीकार किया है, 'केवल संदर्भ नया होता है और वही नया अर्थ दे देता है। जो नये संदर्भ को पहचानने को तैयार है, वह अपने-आप नया हो जाता है और उसमें से नया अर्थ बोलने लगता है।' और इस दृष्टि से कहना न होगा कि अज्ञेय की तत्कालीन कहानियों में संदर्भ के अनुरूप नया अर्थ बोलता सुना न गया। दरअसल इस पीढ़ी को अपने पुराने पड़ जाने का ठीक-ठीक अहसास तभी हुआ, जब एक नई पीढ़ी का नया कृतित्व सामने आया।

इस अहसास का स्पष्ट पता चलता है पहली बार श्रीपत राय के इस कथन से, जब वे 'कहानी : नववर्षाङ्क—१९५६' में कहते हैं कि 'बीच-बीच में मुझे संदेह होने लगता है कि कहीं मैं समय की गति से पीछे तो नहीं हूँ और इस कारण मुझे हिन्दी कहानी में वह उन्नति नहीं परिलक्षित हो रही है, जिसकी आशा करनी चाहिए। यह स्वीकार करने में मुझे आपत्ति नहीं कि कहानी का स्वरूप बदल रहा है और मैं शायद अपने पुराने संस्कारों के कारण कहानी से वह माँग कर रहा हूँ जो आज उसका लक्ष्य ही नहीं है।'

इस संदर्भ में अनायास ही अंग्रेजी के प्रतिष्ठित कथाकार ई० एम० फ़ोर्स्टर का वह कथन याद आ जाता है : 'मैं सोचता हूँ कि जिन कारणों से मैंने उपन्यास लिखना बन्द कर दिया, उनमें से एक कारण यह है कि संसार का सामाजिक रूप इतना अधिक बदल गया। मैं पुराने ढंग की, परिवारों वाली दुनिया के

बारे में लिखने का आदी था, जो अपेक्षाकृत शान्त थी। वह सब चला गया और यद्यपि मैं नई दुनिया के बारे में सोच सकता हूँ फिर भी उसे कथाकृति में नहीं रख सकता।'

इस प्रकार की आत्म-स्वीकृतियाँ नये-पुराने के लम्बे संघर्ष के बाद ही सामने आती हैं और कहना न होगा कि हिन्दी-कहानी में वह समय इस संघर्ष की शुरुआत का था।

उस समय हिन्दी में कहानीकारों की इस नई पीढ़ी को एक और तरह की कहानियों से मोर्चा लेना पड़ा, जिन्हें उर्दू कहानीकार क्रिशनचन्दर की विकृति कहा जा सकता है। 'हंस', 'नया साहित्य' और 'नया पथ' के तत्कालीन अंक इन कहानियों से भरे मिलेंगे। नुस्खे के मुताबिक ये 'क्रान्तिकारी रोमांटिसिज्म' की कहानियाँ कहलाती थीं : वही 'क्रान्तिकारी रोमांटिसिज्म' जिसकी खामियाँ अब जाकर हंगेरी के मार्क्सवादी आलोचक जार्ज लुकाच की पुस्तक 'समकालीन यथार्थवाद का अर्थ' से प्रकट हुई। नई पीढ़ी के बहुत से कहानीकारों का जन्म इसी दौर में हुआ था और कुछ ने स्वयं भी इस रंग की कहानियाँ लिखी थीं। इसलिए इस कहानी-शैली की कृत्रिमता का अहसास भी सबसे ज्यादा इन्हीं कथाकारों को हुआ। आज़ादी के साथ देश का संदर्भ बदलते ही इन कहानियों की अवास्तविकता उघड़ गई। इस मोह भंग का पता तत्कालीन पत्रिकाओं में व्यक्त नये लेखकों की प्रतिक्रियाओं से चल सकता है।

उदाहरण के लिए अमृतराय की 'लाल धरती' पर मई-जून, '५२ के 'प्रतीक' में सत्येन्द्र शरत की समीक्षा का यह अंश : 'शैली में कताई का गुण—जिसके कृष्णचन्द्र मास्टर हैं और जो कि उनकी समस्त रचनाओं का एकमात्र सौन्दर्य या आकर्षण है—अमृतराय के इन गद्यांशों में भी मिलता है। यानी तकली पर कपास लगा दी और तकली चला दी। जब सूत बहुत लम्बा हो गया, तो उसे झटके से तोड़ लिया और तकली पर लपेट लिया। लीजिए, कहानी तैयार हो गई।' सर्वविदित है कि उस समय ऐसी कताई करने वाले अनेक अमृतराय थे। और कुछ दिनों तक कहानी के नाम पर ऐसे गद्यांशों का प्रचार था।

शैली के अतिरिक्त विषय-वस्तु में भी कुछ दिनों के लिए हिन्दी कहानी क्रिशनचन्दर-शैली की उर्दू कहानियों से आक्रांत थी—स्वयं 'कहानी' पत्रिका के आरम्भिक अंकों में भी ऐसी कहानियों के अनुवाद भरे रहते थे। हाजरा मसरूर की इसी तरह की एक कहानी 'कोठी और कोठरी' को लेकर अक्तूबर, '५७ की 'कल्पना' में एक टिप्पणी निकली, 'साहित्य-धारा' के अन्तर्गत जिसमें कहा गया है कि किस प्रकार एक गरीब की बीबी, धनी-सेठ और शराब जैसे

चंद नुस्खों के द्वारा तथाकथित 'प्रगतिशील' कहानी तैयार की जाती है; और ग़रीबी के वास्तविक चित्रण को जगह ग़रीबी का मज़ाक उड़ाया जाता है ! इसलिए 'आज नये कहानी पाठक एवं जीवन के प्रत्यक्ष दर्शन के लिए वह एक नकली और बेमानी चीज़ लगने लगती है ।'

इन दो तात्कालिक प्रतिक्रियाओं से स्पष्ट कि हिन्दी कहानी की नई पीढ़ी किस प्रकार पुरानी कथा-रूढ़ियों और नुस्खों से सर्वथा मुक्त होकर वास्तविक जीवन से पुनः जुड़ने के लिए आकुल थी । वैसे 'जीवन' और 'यथार्थ' की बात कौन नहीं करता । पुराने लेखक भी 'जीवन' और 'यथार्थ' के नाम पर ही यह सब करते रहे । किन्तु कौन नहीं जानता कि जीवन और यथार्थ को पकड़ने के लिए युग में जो सूत्र ढूंढ़ा जाता है, वह थोड़े ही दिनों में एक जड़ और मुर्दा फ़ार्मूला साबित होता है और जीवन में गहरे जाने के लिए बेकार ही नहीं, बाधक को जाता है । इसीलिए जब कोई नई पीढ़ी नये सिरे से 'जीवन और यथार्थ' की पुकार मचाने लगे, तो समझना चाहिए कि इन चिर-परिचित गोल-मोल शब्दों के जरिये किसी नये सूत्र की तलाश की जा रही है । इतिहास के नियम से इसी तरह एक युग का सत्य दूसरे युग के लिए झूठ हो जाता है और झूठ के द्वारा सिर्फ लीक पीटी जा सकती है; साहित्य-सर्जन के लिए तो पहले उस झूठ को 'झूठ' साबित करना पड़ेगा । इस समय नये लेखक बार-बार जो सत्य का आग्रह कर रहे थे उसका यही अर्थ था ।

इसी सत्य के आधार पर नये कहानीकारों ने प्रतिष्ठित कहानीकारों से सर्जनात्मक होड़ ली और इस होड़ का साफ आईना है तत्कालीन 'कहानी' पत्रिका । 'कहानी' के अन्दर जिस गति से नई पीढ़ी पुरानी पीढ़ी की जगह लेती चली गई वह शुरू के दो वर्षों में ही स्पष्ट हो जाता है । पहले नववर्षाङ्क में जहाँ अस्सी प्रतिशत कहानियाँ पुराने कहानीकारों की हैं, वहाँ दूसरे नव-वर्षाङ्क में अनुपात एकदम उलट जाता है—अस्सी प्रतिशत हो जाते हैं नये कहानीकार ! और यह नई पीढ़ी पर अतिरिक्त कृपा या प्रोत्साहन मात्र नहीं है । विशेषांक में नई पीढ़ी का कृतित्व स्पष्टतः श्रेष्ठतर है । इस दृष्टि से कहानी नववर्षाङ्क—१९५६ का ऐतिहासिक महत्त्व है और इसका अधिकांश श्रेय कृती संपादक भैरवप्रसाद गुप्त को है । हिन्दी जगत् में इस विशेषांक की जितनी व्यापक चर्चा हुई और जैसा सहर्ष स्वागत हुआ, उससे कहानी के नवजागरण की नींव पड़ गई । निःसन्देह इस विशेषांक की नई कहानियाँ परम्परागत कहानी के दायरे मे सर्वथा मुक्त नहीं हैं, किन्तु इनसे एक नये समारम्भ का आत्म-सजग आभास अवश्य मिलता है । इतना ही नहीं हुआ कि

नये ढंग की कहानियाँ लिखी गईं, नये कहानीकारों को इसका भी अहसास था कि वे नया लिख रहे हैं। महत्त्वपूर्ण है यह आत्म-सजगता।

कहानी : नववर्षाङ्क-१९५६ इसलिए भी उल्लेखनीय है कि इसी में पहली बार स्पष्टतः प्रश्न के रूप में 'नई कहानी की' बात उठाई गई।

संभवतः इस कहानी-विशेषांक की रचनात्मक संभावना का ही प्रभाव था कि अगले वर्ष महाराष्ट्र-राष्ट्रभाषा-सभा, पूना ने कहानियाँ—१९५५ नाम से एक कहानी-संकलन ही प्रकाशित कर दिया। यह एक घटना है हिन्दी कहानी के इतिहास में। इसे एक तरह से हिन्दी कहानी के नवजागरण का दस्तावेज भी कह सकते हैं। निकष', 'ज्ञानोदय' जैसे कुछ अन्य पत्रों से थोड़ी सी कहानियाँ लेने के बावजूद यह संकलन लगभग अस्सी प्रतिशत कहानियों के लिए 'कहानी' के उक्त नववर्षाङ्क का ऋणी है। कहानियों की सूची पर एक नज़र डालने से ही पता चल जाता है कि वर्ष कितना सर्जनशील था। गदल, रसप्रिया, गुलकी बन्नो, मवाली, हंसा जाई अकेला, डिप्टी कलक्टरी, चीफ़ की दावत, बादलों के घेरे, सेब, एक कमजोर लड़की की कहानी जैसी दस महत्त्वपूर्ण कहानियाँ यदि सिर्फ एक वर्ष में लिखी जायँ, तो उस युग की सर्जनात्मकता के प्रति उत्साह का अनुभव क्यों न हो!

यह वही समय है, जब हिन्दी में निकष, संकेत, हंस-अर्धवार्षिक जैसे बड़े-बड़े साहित्य-संकलन निकाले गए, जिनमें नवलेखन की सभी विधाएँ दृष्टि, वस्तु और शिल्प-गत विविधताओं सहित एक साथ प्रकाश में आईं। नई पीढ़ी की कहानियाँ यहाँ नयी कविता के साथ-साथ छपीं। ध्यान देने की बात है कि उस समय नई पीढ़ी के बीच 'नयी कविता' बनाम 'नई कहानी' जैसा कोई विवाद न था। हंस अर्धवार्षिक संकलन में जहाँ मोहन राकेश, मार्कण्डेय, शेखर जोशी, हरिशंकर परसाई की कहानियाँ छपीं, वहीं निर्मल वर्मा की कहानी 'परिंदे' और मुक्तिबोध, केदारनाथ सिंह, श्रीकांत वर्मा आदि की 'नयी कविता' भी साथ-साथ पढ़ने को मिलीं। इसी प्रकार 'संकेत' में अमरकांत, राजेन्द्र यादव, मोहन राकेश की कहानियों के साथ रघुवीरसहाय की 'खेल' कहानी भी प्रकाशित हुई। यही बात 'निकर्ष' में कहानियों के बारे में भी कही जा सकती है। सभी जानते हैं कि 'निकष' के संपादक 'नयी कविता' के पक्षधर रहे हैं, फिर भी उसमें मोहन राकेश, शेखर जोशी, कमलेश्वर, राजेन्द्र यादव, वेणु आदि ने सहर्ष अपनी कहानियाँ दीं, जहाँ उनकी बगल में रघुवीरसहाय, मनोहरश्याम जोशी, राजेन्द्र किशोर जैसे लेखकों की भी कहानियाँ पढ़ने को मिलीं; यानी ऐसे लेखकों की कहानियाँ जिनका संबंध मूलतः 'नयी कविता'

से था और आज जिन्हें 'नई कहानी' के पक्षधर नये कहानीकार तो क्या कहानीकार मात्र मानने के लिए भी तैयार नहीं। यह वही समय है, जब चिरपरिचित प्रगतिशील लेखकों की ओर से इलाहाबाद में साहित्यकार-सम्मेलन (१९५७) हुआ, जिसमें एक मंच पर सभी विचारधाराओं और विधाओं के लेखक पूरे सद्भाव के साथ विचार-विनिमय के लिए अत्यधिक संख्या में एकत्र हुए। ऐसा लगा कि हिन्दी का पूरा नवलेखन पारस्परिक भिन्नता को पहचानते हुए भी एक नये स्तर पर पुनर्गठित होने की स्थिति में पहुँच गया है।

नवलेखन के इस व्यापक परिवेश को देखते हुए नयी कविता के वज़न पर कहानी में भी नयी कहानी का प्रश्न उठना सर्वथा संगत था और इस पर किसी के चौंकने लायक कोई बात न थी। क्योंकि किसी भी साहित्य के लिए यह स्पृहणीय स्थिति नहीं हो सकती कि कविता तो एक भावबोध पर चले और कहानी-उपन्यास आदि गद्यकृतियाँ किसी अन्य भावबोध के रास्ते। यदि समूचा नवलेखन एक ही ऐतिहासिक सन्दर्भ के प्रति प्रतिश्रुत है तो जीवन-दृष्टियों के भेद और वैयक्तिक विशिष्टताओं के बावजूद समूचे नवलेखन के मूल में एक सी बुनियादी संवेदनाओं का होना ऐतिहासिक आवश्यकता है। और फिर प्रश्न संवेदना का ही नहीं, बल्कि एक सी सर्जनात्मक भाषा का है, जिसके माध्यम से, चाहे गद्य में हो चाहे पद्य में, नवलेखन को रचना सम्भव होती है। इसलिए जहाँ गद्य समर्थ होता है, वहाँ कविता गद्य से भाषा-शक्ति ग्रहण करती है ओर जहाँ कविता में भाषा का निखार पहले हो जाता है, वहाँ गद्य कविता के प्रयोगों से अपनी भाषा को तराशता है। हिन्दी साहित्य की उस असंगति से प्राय: सभी परिचित हैं, जब गद्य तो खड़ी बोलो में लिखा जा रहा था, लेकिन कविता ब्रजभाषा में हो रही थी। किन्तु उस खाई के पट जाने के बाद एक ऐसी भी स्थिति आई, जब कविता की भाषा गद्य से अधिक संवेदनशील हो गई। अब उत्तरशती के कथाकार इसे स्वीकार करने में शायद अपमान का अनुभव करेंगे। जो हो, १९५५-५६ का समय इस दृष्टि से अत्यन्त महत्त्वपूर्ण है कि बहुत दिनों तक अलग-अलग रहने के बाद हिन्दी कहानी समूचे नवलेखन से सम्पृक्त होने की स्थिति में आ सकी। इसी सम्पृक्ति के चलते, कहते हैं, मराठी में नयी कविता के समानान्तर ही नई कहानी का विकास हो गया और इस प्रकार नई कहानी मराठो में हिन्दी से पहले आ गई। इसके विपरीत हिन्दी में नई कहानो का विकास कुछ देर लिए विलंबित हो गया, तो स्पष्ट ही समूचे नवलेखन से कटे रहने के कारण।

कहना न होगा कि संदर्भ से अलग होने का मतलब ही है पिछड़ जाना; और पिछड़ेपन की स्थिति को बनाये रखने की बात वही कर सकता है जिसे पिछड़ेपन में ही विशेष सुविधाएँ मिलने की आशा हो; क्योंकि सह-भाव में उनकी विशेष सुविधाओं के कट जाने का खतरा हो सकता है। क्या नवलेखन से कहानी को अलग रखने का नारा यही उद्देश्य ध्वनित नहीं करता ? साहित्य के क्षेत्र में भी क्या यह एक अलग नागालैंड या द्रविड़स्तान जैसी म ग नहीं है ? बहरहाल साहित्य में १९५६-५७ के आस पास ऐसी माँग नहीं उठी थी। बल्कि स्थिति इससे एकदम उलटी थी और इतिहास साक्षी है कि इससे सबसे अधिक लाभ कहानीकारों की इस नई पीढ़ी को हुआ। स्वयं कहानी के अंतर्गत जो परिवर्तन आया सो तो आया ही, कहानी हिन्दी जगत के आकर्षण का केन्द्र हो गई। वस्तुत केन्द्र में स्वयं कहानी जा नहीं पहुँची, बल्कि जहाँ वह थी वह कोना ही सहसा रंगमंच का केन्द्र बन गया और इस तरह केन्द्र-स्थित कविता देखते-देखते एक किनारे जा पड़ी ! बहुतों को आश्चर्य हुआ कि एक गौण साहित्य-विधा इतनी प्रमुख कैसे हो उठी।

२

'नई कहानी' की आवाज, वस्तुतः एक रचनात्मक सम्भावना को देख कर उठी थी, जो आज भी नई पीढ़ी के कहानीकारों की पहली कृतियों में साफ झलकती है। ये कृतियाँ आज भी ताज़ा मालूम होती हैं, क्योंकि इनके मूल में सर्जनात्मक प्रयास है। लम्बे अवकाश के बाद हिन्दी कहानी में जीते-जागते आदमी दिखाई पड़े, तो लगा कि कहानी में एक रचनात्मक खोज की शुरुआत हो गई। वैसे साफ़-सुथरी कहानियाँ उस समय भी कम न थीं, लेकिन आंचलिक रेखाचित्रों की जीवंतता के सामने वे निष्प्राण प्रतीत हुईं। उल्लेखनीय है कि उसी 'प्रतीक' में राजेन्द्र यादव की कहानी 'खेल-खिलौने' छपी और शिवप्रसाद सिंह की 'दीदी-माँ' भी। 'दीदी-माँ' की तुलना में 'खेल-खिलौने' में कहीं ज्यादा कारीगरी और पच्चीकारी है लेकिन खुली दाद मिली सीधी-सहज 'दीदी माँ' को। दूसरी ओर मोहन राकेश एक अरसे से 'साफ़-सुथरी' कहानियाँ लिखते आ रहे थे, लेकिन पहली कहानी-संग्रह 'पान-फूल' है मार्कण्डेय का जिसकी ओर हिन्दी जगत की सहसा दृष्टि गई ! यों 'पान-फूल' की तुलना में 'नये बादल' की कहानियाँ कहीं ज्यादा साफ-सुथरी और चमत्कारपूर्ण हैं। निश्चय ही इस आकर्षण के मूल में बहुविज्ञापित आंचलिकता मात्र न थी। इसी तरह कारीगरी के विपरीत सहजता को दाद देने का मतलब कला के एक

पक्ष की जगह दूसरे पर जोर देना भर नहीं था। इस आकर्षण का कारण एक वस्तु-विशेष या एक शिल्प-विशेष नहीं, बल्कि वस्तु और शिल्प दोनों में निहित एक नई सर्जना-दृष्टि थी! दूसरे सफल लेखक जहाँ पहले की अच्छी कहानियों जैसी एक और कहानी लिखने की कोशिश कर रहे थे, वहाँ नया कहानीकार एक जीते-जागते आदमी—एक नये जीवन्त-अनुभव को तराश कर कहानी का आकार दे रहा था। कहना न होगा कि इन दोनों प्रयासों में बड़ा अन्तर है। ये दो विपरीत दिशाएँ हैं: एक, लीक पीटने या ज्यादा से ज्यादा 'मज़मून छीनने' की तो दूसरी, नये सर्जन की। जिस प्रकार शेरवुड एंडरसन की गद्य-कृति 'वाइन्सबर्ग-ओहियो' की आंचलिक कहानियों ने अमरीकी कहानी के इतिहास को नया मोड़ दिया, उसी तरह हिन्दी में भी ये आंचलिक कहानियाँ एक नये युग का सूत्रपात कर रही थीं।

उल्लेखनीय है कि इस काल की प्रशंसित कहानियों में से अधिकांश ठेठ शास्त्रीय अर्थ में 'कहानी' नहीं, बल्कि बहुत कुछ रेखाचित्र जैसी हैं: चाहे वह 'गुलरा के बाबा' हो, चाहें 'गदल', 'डिप्टी कलक्टरी' अथवा 'गुलकी बन्नो'; 'कोसी का घटवार' हो या 'मवाली'। परंपरा के रक्षक चाहें तो इन्हें 'चरित्र-प्रधान' कहानी के वर्ग में रखकर संतोष कर सकते हैं, किन्तु इस ऐतिहासिक परिवर्तन की उनके पास क्या व्याख्या है कि एक साथ पूरी की पूरी पीढ़ी सीधे जीते-जागते चरित्रों के अंकन की ओर चल पड़ी? कहानी के परम्परा-प्राप्त फ़ार्मूले के प्रति सहसा उदासीनता और सीधे ज़िन्दगी के चरित्रों में इतनी दिलचस्पी लेने का क्या कारण है? जीवन के किसी फ़ार्मूले की अपेक्षा स्वयं 'जीता-जागता आदमी' क्यों इतना महत्त्वपूर्ण हो उठा? नये कहानीकारों ने अपने 'निजी अनुभवों' का ही सहारा लेने का निश्चय क्यों किया? इन लेखकों ने किसी बनी-बनाई 'विचारधारा को ज्यों का त्यों मानकर कहानियाँ क्यों नहीं बनाईं? क्या यह एक 'प्रामाणिकता' की खोज नहीं है?

आज इन कहानियों की वास्तविकता के बारे में चाहे जो कहा जाय, लेकिन तत्काल तो इन्होंने अपने 'सच' होने का पूरा अहसास कराया ही; और नहीं तो कम से कम इतना अहसास तो अवश्य ही कराया कि ये लेखक के 'निजी अनुभव' पर आधारित हैं। यहाँ चरित्र जिस प्रकार अपने जीवन परिवेश की सारी बारीकियों के साथ चित्रित हुए, उससे लगा कि लेखक की दृष्टि अपेक्षाकृत 'पूरे सजीव आदमी' पर है, साथ ही स्वयं उसकी स्थिति में जाकर अनुभव करने की क्षमता भी मौजूद है। 'अनुभूति की सच्चाई' और 'अनुभूति की प्रामाणिकता' का अहसास करा देना इनका सबसे अधिक आकर्षण बना। नव-

अरस्तूवादी समीक्षाशास्त्र की भाषा में ये कहानियाँ 'रेहटॉरिकल' न होकर 'इमिटेटिव' हैं।

और यह विशेषता हमें इन कहानियों के ऐतिहासिक संदर्भ की ओर ले जाती है। दरअसल इन कहानियों का भावबोध आजादी के प्रथम आवेग की मनोदशा के पूरे मेल में है। यह तथ्य कि पुरानी पीढ़ी के अनेक लेखक नये स्वाधीन भारत के सन्दर्भ को पूरी तरह समझने तथा समझकर उसके साथ अपने-आपको जोड़ने में असमर्थ रहे। एक ओर वे 'शाश्वतवादी' लेखक हैं, जो तब से आज तक यही दुहरा रहे हैं कि स्वाधीनता-प्राप्ति को हिन्दी साहित्य के इतिहास की विभाजक-रेखा मानना ग़लत है, क्योंकि इससे साहित्य में कोई उल्लेखनीय परिवर्तन नहीं आया। (गो, सरकारी पत्रों में स्वतन्त्रता-दिवस के अवसरों पर 'स्वातंत्र्योत्तर हिन्दी साहित्य' शीर्षक से ज्यादा लेख इन्होंने ही लिखे) दूसरी ओर वे 'क्रान्तिकारी' लेखक हैं जिनके लिए उस समय आजादी झूठी थी, लेकिन पीछे 'लाइन' बदल जाने के बाद जिन्होंने सिर झुकाकर फिर स्वीकार कर लिया कि आज़ादी सच्ची है, यद्यपि भीतर से उन्हें तब भी इसका पूरा-पूरा अहसास न हो सका। यह भी विडम्बना ही है कि नितांत 'क्रांतिकारियों' और 'शाश्वतवादियों' के निष्कर्ष एक ही थे। विचार के क्षेत्र में प्रायः इसी तरह दो ध्रुवांत एक ही बिन्दु पर मिलते हैं; और आकस्मिक नहीं है, जो आज भी 'नई कहानी' के विरुद्ध दोनों एक पंक्ति में खड़े हैं। यदि एक के 'चिर शाश्वत' के सामने सारा परिवर्तन असत् है, तो दूसरे की चरम क्रान्तिकारी छलाँग के आगे हर परिवर्तन नगण्य है। १८०° का चक्कर लगाकर दोनों दृष्टियाँ अन्ततः एक बिन्दु पर मिलती हैं और प्रमाणित करती हैं कि दोनों ही अपने वर्तमान संदर्भ से एकदम बाहर हैं : एक पीछे तो दूसरी आगे, एक अतीत में है तो दूसरी भविष्य में। प्रत्यक्ष अनुभव से दूर दोनों ही अपनी-अपनी पूर्व-निर्दिष्ट धारणाओं तथा सिद्धान्तों में बन्द हैं।

स्पष्ट ही ये 'सिद्धान्त' प्रत्यक्ष अनुभव के विपरीत पड़ते थे; इसलिए विचारधारा मात्र के विरुद्ध प्रतिक्रिया हुई और प्रत्यक्ष अनुभव पर अतिरिक्त बल दिया गया। नये लेखकों द्वारा बार-बार दुहराए जाने वाले 'अनुभूति', 'ईमानदारी', 'सच्चाई' आदि शब्द इसी संदर्भ में कुछ अर्थ रखते हैं और इस पृष्ठभूमि में नवलेखन की विशिष्टता का उदघाटन होता है। यह मानसिक मुक्ति राजनीतिक आजादी की ही देन थी। आज़ादी ने एकबारगी अनेक रूढ़ विचारधाराओं को निस्सार साबित कर दिया। अकेला अनुभव भले ही बहुत दूर तक न ले जाय, लेकिन उस समय 'निजी अनुभव' ही लेखक को एकमात्र

सहारा मालूम हुआ और उसे लगा कि किसी भी क़ीमत पर अपनी अनुभूति-क्षमता को सतत जाग्रत रखना अपने जोवन और अपने सृजन के लिये अनिवार्य है। शेखर जोशी की कहानी 'बदबू' जैसे इसी अनुभूति क्षमता को सतत जाग्रत रखने का सटीक उदाहरण है। कारख़ाने में काम करने वाले हाथों की 'बदबू' ऐसा न हो कि कुछ दिनों बाद 'बदबू' लगे ही नहीं—मज़दूर की यह चिन्ता जैसे स्वयं नये लेखक की चिन्ता है।

गरज़ कि राजनीतिक आज़ादी से नई पीढ़ी ने सचमुच अपने को स्वतत्र महसूस किया। उसे लगा कि वह स्वयं अपनी आँखों से हर चीज़ देख सकता है, और अपने दिमाग़ से सोच सकता है और उसने देखा कि आज़ादी के साथ अँधेरे में से एक जीता-जागता भारत निकल आया है और यह भारत बड़ा है, घना है, ठोस है और उसकी इच्छा हुई कि हर चीज़ को अपने हाथ से छूकर देखे कि वह क्या है। बहुत सी चीजें ऐसी थीं, जिन्हें वह अभी तक बड़े-बड़े अथवा गोल-मोल 'शब्दों' के रूप में जानता-सुनता आ रहा था; अब जैसे उसकी सभी कुछ स्वयं देखने की आज़ादो मिल गई और लगा कि ज़िन्दगी जीने लायक है। कुछ समय के लिए मन की सारी कड़वाहट कहीं धुल गई और लगा कि सारी बरबादियों के बावजूद काफ़ी कुछ बच भी गया है जिसे अच्छा कहा जा सके। इस अहसास के बावजूद कि ये अवशिष्ट अच्छाइयाँ शायद ज्यादा दिन न टिक पाएँ, हम उन्हें पाथेय के रूप में संजोने लग गये—इस महत्त्व से कि फिर ये देखने को न मिल पाएँगी। उल्लेखनीय है कि बाबा, दीदी, दादा आदि को लेकर इस नई पीढ़ी ने अनेक कहानियाँ लिखीं। कुछ लोगों को इस पर आश्चर्य भो हुआ कि यह कैसी नई पीढ़ी है, जो अपने बारे में न लिखकर पुरानी पीढ़ी के लोगों के बारे में लिखना पसन्द करती है। इसी आधार पर किसी ने इसे वर्तमान से पलायन कहा तो किसी ने रोमांटिसिज्म ! जल्दबादी में यह नहीं दिखाई पड़ा कि पुरानी पीढ़ी के इन चित्रों की छाया में कहीं न कहीं नई पीढ़ो स्वयं है, बल्कि यह पूछा जाय, तो पुरानी पीढ़ो के माध्यम से नई पोढ़ी का यह आत्मान्वेषण ही था ! इन्हें एकदम रोमांटिक समझना या तो भ्रम है या अनजाने ही रोमांटिसिज्म का अर्थ-विस्तार ! यदि अपने पिछले रोमांटिक युग की तद्विषयक कहानियों को उत्तरशती की इन कहानियों से ठीक से मिलाकर देखें, तो यहाँ ऐसी अनेक बारीक रेखाएँ मिलेंगी जो अपने समग्र प्रभाव में एक विशिष्ट संवेदना उत्पन्न करती हैं। निश्चय ही ये प्रेमचन्द की 'बड़े घर की बेटी' और 'सुजान भगत' जैसी आदर्शवादी-रोमांटिक कहानियों से काफ़ी भिन्न हैं। वैसे, तत्कालीन समूचे नवलेखन को देखते हुए ये कहानियाँ

सर्वथा अनुरूप भावबोध सूचित करती हैं। क्या नयी कविता में भी उस समय इसी प्रकार की संवेदनाएँ व्यक्त नहीं हुईं ? इस संवेदना में भावुकता का रंग अवश्य अधिक है, किन्तु ज़िन्दगी के गहरे संपर्क ने आगे चलकर भावुकता से उठनेवाली टीस को यथार्थ की आँच में पका कर गहरी तल्खी का रूप दे दिया! और संदर्भ-परिवर्तन के साथ इनमें धीरे-धीरे आत्म-विडंबन का भी बोध उभरने लगा।

लेकिन आज़ादी के दिनों में निश्चित ही संदर्भ ऐसा था, जिसमें कुछ आश्वासन, कुछ उत्सुकता, कुछ आशंका और कुछ आशा के मिले-जुले भाव थे। सांप्रदायिक दंगे शान्त हुए। शरणार्थी किसी प्रकार बसने लगे। सैकड़ों रियासतें खत्म हुईं और भारत का मानचित्र एकरंग हुआ। संविधान बनकर सामने आया। जनता को जनतांत्रिक अधिकार मिले : बालिग मताधिकार के आधार पर हमला आम चुनाव हुआ। पंचवर्षीय योजना बनी। भूमि और समाज-सुधार संबंधी नये कानून बने। व्यवस्था का अहसास हुआ। प्रगति की आशा बँधी। 'डिप्टी कलक्टरी' के शकलदीप बाबू की तरह 'डिप्टी कलक्टरी' की लिस्ट में लड़के नाम न देखकर भी लोग आशा लगाए देखते रहे कि शायद अगली बार नाम आ ही जाय ! अपनी उपहासास्पद स्थिति का अहसास होते हुए भी लोग 'प्रतीक्षा' करने को प्रस्तुत थे। धीरज का बाँध अभी एकदम न टूटा था। पीड़ा भरी प्रतीक्षा इस काल की कहानियों का मुख्य स्वर है, चाहे वह अमरकांत की 'डिप्टी कलक्टरी' हो, चाहे निर्मल वर्मा की 'परिन्दे।' वैसे कोई चाहे तो इस भाव बोध को भी 'रोमांटिक' कह सकता है, किन्तु इनमें जीवन का जो गहरा पीड़ा-बोध है वह हर तरह की तीव्र रोमांटिक भावनाओं से सर्वथा भिन्न। जहाँ ज़िन्दगी गम्भीरता से ग्रहण की जाती है, वहाँ आशा और निराशा जैसे सीधे भाव अनावश्यक हो जाते हैं। उल्लेखनीय है कि चेखब इस समय हिन्दी कहानीकारों में सहसा लोकप्रिय हो उठा। कुछ दिन पहले जहाँ गोर्की का झंडा बुलन्द था, उसकी जगह चुपके से चेखब ने ले ली। क्या यह परिवर्तन हिन्दी कहानी में किसी परिवर्तन की सूचना नहीं देता।

यह मन:स्थिति तभी पैदा होती है, जब जीवन की जटिलता का बोध होता है। जब ऐसा लगे ज़िन्दगी साफ़-साफ़ चौखटों में बँटी हुई नहीं है, तो बेखटके अच्छा और बुरा, सही और गलत के रूप में दो टूक निर्णय देना कठिन हो जाता है। अनुभूति की बुनियादी ईमानदारी अंततः इस पीढ़ी के कहानीकारों को एक 'उभय-सम्भव' की मन:स्थिति की ओर ले गई ! इस द्वैत मन:स्थिति के साथ हिन्दी कहानी में एक नये 'नैतिक बोध' का उदय हुआ, जिसकी स्पष्ट

अभिव्यक्ति राजेन्द्र यादव की 'एक कमजोर लड़की की कहानी' और रघुवीर सहाय की 'मेरे और नंगी औरत के बीच' जैसी कहानियों में हुई। दुविधा की स्थिति का पता स्वयं इन कहानियों का अन्त देता है जहाँ पहुँचकर लेखक अपना हाथ खींच लेते हैं, क्योंकि सुखान्त या दुखान्त कुछ भ। करना अवास्त विक प्रतीत होता है। दो पीढ़ियों के नैतिक बोध का अन्तर समझने के लिए यादव की 'एक कमजोर लड़की की कहानी' को जैनेन्द्र कुमार की 'एक रात' के बगल में रख कर देखना पर्याप्त है। 'एक कमजोर लड़की की कहानी' एक तरह से 'एक रात' की पैरोडी मालूम होती है। जैसे एक वैज्ञानिक विज्ञान के किसी पूर्ववर्ती नियम को अपने प्रयोगों के दौरान असंगत पाकर उसकी असंगतियों को दूर करने की कोशिश करता है, उसी तरह इस कहानी में पूर्ववर्ती रोमांटिक कहानियों के तिकोने प्रेम की असंगति का उद्घाटन किया गया है —एक विडम्बनापूर्ण स्थिति द्वारा ! वैसे, यहाँ भी लेखक इस रोमांटिक संस्कार से ग्रस्त है कि उभय सम्भव की मनःस्थिति को वहन करना कमजोरी का लक्षण है। फ़र्क है तो सिर्फ यह कि अब इस कमजोरी के प्रति विडम्बना का बोध है। स्पष्ट हो जाता है कि समस्या को कोई बना-बनाया हल नहीं है। यह निष्कर्ष ऊपर से देखने पर चाहे जितना निराशावादी लगे, किन्तु इससे परिस्थिति की जटिलता और गम्भीरता का बोध तो होता ही है। और रोमांटिक भावावेग की तुलना में यह ग़ैर-रोमांटिक भाव-बोध मानसिक परिपक्वता का सूचक है।

वस्तुतः रोमांटिक कृतियों में हृदय और बुद्धि के बीच एक प्रकार का विच्छेद मिलता है, जिसके बीच समरसता स्थापित करने की कोशिश करके भी रोमांटिक लेखक सफल नहीं हो सके। इस काल में हृदय-बुद्धि का वह विच्छेद बहुत कुछ समाप्त हुआ और विच्छिन्न भाव बोध के स्थान पर एक समवेदना का उदय हुआ। यहाँ अनुभूति विकसित होकर इस प्रकार विचार की सघनता प्राप्त कर लेती है कि पुराने ख़याल के लोगों की 'बौद्धिकता' की शिकायत होने लगती है। किन्तु इस समंजस संवेदना ने गद्य-लेखकों को ऐसी यथातथ्य, लचीली, सूक्ष्म और व्यंजक भाषा निर्मित करने की क्षमता दी कि व्यक्ति-मन और उसके परिवेश के बारीक से बारीक तथ्य अंकित किया जा सके।

इस संवेदना ने झूठी अथवा अतिरिक्त अभिव्यक्ति पर अंकुश का काम किया। पुराने लेखक जिस स्थिति में प्रेम की गुंजाइश न देखते हुए भी प्रेम की अबाध अभिव्यक्ति करते थे, वहाँ नये लेखक ने कहने से पहले यह जाँच

लेना जरूरी समझा कि ऐसी स्थिति में मन में जो भाव रहे हैं, उन्हें 'प्रेम' का नाम देना ठीक होगा या नहीं। आत्म-सजगता इस हद तक बढ़ गई कि बिना जाँचे किसी भाव को व्यक्त करना कठिन हो गया। इलियट के शब्दों में 'गुलाबों की आँखों में देखे जाने का भाव' उभर आया!

इस समय की प्रेम-कहानियों को पूर्ववर्ती युग की प्रेम-कहानियों के बराबर रखकर देखें, तो इस दृष्टि से साफ अंतर मालूम होगा। निश्चय ही यह संवेदना आज के नये सामाजिक संदर्भ की उपज है। सामाजिक सम्बन्धों में इतना परिवर्तन आ गया है कि बहुत से पुराने सम्बन्ध अब शिष्टाचार का निर्वाह मात्र मालूम होने लगे हैं। इस बोध के बावजूद बहुत से लेखक आज भी अपनी रचनाओं में उन शिष्टाचारों की सच्ची भावनाओं के रूप में दिखाते जा रहे हैं। इसके विपरीत नये लेखक शिष्टाचार के ऊपरी खोल को हटाकर तह में छिपी असली भावनाओं को उद्घाटित करने की कोशिश कर रहे हैं। उदाहरण के लिए 'मेरे और नंगी औरत के बीच' में रघुवीर सहाय ने यही किया है। नया लेखक इसी तरह बीच की 'दुनिया' को हटाकर मनुष्य को नंगे रूप में—मनुष्य को निरे मनुष्य के रूप में स्पर्श करना चाहता है। यह भी एक मानवतावाद है, जो इस पूंजीवादी युग के अमानवीय संबंधों के तीखे बोध से पैदा हुआ है। कहना न होगा कि आजादी के बाद भारत में इस नई स्थिति का पहली बार इतना तीखा अनुभव हुआ है। क्या यह टूटते हुए सामंती सामाजिक संबंधों और उभरते हुए पूंजीवादी सामाजिक सम्बन्धों के टकराव की अभिव्यक्ति नहीं है?

अन्ततः दो युगों की कहानियों का अन्तर नैतिक बोध के स्तर पर स्पष्ट होता है; और नैतिक बोध की अभिव्यक्ति सामान्यतः 'सहानुभूति' के स्वरूप में होती है। कोई लेखक किस व्यक्ति-चरित्र को, किस स्थिति में और किस प्रकार की सहानुभूति देता है और फिर उस सहानुभूति का आधार क्या होता है—इससे कहानी का 'मूल्य' निर्धारित होता है। आज जिस प्रकार व्यक्ति-व्यक्ति के बीच एक अदृश्य और शायद अभेद्य दीवार खड़ी हो गई, उसे देखकर महसूस होने लगा है कि किसी को अपना दुःख ठीक-ठीक बतला सकना अथवा ठीक-ठीक किसी के दुःख को जान लेना लगभग असंभव हो उठा है। अपने ज्ञान और अपनी अनुभूति की सीमा के इस बोध ने सहानुभूति सम्बन्धी पूरी धारणा ही बदल दी। शायद यह स्थिति भी पूंजीवाद समाज-व्यवस्था की ही देन है। इस स्थिति ने हमारे ऊपर एक नया नैतिक दायित्व डाल दिया है। रघुवीर सहाय की 'सेब', 'जीता जागता व्यक्ति' आदि अनेक कहानियाँ जैसे इसी प्रश्न

से जूझती दिखाई पड़ती हैं। एक स्थिति इससे आगे की भी है, जहाँ लेखक इस बीच की दीवार को तोड़ने की भी कोशिश करता है और दो आदमियों के बीच सहकारिता का भाव पैदा होता है जिसका चित्रण निर्मल वर्मा की 'लंदन की एक रात' कहानी में मिलता है।

इसी बोध का विस्तार आगे चलकर उस दायित्व तक होता है, जिसे 'सामाजिक चेतना' कहते हैं। चूंकि नये कहानीकार किसी पूर्व-निर्धारित जीवन दर्शन द्वारा निर्दिष्ट 'सामाजिक दायित्व' के निर्वाह के खतरे से सशंकित हैं, इसलिए वे अपने अनुभवों के ही आधार पर रचना में सामाजिकता को व्यक्त करने की कोशिश करते रहे हैं। इस दृष्टि से यह तो सत्य है कि प्रगतिवादी दौर की तरह इन कहानियों में सर्वहारा के चित्र नहीं हैं और न वैसी प्रखर वर्ग-चेतना ही है, किन्तु व्यापक रूप से आज के उपेक्षितों और कल के अपेक्षितों के साथ आत्मीय लगाव अवश्य है : किसी लेखक में कम, तो किसी में ज्यादा। चूंकि ज्यादातर लेखक शहरों और गाँवों के निम्न-मध्यवर्ग की उपज है और हर लेखक का ज़ोर साहित्य-रचना में निजी अनुभव पर है, इसलिये रचनाओं की विषय-वस्तु के साथ ही दृष्टिकोण का भी निम्न-मध्यवर्गीय सामाजिक स्थिति की सीमा से सीमित हो जाना अनिवार्य है। वैसे, आज समाज में इस वर्ग की जो स्थिति और ऐतिहासिक भूमिका है, उसको देखते हुए इस वर्ग का सचेत लेखक प्रखर 'आलोचनात्मक यथार्थवाद' साहित्य की सृष्टि कर सकता है। कहना न होगा कि नई कहानी की परंपरा में सामाजिक आलोचना का यह स्वर काफ़ी प्रबल रहा है।

इस प्रकार लगभग १९५९-६० तक इस कहानी-दशक में उभरनेवाले नये कहानीकारों ने अपने अपेक्षाकृत नये सर्जनात्मक कृतित्व से हिन्दी कहानी को समृद्ध करने में महत्त्वपूर्ण योग दिया। यह तो नई कहानी के विरोधी भी स्वीकार करते हैं कि अकेले इस दशक में हिन्दी में जितनी अच्छी कहानियाँ लिखी गईं, वह अपने आप में एक मिसाल है। हिन्दी की जो नई प्रतिभाएँ कुछ समय पहले कविता की ओर मुड़ जाया करती थीं, वे तथा वैसी अन्य अनेक प्रतिभाएँ इस दशक में प्रायः कहानी के क्षेत्र में आ गईं। सभी नये कहानीकारों में समान रूप से नये सृजन की चेतना भले न रही हो, किन्तु इस कहानी-दशक की मुख्य प्रवृत्ति नये सृजन की थी। सब जगह जीवन-दृष्टि भले ही एक सी स्पष्ट न हो पाई हो, किन्तु प्रायः सभी में अपनी सर्जनात्मकता के बीच से ही जीवन-दृष्टि विकसित करने का प्रयास रहा है। हिन्दी-क्षेत्र में इस समय न कोई व्यापक जन-आन्दोलन और न जनता की सशक्त राजनीतिक पार्टी और न

साहित्य के क्षेत्र में किसी ऐसी पार्टी की सूझ-बूझ भरी पहल—इस अभाव को देखते हुए इस कहानी-दशक की उपलब्धियाँ काफ़ी महत्त्वपूर्ण हैं।

३

यह भी एक विडम्बना ही है कि जो कहानीकार आज सहसा 'नई कहानी' के झंडाबरदार हो उठे हैं, वे दरअसल नई कहानी के हक़दार ही नहीं रह गए हैं। लगता है, जैसे बाहरी नारा भीतरी खोखल को ढकने का बहाना भर है। मुट्ठी की पकड़ जिस तरह झंडे पर कसती जा रही है उससे यही लगता है, जरूर पाँवों के नीचे से ज़मीन खिसक रही है। लेकिन ये असंगतियाँ कब तक छिप सकती हैं ?

मोहन राकेश के बारे में स्वयं राजेन्द्र यादव की राय है कि 'उसने नया शिल्प, नई भाषा या नया कथ्य कम खोजा है', फिर भी जाने वह कौन सी विवशता है, जिसके कारण इतना और जोड़ा जाता है कि "अपने 'पुरानेपन' के बावजूद वह सजग और समर्थ कथाकार है।" नये और पुराने के संघर्ष में यह साफ़ समझौतावाद है और जिस समझौतावाद के कारण 'राकेश' दोनों कथा-पीढ़ियों में 'स्वीकृत' है, उसी के शिकार स्वयं राजेन्द्र यादव हो चले हैं, किन्तु एक दूसरी दिशा में। जैसा कि सितंबर '६४ को 'कल्पना' में 'किनारे से किनारे तक' की कहानियों के बारे में लिखा गया है कि उनमें 'कुशल व्यावसायिक लेखन के सारे गुण-दोष मौजूद हैं।' कहना न होगा कि जहाँ व्यावसायिकता आ गई, वहाँ नये सर्जन की संभावना समाप्त। ऐसी स्थिति में शिवदान सिंह चौहान का 'आलोचना-३१' का यह संपाकोय वक्तव्य क्यों न सहमति प्राप्ति करे कि "राकेश-कमलेश्वर या राजेन्द्र यादव ने जो 'अच्छी कहानियाँ लिखी हैं; वे 'नई' से अधिक शुद्ध फार्मूलाबद्ध कहानियाँ ही हैं, जो नये मसनूई परिभाषा-सूत्रों के अनुसार लिखी गई हैं।"

विडम्बना यह है कि यह सारा फ़ार्मूलाबद्ध और व्यावसायिक लेखक एक 'नयी प्रगतिशीलता' के नाम पर हो रहा है ! जो प्रगतिशील जीवनदृष्टि व्यावसायिकता की घातक, वही व्यावसायिक हाथों में खेलती हुई प्रगतिशील साहित्य को भीतर से तोडने की कोशिश कर ! एक बार पहले ही ऐसा हुआ है और प्रगतिशील कथाकारों की बहुत बड़ी संख्या फ़िल्मी खपत के लिए सस्ता व्यावसायिक साहित्य लिखने के रास्ते निकल गई ! सच पूछिए तो आज राकेश-कमलेश्वर और यहाँ तक कि यादव भी वही करने लगे हैं, जो पन्द्रह-

सोलह साल पहले क्रिशनचन्दर, ख्वाजा अहमद अब्बास वगैरह ने शुरू कर दिया था ! लक्ष्य वही है, रास्ता चाहे अभी दूसरा हो।

नई कहानी की घोषणा, वस्तुतः, कुछ लेखकों के लिए सुविधाजनक उपाधि बन गई। अवसरवादी कहाँ नहीं होते और वह अवसरवादी क्या, जो किसी भी नई स्थिति से लाभ न उठा ले ! आवाड़ी में कांग्रेस ने 'समाजवादी-समाज' कायम रखने की घोषणा की तो रातों-रात हर कांग्रेसी—यहाँ तक कि पूंजीपति भी तुरन्त समाजवादी हो गये। फिर साहित्य में 'नई कहानी' की आवाज उठते ही कुछ पुराने भावबोध वाले लेखक सहसा 'नये कहानीकार' हो जायँ, तो क्या आश्चर्य ! नतीज़ा सामने है ! उधर कांग्रेस खूब समाजवाद क़ायम कर रही है और इधर ये नये कहानीकार भी ठाठ से नई कहानियाँ निकाल रहे हैं !

जैसा कि मुक्तिबोध ने 'एक साहित्यिक की डायरी' में कुछ समय पहले लिखा था, 'अस्ल में नये और पुराने के प्रति पूरा अवसरवाद अपनाया गया है। इस सुविधामूलक लक्ष्यहीन अवसरवाद के कारण ही साहित्य में भी नये को रूपाकार देने की तलाश नहीं है। 'नया नया', 'नया मूल्य', 'नवीन मानव' में केवल नवीन ही अरूप है। अस्ल में इस नये को अपनी इच्छा पर छोड़ दिया गया है।....इसलिए मेरे खयाल से आज की सबसे बड़ी आवश्यकता है, पुराने के प्रति और नये के प्रति अवसरवादी दृष्टि खत्म की जाये।'

खुशी की बात है कि इधर कुछ रचनाकार इस दिशा में समीक्षा आत्मसमीक्षा के लिए आगे आए हैं। इस दृष्टि से 'माया' में 'कहानी पर बातचीत' शीर्षक से प्रकाशित मार्कण्डेय की लेखमाला उल्लेखनीय है। यहाँ जिस निर्ममता और जिस आत्मीयता के साथ मार्कण्डेय ने अपनी पीढ़ी के एक-एक कहानीकार का विश्लेषण किया है, उससे स्पष्ट हो जाता है कि इधर चार-पाँच वर्षों में यानी १६५६-६० से ही उस कहानी-दशक का समारम्भ करने वाली नई पीढ़ी सृजन के नये संदर्भों से जुड़ने में असमर्थ प्रमाणित हुई हैं। कारण-विश्लेषण से यह भी पता चलता है कि खोट कहीं न कहीं शुरू से ही इनके बुनियादी रचनाधर्म में ही थी। पुरानी प्रतिष्ठा और नये व्यवसाय से समझौता आकस्मिक नहीं है। जिस 'अनुभव-वाद' के सहारे इस पीढ़ी ने पुरानी प्रतिष्ठाओं के विरुद्ध विद्रोह किया, वह ज्यादा आगे ले जाने की क्षमता ही नहीं रखता। एक वैज्ञानिक जीवन-दृष्टि के बिना कोरा 'अनुभववाद' जल्दी ही कुंठित होकर वस्तु-स्थिति से समझौता करने के लिए लाचार हो जाता है।

समझौते की भाषा, निःसंदेह, 'क्रांतिकारी' रहती है; किन्तु निहित विषय-

वस्तु होती है अन्ततःवस्तु-स्थिति का समर्थन। अजब नहीं है, जो इन 'नये कहानीकारों' ने सहसा 'आस्था', 'कमिटमेंट' आदि की बात शुरू कर दी है। राजेन्द्र यादव ने मोहन राकेश पर लिखते हुए अनजाने ही अपने साथ बहुत से साथियों के लिए स्वीकार कर लिया है कि यह 'कमिटमेंट' और कुछ नहीं, सिर्फ नया 'जस्टीफ़िकेशन' है। इसलिए ये लेखक जब बार-बार 'सामाजिकता', 'जीवन', 'संदर्भ' और 'युगबोध' जैसे गोल-मोल बड़े-बड़े शब्दों का प्रयोग करते हुए अपनी 'सामाजिकता' की घोषणा करते हैं, तो यह समझने में भ्रम नहीं होना चाहिए कि वे घुमा-फिरा कर एक वस्तु-स्थिति का ही समर्थन कर रहे हैं। जब वे जीवन से ज्यादा से ज्यादा ग्रहण करने की बात करते हैं तो ऐसा प्रतीत होता है, जैसे 'जीवन' कोई बैङ्क है, जिसमें अनुभवों की रकम जमा है और लेखक का सबसे बड़ा लक्ष्य यह होना चाहिए कि जीवन-बैङ्क का बैङ्कर बनकर अनुभवों की राशि को निकालता और जमा करता जाय।

मिडियॉकर या अधकचरे लेखक अक्सर इसी तरह अपने युग के 'चालू मुहावरे' बोला करते हैं और आधुनिकता का आभास देने के लिए युग के फैशन को सबसे पहले स्वीकार कर लेते हैं। इन्हें प्रश्न करने की ज़रूरत महसूस ही नहीं होती; यहाँ तक कि एक बार भी इनके मन में युग की बुनियादी 'प्रतिज्ञाओं' को चुनौती देने का विचार तक नहीं उठता। इसीलिए जब ये अपने युग की ज़रा सी भी आलोचना करते हैं, तो उस आलोचना में धार नहीं होती, और जब किसी नये परिवर्तन को समर्थन देते हैं, तो उनमें हार्दिकता नहीं मिलती। उनका उत्साह तो उनका होता ही नहीं, उनका मोहभंग भी उनका नहीं होता। वहाँ सब कुछ अवसर का तकाजा भर होता है। इसीलिए इनके मुँह से निकले हुए 'संदर्भ' 'संचेतना', 'सामाजिकता' आदि शब्द ऐसे प्रतीत होते हैं, जैसे वे नींद में बोल रहे हैं।

आधुनिक युग की कौन सी ऐसी घटना है, जिसकी इन्हें सूचना नहीं; कौन सी नई चीज है, जिसका इन्हें नाम नहीं मालूम। फिर जरा सा व्यंग्य-रंग का छींटा देते हुए इन तमाम आधुनिक तथ्यों के आधार पर एक-क्या, सैकड़ों नई लगने वाली कहानियाँ नहीं तैयार की जा सकतीं? राजधानी में क्या चीज सुलभ नहीं है? खुला वहाँ नई कहानियों का एक कारखाना और फिर देखिए, हर महीने हाजिर हैं—नई कहानियाँ: मेड इन दिल्ली, नई दिल्ली! उदाहरण के लिए, कमलेश्वर इसी नुस्खे की बदौलत अपनी पीढ़ी से भी एक कदम आगे निकलकर सहसा इस साठ वाली पीढ़ी के नये कहानीकार हो गए हैं!

दरअस्ल, अपने युग द्वारा कोई लेखक हजम न कर लिया जाय, इसके

लिए बेहद सतर्कता की आवश्यकता पडती है। आज स्थिति कुछ ऐसी है कि स्वीकार करने से ज्यादा इनकार करने का कलेजा चाहिए। बडी समस्या ज़माने के भ्रमजाल से मुक्त होने की है, पाशविक पुनलियों के आकर्षण को रोक पाने की है। यह भी एक विरोधाभास ही है कि अपने युग को ज्यादा से ज्यादा नकार के ही कोई लेखक सच्चे अर्थों में अपने युग का होता है। निस्सन्देह लेखक की महानता इस संघर्ष के 'गुण' पर निर्भर है और एक रचनाकार अपने युग में गहरे उतर कर सर्जनात्मक स्तर पर अपने ज़माने से संघर्ष करता है। यहाँ तक कि कभी-कभी अपने युग की सीमाओं से एकदम भाग जाने की कोशिश करने वाले रचनाकार अन्ततः कहीं ज्यादा अपने युग के लेखक प्रमाणित हुए हैं। अंग्रेज़ी में डी० एच० लारेंस फिर जर्मन में फ्रांज काफ्का इसी प्रकार के युगान्तकारी रचनाकार हो चुके हैं। कौन जाने, इसी तरह हिन्दी में जिस निर्मल को इधर पलायनवादी कहा जा रहा है, वे अन्ततः इन तथाकथित 'सामाजिक' कहानीकारों से ज्यादा सामाजिक और बुनियादी रूप में अपने युग के सच्चे प्रवक्ता प्रमाणित हों। सर्जनात्मक कसौटी ही है, जिस पर अपने युग की आलोचना करनेवाला सतही कथाकार एक सच्चे रचनाकार से अलग किया जा सकता है; जैसे अंग्रेज़ी में आल्ड्रअस हक्सले को जेम्स ज्वाइस से अलग किया जाता है; और माना जाता है कि रचनाकार के रूप में जेम्स ज्वाइस के सामने आल्डुअस हक्सले बेहद घटिया कथाकार है; यद्यपि ज्वाइस के साथ-साथ हक्सले ने भी अपने युग की कड़ी आलोचना की, बल्कि ऊपर से देखने पर और ज्यादा तेज़!

वस्तुतः मौलिक प्रश्न सर्जनात्मक दृष्टि का है, जिसे अंग्रेज़ी में कभी-कभी 'क्रिएटिव विज़न' कहा जाता है, जो अपने युग के मर्म को बेधने के साथ अपने युग की मनोगत और वस्तुगत सीमाओं का अतिक्रमण कर सकने में समर्थ होती है। इसका एक पक्ष 'ऐतिहासिक परिदृश्य' अथवा 'पर्सपेक्टिव' की पहचान भी है। आज हिन्दी कहानी की दुनिया में 'सामाजिकता' का सबसे ऊंचा शोर मचाने वाले इसी 'पर्सपेक्टिव' की पहचान के अभाव से ग्रस्त हैं। इसीलिए वे कभी सूक्ष्मातिसूक्ष्म अनुभव-तन्तुओं का लम्बा जाल बुन कर रह जाते हैं और कभी आधुनिक सभ्यता के स्थूल उपकरणों का ब्योरेवार सूची-पत्र प्रकाशित करके अपने कृतित्व की इतिश्री समझ लेते हैं। कमलेश्वर की नई दिल्ली-सिरीज वाली नई कहानियाँ, राजेन्द्र यादव की 'प्रतीक्षा' जैसी कहानियाँ और राकेश की 'ग्लास टैंक', 'फौलाद का आकाश', 'सेफ्टी पिन' आदि कहानियाँ इसी प्रकार के 'नेचुरलिज्म' अथवा 'तथ्यवाद' की कोटि में

आती है। निसंदेह इस तथ्यवाद के ऊबाऊ असर को कम करने के लिए जगह-जगह रोमान का हल्का पुट भी दे दिया जाता है। किन्तु इन्हें रोमांटिक समझने का भ्रम नहीं होना चाहिए। जैसा कि किसी लेखक ने कहा है, इस प्रकार की रूमानियत वस्तुत: तथ्यवाद की 'अपराधी अंतरात्मा' अर्थात् 'गिलटी कान्शन्स' है। ऊपर से ये लेखक कहानी में कविता का चाहे जितना विरोध करें, अपनी कहानियों में ये स्वयं एकदम रोमांटिक नुस्खों का बेहद गाढ़ा उपयोग करते हैं। यह 'तथ्यवाद' यदि एक ओर वर्तमान 'समाज-व्यवस्था' को चुनौती देने का नाटक करते हुए भी अस्ल मुद्दे पर कन्नी काट जाता है, तो दूसरी ओर व्यावसायिक रुचि को मज़े से तुष्ट करता है। वहाँ भी भले और यहाँ भी भले! दोनों लोक दुरुस्त! दोनों हाथ मोदक! सुरक्षित, संतुष्ट और निर्भय!

इसके विपरीत परिदृश्य-बोध किसी रचना को किस प्रकार की अर्थगरिमा प्रदान करता है, इसका उदाहरण है निर्मल वर्मा की कहानी 'लंदन की एक रात'। कहानी पढ़कर महसूस होता है कि आज का विश्व क्या है, कहाँ जा रहा है और इस विश्व में हम कहाँ हैं, हमारी स्थिति क्या है।

यह आकस्मिक नहीं है कि हिन्दी कहानी में १९५९-६० के आसपास कहानीकारों की नई पीढ़ी उभर कर सामने आई है, वह अपनी शुरुआत का नाता निर्मल वर्मा की 'एक शुरुआत' से जोड़ना पसंद करती है। राकेश-यादव-कमलेश्वर द्वारा विज्ञापित 'नई कहानी' के विरुद्ध इस पीढ़ी के मन में कितना अधिक विद्रोह है, यह इसी से स्पष्ट है कि उन्होंने 'कहानी' मात्र को अस्वीकार करके हिन्दी में 'अ-कहानी' की आवाज उठा दी। यदि एक ओर निर्मल वर्मा कहते हैं, 'कहानी की मृत्यु से चर्चा आरम्भ करनी चाहिए', तो दूसरी ओर रवीन्द्र कालिया का भी यही कहना है कि 'मुझे कहानी के उस स्वीकृत रूप से घोर वितृष्णा है, जिस अर्थ में वह आज कहानी के नाम से जानी जाती है।' इस क्षोभ को एकरसता की क्षोभ-भरी प्रतिक्रिया के रूप में लिया जा सकता है। इस क्षोभ से स्पष्ट है कि इधर 'नई कहानी' के 'व्रती' लेखकों में कितनी एकरसता आ गई है। दूसरी ओर इन नवयुवक लेखकों की कहानियों से साफ झलकता है कि वे आज का सामाजिक सतह के नीचे जाकर 'मानव नियति' और 'मानव-स्थिति' सम्बन्धी बुनियानी प्रश्न उठा रहे हैं। लगता है, युग नये सिरे से अपने आपसे भयानक प्रश्नों का साक्षात्कार रहा है। वैसे, किताबी नुस्खे और चालू फैशन यहाँ भी हैं, किन्तु 'प्रश्नात्मक दृष्टि खरी' और तेज है। आज के मानवीय संबंधों की अमानवीयता को देखकर पहचानने की अद-

मुसकान का मदरसा
(प्राथमिक शिक्षा पर एक अवधारणात्मक विमर्श)

मुसकान का मदरसा

(प्राथमिक शिक्षा पर एक अवधारणात्मक विमर्श)

जगमोहन सिंह राजपूत

सरला राजपूत

राधाकृष्ण प्रकाशन

ISBN : 978-81-7119-437-7

मुसकान का मदरसा

पहला संस्करण : 1999
तीसरा संस्करण : 2014
पहली आवृत्ति : 2022
मूल्य : ₹ 450

प्रकाशक
राधाकृष्ण प्रकाशन प्राइवेट लिमिटेड
जी-17, जगतपुरी, दिल्ली-110 051
शाखाएँ : अशोक राजपथ, साइंस कॉलेज के सामने, पटना-800 006
पहली मंज़िल, दरबारी बिल्डिंग, महात्मा गांधी मार्ग, प्रयागराज-211 001
36 ए, शेक्सपियर सरणी, कोलकाता-700 017
वेबसाइट : www.radhakrishnaprakashan.com
ई-मेल : info@radhakrishnaprakashan.com

मुद्रक
बी.के. ऑफसेट
नवीन शाहदरा, दिल्ली-110 032

MUSKAN KA MADERSA

by Jagmohan Singh Rajput, Sarala Rajput

अनुक्रम

प्रारंभ

स्वतंत्रता प्राप्ति के पहले भारतीय जनमानस ने जिस एकता, दृढ़ता और कर्मठता का परिचय दिया है, उसके परिणामस्वरूप केवल भारत ही नहीं, आज दुनिया के सभी देश उपनिवेशवाद के आतंक और पीड़ा से मुक्त हैं। अज्ञान, असमानता तथा निरक्षरता से संघर्ष अभी जारी है। इसमें शिथिलता भी दृष्टिगोचर होती है। गांधीजी ने जिस अवधारणा से भारतीय संस्कृति के मूलभूत तत्त्वों को जोड़कर समाज को एकजुटता के साथ-साथ अपनी अंतरनिहित शक्ति को पहचानने का अवसर दिया और इस शक्ति को मूल्यों का आधार देकर संघर्ष में निर्णयात्मक रूप से विजय दिलाकर विश्व के समक्ष एक उदाहरण स्थापित कर दिया। स्वतंत्रता के बाद के लिए देश ने जो सपने सँजोए थे, उनमें सबसे महत्त्वपूर्ण था कि हर बच्चे को शिक्षा की रोशनी मिलेगी और उसे समानता और समता के साथ वह सभी क्षमताएँ दी जाएँगी जो कि व्यक्ति के लिए सम्मानपूर्वक समाज का सदस्य बनकर जीने के लिए आवश्यक हैं। ऐसा व्यक्ति जो सक्षम हो, कर्मनिष्ठ और कर्तव्यनिष्ठ हो तथा दूसरों के लिए कार्य करने को सदा तत्पर हो।

समता, ममता और क्षमता बच्चों की शिक्षा के आधारभूत बिंदु होना चाहिए, इसके लिए विद्यालयों का पर्यावरण, समाज का सहयोग, बच्चों के प्रति लोगों की और समुदाय की संवेदना तथा उनके अधिकारों का सम्मान हर तरफ और हर जगह दृष्टिगोचर होना चाहिए। राष्ट्र की अपेक्षाएँ इस क्षेत्र में आज भी अधूरी हैं। साक्षरता का प्रतिशत बढ़ा है, परंतु निरक्षरों की संख्या उससे ज्यादा बढ़ी है। चिंता का विषय यह भी है कि जो शिक्षित हैं उन्हें शिक्षा आत्मविश्वास और भविष्य की आशा नहीं दे पा रही है। जो शिक्षा प्राप्त करने को तत्पर हैं उनमें उनकी अपनी तथा स्कूलों की संपन्नता एवं विपन्नता से वर्ग भेद की

खाई भी लगातार चौड़ी होती जा रही है। जो शिक्षा से बाहर हैं उन्हें शिक्षा में लाने के लिए जिस लग्न, कर्मठता और संवेदना की आवश्यकता है, वह भौतिकवादी विचारधारा के द्वारा लगातार दबती जा रही है। अध्यापकों से हर प्रकार की अपेक्षा समाज आज भी करता है, परंतु उन पर विश्वास और समाज में उनका सम्मान भी बढ़ नहीं रहा है। राष्ट्र का उत्तरदायित्व है कि हर बच्चा शाला में आए, स्वच्छ पर्यावरण में सीखे, आनंद का अनुभव करे और हर तरफ मुसकराहट बिखेरे। उसकी कौतूहलता को समाधान मिले, सृजनात्मकता को बढ़ावा मिले तो वह अन्य सभी के साथ सहजता से घुल-मिल सके; उनके धर्म, भाषा तथा संस्कृति के प्रति सम्मान के भाव बना सके। स्कूल ऐसा बने जहाँ हर तरफ गतिविधियाँ हो रही हों; हर बच्चा तथा अध्यापक प्रसन्नतापूर्वक सहभागिता के साथ सीख रहा हो। वातावरण ऐसा हो कि छुट्‌टी की घंटी बजने पर भी बच्चे शाला परिसर में ही रुकना चाहें। अभी तो वह सपना ही है।

शैक्षणिक विकास की प्रक्रिया में पिछले पाँच दशकों में बहुत कुछ घटा है। सही दिशा में भी और संभवतः विपरीत दिशा में भी। जो अनुभव राष्ट्र को प्राप्त हुए हैं, वे निश्चित रूप से भविष्य के लिए सही दिशा और दृष्टि प्रदान कर सकते हैं। इनमें व्यक्तियों और संस्थाओं से प्राप्त अनुभव भी एक सीमा के अंदर सहायक हो सकते हैं। ऐसा मानते हुए ये लेख एक साथ इकट्‌ठे किए गए हैं। इनमें से अधिकांश प्रकाशित हो चुके हैं या विद्वानों के सामने प्रस्तुत किए जा चुके हैं। इनमें निहित विचार शिक्षाविदों, शिक्षकों तथा सहयोगियों के साथ कार्य करते हुए, चर्चा करते हुए ही बढ़े और बने हैं। उन सबके प्रति आभार प्रकट करना औपचारिकता न होकर एक उत्तरदायित्व है। आशा है कि इन विचारों से चिंतन की प्रक्रिया में कुछ हद तक सहायता मिलेगी।

—जगमोहन सिंह राजपूत
—सरला राजपूत

प्राथमिक शिक्षा और साक्षरता

प्राथमिक शिक्षा और प्रौढ़ साक्षरता के क्षेत्र में पिछले चार दशकों की मुख्य उपलब्धि अनुभव की ही कही जा सकती है। 1986 की शिक्षा नीति के उपरांत पिछले बारह वर्षों में बड़े स्तर पर प्रौढ़ साक्षरता के क्षेत्र में किए गए प्रयास पिछले किसी भी प्रयास से अधिक सफल रहे हैं। इससे प्रौढ़ साक्षरता के क्षेत्र में आगे प्रयत्न करने के लिए विश्वास बढ़ा है और इस संबंध में बहुत सी भ्रांतियाँ यदि पूरी तरह खत्म नहीं हुई हैं, तो सीमित अवश्य हो गई हैं। जिन जिलों और राज्यों में प्रौढ़ साक्षरता कार्यक्रम सफल रहे हैं वहाँ पर इनका प्रभाव प्राथमिक शिक्षा में बच्चों के नामांकन पर भी पड़ा है। इसमें आशातीत वृद्धि हुई है। परिणामस्वरूप प्राथमिक शिक्षा का जो वर्तमान व्यवस्था पर दबाव बढ़ गया है, आने वाले वर्षों में यह दबाव और भी बढ़ेगा। अधिक बच्चों के लिए अधिक स्थानों, कक्षाओं, अध्यापकों और पढ़ने-लिखने की सामग्री की आवश्यकता बढ़ेगी।

प्राथमिक शिक्षा और प्रौढ़ साक्षरता की समस्या देश की मूलभूत समस्या रही है और इस तथ्य को संविधान के निर्माताओं ने न केवल समझा था, वरन् उसके लिए समयबद्ध लक्ष्य भी निर्धारित कर दिए थे। प्रारंभ के वर्षों में छः से चौदह वर्ष तक के बच्चों के स्कूल में नामांकन को प्राथमिकता दी गई और जैसे-जैसे इस नामांकन की वृद्धि संख्या विभिन्न स्तरों पर इकट्ठी होती गई, यह माना गया कि हम सही ढंग से आगे बढ़ रहे हैं। यह स्थिति लगभग दस-बारह वर्ष ही रही, जब एक दूसरा तथ्य भी विकट रूप से सामने आया या यों कहें कि उसे माना गया। ऐसा नहीं कि यह तथ्य पहले अज्ञात था। हाँ, इसकी तरफ ध्यान नहीं दिया जा रहा था। जिन बच्चों ने स्कूलों में प्रवेश लिया भी, उनमें से अधिकांश कुछ समय बाद और कुछ वर्ष बाद स्कूल छोड़ जाते थे। इसी समय यह आभास एक कड़वी सच्चाई के रूप में सामने आया कि केवल नामांकन की संख्याओं की वृद्धि हमें अपने उद्देश्यों की ओर ले जाने में सफल नहीं हो सकेगी। बच्चों को पाठशालाओं में पाँच या आठ वर्ष रहना भी है। इसके लिए आवश्यक होगा कि ऐसी परिस्थितियाँ उत्पन्न की जाएँ जिससे कि बच्चे स्कूलों में स्वेच्छा से आना पसंद करें तथा वहाँ के क्रियाकलाप ऐसे हों जिनमें भाग लेना उन्हें रुचिकर लगे। अध्यापकों का व्यवहार ऐसा हो कि बच्चे

उनके पास जाने में वैसा ही अनुभव करें जो वे अपने परिवार के निकट संबंधियों के पास जाने में करते हैं। बच्चों की मूलभूत आवश्यकताएँ : खेलना, उसके लिए आवश्यक सामग्री, खेलने की जगह, उसकी व्यवस्था और उनके अंदर की अन्य सृजनात्मक प्रतिभाओं के विकास के अवसर प्रदान करना स्कूल के मुख्य क्रियाकलाप होंगे। वे सभी लोग जो स्कूलों की शिक्षा से स्वयं भलीभाँति परिचित रहे हैं, अनुमान लगा सकते हैं कि यह व्यावहारिक रूप से कर पाना सहज कार्य नहीं रहा होगा, न आज है।

इसी के साथ-साथ हमारे अनुभवों में एक अन्य तथ्य भी सामने आया। ऐसे बच्चों की संख्या बहुत बढ़ी है जो अपनी परिस्थितियों के कारण स्कूल जा ही नहीं पाते या कुछ दिन जाकर छोड़ देते हैं। इनमें मुख्य रूप से काम करने वाले बच्चे और लड़कियाँ होती हैं। लड़कियों को छोटे भाई-बहनों का उत्तरदायित्व निभाना पड़ता है और इसके साथ-साथ सांस्कृतिक और सामाजिक रूप से पालकों का एक बड़ा वर्ग लड़कियों को शिक्षा देने के संबंध में बहुत उत्साहजनक दृष्टिकोण नहीं रखता रहा है। यद्यपि इसमें धीरे-धीरे परिवर्तन हुआ है, फिर भी, आज भी यह माना जाता है कि प्राथमिक शिक्षा को सब बच्चों तक पहुँचाने में सबसे बड़ा लक्ष्य-वर्ग लड़कियों और काम करने वाले अन्य बच्चों का है। प्राथमिक शिक्षा की सारी परियोजनाओं को इन वर्गों की विशेष आवश्यकताओं पर ध्यान देना होगा। इसी परिस्थिति को ध्यान में रखते हुए अनौपचारिक शिक्षा की बड़ी परियोजना प्रारंभ की गई। इसे आठवीं पंचवर्षीय योजना में भी जारी रखना तय किया गया। इसके साथ-साथ स्वयंसेवी स्कूलों की नई योजना भी सामने आई है। इसमें स्वयंसेवी संस्थाएँ दूर-दराज के इलाकों में, जहाँ स्कूलों की व्यवस्था नहीं है, इस प्रकार के स्कूल चलाने का प्रयत्न करेंगी, वहाँ समुदाय का सहयोग लेकर बच्चों को शिक्षित करने की व्यवस्था की जाएगी।

प्राथमिक शिक्षा एवं परियोजनाएँ

ऐसी कई परियोजनाओं की चर्चा की जा सकती है, जिसमें प्रयत्न किया गया है कि स्कूल या अनौपचारिक शिक्षा केंद्र का वातावरण सुधरे। 'ऑपरेशन ब्लैकबोर्ड' परियोजना के अंतर्गत स्कूलों में इमारत, पढ़ने-लिखने की सामग्री तथा खेल-कूद के सामान इत्यादि की व्यवस्था की गई है। पाठ्यक्रम में ऐसे परिवर्तन किए गए हैं कि प्राथमिक स्तर पर जो शिक्षा बच्चों को मिले वह उनके पर्यावरण से जुड़ी हुई हो। यही नहीं यह भी प्रयत्न किया गया है कि पाठ्यक्रम समुदाय की अपेक्षाओं के अनुरूप भी हो। इसके बाद मुख्य प्रश्न यह आता है कि अध्यापक इन बदली हुई परिस्थितियों से अपने को कितना समरूप कर पाता है। शिक्षण और प्रशिक्षण की नई पद्धतियों को समझना, उनका उपयोग करना और शैक्षणिक तकनीक की सहायता लेना अंतिम रूप से अध्यापक की इच्छा और तैयारी पर ही आश्रित होते हैं।

वस्तुस्थिति को समझने के लिए थोड़ी देर हम अपना ध्यान इस परियोजना के अंतर्गत पुस्तकालय की स्थापना पर केंद्रित करें, तो परियोजना के क्रियान्वयन के अनुभव हमें बहुत कुछ जानकारी दे सकते हैं। अपेक्षा यह रही है कि इस पुस्तकालय में प्राप्त पुस्तकों के उपयोग की व्यवस्था का दायित्व अध्यापक का ही होगा। पुस्तकों की खरीद विभिन्न राज्यों में विभिन्न स्तरों पर की गई। जो पुस्तकें शालाओं में पहुँची हैं उनमें से कितनी वहाँ पढ़नेवाले विद्यार्थियों की रुचि के अनुकूल हैं; यह सबसे विकट प्रश्न बना है। यह निश्चित है कि विद्यार्थियों के उपयोग के लिए उचित पुस्तकों की उपलब्धि सीमित ही रही है। संभवतः इसके पहले इस ओर अधिक ध्यान नहीं दिया गया कि प्राथमिक शाला के विद्यार्थियों की रुचि के अनुसार पुस्तकों का निर्माण बड़ी संख्या में विभिन्न भाषाओं में किया जाना है। इस समय इस बात की आवश्यकता है कि यह कार्य राष्ट्रीय स्तर पर, राजकीय स्तर पर और क्षेत्र विशेष के लिए जिला स्तर पर भी शीघ्रता से किया जाए।

जिला स्तर पर जिला शिक्षण और प्रशिक्षण के संस्थान की स्थापना पिछले चार वर्षों में शिक्षा के क्षेत्र में एक बड़ी उपलब्धि है। यह वह संस्थान होंगे जो नए अध्यापकों का प्रशिक्षण करेंगे। वह अध्यापक जो इस समय शालाओं में पढ़ा रहे हैं, उनका सेवाकालीन प्रशिक्षण करने तथा साथ-ही-साथ प्रौढ़ शिक्षा और अनौपचारिक शिक्षा से जुड़े हुए अनुदेशकों का प्रशिक्षण भी करेंगे। इस बात के प्रयत्न किए जा रहे हैं कि यह संस्थान जिला स्तर पर प्राथमिक शिक्षा और साक्षरता अभियान के लिए स्रोत संस्थान का कार्य करें। ऐसी स्थिति में ही क्षेत्र विशेष की आवश्यकताओं की पूर्ति की जा सकती है और जनसाधारण तथा समुदाय की भागीदारी की संभावना प्रबल हो जाती है। साक्षरता अभियान जन आंदोलनों के रूप में चलाया गया है, सफल रहा है और इसको आगे भी इसी स्वरूप में बढ़ाया जा रहा है। एक वर्ग जो शिक्षा से बहुत कुछ अछूता रहा है, अनौपचारिक शिक्षा केंद्रों में आ रहा है। आज आवश्यकता इस बात की है कि इन तीनों प्रयत्नों को एक साथ समन्वय की दृष्टि से देखा जाए और एक-दूसरे का पूरक माना जाए। ऐसी स्थिति के लिए इन सब लोगों को जो इस योजना निर्धारण अथवा कार्यान्वयन के विभिन्न स्तरों पर जुड़े हैं, अपने दृष्टिकोण में व्यापक और व्यावहारिक परिवर्तन करना आवश्यक होगा।

शिक्षा एवं जन-सहयोग

इस देश में ऐसी बहुत सी परंपराएँ हैं जहाँ शिक्षा में जन-सहयोग मिलता रहा है। साथ-ही-साथ इस तथ्य को भी नजरअंदाज नहीं किया जा सकता कि इस देश में शिक्षा की परंपरा वर्ग विशेष के लिए ही आवश्यक मानी जाती रही है। यह परंपरागत दृष्टि से कभी आवश्यक नहीं माना गया कि शिक्षा प्रत्येक व्यक्ति की मूलभूत आवश्यकता है। निश्चित रूप से आज स्थिति भिन्न है। इस स्थिति से पहला सबक यही मिलता है कि जनसाधारण में शिक्षा में सहयोग देने की भावना उत्पन्न करने

के लिए अभी भी बहुत कुछ कार्य करने की आवश्यकता बनी हुई है। विशेष रूप से यह उन क्षेत्रों में आवश्यक हो जाता है, जहाँ महिलाएँ और पुरुष बराबर की भागीदारी से अपना परंपरागत कार्य करते रहे हैं। यहाँ शिक्षा में रुचि तभी बढ़ेगी जब कार्य-कुशलता तथा कार्य-अनुभव शिक्षा के महत्त्वपूर्ण अंग के रूप में समुदाय के सामने आएँगे। एक अन्य पहलू उन शिक्षित विद्यार्थियों का है जो आठ या दस वर्ष की शिक्षा प्राप्त कर अपने गाँव और समाज में लौटते हैं। बहुधा यह पाया जाता है कि वे न तो अपनी शिक्षा का उपयोग करने की स्थिति में होते हैं और न ही अपने समाज के परंपरागत कार्यों से अपने को जोड़ पाते हैं। इनके उदाहरण अकसर अन्य बच्चों की शिक्षा के लिए प्रेरणास्वरूप नहीं होते हैं। निश्चित रूप से शिक्षा के व्यावहारिक पाठ्यक्रम शिक्षा प्रक्रिया की सारी व्यवस्था में सबसे महत्त्वपूर्ण अंग के रूप में सामने आते हैं। व्यावहारिकता तथा उपयोगिता ही मुख्य पहलू हैं। कई स्वयंसेवी संस्थाओं ने इस प्रकार के प्रयोग कई स्थानों पर किए हैं। जहाँ उन्होंने शिक्षा के पाठ्यक्रम को सामाजिक आवश्यकताओं और अपेक्षाओं से लगातार स्पष्ट रूप से जोड़े रखा है। इनकी संस्थाओं से पढ़कर गए विद्यार्थी अपने समाज में जाकर जीवन की गुणवत्ता बढ़ाने में सफल हुए हैं। इन प्रयोगों को वृहद् रूप में शिक्षा-व्यवस्था में अंगीकार करना उपयोगी होगा।

इस समय प्राथमिक शिक्षा के उद्देश्य की प्राप्ति के लिए राष्ट्रीय स्तर पर कार्यक्रम क्रियान्वयन परियोजना बन चुकी है। यह एक प्रकार से पहले की कार्यक्रम क्रियान्वयन परियोजना का नवीन संस्करण है और बहुत सी परियोजनाएँ जो 1986-87 में प्रारंभ हुई थीं। आगे भी जारी रहेंगी। मुख्य तथ्य यह है कि जो कल्पना परियोजना स्तर पर की जाती है, उसका कितना प्रतिशत क्रियान्वयन स्तर पर लागू हो पाता है !

प्रारंभिक शिक्षा का सार्वजनीकरण

भारतीय शिक्षा की मुख्य समस्याएँ

प्रारंभिक शिक्षा के सार्वजनीकरण की समस्या यद्यपि विश्वव्यापी है, परंतु भारत के लिए यह अत्यंत गंभीर है। यद्यपि चौदह वर्ष तक की आयु के सभी बच्चों को बुनियादी शिक्षा प्रदान करने का काम तो संविधान के लागू होने के दस साल के अंदर हो जाना चाहिए था, लेकिन अभी तक यह कार्य संपन्न नहीं हो सका। चालीस वर्षों के बाद 1992 की शिक्षा नीति में इस स्थिति की समीक्षा की गई और प्रारंभिक शिक्षा के सार्वजनीकरण के लिए एक और लक्ष्य-तिथि निर्धारित की गई। हमारे देश में यह समस्या बढ़ती हुई जनसंख्या के कारण और पेचीदा हो जाती है क्योंकि इसके कारण बहुत बड़ी आबादी को शिक्षित करने का काम आ जाता है। अपनी सीमाओं के अंदर रहकर इस आबादी को शिक्षा देना बहुत मुश्किल हो गया है। औपचारिक शिक्षा प्रणाली के जरिए तथा अनौपचारिक प्रणाली के अधिगम केंद्रों के जरिए सुविधाएँ जुटाने और शिक्षा को सुलभ बनाने के सिलसिले में देश ने हालाँकि अच्छी-खासी तरक्की की है, फिर भी तीन बड़ी समस्याएँ रह जाती हैं। ये तीन समस्याएँ स्कूल की सुविधा, स्कूल में बच्चों के नामांकन के बाद उनका बने रहना तथा उच्च कोटि की शिक्षा प्राप्त करने से संबंधित हैं। एक बार सुविधाएँ जुटा दी जाएँ तो जरूरी है कि शिक्षार्थी प्राथमिक शिक्षा केंद्रों में नामांकित हों और यह नामांकन सौ प्रतिशत होना चाहिए, ताकि शिक्षा प्रणाली से पूरा समाज लाभान्वित हो सके। दूसरे, एक बार ये बच्चे विद्यालय में आ जाएँ तो वे वहाँ बने रहें और प्रतिधारण का अनुपात अभीष्टतम हो। लेकिन हमारे देश में विद्यालय छोड़ने का प्रतिशत बहुत अधिक है। तीसरे, विद्यालय में बच्चे एक बार आ जाएँ तो उन्हें अध्यापकों, पाठ्यपुस्तकों और बुनियादी ढाँचे के दूसरे तत्त्वों के रूप में सुविधाएँ मिलनी चाहिए। विद्यालय में दी जाने वाली शिक्षा उच्च कोटि की होनी चाहिए; यह शिक्षा सभी बच्चों को दी जानी चाहिए तथा समता और सामाजिक न्याय के आधार पर दी जानी चाहिए। आजादी प्राप्त करने और संविधान लागू होने के बाद पिछले पचास वर्षों से इस लक्ष्य को पाने की जी-तोड़ कोशिश होती रही है। कुछ प्रगति हुई भी है, लेकिन यह काफी नहीं है। यह इसके लिए आवश्यक है कि शिक्षा देने की सुस्थापित रोजमर्रा की पद्धति से हटकर उस पद्धति को अपनाएँ जिसका संकेत 1992 की शिक्षा नीति और उसकी कार्यवाही

योजना में किया गया है। इसके लिए शिक्षा देने की मिशन पद्धति अपनानी पड़ेगी। रोजमर्रा की पद्धति की अपेक्षा इस पद्धति के कुछ लाभ भी हैं। मिशन पद्धति भौतिक वस्तुओं और मानवशक्ति के रूप में बहुत सारे साधनों को गतिमान बनाती है और इसे आधारभूत स्तर पर लागू किया जा सकता है। अब अगले लक्ष्य को पाने के लिए देश में कितने संसाधनों को गतिमान बनाना होगा।

राष्ट्रीय मिशन

पहले चरण के लक्ष्य को पहले ही प्राप्त किया जा चुका है जो अत्यंत सराहनीय है और अब अगले चरण के लक्ष्य को प्राप्त करना है जिसके लिए एक राष्ट्रीय मिशन की स्थापना की गई है तथा मिशन के लक्ष्यों को क्रियान्वित करने के लिए विद्यालय एवं समुदाय की भागीदारी अत्यंत आवश्यक है। यह भागीदारी कैसे हो ? यह बहुत बुनियादी मुद्दा है, जिसके लिए तीन बुनियादी महत्त्वपूर्ण कदम उठाने होंगे। शिक्षा विभाग को अर्थात् मानव संसाधन विकास मंत्रालय को उन बच्चों को वैकल्पिक शिक्षा प्रदान करने के बारे में फैसला लेना होगा जो औपचारिक शिक्षा का लाभ नहीं उठा सकते। यद्यपि यह काम अनौपचारिक प्राथमिक शिक्षा के रूप में किया जा रहा है, फिर भी अगर समुदाय को भागीदार बनाएँ और उसकी सेवाएँ तथा सहयोग प्राप्त करें तो यह काम और भी कारगर ढंग से किया जा सकता है। हमें औपचारिक और अनौपचारिक शिक्षा प्रणाली, दोनों के बारे में किसी समुदाय-विशेष की आवश्यकताओं का पता लगाना होगा। सरकारी स्तर पर काम का यह एक पहलू है। दूसरे, सर्वेक्षण में समुदाय की भागीदारी सबसे अहम तत्त्व होनी चाहिए। समुदाय के साथ मिलकर एक सर्वेक्षण किया जाना चाहिए जिसे तकनीकी रूप से व्यष्टिस्तरीय योजना (Micro Level Planning) कहा जाता है। जहाँ समुदाय अनेक प्रकार से हिस्सेदारी कर रहा हो, वहाँ यह काम यह पता करने के लिए किया जा सकता है कि कौन सा परिवार औपचारिक शिक्षा के लिए अपने बच्चों को भेज सकता है तथा कौन सा परिवार सांस्कृतिक, आर्थिक और दूसरे कारणों से अपने बच्चों को औपचारिक विद्यालय में नहीं भेज सकता। फिर समुदाय को चाहिए कि वह ऐसे परिवारों को अनौपचारिक शिक्षा केंद्रों में भेजने के लिए प्रोत्साहित करे। तीसरे, समुदाय को चाहिए कि वह कुछ विशेष सुविधाएँ जुटाए, ताकि औपचारिक और अनौपचारिक, दोनों शिक्षा प्रणालियाँ कारगर ढंग से मिलकर काम करें। यह काम कई प्रकार से किया जा सकता है, लेकिन पहले इसका विकेंद्रीकरण होना चाहिए और उपलब्ध संसाधनों को उपयोग में लाया जाना चाहिए। बहुत से संसाधन उपलब्ध तो होते हैं, लेकिन उनका उपयोग नहीं होता और वे अज्ञात रहते हैं। मिसाल के लिए अगर कोई प्राथमिक स्वास्थ्य केंद्र हो तो बीमारियों वगैरह से संबंधित स्वास्थ्य-समस्याओं की जानकारी पाने के लिए उसका उपयोग किया जा सकता है। इसी तरह कृषि केंद्र आदि दूसरे संसाधन हो सकते हैं; और इन केंद्रों के कार्मिकों की मदद भी ली जानी चाहिए। गाँव में सरपंच, गाँव के

मुखिया, राजनीतिक व्यक्तियों आदि स्थानीय लोगों को साथ लेकर एक ग्राम शिक्षा समिति की स्थापना होनी चाहिए जो औपचारिक और अनौपचारिक विद्यालयों पर निगरानी रखे, ग्राम समुदाय और करीब आए तथा नामांकन व प्रतिधारण और शिक्षा की गुणवत्ता, दोनों की दृष्टि से वह प्राथमिक और प्रारंभिक शिक्षा के सार्वजनीकरण के लिए काम करे। विकेंद्रीकरण का दृष्टिकोण अपनाना और मिशनरी प्रयास करना ही शिक्षा का सार्वजनीकरण करने और उसकी गुणवत्ता सुधारने का एकमात्र रास्ता है। स्थानीय जनता को साथ लेकर देश में प्रारंभिक शिक्षा का कारगर ढंग से सार्वजनीकरण किया जा सकता है।

विद्यालय प्रबंधन

1992 की संशोधित शिक्षा नीति अनेक कार्रवाइयों जैसे विकेंद्रीकरण, समुदाय की हिस्सेदारी और व्यष्टिस्तरीय योजना पर ध्यान केंद्रित करती है। व्यष्टिस्तरीय योजना बहुत बुनियादी अहमियत रखती है, जबकि हो यह रहा है कि औपचारिक और अनौपचारिक, दोनों प्रणालियाँ सिर्फ उन्हीं को शिक्षा देने का काम कर रही हैं जो विद्यालयों में आते हैं और जो विद्यालय छोड़ देते हैं, जबकि उनका सरोकार उन सब लोगों से भी होना चाहिए जो विद्यालय से बाहर हैं। आज यह बात महसूस की जा सकती है तथा सुविधाओं के अलावा गाँव में उपलब्ध दूसरी सभी तरह की सेवाएँ लेने पर भी विचार किया जा रहा है। आरंभिक शैशव शिक्षा और देखभाल पर भी ध्यान दिया जाने लगा है, खासकर लड़कियों के सिलसिले में जो इस शैशव शिक्षा और देखभाल की प्रणाली से अधिक कारगर ढंग से जोड़ी जा सकती हैं। कारण यह कि सामाजिक, आर्थिक और सांस्कृतिक कारणों से वे विद्यालय नहीं आ पातीं और उन्हें घरेलू कामकाज भी करना पड़ता है। एक और बड़ी समस्या है विद्यालय-प्रबंध प्रणाली की समस्या। इस प्रणाली को कैसे बदलें ? अध्यापकों की आवश्यकताओं, शिक्षार्थियों की जरूरतों, पालकों की आकांक्षाओं और शिक्षा प्रणाली की वर्तमान आवश्यकताओं के प्रति इस प्रणाली को संवेदनशील कैसे बनाएँ ? अनेक दृष्टांतों से ऐसे परिवर्तन लाने के प्रयास किए गए हैं। भारत के संदर्भ में भविष्य की संभावनाओं के दृष्टिकोण से इस संवृत्ति को समझना बहुत ही प्रासंगिक होगा। प्रारंभिक शिक्षा के सार्वजनीकरण से प्रबंध के सवाल का बहुत घनिष्ठ संबंध है। प्रबंध पर विद्यालय तथा केंद्रों में अधिगम के स्तर की दृष्टि से विचार करना होगा। यह प्रबंध बहुत गतिशील प्रकार का होना चाहिए। एक ओर प्रधानाध्यापक तथा अध्यापकों और दूसरी ओर सामुदायिक नेताओं और समुदाय के बीच जीवंत संबंध की स्थापना आवश्यक है। दूसरे, विद्यालय में एक अच्छा वातावरण बनाने का प्रयास करना चाहिए क्योंकि इसका संबंध शिक्षा की गुणवत्ता तथा प्रतिधारण और नामांकन, दोनों से है। देश में कुछेक विद्यालय ऐसे हैं जिनकी विद्यालय-वातावरण के विकास की दृष्टि से छानबीन की जानी चाहिए और ऐसा वातावरण बनाना चाहिए जो बहुत लागत-तलब भी न हो। इसके लिए जनता

की प्रवर्तनशीलता और उसके प्रयास आवश्यक हैं और यह सब कुल मिलाकर प्रबंध के मुद्दे का अंग होना चाहिए। हमें यह देखना होगा कि शिक्षण-दृष्टि के आधार पर औपचारिक और अनौपचारिक, दोनों शिक्षा प्रणालियाँ एक खास ढाँचे और कुछ खास सिद्धांतों को अपनाएँ। मिसाल के लिए अनेक देशों में देखा गया है कि किसी विद्यालय में एक समय-सारणी तो होती है, मगर उसका पालन नहीं किया जाता। होता यह है कि जो कुछ अध्यापक चाहता है वही करता है। यह वांछित नहीं है। वांछित तो यह है कि समय-सारणी का एक अच्छा ढाँचा तैयार किया जाए और उसका पालन हो। दूसरा मुद्दा यह है कि जब एक लंबे समय तक बच्चों को बार-बार वही चीजें पढ़नी पड़ती हैं तो वे ऊब जाते हैं। वे कुछ परिवर्तन चाहते हैं। यह भी विद्यालय के वातावरण और प्रबंध का एक हिस्सा है।

एक बात और भी है। अधिगम के लिए एक योजना होनी चाहिए। एक लंबे समय तक बच्चों को एक ही विषय पर ध्यान केंद्रित करने में कठिनाई होती है। इसलिए विद्यालय के प्रबंध मंडल को चाहिए कि अधिगम की सामग्री में कुछ विविधता और परिवर्तन लाएँ तथा कुछ सहपाठ्यचर्यात्मक और पाठ्येतर गतिविधियाँ भी शुरू करें। हाल में हमने पाया है कि अधिगम का जो न्यूनतम स्तर तय किया गया है उसको लेकर बच्चे बहुत जोश में आ जाते हैं। प्रबंध की दृष्टि से प्रत्येक प्राथमिक विद्यालय, औपचारिक शिक्षा केंद्र और अनौपचारिक शिक्षा केंद्र को तीन विशेषताएँ अपनानी चाहिए। प्रत्येक शिक्षा केंद्र और प्राथमिक विद्यालय को सबसे पहले एक आनंद-केंद्र बनाना चाहिए, जहाँ बच्चे आएँ, खेलें और आनंद लें, आदि। दूसरे, वे संस्कार-केंद्र के रूप में विकसित हों जहाँ बच्चे कुछ सीखने और जीवन का स्तर सुधारने के लिए आएँ। तीसरे, वे एक समग्र शिक्षा-केंद्र के रूप में विकसित हों, जहाँ किसी विषय पर पूर्ण अधिकार पाने के स्तर तक वे कुछ सीखें। एक गतिशील और लोचदार प्रबंध प्रणाली की स्थापना के लिए इन संस्थाओं को जीवंत संस्थाओं के रूप में विकसित किया जाना चाहिए; तभी हम प्रारंभिक और प्राथमिक शिक्षा के सार्वजनीकरण में बेहतर ढंग से सफलता प्राप्त कर सकते हैं।

सरकारी प्रयास

प्रारंभिक स्तर पर भारत सरकार की, केंद्र द्वारा प्रायोजित कुछ योजनाओं के जरिए छोटे पैमाने पर इसी लक्ष्य को पाने का प्रयास किया गया है। मिसाल के लिए 'ऑपरेशन ब्लैकबोर्ड', जिसमें पाठ्यपुस्तकों के अलावा अध्यापन और अधिगम की कुछ और सामग्रियों की भी आपूर्ति की गई है, जिससे बच्चों में बहुत अधिक दिलचस्पी पैदा हुई है। अभी हाल में सरकार के सामने एक मुद्दा आया है कि शिक्षा को एक बुनियादी अधिकार के रूप में माना जाए। अपने हाल के एक फैसले में उच्चतम न्यायालय ने चौदह वर्ष की आयु तक बुनियादी शिक्षा को एक बुनियादी अधिकार करार दिया है। जब संविधान लागू हुआ था तो भी यह बात सबके दिमाग में थी।

आज बहस का मुद्दा यह है : क्या हम प्राथमिक शिक्षा को, चौदह वर्ष की आयु तक बुनियादी शिक्षा को, अनिवार्य बनाने को तैयार हैं ? या हमें लोगों को इसके उपयोग के लिए प्रेरित करना चाहिए ? इस चरण में कानून बनाकर बुनियादी शिक्षा को अनिवार्य कैसे बनाया जाए ? इस संदर्भ में चार बुनियादी मुद्दों पर विचार करना होगा। पहली बात, संयुक्त राष्ट्र ने सबके लिए शिक्षा को पहले ही बुनियादी अधिकार घोषित कर रखा है। भारत समेत तमाम देश इसके लिए प्रयत्नशील हैं; हमें इस दिशा में बढ़ना और इस लक्ष्य को पाना होगा। दूसरे, यूनिसेफ ने बच्चों के अधिकारों की घोषणा की है और इसका संबंध भी उच्चतम न्यायालय के फैसले से है जो इसी दिशा में है। तीसरी बात यह कि, 1990 को संयुक्त राष्ट्र ने अंतरराष्ट्रीय साक्षरता वर्ष घोषित किया था और यह वर्ष पूरी दुनिया में मनाया गया था, फिर भी सभी के लिए शिक्षा का आंदोलन जारी है। ये सभी बातें उच्चतम न्यायालय के फैसले के अनुरूप हैं। आज भारत के लिए इसी बात पर विचार करना है। आजादी से पहले की कुछ लोगों के लिए शिक्षा आजादी के बाद की जनशिक्षा की ओर जब बढ़ी, तो यही किया गया। इस विशेष प्रक्रिया को एक स्थायी प्रक्रिया कैसे बनाएँ ? अभी तक इसे स्थायी बनाने में कामयाबी नहीं मिली है। इसमें कुछ समय लगेगा, लेकिन प्रयास इसी दिशा में हो रहे हैं। अब शिक्षा को सार्वजनीकरण की रोजमर्रा की पद्धति से हटाकर मिशन पद्धति की ओर बढ़ाना होगा। लेकिन मिशन पद्धति भी इसे एक स्थायी प्रणाली नहीं बना सकेगी। विकसित और विकासशील, दोनों प्रकार के देशों में शिक्षा को कैसे स्थायी बनाया जाए इसका अध्ययन करना भी आवश्यक है। अगर शिक्षा को अनिवार्य न बनाया जाए तो विकसित देशों में भी कभी-कभी पाँच-दस प्रतिशत अभिभावक अपने बच्चों को नियमित विद्यालय में भेजने को तैयार नहीं होते। प्राथमिक चरण में शिक्षा के सार्वजनीकरण का अंतिम समाधान यह है कि शिक्षा को अनिवार्य बनाया जाए तथा इसके लिए विद्यालय और सरकार के साथ अभिभावकों को भी जिम्मेदार बनाया जाए। फिलहाल अभी इसे फौरन लागू करने में कुछ कठिनाइयाँ हैं। इसके कारण भी अनेक हैं। अभिभावक धनी नहीं हैं और उनके बच्चों को परिवार की मदद के लिए काम करना पड़ता है। बड़ी तादाद में कामकाजी बच्चे भी विद्यालय नहीं जा सकते; इनकी संख्या बहुत बड़ी है। दूसरे बच्चे आर्थिक, सांस्कृतिक और पारंपरिक कारणों से भी विद्यालय नहीं जा सकते। इस कारण प्रारंभिक शिक्षा को अनिवार्य बनाने के लिए चरणबद्ध ढंग से आगे बढ़ना होगा।

रोजमर्रा की पद्धति का पहला चरण पूरा हो चुका है और अब दूसरा, अर्थात् मिशन पद्धति का चरण आरंभ किया जाना चाहिए। यह मिशन पद्धति पाँच वर्ष तक या मोटे तौर पर वर्ष 2000 तक जारी रहनी चाहिए और इस दौरान अभिभावकों, अध्यापकों तथा समुदाय और देश को नई सदी में दाखिल होने के लिए तैयार हो जाना चाहिए। इसे स्थायी बनाने के लिए उच्चतम न्यायालय के फैसले के अनुरूप बच्चे के अधिकार को सम्मान दें। अगर अभिभावक अपने बच्चों को विद्यालय भेजने को तैयार

न भी हों तो भी सरकार और सार्वजनिक क्षेत्र को यह जिम्मेदारी उठानी चाहिए तथा बच्चे को इसके लिए दंडित नहीं किया जाना चाहिए। यह विशेष सुविधा हर बच्चे को दी जानी चाहिए। शिक्षा के सार्वजनीकरण के लिए उसे अनिवार्य बनाने के अलावा और कोई विकल्प नहीं है। देश की सामाजिक, सांस्कृतिक और आर्थिक परिस्थितियों की मार से शिक्षा को बचाने के लिए चरणों में आगे बढ़ना होगा। इसके लिए लक्षित तिथि वर्ष 2000 होनी चाहिए तथा इसके बाद देश के लाभार्थ बच्चों और भारत के भावी नागरिकों के व्यापकतर हित में प्रशासन को चाहिए कि शिक्षा को अनिवार्य बनाए। यद्यपि सारे प्रयास इसी दिशा में हैं, पिछले चालीस वर्ष का अनुभव यह है कि विद्यालय के वातावरण को बच्चों के लिए स्वस्थ बनाने का प्रयत्न किया गया है, ताकि वह विद्यालय में आएँ और यह भी सुनिश्चित करने का प्रयास हुआ है कि अध्यापक को समुचित सम्मान, प्रतिष्ठा और पेशेवर विशेषज्ञता प्राप्त हो। साथ ही यह भी कोशिश हुई है कि सभी मूलभूत सुविधाओं की व्यवस्था हो। जो बच्चे औपचारिक विद्यालयों में नहीं जा सकते, उनके लिए वैकल्पिक रणनीतियों की व्यवस्था हो तथा पेशेवर और दूसरे दृष्टिकोणों से अध्यापक अच्छी तरह तैयार हों, ताकि वे अपनी जिम्मेदारियाँ उठा सकें। परंतु सबसे अहम बात समुदाय की भागीदारी है। समुदाय को यह जिम्मेदारी लेनी चाहिए तथा प्रारंभिक शिक्षा की पूरी प्रक्रिया मिशनरी पद्धति और उत्साह से आगे बढ़नी चाहिए। इसके अतिरिक्त सभी को कानून बनाने के लिए तैयार हो जाना चाहिए तथा इसके लिए इस विशेष संदर्भ में पाँच वर्ष का लक्ष्य रखा जा सकता है।

औपचारिक एवं अनौपचारिक व्यवस्था की तुलनीयता

प्रारंभिक शिक्षा के सार्वजनीकरण के लिए पाठ्यचर्या का बोझ घटाने तथा मूल्यांकन और सुधार के चरणों का उपयोग करना भी बहुत महत्त्वपूर्ण है। इन समस्याओं पर विचार करते समय एक और विषय उठ खड़ा होता है। पहले से ही बड़ी संख्या में अनौपचारिक शिक्षा केंद्र अस्तित्व में हैं और अभी बहुत से अन्य केंद्रों की आवश्यकता है। क्या इन केंद्रों में समान गुणवत्तावाली शिक्षा देना संभव है और अगर है तो इसके लिए किन चीजों की व्यवस्था करनी होगी ? जब अनौपचारिक शिक्षा केंद्रों में योग्य अध्यापक, जगह और सुविधाएँ ही न हों तो सभी बच्चों को समान गुणवत्तावाली शिक्षा देने का दायित्व कैसे निभाया जा सकता है ? अनौपचारिक शिक्षा प्रणाली भारत के लिए पूरी तरह अनिवार्य है। जहाँ तक संसाधनों का प्रश्न है, वे सुज्ञात हैं। सवाल है कि तुलनीयता सुनिश्चित कैसे की जाए ? स्तर की तुलनीयता बनाए रखकर बच्चों को अनौपचारिक से औपचारिक प्रणाली में कैसे लाया जाए, यह एक अहम तत्त्व है। पहली बात, औपचारिक और अनौपचारिक, दोनों प्रणालियों का साझा आधार होना चाहिए; और सौभाग्य से अधिगम के न्यूनतम स्तर संबंधी वक्तव्य में इनकी व्यवस्था भी की गई है। इस तरह पहला प्रस्थान बिंदु तुलनीयता सुनिश्चित करना है। न्यूनतम

अधिगम स्तर के लिए जो वक्तव्य सामने रखा गया है वही औपचारिक और अनौपचारिक, दोनों प्रणालियों के लिए स्वीकार करना चाहिए। दूसरी अहम बात है कि शिक्षण समय कम है। औपचारिक विद्यालय में बच्चे छः घंटे रहते हैं, मगर अध्यापन का वास्तविक समय छः घंटे नहीं है। यह समय मुश्किल से तीन घंटे है, और अगर हम दो घंटे समय अनौपचारिक कार्यक्रम के बच्चों को दें, जो कुछ अधिक परिपक्व होते हैं, तो औपचारिक प्रणाली में शिक्षा का जो मानदंड प्राप्त होता है वही मानदंड अनौपचारिक प्रणाली में भी प्राप्त किया जा सकता है। इस संदर्भ में समय के तत्त्व पर भी विचार करना आवश्यक होगा।

तुलनीयता के लिए आवश्यक है कि अनौपचारिक प्रणाली के बच्चों के लिए भी अभ्यास पुस्तिकाएँ लागू करें, ताकि वे सिर्फ अनौपचारिक शिक्षा केंद्रों में ही न बैठें, बल्कि अपने खाली समय में, जब भी संभव हो, अपनी अभ्यास पुस्तिकाओं से भी कुछ काम करते रहें। अभी तक लोग अनौपचारिक प्रणाली को ही वैकल्पिक कह रहे हैं, लेकिन शिक्षा की प्रणाली तो घर पर आत्म-अधिगम की प्रणाली का संयोग है। लेकिन घर पर आत्म-अधिगम की प्रणाली को फिलहाल समुचित ढंग से संरचनाबद्ध नहीं किया गया है, इसलिए आई. पी. सी. एल. प्रकार की पाठ्यपुस्तकों और अभ्यास पुस्तिकाओं का प्रयोग करें, न कि केवल पाठ्यपुस्तकों के परंपरागत दृष्टिकोण का। इस तरह पाठ्यपुस्तकों की प्रकृति में भी परिवर्तन आवश्यक है। इस प्रकार हमारे पास पाठ्यसामग्री के लिए अभ्यास पुस्तिका जैसी व्यावहारिक सामग्री भी होगी और मूल्यांकन की सामग्री भी होगी। यह तीसरी अहम बात है। यहाँ चौथा विचारणीय प्रश्न यह है कि अनौपचारिक कार्यक्रम के अध्यापकों को कुछ खास प्रकार की सहायता की आवश्यकता है। यह सहायता प्रशिक्षण के रूप में दी जानी चाहिए और इसमें अध्यापकों को किसी-न-किसी प्रकार की हस्तपुस्तिका उपलब्ध कराई जानी चाहिए, जिसका वे उपयोग कर सकें। एन. सी. ई. आर. टी. ने कुछ बहुत अच्छी हस्तपुस्तिकाएँ तैयार की हैं, लेकिन अभी और की जरूरत है। ये हस्तपुस्तिकाएँ उपयोगी होंगी। यह एक ऐसा अतिरिक्त तत्त्व भी है कि जहाँ भी संभव हो उसे सुनिश्चित करने का प्रयास करना चाहिए। अधिकांश दृष्टांतों में अनौपचारिक शिक्षा केंद्र खुले में या किसी पेड़ की छाया में चलते हैं। खुले में अनौपचारिक विद्यालय और उनकी बगल में प्राथमिक विद्यालय चलते देखे गए हैं और शाम को किसी विद्यालय के न चलने के कारण यह जगह खाली पड़ी रहती है। सो जहाँ भी संभव हो, एक ही भवन में औपचारिक और अनौपचारिक विद्यालय चलाने के रास्ते तलाश करने चाहिए तथा औपचारिक विद्यालय के भवन का इस्तेमाल बढ़ाना चाहिए। हमारे देश में भवनों का इस प्रकार का उपयोग बहुत कम होता है। औपचारिक विद्यालयों के भवनों में कुछ ऐसे कमरे भी उपलब्ध होते हैं जिनका उपयोग अनौपचारिक शिक्षा के लिए किया जा सकता है। यद्यपि इस कार्य में प्रबंध संबंधी समस्याएँ आएँगी, लेकिन जहाँ चाह होती है वहाँ राह होती है और अगर ऐसा हो सके तो अनौपचारिक शिक्षार्थियों को एक बेहतर वातावरण प्राप्त

होगा; जबकि अभी अनौपचारिक शिक्षा केंद्र में अध्यापक को श्यामपट रखने या नक्शा लटकाने तक की जगह नहीं मिलती। इस तरह औपचारिक विद्यालयों के भवनों का उपयोग करने से ये समस्याएँ हल हो सकेंगी। अंत में, एक बात और है जो अनौपचारिक शिक्षा के अध्यापकों और शिक्षार्थियों को मूल्यांकन संबंधी प्रतिज्ञान प्रदान करने से संबंधित है। इन अध्यापकों को यह नहीं पता होता है कि समतुल्य स्थिति में शिक्षार्थी कितना सीख सकता है, क्योंकि अनौपचारिक शिक्षा के अनेक अध्यापक अप्रशिक्षित होते हैं। और इसके लिए ये औपचारिक विद्यालयों में नहीं गए हुए होते हैं। इसलिए जरूरत है समय-समय पर मूल्यांकन करने की पद्धति की—जो उपलब्धि की शक्ल में होती है। यह उपलब्धि उत्तीर्ण या अनुत्तीर्ण की शक्ल में नहीं होती, बल्कि औपचारिक शिक्षा की उपलब्धि से तुलना करके ही ज्ञात की जा सकती है और इसके लिए अनौपचारिक शिक्षा के अध्यापकों, पर्यवेक्षकों और अनौपचारिक शिक्षा पर निगरानी रखनेवाले परियोजना निर्देशकों को प्रतिज्ञान प्रदान करना आवश्यक है। यहाँ यह सुझाव दिया जा सकता है कि औपचारिक और अनौपचारिक, दोनों प्रणालियों का सर्वेक्षण करके तुलनीय उपलब्धियों के दो या तीन उदाहरण तलाश करें और यह प्रतिज्ञान स्वयं ही प्रणाली में सुधार लाने तथा लक्ष्य को पाने में अध्यापक की बहुत बेहतर ढंग से सहायता करेगा।

शिक्षा की गुणवत्ता

उच्च कोटि की प्रारंभिक शिक्षा के तत्त्व जानना भी आवश्यक होगा। आजकल इसी पर बहुत जोर दिया जा रहा है। शिक्षा की गुणवत्ता बहुत अधिक महत्त्वपूर्ण होती है, खासकर आरंभिक चरण में, विशेष रूप से इसलिए कि प्रारंभिक शिक्षा के चरण में विद्यालय जाने वाले अधिकांश बच्चे आगे नहीं जा पाते, जबकि बाद के चरणों में चयन की एक स्वाभाविक प्रक्रिया काम करने लगती है। इसलिए प्रारंभिक चरण में शिक्षा के सार्वजनीकरण के कार्यक्रम में गुणवत्ता के सवाल को अधिकतम प्राथमिकता देनी होगी। एक बार बच्चे विद्यालय जाने लगें तो उन्हें ऐसी शिक्षा देना हमारा कर्तव्य है जो उच्च कोटि की हो। सवाल है कि यह कार्य कैसे किया जाए ? इसके लिए यह समझना होगा कि गुणवत्ता से तात्पर्य क्या है और क्या करें कि गुणवत्ता सुनिश्चित हो ? इसके लिए सीधे स्वयं शिक्षा की परिभाषा के मूल प्रश्न तक ही जाना होगा। शिक्षा की परिभाषा अनेक प्रकार से की गई है और इस पहलू से संबंधित एक परिभाषा यह है कि 'शिक्षा एक बेहतर जीवन की प्राप्ति के लिए मानव-प्रयासों की प्रक्रिया का नाम है।' अब यह शक्ति आएगी कहाँ से ? यह शक्ति शिक्षार्थी में कुछ विशिष्ट क्षमताओं का विकास करने से आती है। यही मूलभूत सिद्धांत है और पहली बात यही है कि प्राथमिक शिक्षा को क्षमताओं के विकास का आधार बनाया जाए। दूसरे, क्षमताओं का एक न्यूनतम मूलभूत स्तर होना चाहिए जो इस देश के एक-एक बच्चे को प्राप्त कराया जाना चाहिए; इसी को न्यूनतम अधिगम स्तर कहते हैं। तीसरे,

इन क्षमताओं पर बच्चे को पूरा अधिकार प्राप्त होना चाहिए। तीस से पैंतीस प्रतिशत तक नहीं, बल्कि सत्तर प्रतिशत या इससे भी अधिक। इन तीन बातों का ध्यान रखना होगा। अब इसे करें कैसे, यह एक अलग सवाल है, जो क्षमताओं का निरूपण करने, उनका एक न्यूनतम स्तर तय करने और सभी को उन पर अधिकार प्राप्त करने से जुड़ा है। गुणवत्ता का आकलन केवल विषय संबंधी क्षमताओं के विकास तक सीमित नहीं है, लेकिन पाठ्यचर्या के असंज्ञानात्मक क्षेत्रों और पाठ्यचर्येतर गतिविधियों से भी जुड़ा है। यही तो वे क्षेत्र हैं जो व्यक्ति को शक्तिमान बनाते हैं, ताकि वह देश के भावी विकास में योगदान दे सके। शक्ति-संवर्धन की इस प्रक्रिया को शिक्षा की समग्र प्रक्रिया मानना होगा। शिक्षा मानव विकास की प्रक्रिया होती है। यह मानव के शक्ति-संवर्धन की प्रक्रिया है और इसके दो परिणाम होने चाहिए—जीवन का उच्चतर स्तर और उसकी बेहतर गुणवत्ता। इसके लिए शक्ति-संवर्धन के तीन प्रमुख क्षेत्रों पर विचार करना होगा। एक तो संज्ञानात्मक प्रकार का शक्ति-संवर्धन जिसे बौद्धिक शक्ति कहते हैं। फिर शक्ति-संवर्धन का दूसरे घटक का संबंध व्यावहारिक कुशलताओं, शारीरिक कुशलता, शारीरिक शिक्षा, चित्रकला, कला और संगीत आदि से है। इसे कौशल्य शक्ति कहेंगे। इससे आशय कुशलताओं के विकास से है। तीसरा घटक मूल्यों की शिक्षा का है। इसे असंज्ञानात्मक विकास कह सकते हैं, लेकिन वह बुनियादी तौर पर नैतिक-शक्ति या चरित्र-शक्ति का घटक है। ये अधिगम के तीन अलग-अलग, मगर परस्पर संबंधित घटक हैं। जब हम भाषा सिखाते हैं तो हम सिर्फ संज्ञान-क्षमता का विकास नहीं करते, बल्कि पढ़ाई और लिखाई की क्षमता का विकास भी करते हैं; जो बोलने की योग्यता के रूप में कौशल्य शक्ति भी है। साथ ही एक अच्छा अध्यापक भाषा की शिक्षा के माध्यम से कुछ मूल्यों का विकास भी कर सकता है। इस प्रकार इन तीनों घटकों का ध्यान रखते हैं। विषय पढ़ाने के अलावा वह शिक्षा भी दी जाती है जो असंज्ञानात्मक प्रकृति की है। हमें कला और हस्तकला, चित्रकला आदि विषयों पर भी ध्यान देना होगा। सामाजिक रूप से उत्पादक कार्य कार्यानुभव का एक ऐसा अंग है जिसकी बातें की जाती रही हैं। इसमें समग्र उत्पादक गतिविधियों का ध्यान रखना होगा, जिसके कारण अध्यापक कुछ विशेष मूल्यों का विकास करने में समर्थ बनता है। यह मूल्य-शिक्षा बहुत अहम तत्त्व है जिस पर हमारी प्रारंभिक शिक्षा प्रणाली में तथा हमारी माध्यमिक और उच्च शिक्षा में भी पूरा जोर नहीं दिया जाता। लेकिन बच्चों में अच्छे रुझानों और मूल्यों के विकास पर जोर देना होगा, ताकि वे अच्छा नैतिक चरित्र विकसित करें जिसे चरित्र-शक्ति या नैतिक-शक्ति का नाम दिया जा सकता है। ये तीन घटक शक्ति-संवर्धन के कारण बनते हैं। इसीलिए शिक्षा को शक्ति-संवर्धन की प्रक्रिया कहते हैं। जब ये तीनों घटक उपलब्ध होंगे, तभी बच्चे को बेहतर जीवन ही नहीं, बल्कि उच्चतर जीवन स्तर भी प्राप्त करने की क्षमता प्रदान करने में सफलता प्राप्त होगी।

शिक्षक प्रशिक्षण

उपरिवर्णित समग्र विकास की ओर उन्मुख शिक्षा प्रदान करने के लिए आवश्यक है कि शिक्षक प्रशिक्षित हों। प्रारंभिक शिक्षा में अच्छा प्रशिक्षण प्राप्त कोई भी अच्छा अध्यापक विकास के सभी तीनों क्षेत्रों के लिए प्रयास कर सकता है। लेकिन इस समय शिक्षा प्रणाली का जोर संज्ञान के पहलू पर है। इसमें कुछ भी गलत नहीं है। यह आवश्यक है, मगर पर्याप्त नहीं है; इसलिए जो कुछ हो रहा है वह सही और उचित तो है, लेकिन इतना ही काफी नहीं है। इसकी पर्याप्तता के परिमाण को हम और कैसे बढ़ाएँ ? इसके लिए जरूरी है कि अध्यापक के पास इसकी ठोस समझ हो। मिसाल के लिए, महात्मा गांधी पर एक पाठ पढ़ाया जाता है। वे कहाँ पैदा हुए ? कब पैदा हुए ? उन्होंने क्या किया और उनकी मृत्यु कैसे हुई ? आदि। यह तो हुआ संज्ञान का पहलू, लेकिन इसी पाठ का उपयोग कुछ खास रुझानों, खास जीवन-गुणों और खास जीवन-मूल्यों के विकास के लिए भी तो किया जा सकता है। महात्मा गांधी से संबंधित पाठ में सत्याग्रह शब्द हमेशा ही आता है, मगर सत्याग्रह की विवेचना कभी नहीं की जाती। यह दो शब्दों का योग है—सत्य और आग्रह। अब अगर इसी शब्द की व्याख्या करें तो बच्चे को समझाया जा सकता है कि सत्य का मतलब सच्चाई और आग्रह का मतलब जोर देना है और इस तरह सत्याग्रह का अर्थ सत्य के लिए जोर देना हुआ। इस प्रक्रिया में आग्रह एक मूल्य बन जाता है और सत्य तो एक मूल्य है ही। इस प्रकार इसमें दो जीवन-मूल्य पाए जाते हैं। उन्मुखीकरण के ठोस कार्यक्रमों द्वारा अध्यापक को संवेदनशील बनाया जा सकता है और उसे इन मूल्यबद्ध शब्दों, वाक्यों और विचारों के प्रति जागरूक बनाया जा सकता है; फिर वह इसका प्रयोग व्यक्तित्व के तथा सामाजिक रूप से वांछित जीवन-मूल्यों के विकास के लिए कर सकता है। इस तरह तीनों घटकों का विकास कर सकना संभव होगा।

ऐसी ही बात कौशल्य शक्ति के बारे में कही जा सकती है। गति के साथ पढ़ना एक कौशल्य शक्ति है और यह संभव भी है, मगर अधिकांश बच्चों और अध्यापकों को यह नहीं पता कि किसी बच्चे को प्रति मिनट कितने शब्द पढ़ने चाहिए। इसका तो उन्हें ज्ञान ही नहीं है। यह एक तरह की कुशलता है और अगर अध्यापक को इस बारे में संवेदनशील बनाया जाए कि वह कक्षा में एक छोटा सा प्रयोग करे कि मसलन अशोक प्रति मिनट कितने शब्द पढ़ता है और मीरा कितने पढ़ती है तो बच्चे और अध्यापक इसके प्रति जागरूक बनेंगे और यह कौशल्य भी विकसित होगा। इस तरह अध्यापन और अधिगम में एक व्यापक दृष्टिकोण विकसित करके शिक्षा के संज्ञानात्मक और असंज्ञानात्मक, दोनों पक्षों का ध्यान रखा जा सकता है। शिक्षा की गुणवत्ता सुधारने से और शिक्षार्थी के अंदर बुनियादी कुशलताओं के विकास के लिए अध्यापकों के अभिविन्यास के सवाल का बुनियादी महत्त्व है। अध्यापक अंतःक्रिया के कुछ नियमों का विकास करता है जिसके फलस्वरूप शिक्षार्थी अधिगम के वातावरण से, अध्यापक से, दूसरे शिक्षार्थियों से या अधिगम की सामग्री से अंतःक्रिया करता है;

और अध्यापक अधिगम, पारस्परिक या आत्म-अधिगम का मार्गदर्शन करता है। यही तो शिक्षा की प्रक्रिया है और इस तरह इसमें अध्यापक बहुत मूलभूत भूमिका निभाता है। इसके लिए अभिविन्यास का पथ भी होना चाहिए। इनका आशय यह है गुणवत्ता सुधार का कोई कार्यक्रम ऐसी क्षमताओं से आरंभ करना होगा जो शिक्षार्थी-केंद्रित और गतिविधियों पर आधारित हो।

अभिविन्यास के नाम पर अध्यापक को सबसे पहले क्षमताओं की गहरी समझ और उन पर अधिकार का विकास करना होगा। ये क्षमताएँ ऊर्जा का ऐसा स्रोत हैं जिसका विकास प्रत्येक शिक्षार्थी में करना होगा। दूसरी बात यह है कि अध्यापक को पाठ्यपुस्तकों का उपयोग केवल उपयोग के लिए नहीं, बल्कि इन क्षमताओं के विकास के लिए करने की योग्यता प्राप्त होनी चाहिए। यह अध्यापकों के अभिविन्यास का दूसरा तत्त्व है। तीसरा घटक यह है कि अध्यापक अगर एक बार कुछ क्षमताओं के बारे में शिक्षा देता है तो उसे उनका मूल्यांकन करने में भी समर्थ होना चाहिए। इस प्रकार अध्यापक में यह योग्यता होनी चाहिए कि वह पाठ्यपुस्तकों का उपयोग तथा क्षमताओं पर आधारित परीक्षणों और परीक्षाओं का विकास कर सके। फिलहाल जरूरत इसकी है कि गुणवत्ता के विकास के लिए एक प्रकार की पद्धति विकसित की जाए और व्यवस्थित ढंग से बड़ी तादाद में अध्यापकों को इसमें शामिल किया जाए। यहीं एक बात ध्यान देने योग्य है कि प्रशिक्षण खुद में शिक्षा की गुणवत्ता नहीं बदल सकता। इसके पूरक रूप में कई बातों की आवश्यकता है। पहली, अध्यापक-प्रशिक्षण का अभिविन्यास। दूसरी बात, अध्यापक को इनका व्यवहार कक्षा में करना चाहिए; तभी जाकर गुणवत्ता में सुधार संभव है। गुणवत्ता सिर्फ अभिविन्यास से नहीं सुधरती, बल्कि अभिविन्यास की प्रक्रिया बार-बार चलनी चाहिए। तीसरी बात, जरूरत इसकी है कि उन अध्यापकों को उनके कार्यस्थल पर जाकर कुछ मार्गदर्शन दिया जाए जो कुछ कठिनाई महसूस करते हैं। जन-शिक्षा की स्थिति और अध्यापकों की बहुत बड़ी संख्या के कारण यह बात आवश्यक है; इनमें से अनेक अध्यापक क्षमता-संपन्न हैं, मगर कुछ के सामने कठिनाइयाँ भी होती हैं। चौथी बात सबसे अधिक व्यावहारिक और अहम है—यह कि प्रदर्शनात्मक पाठों का आयोजन होना चाहिए, ताकि कक्षा को सँभाला कैसे जाए, इसके बारे में एक अध्यापक दूसरे अध्यापक से कुछ सीख सके। इस तरह प्रशिक्षण-कार्यक्रम के कम-से-कम ये चार घटक होने चाहिए।

पाठ्यचर्या का बोझ

इन महत्त्वपूर्ण घटकों से एक या दो और पहलू भी जुड़े हैं। पाठ्यचर्या के बोझ के कारण अध्यापक के सामने कुछ समस्याएँ आती हैं। उसे बहुत सारे बच्चों को सँभालना पड़ता है, खासकर प्राथमिक और उच्चतर प्राथमिक विद्यालयों में जहाँ अध्यापकों की संख्या दो या तीन या इससे भी कम होती है। पाठ्यचर्या के बोझ की बहुत बातें की जा रही हैं जो छोटे बच्चों के लिए बहुत अधिक है। यह बोझ कैसे

कम हो सकता है ? प्रारंभिक चरण में शिक्षा की गुणवत्ता सुधारने के ऐतबार से यह बहुत बुनियादी मुद्दा है। पिछले पचास सालों में हुआ यह है कि स्वतंत्रता के बाद अपने उत्साह के चलते ढेरों अतिरिक्त अधिगम-सामग्री, अध्यापन के अतिरिक्त विषय और दूसरी चीजें बढ़ी हैं। यह सब भी उन नन्हे बच्चों पर जो कुरसी पर बैठते हैं तो उनके पाँव जमीन को नहीं छूते। अतः विषयवस्तु का बोझ बढ़ाने के दौरान बच्चे को भुला ही दिया गया। वास्तव में विषयवस्तु बढ़ाने की कोई जरूरत नहीं थी। इस संबंध में अब कुछ कदम पीछे हटाने होंगे। इससे बच्चों का नुकसान नहीं होगा; उलटे उनका कुछ भला ही होगा। पाठ्यचर्या की अंतःवस्तुओं को घटाना होगा जैसाकि न्यूनतम अधिगम स्तर के सिलसिले में किया गया है। लेकिन इसके बाद यह सुनिश्चित करना होगा कि पाठ्यचर्या के इस घटे हुए अंतःतत्त्व पर बच्चे को पूरा अधिकार प्राप्त हो। जब पाठ्यचर्या बहुत अधिक होती है तो अधिकार पाने की सीमा तक कुछ भी सीखा नहीं जा सकता। तब अध्यापक भी कारगर ढंग से मार्गदर्शन कर सकने के योग्य नहीं रहते और अधिकांश शिक्षार्थी मानसिक रूप से कक्षा से गायब हो जाते हैं, भले ही उनके शरीर वहाँ पर हों। तब अपेक्षाकृत प्रतिभाशाली बच्चों की एक छोटी सी संख्या ही कुछ सीख पाती है। इसलिए यह किया जाए कि अधिगम के न्यूनतम स्तरों का पालन करते हुए, सचेत ढंग से पाठ्यचर्या का बोझ घटाया जाए। इसका प्रयोग दो हजार विद्यालयों, आठ हजार अध्यापकों और तीन लाख बच्चों पर किया गया है और परिणाम बहुत-बहुत उत्साहवर्धक रहे हैं कि कम सिखाया जा रहा है, मगर कारगर ढंग से सिखाया जा रहा है। अधिगम के मुश्किल क्षेत्रों की पहचान करके उन पर जोर दिया जाता है और उपचार के उपाय किए जाते हैं। हर अध्यापक ऐसा करने का प्रयास करता है और पाठ्यचर्या का बोझ घटा देने पर अस्सी प्रतिशत बच्चे अस्सी से नब्बे प्रतिशत पाठ्यचर्या को ग्रहण कर लेते हैं।

इसी से परीक्षा का सवाल भी जुड़ा है और यहाँ करना यह है कि मूल्यांकन तीन विभिन्न विधियों से हो। एक तो परीक्षण-पूर्व विधि है, जिससे पता होगा कि बच्चे कहाँ पर खड़े हैं। दूसरे, समय-समय पर परीक्षण अर्थात् सतत मूल्यांकन होना चाहिए। तीसरे, वार्षिक परीक्षा को परीक्षण-पश्चात मूल्यांकन समझना चाहिए। इसका वैज्ञानिक विश्लेषण करना होगा तथा यह देखना होगा कि बच्चों ने कितना कुछ सीखा है, किन बच्चों ने अच्छी प्रगति की है, कौन से बच्चे प्रगति नहीं कर सके हैं और अगले साल नई कक्षा के आरंभ से पहले उनका कुछ उपचारात्मक परीक्षण करना होगा। मूल्यांकन तो किया जाता है, पर उसका उपयोग मापन के लिए ही होता है, उपलब्धियों में सुधार के लिए नहीं होता। इसका उपयोग शिक्षा का स्तर सुधारने के लिए होना चाहिए तथा इसके साथ पाठ्यचर्या का बोझ घटाया जाना चाहिए। ये दोनों चीजें मिलकर गुणवत्ता सुधारने और गुणवत्ता का सार्वजनीकरण करने अर्थात् गुणवत्ता को समता और सामाजिक न्याय से जोड़ने में बहुत दूर तक मदद कर सकती हैं।

प्रारंभिक शिक्षा के सार्वजनीकरण और अनौपचारिक शिक्षा कार्यक्रम के क्रियान्वयन

के बारे में दृढ़प्रतिज्ञ और विश्वस्त होना अत्यंत आवश्यक है। वास्तव में प्रारंभिक शिक्षा के क्षेत्र में अभी तो पाठ सीखा जा रहा है और इनमें से अनेक अनुभव गुणवत्ता के निर्धारण और सुधार के लिए आवश्यक तत्त्व मानकर उपयोग किए जा रहे हैं। आज औपचारिक-अनौपचारिक, दोनों प्रणालियों में शिक्षा की गुणवत्ता के पहलू पर ध्यान दिया जाने लगा है और यह विश्वास है कि अध्यापकों, शिक्षा संस्थाओं, प्रशिक्षण संस्थानों और प्राकृतिक संसाधन केंद्रों की तरफ से प्रारंभिक शिक्षा पर ध्यान दिया जाएगा; जिससे भारतीय लोकतंत्र की एक प्रमुख चुनौती का सामना समूचा देश सक्षमता के साथ कर सकेगा।

प्राथमिक स्तर पर शैक्षणिक प्रक्रिया

भारत में प्राथमिक शिक्षा का परिदृश्य

1986 की शिक्षा नीति का पुनरावलोकन करके इसमें कुछ परिवर्तन किए गए हैं, जो पाँच-छः वर्षों के अनुभव पर आधारित हैं। प्राथमिक शिक्षा के संबंध में संविधान के अंतर्गत जो निर्देश दिए गए हैं और जो तथ्य निर्धारित किए गए थे वे अभी तक प्राप्त नहीं किए जा सके। इसके लिए एक नई समय सीमा फिर से निर्धारित की गई है। शैक्षणिक प्रक्रिया से जुड़े सभी लोग इस तथ्य से परिचित हैं कि लक्ष्य प्राप्ति की समय सीमा कई बार बदली जा चुकी है। आज स्थिति यह है कि विश्व के बाहरी देश भारत की ओर सशंकित और चिंता की दृष्टि से देख रहे हैं। उनकी शंका निर्मूल नहीं है। यदि हमने प्राथमिक शिक्षा के क्षेत्र में अपने दृष्टिकोण, प्रयत्न और रणनीति को तुरंत आवश्यकता के अनुरूप नहीं बनाया तो इस शताब्दी के अंत तक विश्व के निरक्षर लोगों का पचास प्रतिशत केवल भारत में होगा। निश्चित ही यह देश के लिए सम्मानजनक स्थिति नहीं होगी।

समस्या केवल सम्मान या विश्व के देशों में एक गरिमापूर्ण स्थान की ही नहीं है। जन-साधारण के जीवन की गुणवत्ता प्राथमिक शिक्षा के प्रसार से जुड़ी हुई है। जो प्रयत्न किए गए हैं वो अपने आप में एक बहुत बड़ी उपलब्धि रहे हैं। अध्यापकों की संख्या बढ़ी है, स्कूल बढ़े हैं एवं प्राथमिक शिक्षा के अतिरिक्त अनौपचारिक शिक्षा की व्यवस्था की गई है। प्राथमिक शालाओं में इस बात का लगातार प्रयत्न किया जा रहा है कि कम-से-कम वे सभी सुविधाएँ उपलब्ध हों जिससे बच्चे अच्छे वातावरण में बैठकर अध्ययन कर सकें, खेल सकें और वास्तव में प्राथमिक शालाओं में बिताए गए वर्षों में कुछ सीख सकें। परंतु जो कुछ भी किया गया है वह अभी भी देश के सभी बच्चों तक नहीं पहुँच सका है और बड़ी संख्या में बच्चे या तो शालाओं में जा ही नहीं सके हैं, या जो नाम लिखाते भी हैं उनमें से बहुत से समय से पहले ही शाला छोड़कर बाहर आ जाते हैं। कक्षा एक से पाँच के बीच में विद्यालय छोड़ने वालों का प्रतिशत छियालीस है तथा कक्षा एक से आठ के बीच यही प्रतिशत इकसठ हो जाता है। यह स्थिति निश्चित ही उत्साहजनक नहीं है।

स्कूल छोड़ने के कारण

बच्चे प्राथमिक शालाएँ क्यों छोड़ देते हैं ? इसके संबंध में अकसर यह माना जाता है कि इसका मुख्य कारण आर्थिक है। संभवतः यह हर स्थान पर सही नहीं है। स्कूल छोड़ने के कारण कई हो सकते हैं। कुछ दिन पहले मध्य प्रदेश में ब्लॉक स्तर पर किए गए अध्ययन में चालीस प्रतिशत माता-पिताओं ने, जिनके बच्चे स्कूल छोड़ चुके थे, बताया, कि चूँकि स्कूल अनियमित था, बच्चों का समय व्यर्थ होता था और दो या तीन वर्ष में बच्चों ने कुछ भी नहीं सीखा था, अतः उन्होंने बच्चों को स्कूल से निकाल लेना उचित ही समझा। अन्य कारण भी थे, परंतु यहाँ पर यह स्पष्ट हो जाता है कि हमें किसी भी स्थान विशेष की प्राथमिक शिक्षा की समस्याओं को समझने के लिए वहीं के परिवेश में सर्वेक्षण और अध्ययन करना होगा। उसी के अनुसार योजना बनानी होगी।

शालाएँ नियमित लगें, बच्चे अपेक्षित स्तर पर सीख सकें और स्कूल में रहना पसंद करें, इसके लिए सबसे महत्त्वपूर्ण प्रयत्न स्कूल के वातावरण को रुचिकर बनाने का होना चाहिए। जब तक स्कूल के वातावरण में बच्चों की सीखने की आवश्यकताओं और रुचियों के अनुसार परिवर्तन नहीं किया जाएगा, बच्चों को स्कूल में रहना सुखद नहीं लगेगा और शाला छोड़ने की समस्या बनी रहेगी। पाठ्यक्रम को उपयोगी बनाने, पर्यावरण से जोड़ने और समाज तथा समुदाय की आवश्यकताओं के अनुरूप करने का प्रयत्न हर स्तर पर किया गया है। आवश्यकता इस बात की है कि इस प्रक्रिया का विकेंद्रीकरण किया जाए और पाठ्यक्रम निर्माण, प्रयोगों और गतिविधियों के सृजन में अध्यापकों की भागीदारी अधिकाधिक सुनिश्चित की जाए। पाठ्यक्रम और पाठ्यचर्या में समरूपता और समानता के अंतर को समझा जाए। अध्यापकों के अंदर यह विश्वास बढ़े कि वह पाठ्यक्रम का निर्माण करने की क्षमता रखते हैं। अपने परिवेश में आवश्यकतानुसार परिवर्तन कर सकते हैं।

विभिन्न राज्यों में प्राथमिक स्तर के विद्यालयों की व्यवस्था अलग-अलग है। मोटे तौर पर यह कहा जा सकता है कि वह व्यवस्था विकेंद्रित नहीं है। अध्यापक की छोटी-छोटी आवश्यकताओं की पूर्ति में समय लगता है। सेवाकालीन प्रशिक्षण प्राप्त करने की संभावनाएँ सीमित हैं। स्वाध्याय के लिए सामग्री—पुस्तकें, पत्र-पत्रिकाएँ—मिलने की संभावना भी क्षीण है। ऐसी स्थिति में बहुधा अध्यापक अपने को अकेला और कुछ हद तक असहाय पाता है। पिछले चार दशकों में समुदाय के अंदर यह भावना बढ़ी है कि स्कूल की व्यवस्था करना केवल सरकार या संस्थाओं का ही कार्य है। समुदाय ने इसको अपने से अलग कर लिया। इस परिस्थिति में अध्यापकों को पालकों और समुदाय के अन्य सदस्यों से आवश्यक सहयोग और सहायता उपलब्ध नहीं हो पाती। नीतिगत तौर पर यह माना गया है कि स्कूल और समुदाय के मध्य पारंपरिक उत्तरदायित्व की भावना का विकास प्राथमिक शिक्षा के विकास के साथ सीधे रूप से जुड़ा हुआ है। ग्रामीण स्तर पर ग्राम शिक्षा समितियों के निर्माण और उनके प्रभावी

सहयोग के बिना सभी बच्चों को स्कूलों में या अनौपचारिक शिक्षा केंद्रों पर लाना असंभव ही बना रहेगा। अन्य प्रशासनिक स्तरों पर जो अधिकार दिए गए हैं उन्हें प्राथमिक शाला के अध्यापकों और प्रधानाध्यापकों तक लाना पड़ेगा। भवन निर्माण, उसके रख-रखाव तथा अन्य सामग्रियों के प्राप्त करने में अध्यापक और समुदाय को साथ मिलकर कार्य करना ही होगा।

स्वतंत्रता प्राप्ति के प्रारंभिक वर्षों में विद्यालयों में नामांकन पर अत्यधिक जोर दिया गया। मुख्य रूप से यह माना गया है कि यदि स्कूलों की संख्या बढ़ा दी जाए, अध्यापकों की संख्या बढ़ा दी जाए तो सभी विद्यार्थी स्कूलों में आ जाएँगे। कुछ वर्षों के अनुभवों के बाद वह माना गया कि बहुत से बच्चे ऐसे हैं जो विभिन्न कारणों से स्कूलों में नहीं आ सकते, भले ही स्कूल उनके घर के सामने ही क्यों न खोल दिए जाएँ। इस समस्या के समाधान के लिए कई उपाय सोचे गए। एक यह भी था कि स्कूल के लगने का समय और उसकी छुट्टियाँ स्थानीय आवश्यकताओं के अनुसार निर्धारित की जाएँ। यह जानकर बहुधा आश्चर्य होता है कि इस व्यवस्था को स्वीकार तो किया गया, लेकिन व्यावहारिक रूप में लागू कहीं नहीं किया गया। अभी भी छुट्टियाँ सामान्य रूप से उन्हीं दिनों में होती हैं, जब खेतों में काम नहीं होता। छुट्टियाँ वर्षा के समय नहीं होती हैं, जब खेतों में काम होता है। उस समय विद्यार्थी भी वर्षा के कारण नियमित रूप से स्कूलों में नहीं आ पाते हैं। कई बार स्कूलों की इमारत ही ऐसी नहीं होती है कि वर्षाकालीन समय में अध्ययन-अध्यापन किया जा सके। दूर-दराज के क्षेत्रों में इस समय अध्यापकों को पहुँचने में भी कठिनाई होती है। संभवतः शैक्षणिक प्रक्रिया में अधिकारों के विकेंद्रीकरण करने के लिए यह प्रथम स्थान पर आने वाली समस्या है। ऐसे कई उदाहरण दिए जा सकते हैं कि जहाँ पर यदि स्कूलों का समय बदल दिया जाता, छुट्टियों को व्यवस्थित कर दिया जाता तो विद्यार्थियों की संख्या में निश्चित रूप से वृद्धि हो जाती।

प्राथमिक शिक्षा एवं स्वयंसेवी संस्थाएँ

प्राथमिक शिक्षा के क्षेत्र में स्वयंसेवी संस्थाओं ने कई स्थानों पर लग्नशील व्यक्तियों की समझ और संवेदना के परिप्रेक्ष्य में सराहनीय कार्य किए हैं। ऐसा देखा गया है कि जब इस प्रकार की संस्थाओं ने कार्य प्रारंभ किया तो वहाँ के निवासियों ने बहुधा उसे शंका की दृष्टि से देखा। जब उनकी आवश्यकताओं और समस्याओं को समझ कर कार्यक्रम बनाया गया तो उनका सहयोग भी पूर्णरूपेण मिला। कई ऐसे उदाहरण हैं जहाँ शैक्षणिक प्रक्रिया के विकास के लिए कार्यरत संस्थाओं के प्रारंभ में शिक्षा पर जोर न देकर स्वास्थ्य, पीने के पानी जैसी समस्याओं को पहले सुलझाने का प्रयास किया। इससे लोगों का विश्वास उन पर बढ़ा और वे सहयोग के लिए आगे आए। इस प्रयत्न से शिक्षा के लिए माँग बनी और उसके बाद जब शैक्षणिक केंद्र स्थापित किए गए तो उनमें बच्चे आसानी से गए और रहे। जिन स्थानों पर शैक्षणिक प्रक्रिया

से कौशलों के विकास पर भी ध्यान दिया गया वहाँ पर भी सफलता मिली, सीखने वालों का आत्मविश्वास बढ़ा और जो कुछ उन्होंने सीखा उसे अपने जीवन में लाभकारी उपयोग में लाकर अन्य लोगों के सामने उदाहरण प्रस्तुत किया।

शिक्षा की गुणवत्ता बढ़ाने के प्रयास

प्राथमिक शिक्षा के प्रसार के साथ-ही-साथ उसकी गुणवत्ता और उपयोगिता पर लगातार ध्यान देना आवश्यक है। 1986 की शिक्षा नीति में यह स्पष्ट रूप से कहा गया था कि प्रत्येक स्तर पर अपेक्षित उपलब्धि स्तर निर्धारित किए जाएँगे। यह प्रयत्न भी किया जाएगा कि ये स्तर अनौपचारिक शिक्षा व्यवस्था में भी प्राप्त किए जा सकें। प्राथमिक स्तर पर एक समिति द्वारा यह स्तर, जो न्यूनतम अधिगम स्तर कहलाते हैं, निर्धारित किए जा चुके हैं। काफी बड़ी संख्या में स्कूलों में इसे लागू किया गया है। यहाँ पर सिद्धांत रूप से यह मान्यता कार्य करती है कि प्राथमिक स्तर पर जो अपेक्षाएँ बच्चों से हैं उन्हें सभी बच्चे पूरा कर सकते हैं और अपेक्षित स्तर पर प्राप्त कर सकते हैं। अध्यापक के लिए यह आवश्यक होगा कि वह एक बिंदु के बाद आगे पढ़ाने के पहले यह सुनिश्चित करे कि ऐसे कितने विद्यार्थी हैं जो अपेक्षित स्तर तक नहीं आ सके हैं। वह उन्हें वहाँ तक लाने की व्यवस्था करें। ऐसा एक प्रयोग मुंबई म्युनिसिपल कारपोरेशन के कुछ स्कूलों में किया जा रहा है। यहाँ पर कारपोरेशन के सभी स्कूलों को पाँच श्रेणियों में विभाजित किया गया है। क्रियान्वयन में केवल सबसे नीचे के दो श्रेणियों के स्कूल लिये गए हैं। इनके अध्यापकों ने न्यूनतम अधिगम स्तर की परिकल्पना को समझा है। गणित, सामाजिक अध्ययन और भाषा के लिए ही यह कौशल निर्धारित किए गए हैं। अध्यापकों ने सतत मूल्यांकन कौशल के अनुसार दृश्य-श्रव्य सामग्री का निर्माण किया है और उसका उपयोग कक्षाओं में व्यापक रूप से किया है। इनके प्रशिक्षण की व्यवस्था भी सुचारु रूप से चली है। ऐसे ही प्रयत्न लगभग बीस अन्य स्थानों पर किए जा रहे हैं। लगभग एक साल के अनुभव के बाद उत्साहजनक परिणाम सामने आए हैं और यह सुनिश्चित हुआ है कि बड़े स्तर पर इस प्रक्रिया को प्रारंभ किया जा सकता है। 1992 की शिक्षा नीति में जो परिवर्तन किया गया है उसमें यह अपेक्षा की गई है कि सभी स्कूलों में यह प्रक्रिया आठवीं पंचवर्षीय योजना के दौरान लागू हो सकेगी। परियोजनाओं के अनुभव इसमें विशेष रूप से सहायक होंगे।

प्राथमिक शिक्षा की गुणवत्ता को सुधारने में जिला स्तर पर स्थापित किए जा रहे जिला शिक्षण और प्रशिक्षण संस्थान भी एक महत्त्वपूर्ण भूमिका निभाना प्रारंभ कर चुके हैं। इन संस्थानों में एक प्रयोगशाला क्षेत्र की बात कही गई है। अपेक्षा यह है कि ये संस्थान जिन अध्यापकों को सेवापूर्व और सेवाकालीन प्रशिक्षण देंगे उन्हें यह भी दिखाएँगे कि जो कुछ उनसे अपेक्षा की जा रही है वैसा सफलतापूर्वक संस्थान ने सीमित इलाके में कर दिखाया है। इससे उनका स्वयं नवाचार करने का विश्वास बढ़ेगा

और संभवतः संस्थान के सफल प्रयत्नों के उदाहरण अन्य स्थानों पर फैल सकेंगे।

प्राथमिक शिक्षा की प्रक्रिया में एक जड़ता की स्थिति अकसर दिखाई देती है। ऐसा लगने लगता है कि यह जैसे पहले से चल रहा था वैसे ही आगे भी चलेगा। सबसे बड़ी कठिनाई यही है। यह आवश्यक है कि लोगों में यह विश्वास जगाया जाए कि देश इस समय प्राथमिक शिक्षा के प्रसार के लिए एक समय सीमा के अंतर्गत कटिबद्ध है। इसमें समाज और समुदाय के सभी वर्गों का सहयोग और भागीदारी अपेक्षित है। इसे शिक्षा नीति में स्वीकार किया है और यह कहा गया है कि इसे प्राप्त करने के सभी प्रयत्न किए जाएँ। देश के सभी बच्चों की शिक्षा देश के सभी लोगों का उत्तरदायित्व है।

मुसकान का मदरसा

उदाहरण

एक बार गुरुदेव रवींद्रनाथ टैगोर को एक शाला में आमंत्रित किया गया और वहाँ उनके आगमन पर उनका तहेदिल से स्वागत किया गया। काफी तादाद में स्टाफ के सदस्य और अनुशासित छात्र-छात्राएँ उनका अभिनंदन करने के लिए उपस्थित थे। टैगोर इस आमंत्रण को पाकर वास्तव में बहुत अधिक खुश इसलिए भी थे कि उन्हें यह उम्मीद थी कि यहाँ आकर उन्हें नन्हे-नन्हे उत्साही बच्चों के साथ कुछ समय बिताने का एक आनंददायी अवसर मिलेगा। इस शाला में उन्हें एक लारगो (पेमली बोर) का स्वादिष्ट फलों से लदा पेड़ दिखाई दिया। इससे उन्हें किसी भी समय आनंदपूर्ण सुख का अनुभव होता, किंतु कुछ ही क्षण बाद उन्हें वापस लौटने की इच्छा हुई। उन्हें सदमा लगा और दुख भी हुआ। उन्होंने सोचा कि ऐसा क्यों है कि इतने सारे बच्चे बचपन के इस आकर्षण से अप्रभावित हैं और इन फलों को तोड़ने के लिए कोई अपने मासूमियत भरे नवीन तरीके नहीं ढूँढ़ रहे हैं। उन्हें ऐसा लगा इस मदरसे की कार्य प्रणाली में अवश्य ही कोई भयंकर त्रुटि होनी चाहिए। जरूर ही यह शाला बच्चों के प्राकृतिक संवेग और उनकी सृजनात्मक प्रतिभाओं का विकास नहीं कर रही होगी। टैगोर अपने इस अवलोकन के बारे में मेजबान को परेशान कर देने की हद तक स्पष्ट थे।

वर्ष 1992 में पंद्रह देशों से आए प्रतिनिधियों को टोक्यो के एक प्राथमिक स्कूल में ले जाया गया। जैसी कि उम्मीद थी, स्कूल में सभी आवश्यक संसाधन मौजूद थे—अच्छी बिल्डिंग, आवश्यक उपकरण, पुस्तकालय, शैक्षिक एवं टैकनोलॉजिकल सामग्री और बहुत कुछ (ऐसा क्या था जो वहाँ नहीं था)। आगंतुकों ने यह सब देखा और वे सीखने के अनुभवों को आत्मसात् करने का ऐसा प्रयास कर रहे थे, जिससे वे अपने देश लौटने पर अपनी परिस्थितियों में उन अनुभवों का सदुपयोग कर सकें। अधिकांश लोगों को ऐसा वातावरण दोबारा मिलने की संभावना काफी क्षीण लग रही थी। फिर भी जब उनका दौरा समाप्त हुआ उस समय सबके मन में एक प्रबल अनुभूति थी, वह यह कि सभी बच्चे प्रसन्न दिखाई दे रहे थे। सबसे अलग हट के बात तो यह थी कि किसी भी कक्षा में बच्चे ब्लैकबोर्ड की ओर मुँह करके नहीं बैठे थे। यहाँ-वहाँ हर तरफ बस क्रियाकलाप-ही-क्रियाकलाप हो रहे थे। जैसे ही बच्चों ने

अपने प्रधानाध्यापक को कक्षा से बाहर देखा सारे बच्चे उछलकर अपने स्थान से कक्षा से बाहर निकल आए और उन्होंने अपने प्रधानाध्यापक को घेर लिया। उनमें से कोई उनसे हाथ मिलाने का प्रयास कर रहा था, तो कुछ उनका कोट और पैंट छूना चाह रहे थे। प्रधानाध्यापक ने प्रत्येक बालक को बराबरी से आत्मीयता से जवाब दिया। उनमें भय की भावना बिलकुल भी नहीं थी। सीखने में सबकी भागीदारी थी, जो बच्चों और प्रधानाध्यापक के बीच सौहार्द्र स्थापित करने में सफल हो रही थी। पूरे परिणाम का संक्षेप में केवल एक शब्द में वर्णन किया जा सकता है वह है–'खुशी।'

शिक्षा का उद्‌देश्य वास्तव में क्या हो ?

एक भारतीय शिक्षाविद् प्रो. के. जी. सैयदीन ने 1950 में शिक्षा के पुनर्निर्माण पर एक पुस्तक लिखी। शिक्षा के सामान्य सिद्धांतों पर लिखते हुए उन्होंने शाला को क्रियाकलाप के अनुरूप वातावरण, सृजनात्मकता के वातावरण और सामुदायिक जीवन के केंद्र के रूप में जाना और समझा। उन्होंने और अधिक विस्तार से बताते हुए लिखा कि शिक्षा एक ऐसी गतिविधि है, जो समाज और व्यक्ति विशेष, दोनों से ही संबंधित है; बल्कि यूँ कहना चाहिए कि समाज में व्यक्ति से संबंधित है। इसलिए किसी भी शिक्षातंत्र के आकलन का मापदंड निश्चय ही यह होगा कि किस हद तक वह शिक्षा व्यक्ति विशेष का विकास करती है और इस प्रक्रिया में व्यक्ति को उसके परिवर्तित वातावरण में पर्याप्त रूप से ऐडजस्ट कर लेती है। संक्षेप में, शिक्षा आकलन की कसौटी पर केवल एक साधारण प्रश्न पूछकर आँकी जाए कि क्या शिक्षा बच्चों में कुछ नायाब और सर्वोत्तम विकसित करने में सक्षम है। गांधीजी की भी शिक्षा से इसी प्रकार की अपेक्षाएँ थीं। पिछले साढ़े चार दशकों में शिक्षा के लिए बहुत कुछ किया गया है जो नीति के स्तर पर काफी हद तक सर्जनात्मकता के विकास, क्रियाकलाप का वातावरण और सामुदायिक सहभागिता के संबंध में समाज की अपेक्षाओं से मेल खाता है। जहाँ तक उपलब्धि का प्रश्न है, देश के समक्ष यह समस्या और अधिक विकराल रूप से मौजूद है। इतने वर्षों में और कई असमानताएँ भी उत्पन्न हो गई हैं। 1950 में प्रो. सैयदीन ने शिक्षा के दो महत्त्वपूर्ण उद्‌देश्य बताए थे। पहला, हमें अपने राष्ट्रीय चरित्र को कार्य करने के रंग में रँगना होगा, ठीक वैसे ही जैसे कारलाइल ने उसकी तुलना साधना या पूजा से की थी, जिसमें कोई व्यक्ति अपने पूरे तन, मन और धन से लग जाता है, वह कार्य जो किसी की कार्यक्षमता को पूरी तरह से चुनौती दे सकता है, कार्य जो समाज के लिए उपयुक्त है और जो किसी भी कार्यकर्ता से उसकी पूरी कार्यकुशलता और शिल्प कुशलता प्राप्त कर सके। दूसरा उद्‌देश्य अत्यंत त्वरित और आवश्यक समस्या से संबंधित था, जो देश के विभिन्न व्यक्तियों और समूहों को एक प्रभावशील एकता में बाँधने की पुरजोर वकालत करता था।

स्वतंत्रता प्राप्ति के पूर्व की बेसिक शिक्षा की अवधारणा के हवाले से इन दोनों ही उद्‌देश्यों को अच्छी तरह से समझा जा सकता है। बेसिक शिक्षा में कार्य की भावना

विकसित करने के लिए वचनबद्धता थी और वही सीखने का आधार भी था। इस अवधारणा को डॉ. जाकिर हुसैन ने एक वक्तव्य देकर स्पष्ट किया था, जिसे प्रो. सैयदीन ने इस प्रकार उद्‌धृत किया है।

सभी कार्य शिक्षाप्रद नहीं होते, वे तभी शिक्षाप्रद होते हैं जब उन्हें मानसिक प्रयास के साथ किया जाता है, जब उनसे हमारे निजी स्वार्थों से ऊपर उठकर ऐसे मूल्य विकसित होते हैं, जिनके लिए हम समर्पित हैं। जब कोई अपने निजी स्वार्थ के लिए कार्य करता है, तो उसमें कौशल हो सकता है, पर वह शिक्षित नहीं होता। मूल्यों की सेवा में व्यक्ति स्वयं की प्रसन्नता को नहीं देखता, बल्कि अपने काम में पूर्णता—श्रेष्ठता लाने के लिए, अपने चरित्र के विकास के लिए और सही अर्थ में इनसान बनने के लिए प्रयासरत रहता है। यह शिक्षा ग्रहण करने की योग्यता हस्तशिल्प और दिमागी काम, दोनों में हो सकती है और दोनों ही में इसका अभाव भी हो सकता है। वास्तविक कार्य की शाला बच्चों का कोई क्रियाकलाप शुरू करने से पहले सोचने और उसके पूर्ण होने के पश्चात् उसके परिणामों का आकलन और परीक्षण करने के लिए प्रशिक्षित करती है, ताकि उनमें अपनी पूरी क्षमता से सर्वश्रेष्ठ कार्य करने की आदत विकसित हो, फिर चाहे वह शारीरिक कार्य हो या मानसिक।

खुशी के लिए शिक्षा की धारणा क्या है ?

ऐसे समाज में जहाँ सीखने को एक कठिनाई और तपस्या का समय माना जाता हो, वहाँ शिक्षा के पुनर्गठन की समस्या की बात करते हुए 'खुशी के लिए शिक्षा' पर दो अध्याय लिख देना काफी बड़ी हिम्मत का काम है। इसको प्रो. सैयदीन ने अपने दृढ़ विश्वास के साथ इस प्रकार समझाया है—

इस प्रकार की शिक्षा देना निश्चित रूप से संभव है, जिससे शालाओं में सीखने-सिखाने की प्रक्रिया में बच्चों को खुशी हासिल हो और वे जीवन के प्रति अधिक उत्साहित रहें। जहाँ तक हमारे देश का प्रश्न है, यह सब वास्तविकता से कोसों दूर है। हमारी शिक्षा संस्थाएँ अधिकतर बच्चों की सृजनात्मक शक्ति को बजाय विकसित करने के दबा अधिक देती हैं और उनकी आत्म-अभिव्यक्ति को क्षीण कर देती हैं।

वह अपने मत का और अधिक खुलासा करते हुए कहते हैं कि यह केवल वांछनीय ही नहीं, अपितु आवश्यक भी है कि शिक्षा व्यक्तियों को खुशी के पाठ पढ़ाने पर जोर दे, उन्हें बौद्धिक और भावनात्मक रूप से संपन्न करे जिससे वे जीवन के जिस क्षेत्र में भी कार्य करें उन्हें खुशी की अनुभूति हो।

यदि हम विभिन्न समितियों और आयोगों द्वारा समय-समय पर दी गई रिपोर्टों और उनमें प्रारंभिक शिक्षा संबंधी विशेष पहलुओं पर ध्यान दें तो उनमें भी हमें उक्त विचारों की प्रतिध्वनि सुनाई देगी। हम पर्यावरण शिक्षा के उन्मुखीकरण और उसके आधार पर सीखने-सिखाने की सामग्री के निर्गाण के संबंध में गत तीन वर्षों से

लगातार चर्चा कर रहे हैं। अब इसे शिक्षक-शिक्षा के कार्यक्रम में पूर्व-सेवाकालीन और सेवाकालीन, दोनों ही स्तरों पर शामिल कर लिया गया है। आज तो यह स्थिति आ गई है कि प्रत्येक चेतनावान शिक्षक से जब यह पूछा जाता है कि वह कक्षा में पढ़ाने की कौन सी पद्धति का प्रयोग कर रहा है, तो वह तुरंत 'गतिविधि आधारित', 'बाल-केंद्रित', 'आनंददायी' और 'स्थानीय रूप से प्रासंगिक' इत्यादि-इत्यादि शब्दावली का प्रयोग करने लगता है। यदि जैसा कहा जा रहा है वैसा किया भी जाता तो वास्तव में प्रारंभिक शिक्षा में अधिक सुधार की गुंजाइश नहीं रहती। हम जबकि बच्चों की खुशी के लिए शिक्षा की बड़ी गंभीरता और ईमानदारी से प्रयास कर रहे हैं तो हमें यह देखकर हैरानी होती है कि यदि हम एक बार भी अधिकांश स्कूलों में जाकर देखें तो हम पाएँगे कि बच्चों के चेहरों पर शिक्षा के आनंद की कोई झलक दिखाई नहीं देती। यदि हमारे बच्चे ही स्कूलों में प्रसन्न नहीं हैं तो स्त्री-पुरुषों से बनने वाले इस समाज में अभिवृत्तियाँ और मूल्य किस प्रकार विकसित होंगे, जिनसे समाज में बड़े पैमाने पर अप्रसन्नता और असंतोष अधिक पैदा न हो।

महान् दार्शनिक बर्ट्रेन्ड रसेल ने अपनी पुस्तक 'कॉन्क्वेस्ट ऑफ हैपिनेस' में अप्रसन्नता के सबसे शक्तिशाली स्रोत के रूप में एक ऐसी अभिवृत्ति को माना है, जो स्वयं में संपूर्ण तल्लीनता के साथ अपने चारों ओर छोटे-छोटे स्वार्थों से घिरी रहती है। क्या शिक्षा वास्तव में कुछ योगदान देती है ? हाँ, प्रारंभिक शिक्षा का वास्तव में बहुत बड़ा योगदान है, यदि वह समूहों में गतिविधियों पर आधारित हो, शिक्षक के चेहरे पर खुशी और मुसकान के साथ सहभागितापूर्ण वातावरण में दी जा सके। दुर्भाग्य से स्कूल बच्चों में एक प्रकार का भय पैदा करता है। वह भय जो टोकियो के प्राथमिक स्कूल में सीखने की प्रक्रिया में बिलकुल समाप्त कर दिया गया था, वह आज भी अधिकांश प्राथमिक स्कूलों में बड़े खेदजनक ढंग से विद्यमान है।

कहाँ सुधार करें ?

अब प्रश्न यह है कि शिक्षा में इस स्थिति के सुधार के लिए क्या किया जाए ? स्कूल का पाठ्यक्रम इस स्थिति का मुकाबला कैसे करे ? पाठ्यक्रम-नवीनीकरण और विविधता की गतिविधियों में जो भी कुछ पाठ्यक्रमों में अधिकांश बदला जाता है वह संज्ञानात्मक क्षेत्र में ही होता है। गतिविधियों पर आधारित सहभागितापूर्ण शिक्षण का अर्थ होगा, छोटे-छोटे बच्चों में निहित प्रतिभाओं का पोषण करना। उन्हें पाठ्यक्रम के बोझ से उत्पन्न कठोरता एवं संकीर्णता के बंधनों से मुक्त रख सकना। वर्तमान खतरनाक स्थितियों के लिए जो तत्त्व जिम्मेदार माने गए हैं, उनमें बस्ते का बोझ एक है। बच्चों पर वह बोझ अकादमिक और शारीरिक, दोनों ही प्रकार से बढ़ा है।

आज यहाँ शिक्षाविद् और शिक्षा की योजना बनाने वाले लोग इस बोझ को कम करने के लिए उठाए जाने वाले कदमों पर गंभीरता से विचार कर रहे हैं, वहीं कुछ पहलू उपेक्षित रह जाते हैं। बच्चे के जन्म लेते ही अनेक अभिभावकों में, समाज की

माँग और इस कठोर प्रतियोगी संसार में बच्चों के भविष्य के प्रति अनिश्चितता को लेकर, अत्यंत बेचैनी पैदा हो जाती है। इसी बेचैनी के कारण अनेक माता-पिता बच्चों को तीन वर्ष की आयु के आसपास ही भरती करने का प्रयास करते हैं। इस स्थिति को भी स्वीकार कर लिया जाता, यदि स्कूल वास्तव में शिक्षाशास्त्र के सिद्धांतों और निर्धारित मापदंडों के आधार पर शिक्षा देते। दुर्भाग्य से आज अधिकांश माता-पिताओं की माँग यह होती है कि उनका बच्चा कितनी जल्दी वर्णमाला एवं गिनती के अंक सीख ले और वाचन, लेखन एवं गणित में कितनी तेजी से आगे आए !

इस मुकाम पर आकर अनेक ऐसी उत्साहवर्धक संभावनाएँ नजर आती हैं जिनका यदि ठीक ढंग से इस्तेमाल हो तो वे स्कूलों में भी नन्हे-नन्हे बच्चों के चेहरों पर खुशी पैदा करने में प्रभावशाली भूमिका अदा कर सकती हैं। स्कूलों की कुशलता प्रभाव की पुनर्स्थापना के लिए अभिभावकों और समाज का स्कूल के प्रति विश्वास पुनः अर्जित करना आज की पहली आवश्यकता है। यह स्कूल शिक्षा एवं समुदाय के बीच स्थायी संबंध सुनिश्चित करके किया जा सकता है। न्यूनतम अधिगम स्तर में दिए गए क्रियाकलाप हमारे शिक्षकों के लिए एक ऐसा अवसर है, जिससे वे जान सकेंगे कि उन्हें वास्तव में कौन सा स्तर उपलब्ध करना है। न्यूनतम अधिगम स्तर का प्रारंभ में कई राज्यों में बड़े जोश से स्वागत हुआ और उत्साह के साथ लागू किया गया।

इस सबका एकमात्र हल समुदाय में चेतना विकसित करने, समुदाय की सहभागिता सुनिश्चित करने, सभी बच्चों को शाला लाने और शैक्षिक प्रबंधन-तंत्र द्वारा माता-पिताओं और प्राथमिक शिक्षकों द्वारा दिए गए सुझावों को आदर और सम्मान के साथ सुनने में ही निहित है, इसकी योजना और कहीं नहीं, बल्कि यहीं और अभी शुरू होनी चाहिए।

गांधीजी का प्राइमरी स्कूल

गांधी एवं शिक्षा का सार्वजनीकरण

सन् 1931 में लंदन में दिया गया गांधीजी का एक वक्तव्य प्राइमरी शिक्षा के सार्वजनीकरण के संबंध में अकसर याद किया जाता है। अपने इस वक्तव्य में गांधीजी ने कहा था कि इस समय (1931) भारत पिछले पचास या सौ वर्षों के मुकाबले अधिक निरक्षर है। इसका कारण भारत की अपनी शिक्षा व्यवस्था का विदेशियों द्वारा विनाश करना था। जो व्यवस्था देश पर थोपी गई, वह यहाँ के संदर्भों के उपयुक्त नहीं थी। इस व्यवस्था के आधार पर अगले सौ वर्षों में भी भारत में सब के लिए अनिवार्य प्राइमरी शिक्षा दे पाना किसी के लिए भी संभव नहीं होगा। इस भविष्यवाणी के साथ ही उन्होंने यह भी कहा था कि स्वतंत्र भारत में हमारी अपनी शिक्षा व्यवस्था होगी, जिसमें हर गाँव में स्कूल का अध्यापक होगा जिसे ग्राम अध्यापक के रूप में जाना जाएगा। ऐसी व्यवस्था हर एक गाँव में प्रत्येक लड़के और लड़की के लिए की जाएगी। देश का दुर्भाग्य है कि गांधीजी की इस भविष्यवाणी की ओर ध्यान न देकर हमने उस व्यवस्था को ही बनाए रखा, जिसके प्रति उनके मन में शंकाएँ थीं। स्वतंत्रता प्राप्ति के पहले गांधीजी और उनके सहयोगियों ने स्वतंत्र भारत में शिक्षा व्यवस्था कैसी होगी इस पर गहन विचार-विमर्श किया था और इन्हें व्यावहारिक स्वरूप देकर इसकी सार्थकता भी परखी थी। बुनियादी तालीम के हर पक्ष को स्वतंत्र भारत की शिक्षा व्यवस्था ने नकार दिया।

गांधीजी ने ऐसी भविष्यवाणी, जो लगभग पूर्ण रूप से सही दिखाई दे रही है, किस आधार पर की थी ? शायद भारत के जनमानस की अपेक्षाओं और आकांक्षाओं एवं वास्तविकताओं से सामंजस्य स्थापित कर ही गांधीजी ने इतनी व्यावहारिक समझ हासिल की और उसे अपने व्यक्तित्व से परिमार्जित कर देश के सामने रखा। इसमें उनके चंपारन के अनुभव निश्चित रूप से सहायक रहे होंगे। नई तालीम के रूप में तथा अन्य कई अवसरों पर गांधीजी ने शिक्षा के सैद्धांतिक और व्यावहारिक पक्षों को लोगों के सामने रखा। चंपारन में जब वे अत्यंत व्यस्त रहकर कई अन्य मसलों पर बड़ी लड़ाइयाँ लड़ रहे थे, तब भी वे प्राइमरी शिक्षा को नहीं भूले। अपनी आत्मकथा में गांधीजी ने 'स्कूल मास्टर के रूप में' शीर्षक के अंतर्गत एक छोटा सा अंश लिखा। आज जब प्राइमरी शिक्षा के प्रचार तथा प्रसार में वर्तमान शिक्षा व्यवस्था को अनेक कठिनाइयों का सामना करना पड़ रहा है, गांधीजी के चंपारन, दक्षिण अफ्रीका में

टालस्टाय फार्म, कोचरव तथा साबरमती आश्रम पर हुए अनुभव देश की शिक्षा व्यवस्था को नई दिशा देने की क्षमता रखते हैं। चंपारन में जब गांधीजी वहाँ की स्थिति का अध्ययन करने पहुँचे और भारत को समझने में जहाँ की परिस्थितियों ने सबसे अधिक योगदान दिया वहाँ पर भी गांधीजी ने शिक्षा के स्वरूप, महत्त्व तथा आयोजन पर सोचा और अपने विचारों को वहाँ की कठिन परिस्थितियों में भी सफलतापूर्वक क्रियान्वयन स्तर तक उतारा।

शिक्षा एवं समुदाय

पहले चंपारन के अनुभव पर चर्चा करें। गांधीजी को जैसे-जैसे बिहार का अधिक अनुभव हुआ उन्हें लगा कि सही तौर पर समस्याओं का समाधान गाँव में शिक्षा की व्यवस्था न होते हुए संभव नहीं होगा। छोटे-छोटे बच्चे या तो घूमते रहते थे या खेतों में काम कर कुछ पैसा कमा लेते थे। माता-पिता शिक्षा और उसके महत्त्व से अनभिज्ञ थे। पढ़े-लिखे अध्यापकों का अभाव था। गांधीजी और उनके साथियों के पास साधनों की बहुतायत नहीं थी, फिर भी उन्होंने छः गाँवों में प्राइमरी स्कूल खोलने का निर्णय लिया। शिक्षा में जब तक बालकों और समुदाय की भागीदारी नहीं होगी तब तक उसके आयोजन और नियोजन सफल नहीं होंगे, ऐसा मानते हुए गांधीजी ने ग्रामीणों के सामने यह शर्त रखी कि अध्यापकों के खाने-पीने और रहने की व्यवस्था वही करेंगे। इसको सहर्ष स्वीकार किया गया। प्राइमरी शाला के अध्यापकों के कार्य का महत्त्व समझते हुए और लोगों को समझाते हुए गांधीजी ने स्पष्ट किया कि इस स्तर पर पढ़ाने वाले अध्यापक की शैक्षणिक योग्यताओं से अधिक महत्त्वपूर्ण है कि वह नैतिक रूप से कितना विकसित और सक्षम है। उन्होंने अपने स्कूलों के लिए स्वयंसेवक के रूप में अध्यापक ढूँढें। उस समय देश में औरों के लिए कार्य करने की इच्छा इतनी बलवती थी कि गाँधीजी की अपील पर अनेक व्यक्तियों ने बिहार में अलग-अलग प्रांतों से आकर इस कार्य में अपना समय देने का प्रस्ताव रखा। अपनी आत्मकथा में इन लोगों को सम्मानपूर्वक याद करते हुए गांधीजी कहते हैं कि इनमें से कुछ के पास अपेक्षित शैक्षणिक योग्यताएँ नहीं थीं, फिर भी देश के कार्य के लिए यह लोग आगे आए और अपनी कर्मठता और स्वाध्याय से इन्होंने अपने विद्यार्थियों का ही नहीं, समाज के लोगों का भी आदर और सम्मान प्राप्त किया। गांधीजी के यह प्राइमरी स्कूल केवल अक्षर ज्ञान तक ही सीमित नहीं रहे। सफाई की व्यवस्था, विशेष रूप से गलियों और कुओं के आसपास सफाई की तरफ ध्यान दिया गया। वहाँ के लोगों के जीवन के हर क्षेत्र में जहाँ अज्ञान और अशिक्षा के कारण कष्ट और दुख था, इन स्कूलों ने योगदान देना अपना कर्तव्य समझा। इस कार्य में अन्य लोगों की भी सहायता ली गई।

गांधीजी की शिक्षक की अवधारणा

गांधीजी ने इस प्रयोग के द्वारा कर्मठ अध्यापक, जो प्राइमरी शिक्षा के महत्त्व को जानते

थे, समुदाय का सहयोग ले सकते थे और बच्चों तथा समुदाय के लोगों के जीवन के हर पक्ष को शिक्षा का आवश्यक अंग मानते थे, तैयार किए। गाँव तथा समाज ने उन्हें सम्मान दिया। आज प्राइमरी शाला के अध्यापक शिक्षा व्यवस्था की सबसे नीचे की सीढ़ी पर बैठे हुए हैं। इनके कौशलों, क्षमताओं, कर्मठताओं और गुणों को विकसित करने की ओर ध्यान देना आवश्यक नहीं माना जाता है। पिछले दशकों में शिक्षक-प्रशिक्षण के क्षेत्र में अनेकानेक परिवर्तन हुए। बच्चों की संवेदनात्मकता, भावनात्मकता और सृजनात्मकता को समझने की हमारी क्षमताएँ बढ़ी हैं। कितने ही शोधकार्य ऐसे हुए हैं जिनका उपयोग बचपन को सुखमय और उल्लास भरा बना सकता है। दुनिया के सभी विकसित देशों में प्राइमरी शाला के अध्यापकों की ओर हर प्रकार से ध्यान दिया जाता है। उन्हें आर्थिक, सामाजिक, शैक्षणिक और प्रशासनिक—सभी पहलुओं पर सही नीतियाँ मिलती हैं। सबसे पहले हर बच्चे के भावी कार्यकारी जीवन का सूत्रपात उन्हीं के हाथों द्वारा होता है। हमारे यहाँ प्राइमरी शिक्षकों की भारी संख्या को बहाना बनाकर उनके लिए कुछ कर पाने में असमर्थता व्यक्त की जाती है। यह देश का दुर्भाग्य है कि उनके द्वारा जो संभावित योगदान लोगों के जीवन और देश के विकास की गुणवत्ता में हो सकता है, वह भुला दिया जाता है। जब तक अध्यापक संतुष्ट नहीं होंगे, मानव-मूल्यों के विकास के प्रयत्न सफल हो ही नहीं सकते हैं।

इस समय देश में अनिवार्य प्राइमरी शिक्षा के संबंध में चर्चा हो रही है। देश की संसद् इसे मूलभूत अधिकारों में शामिल करेगी, ऐसी संभावना है। संविधान में निहित व्यवस्था के अनुसार देश में सभी के लिए अनिवार्य प्राइमरी शिक्षा का लक्ष्य सन् 1960 तक पूरा होना था। बहुत लोग यह कहते हैं कि यदि जनसंख्या वृद्धि इतनी तेजी से नहीं होती, तो यह लक्ष्य पूरा हो गया होता। हमारी असफलता को समझने के लिए कई अन्य कारण भी सामने आते हैं, जिनको ढूँढ़ना कठिन नहीं है। स्वतंत्रता प्राप्ति के बाद शिक्षा के क्षेत्र में निःसंदेह कई उपलब्धियाँ हुईं। सबसे बड़ी उपलब्धि यह है कि लोगों की जानकारी बढ़ी है और आज अशिक्षित माता-पिता भी यह चाहते हैं कि उनके बच्चे शिक्षा प्राप्त करें। सन् 1924 में गांधीजी ने 'यंग इंडिया' अखबार में लिखा कि 'मुझे पूरा भरोसा नहीं है कि मैं अनिवार्य शिक्षा का कभी विरोध नहीं करूँगा। मुझे सब प्रकार की जबरदस्तियों से नफरत है...यह भी पसंद नहीं करूँगा कि राष्ट्र जबरन शिक्षित बनाया जाए...रास्ते की रुकावटों को दूर करने और निःशुल्क पाठशालाएँ खोलकर तथा उन्हें लोगों की आवश्यकताओं के अनुसार चलाने वाली बनाकर निरक्षरता को मिटाने की कोशिश करूँगा...अगर अधिकांश लोग शिक्षा को चाहते हैं तो जबरदस्ती करना बल्कि गैर जरूरी है।'

शिक्षा के सार्वजनीकरण का प्रयास

गांधीजी यह भी चाहते थे कि स्वराज्य मिलने के बाद सभी को प्राथमिक शिक्षा देने की हर एक कोशिश ईमानदारी से की जाए और यदि यह नाकामयाब हो तो अनिवार्य

शिक्षा की बात सोची जा सकती है। हमारे देश के सामने विचारणीय प्रश्न यह है कि क्या सचमुच ईमानदारी से और सही प्राथमिकता के आधार पर हमने अपने चौदह वर्ष की आयु से छोटे बच्चों की ओर उतना ध्यान दिया है, जितना इसके लिए अपेक्षित है। हमारे पिछले पाँच दशकों के अनुभव और अगले वर्षों के अनुभव, दोनों के लिए ही मार्गदर्शन उनके इन्हीं विचारों से मिलता है कि प्रयत्न हर स्तर पर ईमानदारी से होना चाहिए। यह ईमानदारी केवल रुपए-पैसे की ईमानदारी तक सीमित नहीं। आज जब माता-पिता शिक्षा के महत्त्व को समझ चुके हैं, उनका सहयोग आवश्यक होगा। इसके लिए अध्यापकों के अंतर्मन में भारतीय परंपराओं और मूल्यों का विकास करना शिक्षा व्यवस्था का महत्त्वपूर्ण अंग बनाना पड़ेगा।

गांधीजी का स्वयं मास्टर बनने का अनुभव

दक्षिण अफ्रीका में टालस्टाय फार्म स्थापित करने पर गांधीजी को लगा कि उस 'परिवार' में उनका स्थान पिता का है और वहाँ के बच्चों को जीवन के लिए तैयार करना उनकी जिम्मेदारी है। उन्होंने अपने को 'स्कूल मास्टर' माना। शिक्षा में उन्होंने पहला स्थान 'हृदय की संस्कृति या चरित्र निर्माण' को दिया। यह प्रशिक्षण वे सभी को देना चाहते थे, चाहे वह किसी भी उम्र या वर्ग का क्यों न हो ! इस दिशा में उनका पहला कदम था कि पिता की तरह उन लोगों के साथ चौबीस घंटे रहना। यदि चरित्र निर्माण की नींव पक्की पड़ी तो आगे क्षमताएँ और कौशल सीखने में कठिनाइयाँ बिलकुल नहीं होंगी, ऐसा उनका विचार था। नैतिक शिक्षा के पश्चात् शरीर निर्माण और किताबी शिक्षा को स्थान दिया गया। सभी लोग वहाँ पर फार्म में काम करते थे और हर प्रकार का कार्य करते थे। गांधीजी को वे सभी कठिनाइयाँ आईं, जो अध्यापकों के सामने आती हैं। बच्चे और अन्य लोग कभी-कभी काम से जी चुराते थे, बहाने बनाते थे। कई बार गांधीजी को उनके साथ कड़ाई से पेश आना पड़ता था। उन्होंने बड़े स्पष्ट रूप से लिखा है कि कई बार मैं उनसे बातचीत करके समझाने की कोशिश करता था और मुझे लगता था कि वे समझ गए हैं, परंतु यह समझ थोड़ी ही देर रहती और अगले ही क्षण वे अपना काम छोड़कर खेलने लगते थे। लेकिन काम सीखना और सिखाना कितना महत्त्वपूर्ण है यह 'स्कूल अध्यापक गांधी' की स्वयं काम सीखने की ललक से साबित होता है। उनके सहयोगी श्री कैलनबैक एक अन्य जगह जाकर जूते बनाना सीखकर आए। गांधीजी ने उनसे जूते बनाना सीखा और फिर बच्चों को स्वयं ही सिखाया। टालस्टाय फार्म का सिद्धांत था कि बच्चों को वही काम करने को कहा जाए, जिसमें उनके साथ उनके अध्यापक या उन्हें प्रशिक्षित करने वाले अन्य लोग भी शामिल हों। गांधीजी ने यहाँ तमिल और उर्दू पढ़ाई। इस प्रक्रिया में उनका अपना भाषा ज्ञान भी बढ़ा। उन्होंने विभिन्न आयु, वर्ग तथा अलग-अगल विषय सीखने वाले बच्चों को एक साथ बैठाकर पढ़ाया और इसके लिए नई विधियाँ ईजाद कीं। आज हमारी कितनी ही प्राथमिक शालाओं में एक अध्यापक को कई बार

तीन या चार कक्षाओं को एक साथ पढ़ाना पड़ता है। अकसर इसके लिए शिक्षक-प्रशिक्षक तैयार नहीं किए जाते हैं। गांधीजी के इन अनुभवों के आधार पर यह कहा जा सकता है कि सफल अध्यापक वही हो सकता है जिसके मन में बच्चों के साथ अधिक-से-अधिक समय गुजारने की इच्छा हो और जो उन सब कार्यों में स्वयं भी भाग ले जो वह चाहता है कि उसके बच्चें करें और सीखें। अपने इन कार्यों को याद करते हुए गांधीजी ने लिखा कि उनके विचार से बच्चों को पाठ्यपुस्तकों से लादना ठीक नहीं। उनका एक बहुचर्चित वक्तव्य है कि विद्यार्थी के लिए उसका अध्यापक ही सच्ची पाठ्यपुस्तक है तथा 'मेरे अध्यापकों ने जो कुछ पुस्तकों से मुझे पढ़ाया उसका बहुत कम मुझे याद है, लेकिन आज भी वह सब मैं स्पष्ट रूप से याद कर सकता हूँ जो उन्होंने किताबों से परे मुझे पढ़ाया और सिखाया'। टालस्टाय आश्रम में गांधीजी ने तय किया कि बच्चों को अगर नैतिक तथा आध्यात्मिक स्तर पर सिखाना है तो पहले स्वयं उनके सामने वैसे ही रहना होगा। वह कहते थे कि अच्छी और साफ-सुथरी जिंदगी जीना उन्होंने वहाँ बच्चों से सीखा।

एक बार एक उद्दंड बालक को गाँधीजी ने रूलर से पीटा। ऐसा करते समय वह स्वयं काँप रहे थे। उनके जीवन में यह अनहोनी घटना थी। सभी को अचंभा था। ऐसा कभी नहीं हुआ था। वह लड़का रोया। गांधीजी के अनुसार—'इसलिए नहीं कि उसे कष्ट हुआ, बल्कि इसलिए कि उसने मुझे दुख दिया।' वह बालक उस दिन से सदा के लिए सुधर गया। गांधीजी इस हिंसा पर सदा प्रायश्चित्त करते रहे।

गांधीजी एवं अंग्रेजी

गांधीजी को भारत की सभी भाषाएँ प्रिय थीं। अंग्रेजी भाषा भी प्रिय थी। वह चाहते थे कि हर बच्चा मातृभाषा के अतिरिक्त हिंदी जरूर जाने तथा साथ-ही-साथ संस्कृत, फारसी या अरबी में से भी कम-से-कम एक भाषा सीखे। वह कतई नहीं चाहते थे कि हमारे बच्चे अंग्रेजी माध्यम से पढ़ें। स्वेच्छा से अंग्रेजी पढ़ें, खूब पढ़ें, परंतु पढ़ने-लिखने का प्रारंभिक माध्यम मातृभाषा ही होना चाहिए। विदेशी भाषा में पढ़ाई ने हमारी अपनी भाषाओं की उन्नति को कुंठित कर दिया है—ऐसा मानने वाले गांधीजी ने कहा कि 'अगर मैं तानाशाह होता तो तुरंत लड़के और लड़कियों की विदेशी माध्यम से पढ़ाई को बंद कर देता और यदि अध्यापक इस तुरंत परिवर्तन के लिए तैयार न होते तो उन्हें बरख़ास्त कर देता। मैं पाठ्यपुस्तकों के होने, न होने की परवाह नहीं करता। वहाँ सब अपने आप होता'। यह विचार कितनी गहराई से स्पष्ट करता है कि बच्चों को उनकी अपनी भाषा में सिखाना, पढ़ाना, लिखाना उनका मूलभूत अधिकार है और शैक्षणिक दृष्टिकोण से आवश्यक है।

अगर इस देश के चार और पाँच साल के बच्चे गांधीजी के इन अनुभवों तथा उनके विचारों को समझ सकते और नीतियों का निर्माण कर सकते तो शायद उनका बचपन सुखमय, उल्लासमय और खिलखिलाता हुआ बीतता। दुर्भाग्य यह है कि ये नीतियाँ बच्चे नहीं बनाते हैं और बड़े बच्चे बन नहीं सकते।

बुनियादी तालीम

बुनियादी तालीम की आवश्यकता

स्वतंत्रता प्राप्ति के पहले जिस सामाजिक बदलाव और आर्थिक विकास की परिकल्पना आने वाले समय के लिए की गई थी, वह पिछले पाँच दशकों में मृगतृष्णा बनकर ही रह गई है। आर्थिक विकास के क्रम में भारत एक सौ अड़तीसवें नंबर पर है। गरीबी, बेरोजगारी और अशिक्षा आज भी मौजूद हैं। स्वतंत्रता प्राप्ति के कई दशक पहले से ही राष्ट्रीय शिक्षा की एक संकल्पना और सबके लिए शिक्षा की व्यवस्था पर गहन विचार-विमर्श हुआ और अनेक प्रयोग भी किए गए। गुन्नार मिर्डल ने अपनी पुस्तक 'एशियन ड्रामा' में माना है कि स्वतंत्रता प्राप्ति से पहले बुनियादी तालीम का जो प्रयोग भारत में प्रारंभ हुआ वह व्यावहारिक था और उसमें अनेक मौलिकताएँ थीं। गांधीजी भारतीय जनमानस को केवल अंग्रेजों से ही नहीं, बल्कि हर तरह की दासता से मुक्त करना चाहते थे। सन् 1908 में ही उन्होंने मातृभाषा के माध्यम से शिक्षा देने पर जोर देना आरंभ किया था। सन् 1917 में उन्होंने कहा था कि यदि आदतों ने हमें अंधा नहीं बना दिया होता तो हम यह देखे बिना नहीं रहते कि शिक्षा का माध्यम अंग्रेजी होने के कारण शिक्षित वर्ग का जनसाधारण से संबंध टूट गया है। हमारी शक्ति ज्ञानोपार्जन के बजाय अपरिचित शब्द और उनके उच्चारण सीखने में खर्च हो रही है। अंग्रेजी शिक्षा ने देश को भीतर-ही-भीतर बाँट दिया था। यह बँटवारा आज भी बना हुआ है। संभवतः और बढ़ रहा है।

भारतीय शिक्षा का परिदृश्य

आज गांधीजी को गुजरे हुए पचास वर्ष हो चुके हैं। 1950 में हमारे संविधान ने दस वर्ष के अंदर चौदह वर्ष तक की आयु वर्ग के सभी बच्चों के लिए अनिवार्य प्राथमिक शिक्षा का प्रावधान किया था। आज वह समस्या हमारे सामने लगभग उतने ही विशाल रूप में खड़ी हुई है। जिस सामाजिक सामंजस्य, साथ-साथ रहने की भावना, एक-दूसरे के प्रति सद्भाव, आर्थिक समानता, समता और सामाजिक न्याय से युक्त समुदाय की कल्पना की गई थी, वह सही शिक्षा और उपयुक्त ज्ञान के अभाव में आज भी सिर्फ कागजों पर एक और रूपरेखा बनकर रह गई है। सन् 1948 में संयुक्त राष्ट्र के मानवाधिकार घोषणा पत्र में भी कहा गया था कि शिक्षा का अधिकार सभी को है

और यह प्राथमिक स्तर पर निःशुल्क होनी चाहिए। शिक्षा के उद्देश्य व्यक्ति के पूर्ण विकास उसके अधिकारों और मूलभूत स्वतंत्रताओं की ओर अग्रसर होने चाहिए। यह भी प्रावधान था कि अभिभावकों को यह जानने का अधिकार होना चाहिए कि वह अपने बच्चों को किस प्रकार की शिक्षा देना चाहते हैं। निश्चित है कि प्रत्येक देश को इन विचारों को लेकर अपने यहाँ की वास्तविकताओं और नीतियों के अनुसार अपनी शैक्षणिक योजनाओं में निहित करना और क्रियान्वित करना था। भारत जैसे देश से, जहाँ सदियों से चली आ रही शिक्षा परंपरा विदेशी आधिपत्य के दौरान भुला दी गई थी, अपेक्षा थी कि वह अपनी परंपराओं और अनुभवों के आधार पर नई शिक्षा प्रणाली का निर्माण करेगा तथा इस नई शिक्षा प्रणाली में लोगों की वर्तमान समय की आवश्यकताओं की पूर्ति करने का प्रयत्न किया जाएगा। लेकिन हमने विदेशियों द्वारा मढ़ी गई शिक्षा व्यवस्था को लगभग अक्षरशः बनाए रखा। अपने अनुभवों तथा देश की माटी से उपजी शिक्षा प्रणाली की ओर से आँखें मूँद लीं।

गांधीजी का शिक्षा का विचार

गांधीजी और उनके सहयोगियों ने सन् 1937 में वर्धा सम्मेलन में इस देश के लिए उपयुक्त शिक्षा व्यवस्था की रूपरेखा पर विचार किया था। इसमें सात वर्ष की प्राथमिक शिक्षा का प्रावधान था। माध्यम मातृभाषा का सुझाया गया था और यह कहा गया था कि यह शिक्षा स्वावलंबन के लिए होगी और स्वनिर्भर भी होगी। उत्पादन कार्य इसके आवश्यक अंग होंगे और किसी भी धंधे में हर विद्यार्थी हिस्सा लेगा, जैसे—तकनीकी, बढ़ईगीरी, बुनाई, कताई, चमड़े का काम इत्यादि। दस्तकारी की ओर इतना जोर इसलिए दिया गया कि समाज के लोग शिक्षा व्यवस्था से जुड़ें, उसकी उपयोगिता समझें और स्कूल तथा समुदाय के बीच जीवंत सहभागिता स्थापित हो सके। इसकी शैक्षिक सीमा इतनी बड़ी है कि उसे समझना सबके वश की बात नहीं थी। आज शिक्षा की पुस्तकों में 'बुनियादी तालीम' या 'बेसिक शिक्षा' पर देश के भावी शिक्षक पाठ पढ़ते हैं, परीक्षा में प्रश्नों का उत्तर देते हैं और फिर सब कुछ भूल जाते हैं। गांधीजी ने बुनियादी शिक्षा के द्वारा एक अहिंसक सामाजिक क्रांति की संकल्पना की थी और 1937 में कहा था 'नई तालीम के द्वारा एक ऐसे समाज का निर्माण करना है जिसकी नींव इनसाफ और न्याय पर हो , जिस समाज में अमीर और गरीब का भेदभाव न हो और सबको आजादी का हक हो और अपनी रोजी मिलने का विश्वास हो।' इस संकल्पना में स्कूल की इमारत ही तालीम का क्षेत्र नहीं मानी गई, सारे गाँव को ही विद्यालय बनना था। गाँव के हर कुशल किसानों और कारीगरों को शिक्षक होना था और बच्चों से लेकर बूढ़ों तक सभी को नई तालीम में विद्यार्थी होना था।

वर्धा सम्मेलन में डॉ. जाकिर हुसैन ने गांधीजी के विचारों को परिपूर्णता और व्यावहारिकता प्रदान की। उन्होंने स्वनिर्भर शिक्षा व्यवस्था की कुछ कमियों की ओर भी ध्यान दिलाया। इस सम्मेलन में इस बात को अच्छी तरह समझाया गया कि दस्तकारी और उत्पादन कार्य पहली प्राथमिकता नहीं है। प्राथमिकता तो बच्चों को ऐसी शिक्षा देने की है जो अपने आप में परिपूर्ण हो और बच्चे का संपूर्ण विकास कर सके।

इसके लिए आवश्यक है कि वे प्रारंभ में किसी दस्तकारी या उत्पादन कार्य से प्रारंभ करें और सारी शिक्षा उसी के आसपास बुनी जाए। बच्चों से बाल श्रम कराना इस व्यवस्था का उद्देश्य नहीं था। आर्थिक प्रश्न प्रथम स्थान पर नहीं रखा जा सकता था। यह शिक्षा रोजगार के लिए नहीं थी, बल्कि रोजगार के लिए मानसिकता तैयार करने की ओर पहला कदम था। यह भी माना गया कि अंग्रेजों द्वारा स्थापित शिक्षा प्रणाली इस देश में हर बच्चे को शिक्षा व्यवस्था के अंतर्गत नहीं ला पाएगी। गांधीजी ने सन् 1931 में कहा था कि ऐसा अगले सौ वर्षों में भी वर्तमान व्यवस्था को लागू रखते हुए संभव नहीं होगा। आज के परिदृश्य में सभी उनकी भविष्यदृष्टा क्षमता का लोहा मानते हैं। बुनियादी तालीम में हर एक व्यक्ति को इस प्रकार तैयार करने की अपेक्षा की गई थी, जिससे उसके मन और आत्मा का ऊँचे-से-ऊँचा विकास किया जा सके। इसके लिए यह जरूरी पाया गया कि उद्योग-धंधे हर बच्चे को वैज्ञानिक ढंग से सिखाए जाएँ। बच्चे सीखें और अपने अनुभव से उसे समझें। अगर पढ़ाई में सिर्फ कताई, बुनाई या बढ़ईगीरी जैसी दस्तकारियाँ जोड़ी गईं और बाकी सब कुछ पुराने ढंग से ही पढ़ाया जाता रहा तो बुनियादी तालीम का उद्देश्य अधूरा रह जाएगा। इसलिए यह 1937-38 में ही जरूरी समझा गया कि सबसे पहले अध्यापक बुनियादी तालीम के उद्देश्यों को समझें और जिस मूलभूत परिवर्तन की बात कही गई है उसे क्रियान्वित करने के लिए तैयार हों। इसके लिए उन्हें प्रशिक्षण दिया जाए। हर व्यक्ति को कम-से-कम इतनी शिक्षा मिले कि वह नागरिकों के अधिकार और कर्तव्यों को समझकर तदानुसार उपयोग कर सके। लोग हर काम को इज्जत देने वाला समझें और काम करने में कभी पीछे न हटें। क्रियान्वयन की प्रक्रिया को 1938 में हिंदुस्तानी तालीमी संघ की स्थापना के बाद बल मिला। कई राज्यों में यह कार्य अत्यंत उत्साह के साथ प्रारंभ किया गया। 1938 में पहला बुनियादी शिक्षा सम्मेलन पूना में हुआ, जहाँ पर चौदह सूत्री कार्यक्रम निर्धारित किया गया। उसमें एक बार फिर शंकाओं और आशंकाओं का निवारण किया गया। द्वितीय विश्वयुद्ध छिड़ने के काराण शिक्षा के सभी मामले पीछे पड़ गए। सन् 1944 नवंबर मास में जेल से छूटकर आए गांधीजी ने बुनियादी शिक्षा के सवाल पर कहा 'अपनी कैद में मैं नई तालीम के बारे में बराबर सोचता रहा हूँ। हमने आज तक जो काम किया, उससे संतोष मानकर हमें चुप नहीं बैठ जाना चाहिए। हमें तो बच्चों के घरों के अंदर पहुँच जाना है और उनके माँ-बाप को भी तालीम देनी है। नई तालीम तो जीवन की तालीम होनी चाहिए।' गांधीजी ने उस समय हर व्यक्ति को जीवनपर्यंत शिक्षा की आवश्यकता की बात कही थी। आज विश्व स्तर पर हर कोई जीवनपर्यंत शिक्षा और शिक्षा के सतत नवीनीकरण की बात कहता है।

समान स्कूल

जनसाधारण सदा यह देखता है कि व्यवस्था कितनी कारगर और सार्थक है तथा किस ढंग से चल रही है, उसमें स्वयं में परिवर्तन करने की कितनी क्षमता है तथा लोगों

की आवश्यकताओं को कार्यक्रमों में निहित करने का कितना उद्देश्य है। आज सरकार या अन्य संस्थाओं द्वारा चलाए जा रहे स्कूलों में लोगों का विश्वास घटता जा रहा है। पब्लिक स्कूलों की तरफ लोग दौड़ रहे हैं, क्योंकि अधिकांश स्कूलों में दी जा रही शिक्षा में गुणवत्ता को लेकर एक देशव्यापी निराशा बढ़ी है। चिंता का विषय यह है कि देश में शिक्षा व्यवस्था के अंतर्गत सरकारी स्कूल तथा गिने-चुने पब्लिक स्कूलों के बीच की खाई और भी गहरी और चौड़ी होती जा रही है।

समान स्कूलों की बात आज के संदर्भ में यदि किसी भी (प्रकार के) समूह में बैठकर की जाए तो लोग उसका मजाक ही उड़ाते हैं। सबके लिए प्रारंभिक शिक्षा का राष्ट्र निर्माण में कितना महत्त्व है इस ओर हमारा ध्यान नीतियों में तो गया है, परंतु वास्तविकता में नहीं पहुँच पाया है। देश की विभिन्न सांस्कृतिक, आर्थिक, धार्मिक अनेक व्यवस्थाओं को समझने और उनके जुड़ाव को लोगों के सामने रखने की क्षमता, शिक्षा व्यवस्था के द्वारा ही प्रत्येक व्यक्ति के अंदर उत्पन्न की जा सकती है। सामाजिक सामंजस्य तथा राष्ट्रीय एकता के लिए यह नींव के पत्थर हैं। देश के आर्थिक विकास के लिए यही पहली सीढ़ी है। सामाजिक न्याय और बराबरी के लिए इसके अतिरिक्त कोई दूसरा रास्ता नहीं है। जब भी किसी देश ने अपने नागरिकों के जीवन की गुणवत्ता बढ़ाई है वह शिक्षा के बृहत् और विस्तृत आधार पर ही संभव हो सका है।

स्वतंत्रता के बाद पिछले पाँच दशकों में यह भावना लोगों के अंदर लगातार बढ़ती रही है कि लोगों की शिक्षा व्यवस्था की देखभाल करना सरकार का ही कर्तव्य है। इसी कारण समुदाय सरकारी स्कूलों से कटता जा रहा है। तथाकथित अच्छे स्कूलों में भी बच्चों को दाखिल करने के बाद अभिभावक अपने उत्तरदायित्व भूल जाते हैं। जो लोग शिक्षा पा रहे हैं उनका भी उसकी उपयोगिता पर विश्वास लगातार कम होता जा रहा है। ऐसे अनेक परिवार हैं जिनकी पहली पीढ़ी में कुछ बच्चों को ऊँचे स्तर तक शिक्षा दी गई, वही अब अन्य बच्चों को आगे की शिक्षा देने में हिचक रहे हैं। जिन्होंने ऐसी शिक्षा पाई वह न केवल ग्रामीण समाज से कटे, बल्कि अपनी अलग पहचान भी नहीं बना पाए तथा शिक्षा का उपयोग भी नहीं कर पाए। यदि मनुष्य निराशा और हतोत्साह के वातावरण में बढ़ता है तो देश की नई पीढ़ी किस प्रकार गरीबी और असमानताओं से संघर्ष करेगी यह एक विचारणीय प्रश्न है। शिक्षा के नीति-निर्धारकों को इस पर गहन विचार-विमर्श करना है।

आज अगर गांधीजी हमारे बीच में होते, तो निश्चित ही बुनियादी तालीम के संबंध में वह कुछ दूसरी ही भाषा का प्रयोग करते। बुनियादी शिक्षा की संकल्पना अपने में समय के साथ बदलने की क्षमता निहित किए हुए है। उत्पादन और उत्पादकता के संदर्भ और संयोजन समय के साथ बदलते हैं। लोगों की अपेक्षाएँ भी बदलती हैं। साथ-ही-साथ उसी के अनुरूप उनका ज्ञान, कौशल और कर्मठता निर्धारित होनी चाहिए। एक प्रगतिशील शिक्षा प्रणाली के यह आवश्यक अंग हैं। सबसे बड़ी बात यह है कि वह शिक्षा व्यवस्था अपने ही देश में निहित विचारधाराओं और अनुभवों पर आधारित हो तभी उसमें अपनापन आ सकता है।

प्रारंभिक शिक्षा की चुनौतियाँ

खेलते हुए शिक्षा

स्वतंत्रता के पचासवें वर्ष में देश ने प्रत्येक क्षेत्र में अपनी उपलब्धियों पर विचार किया है। विभिन्न चर्चाओं तथा संचार माध्यमों के द्वारा इनके प्रस्तुतीकरण के विहंगावलोकन से एक ही प्रभाव पड़ता है कि हमारी उपलब्धियाँ अनगिनत हैं। जो कुछ कमियाँ हैं, वे बहुत थोड़ी हैं और शीघ्र ही समाप्त कर ली जाएँगी। जो इसके विपरीत अपने विचार रखते हैं उन्हें घोर निराशावादी या आदतन विरोध करने वाला मान लिया जाता है। शिक्षा के क्षेत्र में पचास प्रतिशत से थोड़े ऊपर की साक्षरता दर बड़ी उपलब्धि मानी जा रही है। यहाँ पहुँचने में पचास वर्ष लगे। इसके लिए श्रेय, यदि इस शब्द का प्रयोग समीचीन हो, किसे मिलना चाहिए इस पर भी चर्चा होती है। सार्वभौम प्रारंभिक शिक्षा से जुड़े लोग इसे अपने प्रयत्नों का परिणाम मानते हैं। प्रौढ़ शिक्षा तथा साक्षरता से जुड़े लोग इसे अपने किए कार्यों का प्रतिफल मानते हैं। संविधान में निहित प्रावधान उन सब बच्चों के लिए था जो चौदह वर्ष से कम उम्र के थे। इसे सन् 1960 तक पूरा होना था। तथ्य यह है कि आज भी हम संविधान निहित उस लक्ष्य से बहुत दूर हैं और भविष्य में कितने निकट पहुँच सकेंगे इस बारे में आधिकारिक तौर पर कुछ भी कहा जाए, वास्तविकता बहुत आशाजनक चित्र सामने नहीं रखती है।

प्रारंभिक शिक्षा के लिए शिक्षाविद् कहते हैं कि बच्चों को खेल-खेल में शिक्षा मिलनी चाहिए। वे प्रसन्न रहें, खेलते रहें और सीखते भी रहें, ऐसी एक शैक्षणिक अवधारणा से लगभग सभी सहमत हैं। यह अलग बात है कि इस देश में बच्चों के बस्ते का वजन इतना बढ़ा कि एक राज्य सरकार ने नवाचार करते हुए उम्र के हिसाब से बच्चे कितने किलोग्राम का वजन उठाएँ इसका निर्धारण एक सरकारी आदेश से कर दिया। दूसरी तरफ जाने-माने वैज्ञानिक और शिक्षाविद् यशपालजी की समिति की संस्तुतियाँ हैं कि बस्ते का वजन कैसे कम किया जाए। ये संस्तुतियाँ 'सफलतापूर्वक' लागू की जा रही हैं। यह अलग बात है कि देश में ऐसा कोई भी बच्चा जो स्कूल जा रहा हो और जिसने बस्ते का वजन कम होने का अहसास किया हो, ढूँढ़ पाना मुश्किल होगा। स्कूल की शिक्षा आज भी अधिकांश बच्चों के लिए डरावनी और भयभीत करने वाली प्रक्रिया बनी हुई है। हमारे नन्हे बच्चे छोटी सी आयु में वार्षिक परीक्षा जैसी भयावह परिस्थितियों से गुजरते हैं। वे नैसर्गिक रूप में पाई हुई जिज्ञासा,

सृजनात्मकता तथा खेलने की प्रवृत्ति को भूल जाते हैं। शालाओं में और कक्षाओं में खेल भले ही न खेले जाते हों, देश में शिक्षा के नीति-निर्धारण, क्रियान्वयन, उपलब्धियों और विकल्पों में पिछले पाँच दशकों से लगातार विभिन्न प्रकार के खेल खेले गए हैं। इससे जुड़े हुए अधिकांश लोग अपने प्रयासों की उपयोगिता और परिणामों से संतुष्ट लगते हैं। समय-समय पर पूर्व निर्धारित लक्ष्यों को आगे बढ़ाते रहते हैं। उनसे प्रश्न पूछने का लोग या तो साहस नहीं करते, या चुपचाप रहना ही पसंद करते हैं। जो ऐसा नहीं करते वे सारी प्रक्रिया से बाहर कर दिए जाते हैं। यह इस देश का दुर्भाग्य है कि सही आँकड़े और सही तथ्य नीति-निर्धारण के शीर्ष स्तर पर उपलब्ध नहीं हैं। आज भी देश में ऐसे अनेक राज्य हैं, जहाँ स्कूल स्तर पर नामांकन दशकों से शत-प्रतिशत बताया जाता रहा है, जबकि साक्षरता चालीस प्रतिशत से भी कम है। सन् 1990 में मानव संसाधन विकास मंत्रालय के शिक्षा विभाग ने मध्य प्रदेश के टीकमगढ़ विकास खंड में एक सर्वेक्षण गैर सरकारी माध्यम से कराया था। सरकारी आँकड़ों से सत्तानबे प्रतिशत बच्चे स्कूल में होने चाहिए थे। वास्तविकता में केवल बयालीस प्रतिशत बच्चे थे। प्रश्न यह है कि नीति-निर्धारण किस प्रकार हो ? स्कूल के बाहर केवल तीन प्रतिशत के लिए या अट्ठावन प्रतिशत के लिए। आँकड़ों का खेल लगातार जारी रहा है और संभवतः आगे भी रहेगा।

कहाँ पहुँचे ?

इस समय देश में निरक्षरों की संख्या स्वतंत्रता के समय देश की पूरी आबादी से ज्यादा है। कुछ ही वर्षों में भारत विश्व में एक क्षेत्र में पहला स्थान पाने वाला वह देश बन जाएगा, जिसमें विश्व के किसी भी अन्य देश से ज्यादा निरक्षर होंगे। इस तमगे को न पाने के लिए कोई भी देश जी-जान से राष्ट्रीय स्तर पर अपना सब कुछ लगाने को तैयार हो जाएगा। क्या हम इस स्थिति से निपटने को तैयार हैं ? पिछले पाँच दशकों में अध्यापकों, अभिभावकों और समुदायों का अधिकांश स्कूलों पर अविश्वास ही बढ़ा है। आज कोई भी इस प्रकार के तथ्यों से विचलित नहीं होता कि स्कूल में अध्यापक आते नहीं हैं, भवन टूटे हैं या बहुत से बच्चे चार-पाँच साल स्कूल में रहकर भी कुछ नहीं सीख पाते हैं या जिन बच्चों का नामांकन होता है उनमें से अधिकांश स्कूल छोड़कर चले जाते हैं। लगता है कि इसे भी सामान्य प्रक्रिया मान लिया गया है और उदासीनता हर तरफ बढ़ती जा रही है। कोठारी कमीशन ने समान स्कूलों की परिकल्पना की थी। इसे राष्ट्रीय शिक्षा नीति में आज भी एक निर्धारित लक्ष्य माना जाता है। इस दिशा में क्या प्रयत्न किए गए और इसके क्या परिणाम हुए, इस पर चर्चा करने से ज्यादा उपयोगी यह देखना होगा कि आज बड़े शहरों में ही नहीं, छोटे-छोटे कस्बों और समर्थ गाँवों में भी निजी स्कूलों की संख्या बढ रही है, उनका शुल्क बढ़ रहा है, लोग इन शालाओं में अपने बच्चों को भेजने के लिए हर प्रकार

के प्रयत्न कर रहे हैं, इसके लिए कई प्रकार के कष्ट भी उठा रहे हैं। इस दौड़ में वह सभी शामिल हैं जो आर्थिक और सामाजिक दृष्टि से यहाँ तक पहुँच सकते हैं। इनकी संख्या और प्रतिशत अत्यंत सीमित है, परंतु इनका प्रभाव क्षेत्र अत्यंत विस्तृत है। विषमताओं की खाई प्रारंभिक शिक्षा में लगातार चौड़ी होती जा रही है। यहाँ पर भी यह मान लिया गया है कि यही सच है और वह वर्ग अपनी ही पीढ़ियों को विशेष महत्त्व देने को कटिबद्ध है। यदि हम कल्पना करें कि भारत में सभी प्रारंभिक शिक्षा प्राप्त कर लें, क्या तब भी ये विषमताएँ राष्ट्र को स्वीकार होंगी ? संभवतः नहीं। आज जब लोगों के अंदर जागरूकता बढ़ रही है, बराबरी के अवसर और सफलता प्राप्त करने के लिए इच्छा-शक्ति जाग्रत हो रही है। इन विषमताओं का आगे चलकर बने रहना मुश्किल ही नहीं, असंभव होगा।

नीतिगत और कार्यान्वयन स्तर पर कई प्रयत्न गिनाए जा सकते हैं, जैसे—नवोदय विद्यालयों की स्थापना, जिनमें ग्रामीण क्षेत्रों से क्षमतावान् बच्चे लाए जाते हैं। कुछ वर्षों में यह प्रश्न उठेगा कि इन बच्चों में कितने बच्चे हैं जो आई. आई. टी., आई. आई. एम. तथा अन्य डॉक्टरी, इंजीनियरिंग आदि संस्थानों में स्थान पाते हैं। कहीं ऐसा तो नहीं हो रहा है कि केवल वे जो देश के शुल्क संपन्न स्कूलों में शिक्षा प्राप्त करते हैं कुछ लाख रुपए खर्च कर कोचिंग संस्थाओं में प्रशिक्षण लेकर इन संस्थानों की प्रवेश परीक्षाओं में बैठते हैं और सफल होते हैं। यदि ऐसा है तो राष्ट्र ऐसे बच्चों के प्रति उत्तरदायी है, जिनके पास साधन और संपन्नता उपलब्ध नहीं है। शिक्षा में बढ़ती हुई विषमताएँ भविष्य में कटुताओं में बदल सकती हैं। यह एक बहुत बड़ी समस्या होगी। सन् 1996 में संयुक्त राष्ट्र के द्वारा नियुक्त शिक्षा आयोग ने 'जैक डेलर्स' की अध्यक्षता में अपना प्रतिवेदन प्रस्तुत किया है। पुस्तक रूप में इसका शीर्षक है, 'लर्निंग : दि ट्रेजर विदिन'—'अधिगम : अंतर्निष्ठ निधि'। इसमें इक्कीसवीं शताब्दी में शिक्षा के उद्देश्यों के संबंध में चर्चा करते हुए कहा गया है कि सामाजिक सामंजस्य और साथ मिलकर रहना सीखना शिक्षा के सामने दो बहुत बड़े उद्देश्य ही नहीं, चुनौती भी हैं। सारा विश्व यह मान रहा है कि ऐसे उपाय किए जाने चाहिए जिससे लोग साथ-साथ रहते हुए सामाजिक सामंजस्य की ओर अग्रसर हों। विभिन्न प्रकार की विषमताएँ—सामाजिक, आर्थिक, सांस्कृतिक तथा धार्मिक होते हुए भी यह देश मजबूत सूत्र में जुड़ा रहा है। कहीं-कहीं इसमें जो टूटने, फूटने के आसार दिखते हैं, उन्हें अत्यंत सतर्कता से रोका जाना चाहिए। इसका विकल्प केवल प्राथमिक शिक्षा का प्रावधान करना ही नहीं, बल्कि यह देखना भी है कि इस शिक्षा को प्राप्त करने में समानता के अवसर उन सभी को दिए जाएँ जो विषम परिस्थितियों में किन्हीं अन्य कारणों से पिछड़ रहे हैं और स्वयं उसके लिए उत्तरदायी नहीं है। ऐसा करने में यदि देरी होती है तो वह एक सुदृढ़ राष्ट्र के निर्माण में असहयोग करने जैसी स्थिति होगी। यह एक कटु सत्य है और इसको स्वीकार किया ही जाना चाहिए।

विकल्प

गांधीजी ने सन् 1931 में शिक्षा के संबंध में एक बहुचर्चित वक्तव्य दिया था। उन्होंने कहा था कि आज (1931) भारत पहले से ज्यादा निरक्षर हो गया और इसका कारण भारत में यूरोप की शिक्षा पद्धति को लागू करना तथा देश की शिक्षा पद्धति को पीछे ढकेलना था। इस वक्तव्य में गांधीजी ने भविष्यवाणी की थी कि बाहर के देशों से आई हुई शिक्षा प्रणाली अगले सौ वर्षों में भी देश को पूर्ण साक्षरता की ओर नहीं ले जाएगी। उनका कहना था कि मेरा गरीब देश शिक्षा की इस खर्चीली प्रणाली को लागू नहीं कर पाएगा। हमारी पद्धति में हर गाँव में गाँव का शिक्षक होगा और हर गाँव में लड़के-लड़की, दोनों के लिए शिक्षा की व्यवस्था की जाएगी। उन सौ वर्षों में अब चालीस से कम वर्ष बचते हैं। हम लक्ष्य से कितने दूर हैं यह हम जानते हैं। हम यह भी जानते हैं कि शायद इस तथ्य को आज कोई भी याद करना नहीं चाहता। सन् 1990 में राष्ट्रीय शिक्षा नीति-1986 का मूल्यांकन करने के लिए एक समिति बनी थी। इसके अध्यक्ष जाने-माने गांधीवादी श्री राममूर्तिजी थे। दिसंबर 1990 में इसका प्रतिवेदन देश के सामने लाया गया, इसका शीर्षक था—'टू वर्डस् ऐन एनलाईटेंड एंड ह्यूमेन सोसाइटी'—'एक प्रबुद्ध और मानवीय समाज की ओर'। इस प्रतिवेदन में प्राथमिक शिक्षा का अध्याय गांधीजी के चैथम हाउस, लंदन में दिए गए इसी वक्तव्य से शुरू किया गया है। अनेक संस्तुतियों के साथ उनकी यह भी संस्तुति थी कि शिक्षा का अधिकार भी संविधान में संशोधन कर मूलभूत अधिकारों में शामिल कर लिया जाए और इसके लिए उन सभी सामाजिक और आर्थिक उपायों को लागू किया जाए जो लक्ष्य प्राप्ति के लिए आवश्यक हैं। यह प्रतिवेदन भी उस श्रेणी में पहुँच गया जिनके बारे में चर्चा करना सन् 1990 के बाद जरूरी नहीं समझा गया। संक्षेप में, ऐसा माना गया कि राममूर्ति समिति ने जो कुछ कहा है वह तो पहले ही सन् 1986 की शिक्षा नीति में कहा जा चुका है। इसके लिए राष्ट्रीय स्तर पर एक और समिति बनी थी जो 'जनार्दन रेड्डी समिति' के नाम से जानी जाती है। इस समिति ने 'राममूर्ति प्रतिवेदन' को बिना किसी शोर-शराबे के ग्रंथालयों में या नीति-निर्धारकों की आलमारियों में पहुँचा दिया। यह संतोष की बात कही जाएगी कि सन् 1997 में फिर सरकार संविधान में संशोधन करने के लिए उत्सुक है और शिक्षा के अधिकार को मूलभूत अधिकार बनाने का प्रस्ताव संसद् में लाया गया है।

प्रारंभिक शिक्षा के लिए सन् 1950-'60 के दशक तक सारा जोर नामांकन पर था। धीरे-धीरे यह लगा कि वस्तुस्थिति आँकड़ों से एकदम भिन्न है। नामांकन के अनुसार पढ़ने वालों की संख्या अत्यंत अधिक है, परंतु वास्तव में जो बच्चे स्कूलों में रहते हैं वे बहुत कम हैं। बच्चों के बड़ी संख्या में स्कूल छोड़ने की क्रिया ने नामांकन की सार्थकता को बहुत हद तक समाप्त कर दिया है। प्रौढ़ शिक्षा की बात विभिन्न रूपों में सामने आई और सरकार ने इसे अपनी नीतियों में प्रारंभिक रूप से शामिल किया। राष्ट्रीय साक्षरता कार्यक्रम आठवें दशक में प्रारंभ हुआ। राष्ट्रीय साक्षरता

मिशन के बाद में बड़ी-बड़ी उपलब्धियाँ देश के सामने रखीं। कुछ जनपद पूर्ण साक्षर घोषित हुए। देश में जनसाधारण ने इस पर विश्वास करना आवश्यक नहीं समझा। आज पूर्ण साक्षर जिलों की घोषणाएँ बंद हो गई हैं, परंतु यह कार्यक्रम अभी भी बहुत तेजी से चल रहा है और संभवतः चलता रहेगा। इसमें नौ से चौदह वर्ष की आयु वर्ग के बच्चों को भी अब शामिल किया जाता है, जो पहले उचित नहीं माना जाता था। किसी भी प्रयत्न की सार्थकता, विशेष रूप से शिक्षा के क्षेत्र में, तभी मानी जाएगी जब जन समुदाय उसे स्वीकार करे और उसकी उपयोगिता स्थापित हो जाए। अनौपचारिक शिक्षा की योजनाएँ उन बच्चों के लिए प्रारंभ की गईं जो स्कूल छोड़ देते हैं। कहा यह गया कि औपचारिक और अनौपचारिक शिक्षाएँ बराबर के स्तर पर शैक्षणिक उपलब्धियों का लक्ष्य रखती हैं। समुदाय और बालकों ने इसे भी स्वीकार नहीं किया। इसके कार्यान्वयन में कितनी ही विसंगतियाँ आती गईं। अनौपचारिक शिक्षा की अवधारणा स्वयं में स्थापित व्यवस्था बन गई और सारे देश में एक प्रकार के मापदंड और मानदंड लागू कर दिए गए, जो असफलता के लिए निश्चित संकेत थे।

कई संस्थानों ने स्वयं तथा सरकार के सहयोग से विभिन्न स्थानों पर कई अन्य विकल्प ढूँढ़े और सफलतापूर्वक ढूँढ़े। लड़कियों की शिक्षा, दूर-दराज के क्षेत्र में शिक्षा और समुदाय विशेष के लिए प्रारंभिक शिक्षा व्यवस्था, इन सब पर देश में कई प्रयत्न किए गए। इसके परिणाम और नीति की प्रशंसा तो की गई है, परंतु शिक्षा व्यवस्था ने उन्हें अपने में अंगीकृत नहीं किया। परिणामतः ऐसे बहुत से प्रयोग कुछ वर्ष चलकर थोड़े-थोड़े समय बाद ही सिमटकर समाप्त होते रहे। इस देश में विकल्प ढूँढ़ना आवश्यक है, परंतु विकल्प का निर्धारण केंद्रीयकरण के द्वारा नहीं हो सकता। दुर्भाग्य यह है कि उन परियोजनाओं को भी, जो पूरी तरह केंद्रीयकरण से उपजी हैं, देश के सामने यह कहकर रखा जा रहा है कि यह जमीन से उपजी और इसी से जुड़ी हुई हैं। यह भी अधिक समय तक लोगों के गले नहीं उतरेंगी।

नीति-निर्धारण

1986 की शिक्षा नीति देश मे आज भी लागू है। इसमें कुछ परिवर्तन सन् 1992 में किए गए थे। प्रारंभिक शिक्षा से सन् 1986 के निर्धारित लक्ष्य सन् 1992 में बदल गए, उसके बाद फिर बदले। हर बदलाव लक्ष्य को आगे की तरफ ले जाता है। आने वाले वर्षों में भी ये लक्ष्य और बदलेंगे। इस पर कम-से-कम अध्यापक और जनसाधारण तो एक मत हैं ही। हमारी इस शिक्षा नीति और इसके पहले की नीतियों की भी अकसर प्रशंसा होती है। यह प्रशंसा राष्ट्रीय स्तर से अधिक अंतरराष्ट्रीय स्तर पर होती है। यह सभी के लिए संतोषप्रद है। इस प्रशंसा के समय यह याद रखना चाहिए कि स्वतंत्रता प्राप्ति के पहले के वर्षों में सब के लिए शिक्षा के संबंध में की गई सोच और वर्गों को हम कितना भूल गए हैं। गिजु भाई, गांधीजी, महात्मा फुले, जाकिर हुसैन,

आर्य नायाकम और ऐसे कितने ही मनीषियों के शैक्षणिक योगदान से हम या तो परिचित होते ही नहीं हैं, या होना नहीं चाहते हैं।

बुनियादी तालीम के अंतर्गत जो सोच देश में विकसित हुई थी, वह यदि प्रारंभ से लागू की जाती तो वह भी आज उस रूप में नहीं होती, जिसमें उसे सर्वप्रथम प्रस्तावित किया गया था। समय के साथ और देश की बदलती हुई परिस्थितियों के अनुसार उसमें भी बदलाव आते, परंतु हमने बिना स्पष्ट रूप से कुछ कहे उसको पूरी तरह भुला दिया। परिणामस्वरूप शिक्षा के प्रति जो प्रारंभ में अपेक्षाएँ लोगों के मन में जाग्रत हुई थीं वे धीरे-धीरे धुँधली पड़ती गईं। ऐसे कितने ही परिवार हैं जिन्होंने अनेक कष्ट सहकर बच्चों को शिक्षा और उच्च शिक्षा दिलाई, परंतु जब उन्होंने इस शिक्षा की उपयोगहीनता देखी तो निश्चित ही उनका दृष्टिकोण निराशामय हो गया। 'पढ़ने-लिखने से क्या फायदा !' यह कथन ग्रामीण आँचल में किसी भी परिवार में, जहाँ के बच्चों ने शिक्षा पाई हो, बैठकर सुना जा सकता है। शिक्षा का प्रसार होना चाहिए और केवल अच्छी शिक्षा का प्रसार होना चाहिए, परंतु साथ-ही-साथ यह नहीं भूला जा सकता कि जो भी शिक्षा दी जाए उसकी उपयोगिता और उपादेयता भी सर्वमान्य हो। इस प्रश्न की ओर लोगों का ध्यान अवश्य गया है, परंतु उसका सुस्पष्ट उत्तर अभी भी देश को प्राप्त करना है कि वह कौन सी शिक्षा हो, कैसी शिक्षा हो और उसकी क्या व्यवस्था हो ?

परिवर्तन विश्व के हर क्षेत्र में लगातार हो रहे हैं। शिक्षा में भी यह अत्यंत तीव्र गति के साथ विभिन्न आयामों में प्रविष्ट हो रहे हैं। कनाडा के शिक्षाविद् माइकल फुलन ने उत्तरी अमरीका की संस्थाओं में अत्यंत विस्तृत अध्ययन करने के बाद सन् 1990 में एक प्रसिद्ध पुस्तक 'फेसेट्स ऑफ एजुकेशनल चेंज' लिखी। इस पुस्तक का सबसे महत्त्वपूर्ण वाक्य था, 'परिवर्तन हर तरफ हो रहा है। हर परिवर्तन प्रगति से जुड़ा है, यह आवश्यक नहीं है'। शिक्षा नीति-निर्धारकों के लिए यह वक्तव्य अत्यंत महत्त्वपूर्ण दिशा निर्देश देता है। अनुभव के द्वारा हमें देखना चाहिए कि शिक्षा नीति के कौन-कौन से पक्ष परिवर्तन और प्रगति, दोनों के अनुकूल पाए जाते हैं। कहीं ऐसा तो नहीं है कि हम अपने उत्साह में कुछ कार्यक्रमों को केवल इसलिए आगे बढ़ाते जा रहे हैं, क्योंकि उनसे पीछे हटने में हमें लज्जा का अनुभव हो रहा है। ऐसा होना नहीं चाहिए। हर नवाचार अपने प्रारंभिक रूप में ही सफल हो, यह आवश्यक नहीं है। हमें परिवर्तन करने तथा असफलताओं को स्वीकार करने में नहीं हिचकना चाहिए।

वैज्ञानिक और तकनीकी साक्षरता आने वाली शताब्दी में सभी के लिए परम आवश्यक होगी। केवल शिक्षा का सार्वजनीकरण कर लेना ही काफी नहीं होगा। वास्तव में वैज्ञानिक और तकनीकी शिक्षा का सार्वजनीकरण भी साथ-साथ में करना पड़ेगा। तकनीकी सोच और प्रविधियाँ हर व्यक्ति के अंदर जाग्रत करनी होंगी। कोई भी देश इस समय वैज्ञानिक और तकनीकी शिक्षा से विमुख होकर प्रगति के मार्ग पर नहीं चल पाएगा। वह बाकी सबसे पिछड़ जाएगा। इस संबंध में सन् 1964-66 में

गठित शिक्षा आयोग, जो 'कोठारी आयोग' के नाम से भी जाना जाता है, ने अत्यंत महत्त्वपूर्ण सुझाव दिए थे। पहली बार यह माना गया कि लड़के और लड़कियों को कक्षा दस तक की शिक्षा में अनिवार्य रूप से विज्ञान और गणित का अध्ययन करना होगा। कक्षा दस के बाद यह आवश्यक नहीं है कि सभी बच्चे एक प्रकार की शिक्षा ही ग्रहण करेंगे। अपनी रुचि के अनुसार बच्चों को उच्च शिक्षा या व्यावसायिक शिक्षा की विधाओं में चयन करना चाहिए। विज्ञान और गणित के संबंध में की गई संस्तुति तो लगभग सभी ने मान ली है, परंतु व्यावसायिक शिक्षा की धारा की ओर बच्चों और समुदाय का ध्यान आकर्षित करने में हमारी नीतियाँ केवल अंशतः ही सफल रही हैं। पढ़े-लिखे लोगों में बेकारी किसी भी देश के विकास में सबसे बड़ा अवरोधक हो सकती है। नई पीढ़ी का मनोबल इससे गिरता है और इसे क्षम्य नहीं माना जा सकता।

शैक्षणिक परिवर्तन के लिए गठित विभिन्न आयोगों और समुदायों ने बार-बार मूल्यों की शिक्षा और मूल्यों के विकास की संस्तुतियाँ की हैं। सन् 1990 में 'राममूर्ति समिति' ने अपने प्रतिवेदन का शीर्षक ही ऐसा रखा है जो एक ऐसे प्रबुद्ध समाज की कल्पना करता है, जहाँ मानवीय गुण प्रत्येक व्यक्ति में विकसित हो सकें। यह किसी से छिपा नहीं है कि मूल्यों में ह्रास का प्रवाह अगर कहीं से धीमा हो सकता है तो वह शिक्षण संस्थाओं और शिक्षकों के द्वारा ही हो पाएगा। शिक्षकों ने यह उत्तरदायित्व सदा से निभाया है, परंतु आज के समय में उनका यह उत्तरदायित्व कई गुना अधिक बढ़ गया है। हमारी शिक्षा व्यवस्था, हमारी पाठ्यपुस्तकें, शिक्षण और प्रशिक्षण की विधियाँ अभी भी इस कार्य में कमजोर ही रह जाती हैं। इसका एक मुख्य कारण सिर्फ शिक्षा का परीक्षाफल की ओर केंद्रित होना ही माना जाएगा। परीक्षा परिणाम के आगे सभी कुछ गौण हो जाता है और अध्यापकों का सारा ध्यान इसी पर केंद्रित हो जाता है। इससे बचने के लिए मूलभूत परिवर्तन की आवश्यकता केवल कार्यान्वयन में ही नहीं, सोच में भी होगी। संभवतः इसके लिए कठिन और अप्रिय निर्णय भी लेने पड़ सकते हैं। विचारणीय प्रश्न यह है कि इसमें कितनी और देरी की जा सकती है ? वर्ष के अंत में जो परीक्षाएँ होती हैं, उनकी विश्वसनीयता सभी जगह लगातार कम होती जा रही है। इससे जुड़ी हुई मानसिक पीड़ा से हमारे देश के नई पीढ़ी के बच्चे लगातार गुजरते रहते हैं। इसे रोकना शिक्षा में गुणवत्ता के लिए और उसकी स्वीकार्यता के लिए आवश्यक है।

महिलाओं की समानता और लड़कियों की शिक्षा नीति स्तर पर स्पष्ट शब्दों में देश के सामने लगातार रही। इस संबंध में उपलब्धियाँ दस्तावेजों में प्रमुख रूप से उल्लिखित की जाती हैं। बहुत कुछ किया भी गया है, परंतु जो नहीं हो पाया है वह किए गए से बहुत जरूरी और भारी है। कक्षा पाँच के बाद लड़कियों के लिए स्कूलों का न होना, महिला अध्यापकों का न होना, आज भी लड़कियों को स्कूल जाने से और उच्च शिक्षा प्राप्त करने से रोकते हैं। केवल शहरों और कस्बों में यदि व्यवस्था है भी तो वह पूर्ण संतोष का आधार नहीं बन सकती। ग्रामीण लड़कियों के लिए

छात्रावास या उचित दूरी पर माध्यमिक स्कूलों की व्यवस्था करना आवश्यक है और इसको संसाधनों की कमी बताकर रोकना, इसकी प्रमुखता को नहीं समझना होगा।

शिक्षा नीति-निर्धारण की प्रक्रिया का विकेंद्रीकरण होना आवश्यक है। प्रारंभिक शिक्षा को पंचायत राज के जरिए समाज को सौंपने की प्रक्रिया प्रारंभ हुई है। यह सही दिशा में उठाया गया बड़ा कदम है। देश का शैक्षिक वातावरण कुछ ऐसा है कि इस प्रक्रिया में भी लोगों का अभी पूर्ण विश्वास नहीं जागा है। इसके लिए विकेंद्रीकरण की उपयोगिता इसके सामने रखना आवश्यक है। यह लगभग आश्चर्य की बात है कि इस विकेंद्रीकरण से अध्यापक भी बहुत उत्साहित नहीं हैं। अपेक्षा यह की जाती है कि उन्हें इसको सबसे पहले स्वीकार करना चाहिए था। शैक्षिक व्यवस्था के प्रति विश्वास जगाने के लिए आवश्यक है कि अनुभवी और प्रशिक्षित अध्यापकों, प्राचार्यों और प्रशिक्षकों को महत्त्वपूर्ण पदों पर लाया जाए। जो उच्च स्तर के पद आज से तीस वर्ष पहले शिक्षाविदों के द्वारा भरे जाते थे वे अब प्रशासनिक सेवा के अधिकारियों के हाथों में चले गए हैं। शिक्षा निदेशालय, स्कूल शिक्षा परिषद्, राज्य शैक्षिक अनुसंधान और प्रशिक्षण परिषद्, पाठ्यपुस्तक निगम इत्यादि में ऐसे कितने ही पद हैं जहाँ केवल शिक्षाविदों को ही लाया जाता था और लाया जाना चाहिए, मगर अधिकांश राज्यों में ये पद प्रशासनिक सेवा के अधिकारियों को सौंप दिए गए हैं। चूँकि वही निर्णय लेते हैं, अतः इसमें परिवर्तन की संभावना की आशा करना भी संभवतः अधिक सार्थक नहीं होगा।

प्रशिक्षण—वटवृक्ष का पतझड़

अध्यापकों की महिमा और गरिमा पर जितना अच्छा वक्तव्य इस देश में दिया जा सकता है उतना शायद ही किसी अन्य देश में दिया जा सकता है। हमारी महान् परंपराएँ गुरुओं का सम्मान करती हैं और उनका स्थान गोविंद से भी बड़ा मानती हैं—ऐसे कितने ही श्रेष्ठ वचन हमारे अध्यापकों को समय-समय पर परोसे जाते हैं। देश के स्कूलों में लगभग पचास लाख अध्यापक कार्यरत हैं। यह वह वर्ग है जिसने स्वतंत्रता आंदोलन में शामिल होकर, आगे बढ़कर और परोक्ष रूप में स्वप्रेरणा से हिस्सा लिया और स्वराज्य की ज्योति घर-घर और जन-जन में पहुँचाने में गांधीजी का साथ दिया। आज यह वर्ग अपने को लगभग तिरस्कृत तथा उपेक्षित मानता है। 'शिक्षा की सभी कमियों की जड़ अध्यापक है' ऐसा कहने वालों की कमी नहीं। अध्यापकों के लिए समाज ने अपना उत्तरदायित्व कितना निभाया है इस प्रश्न का उत्तर पाना कठिन है। भारतीय शिक्षक कठिन परिस्थितियों और अनेक प्रकार की कमियों के अंतर्गत कार्य करता है। अगर शिक्षा व्यवस्था अभी भी चल रही है तो उसका एकमात्र कारण अध्यापक की कर्मठता ही है। यह अलग बात है कि परिस्थितियों का प्रभाव इस पक्ष पर भी पड़ रहा है।

शिक्षकों को अपने उत्तरदायित्व समझने और अपनी क्षमताओं का विकास करने

का अवसर शिक्षक-प्रशिक्षण संस्थाओं में मिलता है। इस समय देश में स्कूल स्तर के शिक्षकों के प्रशिक्षण की दो हजार से अधिक संस्थाएँ कार्यरत हैं। इसमें विश्वविद्यालय के शिक्षा विभाग, शिक्षा के कॉलेज तथा प्रारंभिक स्तर के लिए शिक्षक-प्रशिक्षण विद्यालय सम्मिलित हैं। यह शिक्षकों को सेवापूर्व प्रशिक्षण देते हैं और सेवाकालीन उन्मुखीकरण के अवसर भी प्रदान करते हैं। सन् 1986 के बाद भारत सरकार ने प्रारंभिक स्तर के लगभग चार सौ तीस तथा माध्यमिक स्तर के लगभग एक सौ तीस प्रशिक्षण संस्थानों को विशेष रूप से अपने शैक्षणिक स्तर को उठाने के लिए सहायता दी। इनमें कुछ नए कार्यक्रम और परियोजनाएँ भी प्रारंभ हुईं। इन परियोजनाओं की सराहना की गई है। यह अलग बात है कि प्रारंभ में जो कुछ सोचा गया था उसका अंशमात्र ही अभी तक उपलब्धि स्तर पर प्राप्त किया जा सका है।

सन् 1960 के दशक में यह सोचा भी नहीं जा सकता था कि देश का कोई विश्वविद्यालय शिक्षक-प्रशिक्षण को अपना आय-स्रोत समझकर कार्यक्रम प्रारंभ करेगा। विश्वविद्यालयों ने पत्राचार पाठ्यक्रम सेवारत अध्यापकों को प्रशिक्षण उपाधियाँ देने के लिए प्रारंभ किए। थोड़े ही समय में इनमें इतनी विसंगतियाँ आईं कि एक-एक विश्वविद्यालय ने बीस-पच्चीस हजार या इससे भी अधिक लोगों को एक वर्ष में बी. एड. की उपाधियाँ प्रदान कीं। जबकि इनके पास न तो इतने प्राध्यापक थे, न ही इतने लोगों को प्रशिक्षण देने के संसाधन। छात्रों से कई गुना अधिक शुल्क लिया गया और उसका उपयोग अन्य विभागों को चलाने में, भवन निर्माण में तथा कितने ही उन कार्यों पर किया गया जिनका शिक्षक-प्रशिक्षण से कुछ तादात्म्य नहीं था। विश्वविद्यालयों ने गौरव के साथ यह कहा कि हमने इस वर्ष में इस कार्यक्रम से इतने करोड़ कमाए। उपाधि की गुणवत्ता केवल कागजों पर रह गई। हमने ऐसे अध्यापक तैयार किए जिन्हें प्रशिक्षण की मूलभूत अवधारणाओं से भी परिचित होने का अवसर नहीं मिल पाया। प्रशिक्षित अध्यापकों की संख्या बढ़ी, उन्हें नियुक्ति नहीं मिली, मगर विश्वविद्यालयों ने इस कार्यक्रम को जारी रखना ही उचित माना। राष्ट्रीय अध्यापक शिक्षा परिषद् के गठन के बाद जब इस पर पाबंदियाँ लगाने के लिए कुछ प्रयत्न किए गए तो उनका हर प्रकार से विरोध किया गया। सन् 1993 में भारत के सर्वोच्च न्यायालय ने अपने फैसले में कहा कि शिक्षक-प्रशिक्षण संस्थाओं की परीक्षा में सफल हो जाना अध्यापक होने के लिए काफी नहीं है, जरूरी यह है कि एक निर्धारित समय सीमा तक अध्यापक ऐसे संस्थानों में प्रशिक्षण प्राप्त करें, जहाँ पर अच्छे प्रशिक्षक, आवश्यक सामग्री और संसाधन उपलब्ध हों। इस निर्णय के मूलभूत बिंदु राज्य सरकारों, कुलपतियों और विश्वविद्यालयों को राष्ट्रीय अध्यापक शिक्षा परिषद् के द्वारा वितरित किए गए। इसका कितना प्रभाव पड़ा है यह समय बताएगा।

निर्भरता

प्रारंभिक शिक्षा के सार्वजनीकरण में सबसे सफल उदाहरण तंजानिया और चीन का

दिया जाता है। यहाँ पर जो कुछ भी उपलब्धि हुई है वह देश के लोगों के प्रयत्नों से हुई। बाहरी लोग केवल प्रेरणा दे सकते हैं, अनुभव दे सकते हैं या दिशाज्ञान करा सकते हैं। सन् 1990-'91 तक हमारे देश ने भी यही माना कि शिक्षा का सार्वजनीकरण गाँव-गाँव में वहाँ के लोगों के द्वारा किए गए प्रयत्नों से और समाज के द्वारा जुटाए गए संसाधनों से ही होना चाहिए, परंतु इसके बाद तेजी से परिवर्तन हुआ और हमने प्रारंभिक शिक्षा के लिए अंतरराष्ट्रीय स्तर पर अपनी झोली फैला ली। आज वर्ल्ड बैंक, एशियन डैवलपमैंट बैंक, यूरोपीयन समुदाय और कितने ही अन्य संस्थान हमारी सहायता के लिए उतारू हैं। हम बड़े गर्व के साथ इन परियोजनाओं को देश के सामने रखकर कह रहे हैं कि अब देश के हर बच्चे को साक्षर होने में कोई देर नहीं। हमें जो संसाधन मिले हैं वे मुख्य रूप से कर्ज के रूप में मिले हैं, इनको लौटाना होगा। परंतु इससे भी अधिक चिंता का विषय यह है कि इन संसाधनों के उपयोग करने के मापदंड अंतरराष्ट्रीय स्तर के या उसके निकट के स्तर के हैं। आज देश में प्रारंभिक शिक्षा का सार्वजनीकरण दो हिस्सों में बँट गया है। एक वह, जहाँ पहले जैसे संसाधन ही उपलब्ध हैं और वही पुराने मापदंड हैं। दूसरा वह, जहाँ बाहर से आए हुए संसाधन हैं, उनका उपयोग करने की छूट है। पुराने नियम लागू नहीं हैं। वहाँ मुख्य उद्‌देश्य संसाधन देने वाली संस्थाओं के द्वारा भेजे गए निरीक्षण दलों को संतुष्ट करना होता है। एक बहुत बड़ी उपलब्धि यह है कि इन कार्यक्रमों से जुड़े कुछ भाग्यवान लोगों को कितने ही देशों में जाकर शिक्षा व्यवस्था का अध्ययन करने का अवसर लगातार मिल रहा है। कितने ही विशेषज्ञ हमारे देश में आते रहते हैं और हमारे देश की प्रारंभिक शिक्षा में मूल्यांकन कैसा हो, पाठ्यक्रम कैसा हो, इत्यादि विषयों पर अपनी विशेषज्ञता का लाभ इस देश के शैक्षिक योजनाकारों को लगातार देते रहते हैं। हम नम्रतापूर्वक इस तथ्य को ढक देते हैं कि ये परियोजनाएँ विदेशी परियोजनाओं के मानदंडों पर चलती हैं। हम उन्हीं की भाषा बोलते हैं। कर्ज देने वालों को भी हमें दानदाता (डोनर एजेंसी) कहना पड़ता है। इन संस्थानों के धन देने के जो नियम हैं उनमें एक विशेष प्रतिशत या राशि का निश्चित समय के अंतर्गत खर्च होना आवश्यक होता है। ऐसा न करने पर जुर्माना भरना पड़ता है। अतः धन आने पर सबसे बड़ा लक्ष्य यह होता है, इसको समय के अंतर्गत खर्च कर देना। इसके क्या-क्या परिणाम हो सकते हैं इनको समझने में इस देश की वर्तमान व्यवस्था से परिचित किसी भी व्यक्ति को समय नहीं लगाना चाहिए।

राज्य स्तर पर 'राज्य शैक्षिक अनुसंधान एवं प्रशिक्षण परिषदों' (एस. सी. ई. आर. टी.) की स्थापना इसी उद्‌देश्य से की गई थी कि यहाँ पर स्कूल शिक्षा से जुड़े सभी आयामों में विशेषज्ञता स्थापित की जाएगी। यहाँ राज्य स्तर पर स्कूल शिक्षा के स्रोत केंद्र होंगे। ये संस्थान अत्यंत उत्साह और अपेक्षाओं के साथ प्रारंभ हुए। इनमें कई ने अत्यंत अच्छे ढंग से अपने उद्‌देश्यों को प्राप्त करने के प्रयत्न किए। धीरे-धीरे यहाँ पर विशेषज्ञों की कमी या ऐसे लोगों की भी पद-स्थापना होती गई जो इस प्रकार

के कार्यों में रुचि नहीं रखते थे। यह तथ्य अधिकांश लोग जानते हैं, परंतु कहते या लिखते नहीं। इस समय जब प्रारंभिक शिक्षा के विकास के लिए नए सिरे से प्रयत्न किए जा रहे हैं, इन संस्थाओं को सुदृढ़ और समृद्ध करना एक मुख्य कार्य होना चाहिए, परंतु जैसा पहले कहा गया है, कुछ राज्यों में जहाँ संसाधन उपलब्ध हैं और जिनका व्यय होना आवश्यक है, नए संस्थान बनाए गए हैं। आगे चलकर इन संस्थानों और नए संस्थानों की क्या स्थिति होगी, यह स्पष्ट नहीं है। नए संस्थानों का बोझ कौन उठाएगा यह भी चिंता का विषय होना चाहिए, परंतु है नहीं। हमारे जैसे बड़े देश में राज्य स्तर तथा जिला और विकास खंड स्तर पर संस्थानों को सुदृढ़ करना एक प्रमुख कार्य होना चाहिए। आज स्वतंत्रता के पाँच दशक बाद इस वर्ष सबसे बड़ा संकल्प यही होना चाहिए कि हर बच्चे को शिक्षा देनी है और इससे हर नागरिक को अपना कर्तव्य निर्धारण करना है।

अध्यापन और अध्यापक

देश में प्राथमिक शिक्षा का परिदृश्य

पिछले पाँच दशकों में शिक्षा के क्षेत्र में सबसे बड़ी चुनौती प्राथमिक शिक्षा को हर बालक तक पहुँचाने की रही है। सब बच्चों को प्राथमिक शिक्षा देना देश के विकास के लिए कितना महत्त्वपूर्ण है, इस पर देश के स्वतंत्रता सेनानियों ने गहन विचार-विमर्श किया था। परिणामस्वरूप संविधान के लागू होने के दस वर्षों में इस उद्देश्य को प्राप्त करने का लक्ष्य रखा गया था। यह लक्ष्य-तिथि लगातार बढ़ती रही है। अब सन् 2000 तक नियत अवधि भी धीरे-धीरे बदल रही है। चिंता का विषय यह है कि जब भी यह बदलाव आता है आगे की निर्धारित तिथि पर लोगों का विश्वास जम नहीं पाता है। समय के साथ-साथ समस्या कई अवयवों में बढ़ी हैं। शाला छोड़ने वाले विद्यार्थियों की संख्या आज भी पचास प्रतिशत के आसपास है। इनमें अप्रत्याशित रूप से कुछ ही समय में बड़ी कमी हो जाएगी, ऐसे आसार दिखाई नहीं देते हैं।

इस समय देश में पैंतालीस लाख से अधिक अध्यापक हमारे स्कूलों में पढ़ा रहे हैं। इसमें से लगभग नब्बे प्रतिशत प्रशिक्षित हैं। 1960 के आसपास यह प्रतिशत केवल इक्सठ था। देश के अनेक बड़े राज्य ऐसे हैं जहाँ पर प्रशिक्षित अध्यापकों की संख्या लगभग शत-प्रतिशत है और आवश्यकता से अधिक प्रशिक्षित अध्यापक अपनी बारी आने की प्रतीक्षा कर रहे हैं। उत्तर-पूर्व के राज्यों में प्रशिक्षित अध्यापकों की कमी है। इनमें से कुछ राज्यों में यह प्रतिशत केवल पैंतीस है। क्षेत्रीय विषमताएँ अध्यापकों के प्रशिक्षण में भी भली प्रकार देखी जा सकती हैं। हमारे अध्यापकों के प्रशिक्षण व्यवस्था में बदलाव लाने के कई प्रावधान किए गए हैं। आज भी यह व्यवस्था इस देश के अध्यापकों की आवश्यकताओं से पूरी तरह नहीं जुड़ पाई है। सामाजिक और सामुदायिक संदर्भ से भी इसका अलगाव स्पष्ट दिखाई देता है। परिणामस्वरूप जो समुदाय आज से चार-पाँच दशक पहले स्कूलों के लिए सब कुछ करने के लिए तैयार रहता था आज स्कूलों से अपने को दूर पा रहा है। अधिकांश स्कूल 'सरकारी' माने जाते हैं और लोग उनकी स्थिति के लिए सरकार को ही जिम्मेदार मानते हैं। इससे बचने के लिए शिक्षक-प्रशिक्षण की ऐसी व्यवस्था और ऐसे कार्यक्रम निर्धारित करने होंगे जो एक तरफ, सामाजिक और सांस्कृतिक चुनौतियों से निपटने के लिए अध्यापकों

को तैयार करें और दूसरी ओर, संप्रेक्षण तकनीकी तथा विज्ञान और तकनीकी की अन्य उपलब्धियों का शिक्षा व्यवस्था में समुचित उपयोग करने का प्रावधान करें।

शिक्षक-प्रशिक्षण का स्वरूप

प्राथमिक स्तर के शिक्षकों के प्रशिक्षण के लिए लगभग एक हजार दो सौ शिक्षक-प्रशिक्षण संस्थाएँ इस समय कार्यरत हैं, जबकि माध्यमिक स्तर के लिए अध्यापक प्रशिक्षण महाविद्यालयों और विश्वविद्यालयों के शिक्षा विभागों द्वारा तैयार किए जाते हैं। इनकी संख्या करीब छः सौ है। यदि यह मान लिया जाए कि इस समय देश में दो हजार शिक्षक-प्रशिक्षण महाविद्यालय हैं, तो उनमें शिक्षक-प्रशिक्षकों की संख्या लगभग पच्चीस हजार होगी। यह ऐसा वर्ग है जो देश के सारे स्कूलों के लिए शिक्षक तैयार करता है। इन संस्थाओं द्वारा किए गए अच्छे कार्य हजारों-लाखों विद्यार्थियों के जीवन को सर्जनात्मकता, गुणात्मकता और उपलब्धि की ओर ले जा सकते हैं। यदि ये संस्थाएँ कमजोर पाठ्यक्रम और कार्यक्रम चलाएँगी तो उसका प्रभाव उन्हीं बच्चों पर आशा के विपरीत गलत दिशा में भी पड़ेगा। इस समय शिक्षक-प्रशिक्षक कौन हो सकता है ? इस प्रश्न का उत्तर गंभीरतापूर्वक किसी भी राज्य प्रशासन द्वारा नहीं दिया जा सकता है। किसी भी अध्यापक या शैक्षिक प्रशासक को शिक्षण महाविद्यालयों में स्थानांतरित कर दिया जाता है और यह मान लिया जाता है कि यहाँ पर वह अपना कार्य अच्छे ढंग से कर सकेगा। इस बात की गहन आवश्यकता है कि इस वर्ग को अलग किया जाए और इनमें केवल वही व्यक्ति शामिल हों जो इसके लिए विशेष रूप से प्रशिक्षित और तैयार किए गए हैं।

हमारे अध्यापकों को क्या सिखाना चाहिए ? निश्चय ही उनका विषयवस्तु से परिचय होना चाहिए। वे कक्षाओं में बच्चों की कठिनाइयाँ समझें, उनका निराकरण कर सकें इत्यादि उनके सिखाने के क्षेत्र गिनाए जा सकते हैं। शिक्षा के विकास के साथ-साथ अध्यापकों का कार्यक्षेत्र भी विस्तृत हुआ है। अब केवल यह कक्षा के अंदर तक की सीमित नहीं है, उन्हें बहुत कुछ कक्षा के बाहर करना है। साथ-ही-साथ उन्हें बालकों और समुदाय के सभी वर्गों को साथ लेकर चलना है। इसके लिए आवश्यक है कि पढ़ाने के परिचित कौशल प्राप्त करने के साथ-साथ कक्षाओं में अध्यापन की अन्य विधियाँ भी लगातार सीखी जाएँ। इससे अधिक आवश्यकता है यह सिखाने की कि जो बच्चे उनके सामने आते हैं, उनकी अपनी परिस्थितियाँ और संदर्भ कैसे हैं, उनकी कठिनाइयाँ क्या हैं, उनकी आवश्यकताएँ क्या हैं, किस प्रकार सभी बच्चों को उस स्तर तक लाया जाए कि उन्हें सीखने में समानता का आभास हो सके। हमारे लाखों बच्चों ने परीक्षा पद्धति की क्रूरता के कारण स्कूल छोड़ा है, जिसके परिणामस्वरूप उनके जीवन की दिशा बदली है। मूल्यांकन को सही ढंग से समझना, उसका उपयोग अच्छे ढंग से बच्चों की उपलब्धियाँ बढ़ाने में करना आज प्रत्येक अध्यापक के लिए अत्यंत महत्त्वपूर्ण कौशल है। शाला को समुदाय तक ले जाने की जिम्मेदारी उनकी

है। जो बच्चे स्कूलों में नहीं हैं उनको लाने तक की जिम्मेदारी उन्हीं की है। ऐसे किसी सरकारी आदेश से पिछले पाँच दशकों में संभव नहीं हुआ है और न ही आगे हो सकेगा। समर्पित और कर्तव्यनिष्ठ अध्यापक अपनी आत्मप्रेरणा से जब इस कार्य का बीड़ा उठाएगा तो उसकी सफलता निश्चित होगी।

आज के अध्यापक में कौशलों के साथ-साथ कुछ आवश्यक गुणों के विकास की भी नितांत आवश्यकता है। बच्चों के प्रति प्यार और स्नेह हमारे देश की परिस्थितियों में अत्यंत आवश्यक है। शिक्षाविद् मानते हैं कि हर बच्चे की अलग-अलग सीखने की आवश्यकताएँ और कठिनाइयाँ हैं। इन व्यक्तिगत अंतरों को तभी समझा जा सकता है जब बच्चे और अध्यापक के बीच में एक स्नेह संबंध स्थापित हो। इसके लिए आवश्यक है कि अध्यापक के अंदर बच्चों की बातें सुनने की क्षमता हो, उनके साथ मिल-बैठकर सीखने, खेलने और गतिविधियाँ करने की अच्छी समझ हो। हर अध्यापक को विनम्रता अपने व्यवहार से सबके सामने रखनी ही चाहिए, साथ-ही-साथ उसके अंदर यह आत्मविश्वास भी होना चाहिए कि वह राष्ट्र-निर्माण के लिए अपना योगदान दे रहा है।

हमारे देश के अध्यापक जितनी विषम परिस्थितियों में कार्य करते हैं वह गरीब-से-गरीब देशों में भी शायद उतना भीषण न हो। दूर-दराज के क्षेत्रों में कार्य करने वाले अध्यापक आज भी बहुत हद तक नए प्रावधानों से अपरिचित रहते हैं, उन्हें सेवाकालीन प्रशिक्षण के अवसर अधिक नहीं मिल पाते हैं। रहने की, पुस्तकालय की, अपने बच्चों की शिक्षा की, स्वास्थ्य इत्यादि की कितनी ही समस्याएँ ये अध्यापक अपने सामने पाते हैं। इन अध्यापकों को अपने कार्य करने का समय भी पूरी तरह से नहीं मिल पाता है। उन्हें कितने ही ऐसे कार्य करने पड़ते हैं जो अध्यापन से दूर हैं। ये विभिन्न स्तरों के चुनाव हो सकते हैं, गणनाएँ या सर्वेक्षण हो सकते हैं। अध्यापकों के इस प्रकार के कार्यों में लगे होने से स्कूल की निरंतरता प्रभावित होती है और दूरगामी परिणाम तो बच्चों और राष्ट्र पर ही पड़ते हैं।

सबसे महत्त्वपूर्ण प्रश्न अध्यापकों को अपने कार्य कर सकने की क्षमता बढाना है, उनके अंदर उन गुणों का पूर्ण विकास कराना है जिससे वे हर बच्चे की ओर व्यक्तिगत रूप से अपना ध्यान दे सकें। पिछले पाँच दशकों के अनुभव के आधार पर यह निर्णय अत्यंत आवश्यक है कि देश के अध्यापकों के स्तर से हर क्षेत्र प्रभावित होता है। जब तक अध्यापक सही परिस्थितियों में लगन के साथ अपना कार्य नहीं करेंगे, शिक्षा व्यवस्था कमजोर रहेगी। कमजोर व्यवस्था वह नागरिक नहीं तैयार कर सकती जिसकी अपेक्षा हर देश करता है। राष्ट्र का यह कर्तव्य है कि वह अपने अध्यापकों पर पूर्ण विश्वास करे तथा वह परिस्थितियाँ तथा संसाधन उन्हें प्रदान करने का प्रयत्न करे, जिसमें वह अपना कार्य सुचारु रूप से कर सकें।

पढ़ाई और पढ़ानेवाले

स्वतंत्रता का पचासवाँ वर्ष पूरा होते-होते 30 जनवरी सन् 1998 को देश में लाखों लोगों ने याद किया कि गांधीजी को गए हुए भी पचास वर्ष पूरे हो गए हैं। गांधीजी ने भारतीय राष्ट्र की एक संकल्पना की थी। सत्य और अहिंसा पर आधारित उनके विचार केवल एक या दो क्षेत्रों तक ही सीमित नहीं थे। जीवन के हर क्षेत्र में उन्होंने चिंतन किया, अपने विचार दिए और प्रयोग किए। विकास के विभिन्न आयामों पर उन्होंने गहन चिंतन के उपरांत अपनी अवधारणाएँ बनाईं। शिक्षा के क्षेत्र में भी उन्होंने जीवन भर प्रयोग किए और शैक्षणिक संस्थाएँ स्थापित कीं। विद्यार्थियों को देशहित में कार्य करने का मार्ग दिखाया। उनकी कितनी ही संकल्पनाएँ दक्षिण अफ्रीका और भारत में क्रियान्वित की गईं। स्वतंत्रता प्राप्ति के बाद देश को किस दिशा में बढ़ना होगा, इस पर उनके विचार स्पष्ट थे। उनका क्रियान्वयन गांधीजी के बाद के लोगों पर उत्तरदायित्व के रूप में आया। वह लोग जो गांधीजी को जानते थे, आज सीमित संख्या में हैं, सामान्यतः गांधीजी को समझने वालों की संख्या अधिक होनी चाहिए थी। ऐसा हुआ नहीं। फिर भी इस देश में यह वर्ष विभन्नि क्षेत्रों में गांधीजी के विचारों को समझने और आज के संदर्भ में उनकी उपयोगिता दिखाने के लिए उपयुक्त माना जाना चाहिए।

सभी जानते हैं कि नरसी मेहता का लिखा एक भजन गांधीजी को अत्यंत प्रिय था। उसकी दो पंक्तियाँ बहुत से लोगों को कंठस्थ हैं—

वैष्णव जन तो तेणे कहिए, जो पीर पराई जाँणे रे।
पर दुखे उपकार करे जो, मन अभिमान न आँणे रे।।

अध्यापक की क्षमता

शिक्षकों और शिक्षाविदों की एक सभा में जब यह भजन गाया जा रहा था तो बहुत से विचार लोगों के मन में आए। विशेष रूप से जब वह स्थान गुजरात विद्यापीठ हो, जिसके गांधीजी संस्थापक थे और जीवनपर्यंत कुलपति रहे। वहाँ पर उन्होंने अपने कितने ही कार्य किए। गुजराती में एक प्राथमिक शिक्षा के लिए पुस्तक उन्होंने लिखी और शुद्ध गुजराती के लिए एक वर्तनी लिखी। यह तथ्य गुजरात के बाहर बहुत कम लोगों को ज्ञात है। गांधीजी ऐसे नागरिक बनाना चाहते थे, जो समाज के लिए

उपयोगी हों। जिनके आचार-विचार शुद्ध मन से निर्मित हुए हों और संभवतः ऐसे व्यक्ति को ही उन्होंने वैष्णव जन माना होगा। क्या कोई अध्यापक वास्तव में अपना कार्य-निर्वाह कर सकता है, यदि वह वैष्णव जन नहीं है ? देश के शिक्षक-प्रशिक्षण संस्थानों के लिए यह कितना बड़ा नीति-निर्देशक तथ्य बन सकता है। यह व्यक्ति ऐसा हो, जो दूसरों के दुख-दर्द को समझता हो। निश्चित है, इस समझ के लिए उसे अपनी समझ विकसित करनी पड़ेगी। केवल समझ से ज्यादा कुछ नहीं होगा। अनेक लोग दूसरों की पीड़ा को देखकर मुँह फेर लेते हैं और अपने कार्यों में व्यस्त हो जाते हैं। अध्यापक ऐसा नहीं कर सकता। दूसरों की आवश्यकताओं, दुख-दर्द को समझने की क्षमता को विकसित करने के साथ-साथ उसमें उनको दूर करने की क्षमता, कर्मठता और प्रवृत्तियों का विकास भी आवश्यक है। समझ के साथ उसें कर्मयोगी होना पड़ेगा। ऐसा करते समय यह आवश्यक होगा कि व्यक्ति के मन में कोई अहं भाव उत्पन्न न हो कि मैं अच्छा कर रहा हूँ या मैंने कुछ अच्छा किया। इसकी महत्ता तुरंत कम हो जाती है, यदि वह अहंकार को जन्म दे।

अध्यापक के गुण

ऐसा लगता है कि शिक्षक-प्रशिक्षण के लिए आवश्यक पाठ्यक्रम के सभी तत्त्व इन पंक्तियों में विद्यमान हैं। इनको आधारभूत बनाकर बहुत कुछ किया जा सकता है। अध्यापक कौन हो सकता है, उसमें कौन-कौन से गुण होने चाहिए, उसका क्या उत्तरदायित्व है और उनका निर्वाह कैसे उसे करना चाहिए, इस पर बहुत चिंतन और विचार साहित्य में उपलब्ध है। इनका लगातार अध्ययन किया जाता है। गांधीजी ने स्वयं शिक्षा और अध्यापकों के संबंध में समय-समय पर अपने विचार लोगों के सामने रखे। उनके शैक्षणिक विचारों में हाथ से कार्य करने का महत्त्व सर्वत्र दिखाई देता है। बेसिक शिक्षा और बुनियादी तालीम का यह आवश्यक अंग है। इस विचार की महत्ता सामंतशाही व्यवस्था को समाप्त करने के लिए भी थी, जिसमें हाथ से कार्य करने को तुच्छ माना जाता था और उच्च व्यक्ति वही माना जाता रहा जो स्वयं कार्य नहीं करता था। जिस समय ये विचार गांधीजी ने लोगों के सामने रखे उस समय यह लगभग चौंका देने वाले थे। उन्होंने शिक्षा को स्वयं से, प्रकृति से और समाज से जोड़कर देखने की बात विभिन्न प्रकार से लगातार कही। अध्यापक किसी भी स्तर पर अध्यापन कर रहा हो, कोई भी विषय या कौशल पढ़ा रहा हो; ये तीन तथ्य उसके मस्तिष्क में सदा रहने चाहिए। ऐसा न करने पर वह अपना उत्तरदायित्व निर्वाह नहीं कर सकेगा। गांधीजी के विचारों का पढ़कर लगता है कि शिक्षा के द्वारा सामंतशाही प्रवृत्तियों को समूल उखाड़ने का हथियार वह हर व्यक्ति के हाथ में देना चाहते थे।

बच्चे कहाँ पढ़ते हैं और कहाँ सीखते हैं ? स्कूलों में पढ़ते हैं, परिवारों और मित्रों से सीखते हैं। अध्यापक स्कूलों में क्या करते हैं ? इस प्रश्न का उत्तर सदा एक ही होता है, पढ़ाते हैं। गांधीजी चाहते थे कि अध्यापक स्कूलों में बच्चों को मनुष्य बनाने

के लिए प्रयत्न करें; जिसमें पढ़ना, लिखना केवल एक अंश है। इसके लिए जरूरी है कि अध्यापक स्वयं अपने आसपास के सामाजिक, सांस्कृतिक और आर्थिक परिवेश को समझने की क्षमता रखे। समुदाय से उसका लगातार संपर्क हो और दोनों में एक-दूसरे के प्रति आदरभाव और सम्मान हो। इससे अध्यापक लगातार अपने ज्ञान, कौशल और समझ में आगे बढ़ता रहता है तथा समय से पिछड़ता नहीं है। वही बच्चों के मनोभाव को समझता है और तदनुरूप सीखने और समझने की आवश्यकताओं की पूर्ति करता है। भारतीय समाज सदा अध्यापक को ज्ञानवान, कर्मवान तथा त्यागी पुरुष के रूप में देखता रहा और अध्यापकों से मार्गदर्शन के लिए सदा उत्सुक रहा। इस परस्परता को फिर स्थापित किया जा सकता है।

आज देश में स्कूलों में पढ़ाने वाले अध्यापकों की संख्या लगभग पचास लाख है। इसमें से तीस लाख प्राथमिक स्तर पर, कक्षा एक से आठ तक अध्यापन करते हैं। अधिकांश स्थितियों में माता-पिता और समुदाय के लोग स्कूलों और अध्यापकों से संतुष्ट नहीं पाए जाते हैं। बहुसंख्यक प्राथमिक और प्रारंभिक शालाएँ जो सरकार या अनुदान प्राप्त संस्थानों द्वारा चलाई जाती हैं, अपनी विश्वसनीयता लगातार खोती जा रही हैं। लोग निजी स्कूलों की ओर दौड़ रहे हैं। छोटे-छोटे कस्बों में भी ऐसे स्कूल लगातार खुल रहे हैं। ऐसा माना जाता है कि यहाँ पर अध्यापक समय से आते हैं, अपना कार्य सही ढंग से करते हैं और सबसे बड़ी बात यह कि एक नियमित अनुशासन के अंतर्गत कार्य करते हैं। यह सही है कि जिन-जिन देशों में पिछले कुछ दशकों में प्रारंभिक शिक्षा का सार्वजनीकरण हुआ है वहाँ समुदाय और स्वयंसेवी संस्थाओं का योगदान ही अधिक पाया गया है। अध्यापक कौन बनें और क्या-क्या क्षमताएँ उनमें आवश्यक हैं, इसे समझने के लिए शिक्षा से जुड़े कुछ विचारों और स्थितियों को समझना जरूरी है। बुनियादी तालीम और बेसिक शिक्षा के विचार रखते समय गांधीजी और उनके सहयोगियों ने यह बात बार-बार कही थी कि शिक्षा को उत्पादन से जोड़ा जाए और इनको स्वनिर्भर बनाया जाए। इसीलिए उसमें मस्तिष्क और हृदय के साथ-साथ हाथ को भी उतना ही महत्त्व दिया गया था या यों कहें कि सबसे अधिक महत्त्व दिया गया था। स्वामी विवेकानंद तथा अन्य कितने ही शिक्षाविदों ने यह बात कही कि हर बच्चे में सभी क्षमताएँ विद्यमान होती हैं। शिक्षा का उद्‌देश्य उनको पूर्णरूप से विकसित करना होता है। ऐसा करने के लिए वही अध्यापक सक्षम होंगे जिन्होंने स्वयं अपनी क्षमताएँ, मान्यताएँ और मूल्यों को आत्मसात् किया हो और जो कर्मठता से अपने उत्तरदायित्व के निर्वाह के लिए कटिबद्ध हैं। ऐसे अध्यापक आज अधिक संख्या में क्यों तैयार नहीं हो रहे हैं, यह एक ज्वलंत समस्या है, जिसका समाधान कितनी ही अन्य समस्याओं के समाधान में सहायक हो सकता है।

अध्यापकों का राजनीतिकरण

जिस प्रकार समाज के विभिन्न वर्ग अध्यापकों की आलोचना करते हैं, उसी प्रकार

अध्यापकों से तादात्म्य स्थापित करने का, उनकी कठिनाइयों और पीड़ाओं को भी समझने का प्रयास किया जा सकता है। यह सर्वमान्य तथ्य है कि अध्यापकों और उनके वर्गों का राजनीतिकरण हुआ है। इनका प्रभाव केवल अनुशासन पर ही नहीं उनकी क्षमताओं पर भी पड़ा है। अध्यापकों का वर्ग समाज से हटकर और प्रचलित कुरीतियों से दूर रहकर आदर्श व्यक्ति के रूप में कार्य करता रहेगा, यह अपेक्षा करना आज के समय में सही नहीं होगा। आज भी तबादले का हथियार अध्यापकों के लिए एक भय की स्थिति के रूप में प्रयोग किया जाता है। अध्यापकों की नीतियों से संबंधित अनेक नीतियाँ या तो समय से पिछड़ी हुई हैं या मूलभूत सिद्धांतों के विपरीत हैं। कई राज्यों में प्राथमिक शालाओं में अप्रशिक्षित अध्यापक नियुक्त किए जा रहे हैं। यदि यहाँ पर प्रशिक्षित अध्यापक उपलब्ध नहीं होते तो इसको कुछ समय के लिए सही ठहराया जा सकता था, परंतु प्रशिक्षित अध्यापकों को छोड़कर या अन्य कारणों से अप्रशिक्षित अध्यापकों की नियुक्ति करना लोगों में व्यवस्था के प्रति अविश्वास प्रस्तुत करता है। बिहार में कुछ समय पहले उन्नीस हजार अध्यापकों की नियुक्ति हुई है, इनमें से लगभग सत्रह हजार अप्रशिक्षित हैं। सुप्रीम कोर्ट ने दिसंबर 1997 के अपने निर्णय में राज्य सरकार को यह निर्देश दिया है कि इन्हें तीन वर्ष के अंदर प्रशिक्षित किया जाए और आगे केवल प्रशिक्षित अध्यापकों की ही नियुक्ति की जाए। इन सत्रह हजार अध्यापकों को अगले तीन वर्षों में अच्छा और सही ढंग से प्रशिक्षण दे पाने के लिए जिस लगन तथा कर्मठता की आवश्यकता होगी वह आज विद्यमान नहीं है। उत्तर-पूर्व के आठ राज्यों में लगभग सत्तर प्रतिशत अध्यापक अप्रशिक्षित हैं। यहाँ पर प्रशिक्षण की सुविधाओं की कमी है, परंतु जो सुविधाएँ हैं उनका भी सही उपयोग नहीं हो रहा है। कोई भी देश जिसके सामने शिक्षा के सार्वजनीकरण की ज्वलंत समस्या हो अध्यापकों के उचित प्रशिक्षण की ओर से आँख नहीं मूँद सकता।

शिक्षक-प्रशिक्षण संस्थान

इस समय देश में लगभग दो हजार दो सौ शिक्षक-प्रशिक्षण संस्थान हैं, जिनमें से लगभग एक हजार तीन सौ प्राथमिक शिक्षकों को प्रशिक्षित करते हैं। पिछले दस वर्षों में भारत सरकार ने इनमें से चार सौ तीस संस्थानों को जिला शिक्षा और प्रशिक्षण संस्थान के रूप में परिवर्तित करने के लिए राज्य सरकारों को आर्थिक रूप से सहायता दी है। आशा यह थी कि यह संस्थान हर जिले में शोध केंद्र के रूप में कार्य करेंगे और प्राथमिक शिक्षा से जुड़े सभी मसलों में अध्यापकों की सहायता करेंगे और उनका उच्च स्तरीय प्रशिक्षण करते रहेंगे। इस सारे प्रयास में कितनी सफलता मिली है यह एक विचारणीय प्रश्न बनता जा रहा है, परंतु यह सभी मानते हैं कि यह सही दिशा में उठाया गया एक सराहनीय प्रयत्न रहा है। इसके साथ एक अन्य प्रश्न उठता है उन बचे हुए आठ सौ पचास प्रशिक्षण संस्थानों का जो मान्यता प्राप्त तो हैं, परंतु जिनके पास संसाधनों और साधनों की कमी है। निश्चित है कि वे अपने उत्तरदायित्वों

का निर्वाह अच्छे ढंग से करने में सक्षम नहीं हैं। किसी भी मान्यता प्राप्त शिक्षक-प्रशिक्षण संस्थान की कार्यप्रणाली और गुणवत्ता एक निश्चित स्तर से नीचे नहीं हो; और इसके लिए उसे आवश्यक सहायता और संसाधन उपलब्ध कराने के उत्तरदायित्व से सरकार और समाज अपने को दूर नहीं रख सकते। कई राज्यों में इन संस्थानों को राज्य सरकार से मिलने वाली सहायता लगभग नगण्य है। राजस्थान इनमें से एक है, जहाँ माध्यमिक स्तर के तैंतालीस प्रशिक्षण संस्थानों में से केवल तीन सरकारी हैं, बाकी अन्य स्वयंसेवी संस्थानों द्वारा चलाए जा रहे हैं। निश्चित है कि सरकार का दायित्व इस क्षेत्र में अभी भी पूरा होना है।

अध्यापकों के लिए लगातार अपनी क्षमताओं का विश्लेषण और उन्मुखीकरण करते रहना विशेष रूप से लागू होता है। उनके उचित प्रशिक्षण और पुनः प्रशिक्षण का प्रबंध आवश्यक है। इनमें कमी होने पर देश की भावी पीढ़ी की क्षमताएँ पूर्ण रूपेण विकसित नहीं हो सकतीं। कोई भी देश इस संबंध में अपनी नीतियों में ढील नहीं दे सकता। इसके लिए सरकारी तंत्र और समुदाय को एक समरसता स्थापित करनी पड़ेगी। आधिकारिक तौर पर इस संबंध में नीतियाँ बनी हैं, परंतु व्यावहारिक स्तर पर अभी भी सत्ता का विकेंद्रीकरण न होने पर उपलब्धियाँ सीमित हैं। यही नहीं, आने वाला समय जो निश्चय ही लगातार परिवर्तनों का समय होगा उस समय कोई भी व्यक्ति अपने एक समय के प्राप्त ज्ञान या कौशल के आधार पर किसी भी क्षेत्र में सदा कार्य नहीं कर सकता। 1996 में प्रकाशित यूनेस्को की 'डेलर्स कमीशन रिपोर्ट' में आने वाली सदी में शिक्षा के विभिन्न आयामों की व्याख्या करते हुए जीवनपर्यंत शिक्षा एवं सतत उन्मुखीकरण की विचारधारा की पुष्टि की है। इसमें भी सेवाकालीन प्रशिक्षण पर विशेष बल दिया गया है।

मूल्यों में लगातार होते हुए ह्रास से चिंतित इस देश के नागरिक अपने अध्यापकों को उचित सम्मान, सुविधाएँ और साधन प्रदान करने के लिए उत्तरदायी हैं। ऐसा न करना देश में मूल्य आधारित व्यवस्था की ओर न बढ़ने जैसा कदम होगा। यह भी निश्चित हैं कि पचास लाख अध्यापकों का यह वर्ग देश के विकास में और भावी पीढ़ी के निर्माण में अकथनीय योगदान की क्षमता रखता है। इन पर विश्वास करना, इन्हें विश्वास में लेना तथा इन्हें अपने कार्य करने की स्वतंत्रता देना देश का उत्तरदायित्व है। इसके निर्वाह में पिछले पाँच दशकों में शिथिलता रही है। क्या इस वर्ष देश ऐसा निर्णय ले सकेगा कि यह स्थिति बदल सके ?

कौतूहल : एक प्रेरणा स्रोत

बच्चों में कौतूहल, विस्मय, जिज्ञासा कूट-कूटकर भरी होती हैं। उनकी कौतूहल भरी आँखें कितनी आकर्षक लगती हैं। दुनिया की छोटी-बड़ी चीजें उन्हें सशंकित करती हैं और वे उनके बारे में जानना चाहते हैं। प्रकृति तो उन्हें बहुत ही रहस्यमय लगती है। उसमें उपस्थित पशु-पक्षी, नदियाँ-सागर, पर्वत और बर्फीली चोटियाँ, उन पर जमी बर्फ—जो भी उन्हें देखने को मिलता है, उन्हें आश्चर्यचकित करता है और उसमें वे बहुत कुछ ढूँढ़ना चाहते हैं। ढूँढ़ने की प्रक्रिया में ऐसा लगता है कि उनकी आँखें अनेक प्रश्न पूछ रही हैं। कुछ बच्चे वस्तुओं को ध्यान से नहीं देखते और चुप-से रहते हैं, परंतु कुछ बच्चे इतने प्रखर होते हैं कि बड़े लोगों के दिमाग में जो प्रश्न नहीं आते वे भी उनके दिमाग में जन्म लेते हैं और जब वे स्वयं उत्तर नहीं ढूँढ़ पाते, तो अपने बड़ों से पूछने लगते हैं। उन्हें यह लगता है कि हमारे बड़े सभी कुछ जानते हैं, सर्वज्ञ हैं। यह क्या है ? यह क्यों है ? यह कैसे होता है ? ऐसे प्रश्नों के साथ वे सदैव तत्पर रहते हैं और तुरंत उत्तर जानना चाहते हैं। उत्तर न मिलने पर वे प्रश्न दोहराते रहते हैं, लेकिन यदि उत्तर की जगह उन्हें उपेक्षा एवं डाँट मिले तो वे भयभीत होते हैं। फिर यह भी सोचते हैं कि उन्हें डाँट क्यों पड़ रही है, उन्होंने ऐसा क्या गलत किया है ? दूसरी तरफ अभिभावक यह सोचते हैं कि बच्चा बहुत दिमाग खा रहा है, अतः उनका व्यवहार बच्चे के प्रति अत्यंत अनपेक्षित होता है। संभवतः उन्हें बच्चों के मनोविज्ञान का ज्ञान नहीं होता।

वास्तव में बच्चे जन्मजात वैज्ञानिक होते हैं। प्रकृति में घटती विभिन्न क्रियाओं को देखकर वे बहुत से प्रश्न पूछते हैं। अपनी जिज्ञासा को संतुष्ट करने के लिए बड़ों को उससे जोड़ना चाहते हैं, पर बड़े लोग अपनी जीवन की आपाधापी एवं व्यस्तता के कारण बच्चों के जिज्ञासा भरे प्रश्नों का उत्तर देने में झुँझला जाते हैं और उन्हें प्रश्न पूछने से मना करते हैं या कह देते हैं कि हमें पता नहीं। वे बच्चे की जिज्ञासा शांत करने का प्रयास ही नहीं करते और बच्चे को अपने प्रश्न से स्वयं ही जूझने के लिए छोड़ देते हैं। परिणामस्वरूप उसके प्रश्न स्वतः ही मरने लगते हैं और उसकी ध्यान से देखने, अवलोकन करने, प्रकृति के रहस्यों का पता करने की प्रवृत्ति दबने लगती है।

यह स्थिति उसे घर में ही नहीं, विद्यालय में भी मिलती है। कई अध्यापक तो बच्चों की प्रश्न पूछने की इच्छा को बढ़ावा ही नहीं देते। बच्चों के मन में अपने प्रति इतना भय बैठा देते हैं कि बच्चे उनसे कुछ भी पूछने की हिम्मत ही नहीं जुटा पाते। इस प्रकार अभिभावक एवं अध्यापक, दोनों ही बच्चों के कौतूहल का महत्त्व न समझने के कारण अनजाने में उनकी जिज्ञासु प्रवृत्ति पर कुठाराघात करते हैं। ध्यान से देखना और अवलोकन करने, अधिक-से-अधिक जानना उनके सीखने, पढ़ने एवं समझने में बहुत सहायक होता है। वास्तव में जिज्ञासा एवं कौतूहल बच्चों के अध्ययन एवं अधिगम में वृद्धि के लिए प्रेरणादायी होते हैं। आश्चर्य करने की क्षमता उनके अध्ययन एवं सीखने की क्षमता को पैना बनाती है तथा अध्ययन में मनोरंजन का पुट जोड़ती है। मानो वे खेल-खेल में सीख रहे हों। अतः अभिभावक एवं अध्यापक जिज्ञासा का महत्त्व समझकर बच्चों की जिज्ञासु प्रवृत्ति को बढ़ावा देने के लिए ऐसा वातावरण बनाएँ कि बच्चे बेझिझक प्रश्न पूछें और अपनी जिज्ञासा शांत कर सकें।

बच्चों में कौतूहल को कैसे जगाएँ, शांत करें एवं पुनः जगाएँ, ताकि वह अधिगम का प्रेरणा स्रोत बन सके, इसके लिए कुछ साधारण तरीके अपनाए जा सकते हैं।

उनके प्रश्न ध्यान से सुनिए

एक विद्यालय में विज्ञान की एक प्रदर्शनी लगी हुई थी, वहाँ कक्षा बारह का एक विद्यार्थी यह अवधारणा समझा रहा था कि किस प्रकार माँ के गर्भ में पलते बच्चे का लिंग जाना जाए। बच्चा लड़का है या लड़की इसका पता लगाया जाए। इस अवधारणा के बारे में अपने माता-पिता के साथ नौ वर्ष का बच्चा भी सुन रहा था। वक्तव्य समाप्त होते ही उस छोटे बच्चे ने अपनी माँ से पूछा कि यदि किसी स्त्री के गर्भ में जुड़वाँ बच्चे पल रहे हों तो कैसे जाना जाए कि दोनों बच्चों का लिंग क्या है ? इस प्रश्न का उत्तर किसी के पास नहीं था। अब इस प्रश्न के उत्तर में बच्चे से कहा जा सकता था कि यह जानकारी पता करके बताएँगे।

इसी प्रकार यदि बच्चा फिल्म देखता है और उसमें वह यह देखता है कि गर्भवती स्त्री को उलटियाँ होती हैं और उसका पेट बढ़ता है तो वह अपनी माँ से यह प्रश्न पूछता है कि क्या मेरे होने के समय आपको उलटियाँ आई थीं। यह अत्यंत ही स्वाभाविक प्रश्न है। अब इस प्रश्न को नकारने की आवश्यकता नहीं है। इसका उत्तर सीधा ही होना चाहिए। परंतु कई माताएँ इस प्रश्न का उत्तर इसलिए नहीं देती, क्योंकि वे मानती हैं कि यह बच्चे के समझने की बात नहीं है। फलस्वरूप बच्चे की अवधारणा गलत बनती है अथवा उसकी जिज्ञासा मर जाती है।

बच्चों की उत्सुकता का तीसरा उदाहरण है, कक्षा चार में पढ़ने वाले एक बच्चे ने पूछा कि रात में लोगों को पेड़ के नीचे सोने के लिए मना किया जाता है, क्योंकि पेड़ रात में कार्बन-डाइ-ऑक्साइड छोड़ते हैं, जो कि मानव के लिए हानिकारक है, परंतु पशु एवं पक्षी तो पेड़ के ऊपर या पेड़ के नीचे ही रात में सोते हैं, तो क्या उन्हें हानि

नहीं पहुँचाती, क्योंकि जीने के लिए तो उन्हें भी ऑक्सीजन की आवश्यकता होती है ? यह प्रश्न न केवल जिज्ञासा से भरा हुआ है एवं अत्यंत स्वाभाविक है, बल्कि पेचीदा भी है। इसकी जानकारी एकत्र करके बच्चे को बताना बड़ों का काम है।

कहानी के माध्यम से तथ्य बताएँ

विश्व के भौगोलिक क्षेत्रों की जानकारी देने के लिए यदि कहानियों का माध्यम अपनाया जाए तो अधिक युक्तिसंगत होगा। यदि टुंड्रा प्रदेश की भौगोलिक स्थिति, वहाँ का रहन-सहन, खाना-पीना, पशु-पक्षी बच्चे को समझाना हो तो यह कहानी सुनाई जा सकती है—साबा नाम का एक छोटा बच्चा टुंड्रा प्रदेश में रहता था। वह एक एस्किमो बच्चा था। यह प्रदेश बहुत ठंडा था, यहाँ चारों तरफ बर्फ-ही-बर्फ जमी थी। सफेद रंग का भालू उसका दोस्त था, जिसका नाम स्नोबाल था, दोनों में पक्की दोस्ती थी। एक दिन सुबह-सुबह साबा हाथ-मुँह धोकर, तैयार होकर, बिना कुछ खाए-पीए मछली पकड़ने जाने लगा तो उसकी माँ ने पूछा, सुबह-सुबह कहाँ जा रहे हो ? साबा ने कहा, मछली पकड़ने जा रहा हूँ। स्नोबाल मेरा इंतजार कर रहा होगा। माँ ने कहा, पहले कुछ खा लो, फिर जाना। साबा ने जल्दी-जल्दी नाश्ता किया और अपनी मछली पकड़ने वाली डंडी हाथ में पकड़ी तथा भागकर स्नोबाल, स्नोबाल चिल्लाते हुए अपने दोस्त के पास पहुँच गया। दोनों दोस्त बर्फ में एक छेद ढूँढ़ने लगे, ताकि उसमें अपनी मछली पकड़ने की डंडी डालकर मछली पकड़ सकें। उन्हें एक छेद मिला और उन्होंने मछली पकड़ना शुरू किया। काफी देर तक कोशिश करने के बाद भी वे मछली न पकड़ सके। तभी उन्होंने देखा कि पास के दूसरे छेद से सेमी सील ने सिर निकालकर उन्हें जीभ चिढ़ाई, तब उन्हें समझ में आया कि सेमी शैतानी कर रहा है। मछलियाँ नीचे से ही खींचकर ले जा रहा है। इतने में एक बड़ा सा बड़े-बड़े दाँतोंवाला खूँखार वालरस उनके पास पहुँचा और वह चिल्लाकर बोला, तुम लोग यहाँ क्या कर रहे हो, तुम्हें पता नहीं है कि यह मेरा छेद है; तुम कैसे इसमें से मछली पकड़ रहे हो ? चलो, भागो यहाँ से। साबा एवं स्नोबाल दोनों सकपका गए तथा भागकर जल्दी से स्नोबाल के इगलू में घुस गए। यह इगलू बर्फ का छोटा सा मकान था, जिसमें वे पेट के बल लेटकर घुस गए। अंदर जाकर देखा कि एक डलिया में खूब सारी मछलियाँ रखी हैं। उन पर एक चिट लगी है, जिस पर लिखा था, सेमी की तरफ से। स्नोबाल ने कहा—अच्छा सेमी मछलियाँ इकट्ठी कर रहा था। चलो आग जलाएँ एवं उन्हें भूनकर खाएँ, क्योंकि बहुत भूख लगी है। दोनों आग जलाने एवं मछली भूनने में जुट गए। बाद में दोनों ने खूब पेट भरकर मछली खाई और शाम को थोड़ी मछलियाँ लेकर साबा अपने घर चला गया। घर आते समय उसे कुछ स्लेज रास्ते में मिले, जो रैंडीयर खींच रहे थे।

यह कहानी सुनने के बाद बच्चे स्वयं टुंड्रा प्रदेश, इगलू, रैंडीयर, वालरस आदि के बारे में जानना चाहेंगे। नहीं चाहें तो भी आप स्वयं वहीं उनका ध्यान आकर्षित

कर उन्हें प्रेरित करें कि वे प्रश्न पूछें और अपनी जिज्ञासा प्रकट करें।

बच्चों को करके दिखाएँ

रोजमर्रा की जिंदगी के अनुभव या अन्य अनुभव बच्चों की याददाश्त पर बहुत प्रभाव डालते हैं, जो प्रभाव पुस्तक में दिए गए अनुच्छेद के पढ़ने पर नहीं होता। यदि बच्चे मैग्नीफाइंग ग्लास से अपने हाथ की उँगलियों को देखें तो वे बिना कहें हाथ धोकर ही खाना खाएँगे। यह बात बार-बार कहने एवं किताब में पढ़ने से उनके ऊपर उतना प्रभाव नहीं डालेगी।

इसी प्रकार यदि यह बताना है कि नारियल से तेल निकलता है तो सूखे नारियल या गोले को काटकर दिखाया जा सकता है कि गोले को काटने पर चाकू में तेल भी लगा है। साथ ही यदि इस बात की जानकारी देनी है कि लोहा आग में जलने पर लाल हो जाता है, तो लोहे का टुकड़ा या सुई आग में जलाकर दिखाई जा सकती है। अपने इर्द-गिर्द न जाने कितनी चीजें हैं जिनको दिखाकर बच्चों की जिज्ञासा को बढ़ाया जा सकता है।

एक बार एक बच्चे को यह बताया गया कि दूध सफेद होता है। उसने कुछ दिनों बाद मट्ठा देखा और कहा कि यह दूध है, तो उसे बताया गया कि यह दूध नहीं है, मट्ठा है। फिर मट्ठा एवं दूध चखाकर उसे समझाया गया। थोड़े दिनों के बाद चूने का पानी भी दिखाया गया और उसे भी चखाकर तीनों का अंतर स्पष्ट किया गया। इस प्रकार सामान्य ज्ञान के आधार पर तीनों चीजें सफेद थीं, पर अनुभव जुड़ने से तीनों का अंतर समझ में आया। जब ज्ञान में अनुभव जुड़ता है, तो उसका स्वरूप विज्ञान हो जाता है। अतः विज्ञान अनुभव करके सीखने की प्रक्रिया है। विज्ञान मात्र किताब से नहीं पढ़ा जा सकता, बल्कि वस्तुओं को देखने, परखने, उससे संबंधित अनुभवों अर्थात् छूने, चखने आदि से उनकी अवधारणाएँ बनती हैं। इसी पद्धति को पर्यावरणी उपागम कहते हैं, जिसका उपयोग पर्यावरण अध्ययन में विशेष रूप से किया जाना लाभकर होता है।

बच्चों को सोचने का समय दें

कोई भी प्रश्न बच्चे के सामने रखें तो यह आशा न करें कि वह उसका उत्तर तुरंत गोली की तरह दे। उसे सोचने एवं समझने का अवसर दें, ताकि वह तर्कपूर्ण, सिलसिलेवार बात बता सके। अधिकतर देखा गया है कि प्रौढ़ लोग प्रश्न पूछते ही उत्तर की माँग करते हैं तथा बिना धैर्य रखे बच्चे के व्यवहार पर प्रतिक्रिया दिखा देते हैं। यदि बच्चा प्रश्न का गलत उत्तर दे रहा है, तब भी धैर्य से कुछ ऐसे संबंधित प्रश्न किए जाएँ, ताकि वह सही उत्तर दे सके, न कि तुरंत गलत उत्तर पर अपनी प्रतिक्रिया दिखा दें। जैसे तुम्हारा उत्तर गलत है। अरे ! तुम्हें यह भी नहीं मालूम आदि। बच्चों

में बात पकड़कर रखने की क्षमता होती है और वे काफी समय बाद भी उस प्रश्न का सही उत्तर देते हैं। अकसर यह देखा गया है कि यदि बच्चे को कोई कहानी सुनाई गई है और दूसरी बार उस कहानी को सुनाते समय यदि फेर-बदल कर दी जाए तो वे तुरंत टोककर कहेंगे कि ऐसे नहीं था, आपने तो ऐसे बताया था।

यदि कोई विज्ञान से संबंधित समस्या है, जैसे काँच के गिलास में सिर्फ बर्फ के टुकड़े पड़े हैं और बाहर बूँदें झलक रही हैं। बच्चे को वे टुकड़े बाहर से देखने पर काँच के टुकड़े जैसे लगते हैं। यदि यह पूछा जाए कि गिलास के अंदर क्या है, पानी की बूँदें गिलास से बाहर क्यों दिखाई दे रही हैं ? जब बच्चा उत्तर दे कि गिलास में काँच के टुकड़े हैं, अब यहाँ बजाय उससे यह कहने के कि तुम्हें दिखाई नहीं दे रहा है कि गिलास में बर्फ के टुकड़े हैं और इसीलिए बाहर पानी की बूँदें भी हैं। बच्चे से और संबंधित प्रश्न करके उसे सही अवधारणा तक लाइए, न कि बीच में बिना बच्चे को अधिक समय दिए हुए प्रश्न के सही उत्तर की अपेक्षा करने लगें।

पर्यावरण चर्चा के समय अपनी भाषा पर ध्यान दें

जब किसी वैज्ञानिक तथ्य पर बच्चे से चर्चा करें, तो शीघ्र ही निर्णय न दें कि यह सही है, 'शाबाश तुमने समझ लिया' इससे चर्चा शीघ्र ही समाप्त हो जाएगी। इसके विपरीत चर्चा को अधिक-से-अधिक आगे बढ़ाने की कोशिश करें। अच्छा ऐसा भी होता है, हमें तो पता नहीं था; अच्छा थोड़ा और देखें या पता करें जैसे वाक्य चर्चा को आगे बढ़ाने में सहायक हो सकते हैं। साथ ही बच्चे यह समझ सकेंगे कि अभी और बहुत कुछ जानना है। उन्हें खेलने के लिए प्रेरित करना चाहिए, जैसे पतंग उड़ाना। बहुत से अभिभावक उन्हें पतंग उड़ाने के लिए मना करते हैं। मानो पतंग उड़ाना गंदी आदत है। परंतु यदि पतंग उड़ाने को विज्ञान सीखने की प्रक्रिया से जोड़ दिया जाए, तो बच्चा खेल-खेल में वायु का दबाव, पतंग बनाने का तरीका और उससे जुड़ी अन्य वैज्ञानिक बातों को सीखकर प्रसन्नता से पतंग बनाएगा और उड़ाएगा तथा अपने कई प्रश्नों के उत्तर भी जानेगा। हाँ, इस बात पर अवश्य ध्यान देना है कि पतंग उड़ाना केवल एक क्रिया ही है, सदैव उसी में लगे रहने की आदत अच्छी नहीं है।

इस प्रकार के तरीके अभिभावकों एवं अध्यापकों के लिए पर्यावरण अध्ययन को मनोरंजक बनाने में सहायक हो सकते हैं तथा बच्चों के मनोविज्ञान का प्रयोग उनके अधिगम को बढ़ाने में सक्षम हो सकता है। बच्चों की जिज्ञासा को दिशा देने से उनमें प्रश्न करने की प्रवृत्ति का विकास होगा, जिससे वे नई-नई बातों की जानकारी प्राप्त करने में प्रवृत्त होंगे और विभिन्न विषयों से संबंधित अवधारणाएँ सीखेंगे। वास्तव में जिज्ञासा प्रश्नों का आधार है। यह बच्चों को प्रेरित करती है, ताकि उनकी जानने की उत्सुकता बढ़े और वे अध्ययनशील बनें, कुछ करके देखें और कुछ देखकर

जानें। आजकल अभिभावक बच्चों की पढ़ने की प्रक्रिया, उनके उपलब्धि स्तर आदि के प्रति काफी जागरूक हो गए हैं। अतः आवश्यक है कि वे जिज्ञासा बच्चे में कैसे पोषित करें, इसकी जानकारी का उपयोग अवश्य करें और देखें कि इससे उसकी अध्ययनशीलता पर क्या प्रभाव पड़ता है। साथ ही, इससे उसके अंदर की चंचलता को भी दिशा मिलती है तथा बच्चे का ध्यान अपने काम में, पढ़ने में लगता है और उसकी तन्मयता बढ़ती है। यदि ऐसा होता है, तो निश्चय ही बच्चे के शैक्षिक विकास में जिज्ञासा एवं उसके उचित पोषण की एक अत्यंत अहम भूमिका मानी जा सकती है। अभिभावक एवं अध्यापक जिज्ञासा की इस भूमिका का लाभ उठाएँ।

सृजनात्मकता का विकास

सृजनात्मकता की धारणा

सृजनात्मकता व्यक्तित्व का एक अत्यंत महत्त्वपूर्ण लक्षण है। इसके अभाव में कोई भी व्यक्तित्व अविकसित माना जाएगा। इसीलिए बच्चों में इसके विकास पर जोर दिया जाना अभीष्ट है। प्रायः सृजनात्मकता का संबंध 'नवीनता' से जोड़ा जाता है। नवीनता के बगैर तो सृजनात्मकता हो ही नहीं सकती। कोई चीज जिसमें नवीनता नहीं है, उसे हम सृजनात्मक कह ही नहीं सकते। सृजनात्मकता और उत्पादकता का अंतर करना चाहिए। उत्पादकता में नवीनता की आवश्यकता नहीं होती, लेकिन सृजनात्मकता में तो होगी और उसके साथ-साथ उपयोगिता भी होनी चाहिए। जहाँ दोनों चीजें हों तभी कह सकते हैं कि ये सृजन का कार्य है। आगे चलकर क्या यह समाज के लिए उपयोगी होगा, यह देखने की बात होगी। सृजनात्मकता की आवश्यकता जीवन में बहुत महत्त्व रखती है। किताबों से ज्ञान प्राप्त करना एक बात है और समस्याओं का हल निकालना दूसरी। जैसे समय बदलता है, समस्याएँ उठती हैं, जिनका हल किसी किताब में नहीं मिलता। तब सृजनात्मकता का महत्त्व समझ में आता है और वही उपयोगी साबित होती है।

बहुत से लोगों की यह धारणा होती है कि सृजनात्मकता तो कुछ विशिष्ट व्यक्तियों में ही होती है या बड़े लोगों ही में होती हैं। पर क्या छोटे बच्चे सृजनशील होते हैं ? इस प्रश्न का उत्तर इस तथ्य में है कि चिंतन के अलग-अलग स्तर हैं। उदाहरण के लिए हम एक वैज्ञानिक को लें जो बड़े उच्च स्तर पर चिंतन करता है और समस्याओं का पता लगाता है। लेकिन चिंतन के निचले स्तर भी होते हैं, इसलिए हम कहते हैं कि सृजनात्मकता कई स्तर से देखी जा सकती है। यदि समाज को आगे बढ़ाना है तो हम यह चाहेंगे कि छोटे-से-छोटे व्यक्ति जो भी कार्य करता है, वह अपने कार्य में कुछ सुधार लाए, उसे और अच्छे ढंग से करे। जब वह ऐसा सोचना शुरू करता है तो वह एक कदम उठाता है जिसे हम सृजनात्मकता का कदम कह सकते हैं। अब यह कहना तो गलत होगा कि यह कार्य जो वह कर रहा है, वह एक महान् वैज्ञानिक, महान् लेखक या महान् कलाकार के समान है, लेकिन यह दिशा वही है। इसीलिए हम यह भी मानते हैं कि छोटे बच्चे भी कुछ सृजनात्मक कार्य कर सकते

हैं, कोई नया विचार प्रस्तुत कर सकते हैं, नए प्रश्न उठा सकते हैं, नए प्रकार के चित्र बना सकते हैं। बच्चों को यदि आप स्वतंत्रता दें तो वे फिर कई तरह के नवीन प्रश्न पूछेंगे। अकसर होता यह है कि शिक्षक छात्रों द्वारा नवीन प्रश्न पूछने पर कहते हैं, 'नहीं ! यह तो पाठ्यक्रम के बाहर है और इसको हम अभी नहीं पढेंगे।' वे कभी-कभी परेशान भी हो जाते हैं, झुँझला जाते हैं और बच्चों को हताश करते हैं। इसलिए बच्चे सोचते हैं कि यही अच्छा होगा कि जो चीज उनको पढ़ाई जा रही है उसी तक अपने को सीमित रखें। एक बढ़ई, एक अच्छा मूर्तिकार, एक कवि, एक चित्रकार—ये सभी अच्छे सृजनात्मक व्यक्तियों की श्रेणी में आते हैं, लेकिन इनके स्तरों में अंतर होता है, जैसे चित्र तो सभी बनाते हैं, जैसे एक चित्रकार बनाता है और छोटे बच्चे भी बनाते हैं। अगर आप उनको मौलिकता की दृष्टि से देखेंगे तो छोटे बच्चों के चित्रों में आपको एक प्रकार की मौलिकता दिखेगी। क्योंकि उनके अपने सोचने का ढंग होता है और उनके विचार भी व्यस्कों से अलग होते हैं तथा चीजें देखने का अपना नजरिया अलग होता है। अब वह जो व्यक्त करता है उसको आप उच्छ कोटि की कलाकृति तो नहीं कहेंगे, लेकिन उसमें एक नवीनता तो है। उसने अपने विचारों को अभिव्यक्त किया है। इसी तरह से अगर आप उनको मिट्टी या रेत से खेलने अवसर दें, जिससे वे कोई चीज बनाते हैं तो मिट्टी और रेत के खेल में बच्चों की कलात्मक अभिव्यक्ति को देखा जा सकता है। कविता की रचना करना एक कठिन कार्य है, किंतु यह सोचना कविता की रचना केवल एक कवि ही कर सकता है, गलत होगा। अच्छा, अगर आप तुकबंदी लें तो पंक्ति के आखिरी शब्द के समान अगली पंक्ति का आखिरी शब्द ढूँढ़ना होता है, यह सिखाया जा सकता है। मात्राओं का गिनना भी आसानी से समझाया जा सकता है। बच्चे छोटी-मोटी तुकबंदी कर सकते हैं। इससे उनका आत्मविश्वास जगेगा कि वे भी रचना कर सकते हैं और ऐसा नहीं है कि कविता केवल महान् कवियों द्वारा ही लिखी जाती है, तुकबंदियाँ शुरू करके बच्चे भी रचना कर सकते हैं और यदि उनमें प्रतिभा है तो वे इस दिशा में आगे बढ़ सकते हैं। तुकबंदी करने वाले बच्चे को न केवल प्रोत्साहित किया जाना चाहिए, बल्कि इस दिशा में उसका विकास करने के लिए मार्ग भी प्रशस्त करना चाहिए। इसका कारण यह है कि यदि बच्चा स्वयं कुछ रचना करेगा तो इससे कविता के बारे में उनकी समझ बढ़ेगी। यद्यपि सभी कवि नहीं बनेंगे, लेकिन उनके अंदर कविता समझने की, उसकी अच्छाइयाँ परखने की एक दृष्टि विकसित होगी।

रुचियाँ एवं सृजनात्मकता

सृजनात्मकता के विकास में रुचियों की अपनी भूमिका है। जिस व्यक्ति में जो कुछ क्षमता होती है उसी क्षेत्र में उसकी रुचि भी होती है। दोनों में एक समानता देखने को मिलती है। जैसे कि कोई बच्चा 'ड्राइंग' अच्छी नहीं बना पाता तो उसकी रुचि भी इस क्षेत्र में ज्यादा विकसित नहीं होगी, किसी अन्य क्षेत्र में हो सकती है। रुचि

का संबंध अवसर से भी है। यदि किसी बच्चे को किसी गतिविधि में भाग लेने का अवसर ही नहीं मिला, तो उसकी रुचि भी उस गतिविधि में विकसित नहीं होगी। इसलिए बच्चों को अवसर प्रदान करना चाहिए। यदि किसी बच्चे ने कभी 'जू' यानी चिड़ियाघर में प्राणियों का अवलोकन ही नहीं किया या उसे यह देखने का अवसर ही नहीं मिला तो बच्चे की रुचि इस क्षेत्र में कैसे जाग्रत होगी। इसलिए भ्रमण पर बच्चों को कुछ दिखाने ले जाया जाए और शाला में उनको सारे समय बंद ने रखें, इससे उनकी रुचियों का पता लगेगा और रुचियों से उनकी क्षमताओं (एप्टीट्यूड) का पता चलेगा और उस क्षेत्र में वे आगे अच्छा कार्य कर सकेंगे। क्षमताओं की बात से एक दूसरी तरफ ध्यान जाता है कि कक्षा में अध्यापक व समाज में माता-पिता क्षमताओं के लिए शायद एक ही मापदंड लेते हैं कि परीक्षा में बच्चे के कितने अंक आए। पड़ौसी भी इसी को मानते हैं कि जिसके अंक अच्छे आए वह अच्छा है और जो अंक अच्छे प्राप्त नहीं कर सका वो अच्छा नहीं। विशेष रूप से नटखट बच्चों को सभी कह देते हैं, बड़ा शैतान है और पढ़ाई में ध्यान नहीं देता, गृहकार्य नहीं करता। ऐसे बच्चों की क्षमताओं को सही ढंग से आँकने के लिए इस रूढ़िवादी दृष्टिकोण से हटकर देखने की आवश्यकता है। अच्छे अंक लाना तो एक बात है और नए काम कर सकना दूसरी। अच्छे अंक तो आ जाते हैं, अगर वह रोज पढ़ाई पर समय लगाता है और याद कर लेता है। लेकिन इस से यह पता नहीं लगता कि उसमें नया काम करने की क्षमता है या नहीं है। शिक्षक तो यह चाहता है कि परीक्षा में सब बच्चे अच्छे नंबरों से पास हो जाएँ। यदि काफी संख्या में बच्चे अच्छे अंक लाते हैं, गणित के सारे सवाल, जो भी दिए हैं, सब सही कर लेते हैं, जो लिखा है उसमें कोई वर्तनी की गलती नहीं की, तब शिक्षक समझता है कि उसका कार्य पूरा हो गया। लेकिन यह तो केवल एक पहलू है। कुछ बच्चे ऐसे होते हैं, जिन्हें कक्षा में किसी कारण से मजा नहीं आता। ऐसे बच्चे कक्षा के कार्य में अधिक रुचि नहीं लेते। उनको विषय में बहुत मजा नहीं आता। अब शिक्षक की दृष्टि से ये बच्चे अच्छे बच्चे नहीं हैं। अब क्या होता है कि जब बच्चे को पाठ में मजा नहीं आ रहा है वह खिड़की से बाहर देखने लगता है या कागज पर कोई चित्र बनाता है, अकसर अध्यापक का ही बनाता है, कभी फूल-पत्तियाँ बनाता है या बच्चे आपस में कुछ बातचीत करते हैं। इससे शिक्षक बहुत नाराज होता है। यह कि बच्चों का ऐसा करना ठीक है। यह सही तो नहीं माना जा सकता, पर यह जाना जा सकता है कि ये बच्चे क्यों पाठ में रुचि नहीं ले रहे। इसके बारे में शिक्षक को थोड़ा सा विचार करना चाहिए और सोचना चाहिए कैसे उनका मन पाठ में लगाया जाए। बच्चे नटखट होते हैं। परंतु जो बच्चे नटखट होते हैं उनके इस नटखटपन के पीछे उनमें कुछ नई चीज सोचने की क्षमता होती है। एक उदारहण इस प्रकार है—एक शिक्षक बेतार के बारे में पढ़ा रहे थे। उन्होंने कहा देखों, इस शब्द बेतार में 'बे' है, यानी बिना तार का। अब आप कोई ऐसा शब्द बताइए जिस में इस तरह से 'बे' लगा हो, यानी 'बे' का प्रयोग किया गया हो। एक

बच्चे ने कहा, 'बेफिक्र', तो शिक्षक बहुत खुश हुए, बोले, 'ठीक है बेफिक्र', में 'बे' लगा है, कोई और शब्द बताइए। अब एक बच्चा कहता है 'बेवकूफ' तो शिक्षक भी सहम गए, कुछ नाराज भी हुए। अब बच्चे के इस उत्तर को क्या कहेंगे। इसमें थोड़ा हास्य है, थोड़ा नटखटपन, हास्य के पीछे थोड़ी सी सृजनशीलता भी छिपी हुई है। इस उत्तर को सुनकर बच्चे हँसने लगे। शिक्षक को भी चाहिए था कि वे भी हँसी में शामिल हो जाते या स्वयं कोई ऐसी बात कहते जिसमें भी कुछ हास्य हो। छात्रों को डाँटने से कक्षा का वातावरण बदल जाता है।

नटखटपन एवं सृजनशीलता

नटखट बच्चे भी सृजनशील होते हैं और नटखटपन उनकी सृजनशीलता को बताता है, अब यह अध्यापक पर है कि वह उसका किस प्रकार से विकास करने का प्रयत्न करता है। एक विद्यार्थी था जिसकी अकसर शिकायतें प्रिंसिपल के पास आया करती थीं और उसे डाँट भी पड़ती। पर जब पुरस्कार बाँटे गए तो सबसे अच्छे ड्रामा कलाकार का पुरस्कार उसको ही मिला। ऐसे मामलों में यह देखना होगा कि बच्चे में क्या गुण है और उन गुणों को और विकसित कैसे किया जाए। ऐसे बच्चों को सँभालने के लिए सबसे अच्छा यही तरीका है कि जिसमें जो गुण हो उसी को आगे विकसित करने पर अमल हो। जैसे अभिनय करने का जो गुण है उसमें अपने आपको एक-दूसरे व्यक्ति के साथ तादात्म्य करना होता है, जिसका आप अभिनय कर रहे हैं। इसमें काफी सूझ-बूझ चाहिए, काफी कल्पना चाहिए और उसको आप कैसे अभिव्यक्त करते हैं वह क्षमता चाहिए। अभिनय के गुणों को पहचानकर इनके बारे में चर्चा करना और उसकी सराहना करना जिससे लगे कि किसी ने उसके काम की तारीफ की। इसके बाद अभिनय का संबंध साहित्य से जोड़ा जाए। किस प्रकार के नाटक लिखे गए हैं, कैसे उपन्यास लिख गए हैं, और इनका भाषा से क्या संबंध है, इनके बारे में बताना। यह कोशिश भी की जानी चाहिए कि उसकी थोड़ी रुचि भाषा में विकसित हो, अच्छे उपन्यास, अच्छे नाटक वह पढ़े, ढूँढ़ें, उसमें अच्छाइयाँ देखे और धीरे-धीरे फिर उसका मन पढ़ाई में लगने लगे। उसको लगने लगे कि अभिनय, जिसमें उसकी रुचि थी, उसका कुछ संबंध पढ़ाई के विषयों से भी है और फिर धीरे-धीरे वो एक ठीक रास्ते पर आ सकता है। बच्चों के नटखटपन के अतिरिक्त उनमें जिज्ञासा का बहुत महत्त्व है। उनमें उत्सुकता होती है और वे नई-नई चीजों के बारे में ज्यादा-से-ज्यादा जानने की कोशिश करते हैं। इसका एक दृष्टांत यह है। एक बार ट्रेन में सफर करते समय देखा कि मनवाड़ स्टेशन पर रात में एक परिवार आया, उनके दो बच्चे थे। ट्रेन चली वहाँ बिलकुल अंधकार था, कुछ दिखाई नहीं दे रहा था, किंतु दोनों बच्चे खिड़की के पास जाकर खड़े हो गए और बाहर देखने लगे। मुझे ताज्जुब हुआ कि ये क्या देख रहे हैं ! मैंने उनसे पूछा कि 'क्या देख रहे हो ?' वे थोड़ा मुसकराए, लेकिन कुछ बोले नहीं। बच्चों में यह प्रवृत्ति आप देखेंगे कि वे खिड़की के पास बैठना चाहते हैं और

जानना चाहते हैं कि बाहर क्या हो रहा है ! उनमें एक उत्सुकता होती है, यह एक सामान्य गुण है कुछ बच्चों में यह अधिक होती है। वे अपने पर्यावरण के बारे में अपने बारे में, और आसपास जो कुछ हो रहा है उसके बारे में प्रश्न पूछते और जानना चाहते हैं; पता लगाते हैं। ऐसे बच्चे भी सृजनशील हैं। अगर यह देखा जाए कि किन बच्चों में ज्यादा सृजनात्मकता है तो इसका एक आधार यह हो सकता है कि कौन से बच्चे ऐसे हैं जिनमें अधिक उत्सुकता है।

सृजनात्मकता के विकास की बाधाएँ

सृजनात्मकता की अवधारणा के बारे में जानना अपने आप में बहुत अच्छा है, किंतु कठिनाई जो आती है वह व्यावहारिक स्तर पर आती है। जब कक्षा में अध्यापक के समक्ष विद्यार्थी बैठे होते हैं और वह उन्हें विभिन्न कार्यों में संलग्न देखता है, बच्चों की विभिन्न रुचियों को देखता है, अपने बहुत से उत्तरदायित्वों की ओर उसका ध्यान आता है, तब सबसे महत्त्वपूर्ण बात यह है कि कौन सी विधियों का प्रयोग वह करे, जिससे वह अपने उत्तरदायित्व का निर्वाह कर सके। बहुधा शिक्षक सोचते हैं कि हमारा काम तो पाठ्यक्रम पूरा करना है। अब असल में क्या होता है कि जो केवल किताब से पढ़ा है उसे अकसर अच्छी तरह समझ नहीं पाते या भूल जाते हैं। जो केवल किताब में पढ़ा, किंतु इस संबंध में कोई वास्तविक अनुभव प्राप्त नहीं हुआ, वह धीरे-धीरे विस्मृत हो जाएगा और पढ़ने का कोई विशेष लाभ नहीं मिलेगा। शोध के आधार पर यही बात सामने आती है, अगर आप उनसे परीक्षा के छः महीने बाद पूछें तो देखेंगे, आधे से ज्यादा बातें तो वे भूल गए। बच्चे यदि कोई बात अनुभव से सीखें तो इसकी समझ भी अधिक अच्छी होगी और आसानी से वे भूलेंगे भी नहीं। अनुभव का एक आधार अवलोकन है, जिसके द्वारा आप विज्ञान में भी शिक्षण कर सकते हैं और सामाजिक विज्ञान में भी। इसीलिए अवलोकन शिक्षण का बहुत महत्त्वपूर्ण अंग माना जाता है, इसी से ज्ञान प्राप्त होता है, विज्ञान में प्राणीशास्त्र आता है, जिसका अध्ययन अवलोकन से हो सकता है और किताब से भी। लेकिन जो चीज अवलोकन से प्राप्त होगी वह अधिक स्थायी होगी और छात्र उसको आसानी से भूलेगा नहीं। अगर हम यह कहें कि इस में समय अधिक लगेगा तो अवलोकन की बात करना फिजूल है। अवलोकन करके सीखने में समय तो अवश्य अधिक लगेगा, लेकिन इसके साथ कुछ अन्य लाभ होंगे। वे सीखेंगे कि ज्ञान का सृजन कैसे होता है। केवल पुस्तकों से ही ज्ञान प्राप्त नहीं किया जाता। ज्ञान के और भी स्रोत हैं जिनसे ज्ञान अर्जित किया जा सकता है। छात्र ज्ञान का सृजन स्वयं भी कर सकते हैं। इससे उनमें आत्मविश्वास बढ़ता है, अपने बारे में एक सकारात्मक धारणा और ज्ञान के बारे में सही दृष्टिकोण बनता है जिससे ज्ञान सदैव बढ़ता रहता है और ज्ञान में नई चीजें जुड़ती रहती हैं। आज जो ज्ञान है, कल भी वही रहेगा, यह बात नहीं है। ज्ञान आगे बढ़ता जाएगा। छात्र जब स्वयं के अवलोकन से सीखते हैं, तो इससे उन्हें अनेक लाभ

होते हैं, जिनको शिक्षक और कभी-कभी अभिभावक नहीं समझ पाते। वे केवल यह सोचते हैं, अरे ! इतना समय लग गया और विषयवस्तु तो केवल इतनी सी प्राप्त हुई। बात ऐसी नहीं है, दोनों विधियों का मिश्रण चाहिए। यदि हमें केवल कक्षा में बैठाकर पढ़ाना है तो इसके कुछ लाभ होंगे, किंतु छात्र कुछ अन्य उपलब्धियों से वंचित रह जाएँगे। अब पर्यावरण के अध्ययन द्वारा शिक्षा देने की विधि को लीजिए। इस बात पर बल है कि बच्चे अपने पर्यावरण को समझ सकें। अब देखिए ज्ञान कैसे बढ़ता है ! ज्ञान केवल अवलोकन से ही नहीं बढ़ता। अवलोकन के साथ-साथ कुछ प्रश्नों के उत्तर भी ढूँढ़ने होते हैं। यदि आप केवल दर्शक के समान देखते रहें, तो इससे व्यवस्थित ज्ञान प्राप्त नहीं होगा। इसके लिए आपके आगे कुछ प्रश्न उठने चाहिए। कुछ प्रश्न अध्यापक या माता-पिता भी दे सकते हैं।

उत्सुकता

जब बच्चों के मन में प्रश्न आए तो वह सबसे महत्त्वपूर्ण बात है। क्योंकि ऐसे प्रश्न ज्ञान के सबसे अच्छे स्रोत होंगे। उदाहरण के लिए, प्राथमिक शाला में पढ़ रही आठ वर्षीय बच्ची एक दिन दौड़ी-दौड़ी अपने पिताजी के पास आई और बोली कि बगीचे में उसने एक घोंसला देखा और घोंसले में तीन अंडे हैं। पिताजी ने सोचा, क्यों न इसका उपयोग किया जाए ! उन्होंने कहा ! 'अच्छा, ऐसा करते हैं, इसको हम लोग प्रतिदिन देखा करेंगे कि कितने दिन बाद अंडे फूटते हैं और बच्चे निकलते हैं ! इसका एक लेखा-जोखा बनाएँ। जब अंडे फूटे तब पिताजी ने पूछा, 'अच्छा, बच्चे कैसे दिखाई देते हैं ? चिड़िया किस प्रकार भोजन लाती है ? ये बच्चे कितने दिन बाद उड़ने लायक हो जाते हैं ? यह भी पता लगाओ कि ये कौन सी चिड़िया है। इसका नाम क्या है ? पुस्तकालय में जाओ और ढूँढ़ो, कोई किताब जो चिड़ियों पर हो। देखो, इसमें इस चिड़िया का कहीं फोटो मिलता है !' अब बच्ची ने स्वयं खोजकर चिड़िया के नाम का पता लगाया। यह चिड़िया एक प्रकार की बुलबुल थी। यह सारी जानकारी–कितने दिन बाद अंडे फूटे, बच्चे कैसे और क्या भोजन प्राप्त करते थे, अपने आप में महत्त्वपूर्ण है, कि क्या बच्ची ने स्वयं कुछ प्रश्न उठाए, उनका उत्तर ढूँढ़ा; यह उससे भी अधिक महत्त्वपूर्ण है। पिताजी ने बच्ची से कहा, 'अच्छा, अब तुम कोई प्रश्न पूछो ?' बच्ची सोचती रही। उसको ऐसा कोई अनुभव तो था नहीं। थोड़ी देर उसने सोचा, फिर उसने पहला प्रश्न किया, 'घोंसले की ऊँचाई कितनी थी ?' पिताजी ने कहा, 'अब यह टेप लो और जाकर नापो।' संभवतः कि जीवविज्ञान के छात्र के लिए यह एक पहल कदम है–कोई प्रश्न पूछना और स्वयं उसके उत्तर का पता लगाना भी ज्ञान के अर्जन का तरीका है, किंतु स्वयं प्रश्न पूछकर उसके उत्तर का पता लगाने का महत्त्व ही कुछ और है। कुछ मनोवैज्ञानिकों का कहना है, समस्या का पता लगाना समस्या के हल खोजने से अधिक महत्त्वपूर्ण है। इस प्रकार अनेक विषयों को लकर बच्चे अवलोकन कर सकते हैं। यह कार्य स्कूल के बाद भी करवाया जा सकता है।

एक घटना और है। एक बार कुछ बच्चों ने भिखारियों पर पाठ पढ़ा था। कुछ बच्चों को कहा गया था कि भिखारियों से मिलकर कुछ बातें पता करें। उन्हें किस उद्‌देश्य से भेजा था और वे बच्चे कहाँ तक उन उद्‌देश्यों को प्राप्त कर सकें ? भिखारी की समस्या अकसर पाठ्यपुस्तकों में होती है। पाँचवी कक्षा की पाठ्यपुस्तकों में जब 'भिखारी' पर पाठ आया तब हम लोगों ने सोचा कि इस दिशा में क्यों न थोड़ा अनुभव दिया जाए। शिक्षक ने कहा, 'अच्छा, आप एक प्रश्नावली तैयार करिए कि यदि आप एक भिखारी से मिलते हैं तो उससे क्या-क्या प्रश्न पूछना चाहेंगे ! अब बच्चों ने स्वयं प्रश्न बनाए। कुछ प्रश्न तो सामान्य थे। एक उन्होंने बड़ा अच्छा प्रश्न रखा। वह यह था कि भिखारी से हम पूछेंगे, 'जो लोग रईस हैं, धनी हैं उनके बारे में आप की क्या धारणा है ?' अब यह बात शायद बड़े लोग नहीं सोच पाते जो बच्चों के मन में आई। जी हाँ, जब हम लोगों को लगा कि सब बच्चों को यह काम नहीं दे सकते। तीन बच्चे हमने छाँटे। उनसे कहा, 'यह प्रश्नावली है, अब तुम किसी भिखारी के पास जाना, अपने घर के आसपास ढूँढ़ लेना और उससे कहना 'स्कूल में गृहकार्य मिला है। एक लेख लिखना है। अगर आप कुछ जानकारी दें तो बहुत मेहरबानी होगी।' अन्य बच्चों से कहा, 'तुम लोग केवल अवलोकन करना। थोड़ी दूर खड़े होकर देखना, कैसे भिखारी भीख माँगते हैं, क्या कहते हैं, कैसे व्यवहार करते हैं, कौन से लोग भीख देते हैं, कौन लोग भीख नहीं देते हैं, कौन लोग मना कर देते हैं, कौन लोग झड़प देते हैं। यह सब अवलोकन करके लाओ।' अगले दिन करीब-करीब सभी बच्चे कुछ-न-कुछ जानकारी लेकर आए। इस पर कक्षा में थोड़ी चर्चा हुई। एक बच्चे ने बताया कि उसने पहले भिखारी को पच्चीस पैसे दिए। उसने अपनी तरफ से भिखारी को पच्चीस पैसे दिए और उससे प्रश्न पूछे।

आपके माता-पिता क्या करते थे ?

उसने बताया कि वे भी भीख माँगते थे।

आप कहाँ सोते हैं ?

उसने बताया कि वह 'फुटपाथ' पर सोता है। ऐसी ही कुछ और जानकारी छात्र ने प्राप्त की। छात्र ने यह भी पूछा 'आपको कोई काम दिया जाए तो आप क्या करना पसंद करेंगे ?' भिखारी ने कहा 'मैं एक पंसारी की दुकान में काम करना चाहूँगा, अगर मुझे मिल जाए।'

छात्र ने पूछा, 'अच्छा, आपकी प्रतिदिन कितनी आमदनी होती है ? हम लोगों को यह जानकर आश्चर्य हुआ कि उसकी आमदनी उतनी थी जितनी एक मजदूर को प्रतिदिन मिलता था। ऐसी स्थिति में भिखारी सोचेगा कि जब आराम से पैसे मिल जाते हैं, तब काम क्यों करूँ ! छात्र को इस साक्षात्कार से एक अन्य अनुभव हुआ। कुछ समय बाद भिखारी ने कहा, 'अब आप जाइए, मेरे धंधे का नुकासन हो रहा है।' छात्र ने सीखा कि कोई जानकारी एकत्रित करने में क्या-क्या कठिनाइयाँ होती हैं और कैसे जानकारी एकत्रित की जाती है। यदि छात्र केवल पाठ पढ़ लेते और पुस्तक में

जो लिखा है उसी को याद कर लेते तो इस विषय पर उनमें जो सूझ-बूझ विकसित हुई वह नहीं होती।

कल्पना एवं सृजनात्मकता

व्यक्ति बड़ी-बड़ी कल्पनाएँ करते हैं। कल्पना द्वारा सृजनात्मकता का विकास हो सकता है। कल्पना का सृजनात्मकता के साथ निकट का संबंध है। यदि कल्पना विकसित होती है तो इसके साथ सृजनात्मकता भी विकसित होगी। कल्पना को विकसित करने की कई विधियाँ हैं। कुछ बालक बहुत कल्पनाशील होते हैं। अपनी काल्पनिक दुनिया बनाकर उसमें वे खेलते रहते हैं। किसी वस्तु को अपनी कल्पना के आधार पर वे कोई अन्य रूप दे देते हैं। गुड़ियों या अन्य वस्तुओं से खेलते रहते हैं। इन खेलों में कल्पना की अभिव्यक्ति तो है ही, उसके विकास में भी एक तरह से यह उपयोगी सिद्ध होती है। अब कल्पना को कैसे विकसित किया जाए, यदि शरीरिक कार्य को भी इसमें जोड़ दिया जाए तो बच्चे इसमें बहुत रुचि लेंगे। बच्चों को किसी भी प्रकार का शारीरिक कार्य अच्छा लगता है। अब आप उनको कोई समस्या दीजिए जिसे व अभिनय करके व्यक्त करें, जैसे : आप एक देश में जाते हैं। वहाँ की भाषा आपको नहीं आती। आपको बहुत भूख लगी है। अब आप अभिनय करके यह बात उन्हें कैसे बताएँगे, इशारों से कैसे व्यक्त करेंगे ? 'यदि ज्यादा भूख लगी हो तो कैसे बताएँगे ?' भिन्न-भिन्न छात्रों को बताने का अवसर दीजिए। इस प्रकार आप अन्य परिस्थितियाँ भी ले सकते हैं। यदि एक बच्चे ने भूख को लेकर अभिनय किया, तो दूसरे से कहिए, 'आप को प्यास लगी है। आप कैसे बताएँगे कि आपको प्यास लगी है ?' इन दोनों को व्यक्त करना आसान था। अब कोई कठिन विषय लीजिए। 'आपको नींद आ रही है। आप कैसे बताएँगे कि आपको नींद आ रही है और आपके सोने के लिए कोई स्थान चाहिए ?' कुछ और कठिन बात लीजिए। आपके पास पैसा नहीं है। यह बात कि आपके पास पैसा नहीं है कैसे व्यक्त करेंगे ? इस प्रकार की परिस्थितियों को बच्चे अभिनय करके बताएँगे। एक बच्चा देखता है कि दूसरा किसी परिस्थिति को कैसे व्यक्त कर रहा है। उसे प्रेरणा मिलेगी और वह अपने ढंग से व्यक्त करेगा। कक्षा का वातावरण बिलकुल बदल जाएगा। बच्चों को इस कार्य में रस आने लगेगा। यदि कुछ बड़े बच्चे हैं, जिनका भाषा पर कुछ अधिकार हो गया है, उन्हें इसी प्रकार का लिखित कार्य दिया जा सकता है। मौखिक अभिव्यक्ति भी रखी जा सकती है। यहाँ दूसरों के साथ तादात्म्य स्थापित करना है। पहले तो आप कोई जीवित प्राणी लीजिए। कोई पशु-पक्षी ले सकते हैं। इनके साथ तादात्म्य स्थापित करना थोड़ा कठिन हो सकता है, किंतु बच्चों को इसमें आनंद आएगा।

'तुम ऐसा सोचो कि तुम एक शेर हो और एक शिकारी को देखते हो। अब तुम शिकारी से बचने का प्रयास करोगे। कैसे बचोगे ?'

'तुम एक चील हो। आसमान में उड़ रहे हो। इसे व्यक्त करो।'

'तुम एक बरगद का पेड़ हो। तुम क्या अनुभव कर रहे हो ?'

अब निर्जीव वस्तुएँ लीजिए। यहाँ तादात्म्य स्थापित करना कुछ और कठिन होगा।

'तुम एक घड़ी हो। तुम क्या अनुभव कर रही हो ?'

'तुम एक छाता हो और पानी बरस रहा है। कोई तुम को उठाए हुए है। तुम क्या अनुभव कर रहे हो ?'

यदि उनको ये कार्य रुचिकर लगे तो वे बहुत सी बातें बताएँगे। इसमें उनकी कल्पना का विकास होगा।

कल्पना के विकास के लिए एक और तरीका है, भविष्य के बारे में सोचना। जी हाँ ! आजकल भविष्य के बारे में विचार करने पर बहुत बल है। परिवर्तन तेजी से हो रहे हैं। भविष्य के बारे में यदि छात्र कुछ कल्पनाएँ करें तो यह उनके लिए बहुत लाभदायक होगा। छोटे बच्चों से हम कह सकते हैं, तुम अभी छः वर्ष के हो जब तुम बारह वर्ष के होंगे तो कौन से खेल खेल पाओगे ? जो अभी नहीं खेल पाते ? क्या कार्य कर पाओगे जो अभी नहीं कर पाते ? बच्चे कल्पना करेंगे। समय का हम और अधिक विस्तार कर सकते हैं। जब तुम बाईस वर्ष के नवयुवक या नवयुवती हो जाओगी उस समय क्या-क्या करना चाहोगे ? उस समय की परिस्थितियाँ कैसी होंगी ? उस समय तुम्हारा पर्यावरण किस प्रकार का होगा ? छात्र यदि इस प्रकार कल्पना करेंगे तो न केवल उनकी कल्पना विकसित होगी, बल्कि भविष्य के बारे में सोचने के महत्त्व को भी वे समझेंगे। कल्पना को विकसित करने के ये सामान्य तरीके हैं।

सृजनात्मकता के संबंध में यदि व्यावहारिक स्तर पर सोचा जाए तो सबसे पहले एक बात मन में आती है। अध्यापक बच्चों से अपेक्षा करता है कि जो कुछ उसने पढ़ाया उसे बच्चे याद कर लें। अगले दिन या जब भी उसे अवसर मिलता है तो वह कहता है, 'याद कर लिया, सुनाओ, या इस कहानी को जो मैंने पढ़ाई तुम लिखकर लाना' वह मान लेता है कि जिसने याद कर लिया, वह अच्छा बच्चा है। बच्चे जब कुछ चीजें याद करते हैं तो वे रटते भी हैं। अब प्राथमिक कक्षाओं में कुछ चीजें तो शायद रटनी ही पड़ें जैसे वर्तनी या पहाड़े। रटना कितना आवश्यक है और सृजनात्मकता के विकास में इसका क्या प्रभाव पड़ता है ? रटना सृजनात्मकता के विकास में बाधक है। सृजनात्मकता के लिए हम अपेक्षा करते हैं कि नए विचार आएँ। जब यदि हम किसी बात को जैसी वह किताब में लिखी हुई है, वैसा ही याद कर लेते हैं तो यहाँ पर सृजनात्मकता का सवाल ही नहीं उठता, कुछ बिलकुल बेकार के तथ्य बच्चे याद करते हैं। वे सोचते हैं कि यदि परीक्षा में प्रश्न आया तो वे याद किए हुए तथ्य लिख देंगे और उनको अच्छे नंबर मिल जाएँगे। परीक्षा में कुछ विचार उनके मन में उठते हैं, जिन्हें वे लिख सकते हैं, लेकिन लिखते ही नहीं क्योंकि जब शिक्षक पढ़ा रहा था उसने यह बात नहीं बताई थी। बात करीब पंद्रह वर्ष पहले की है। एक बालिका याद

कर रही थी कि इसके क्या प्रमाण हैं कि पृथ्वी गोल है। उसने याद किया कि यदि दूर से कोई जहाज आता दिखाई दे तो पहले उसका मस्तूल दिखाई देता है, फिर बीच का भाग और फिर नीचे का भाग। इस प्रकार पास आने पर सारा जहाज दिखाई देने लगता है। मैंने कहा, 'ठीक है, लेकिन अब तो अपने पास पृथ्वी के चित्र हैं जो अंतरिक्ष यान से लिये गए हैं। अब यह सब याद करना कि दूर से आता जहाज कैसा दिखाई देगा, फिजूल है।' वह बोली, 'क्लास में यही पढ़ाया है। किताब में भी यही लिखा है। इसलिए इसे याद कर लिया है।' इस प्रकार रटना सृजनात्मकता के विकास में बाधक हो जाता है। कुछ बातें तो समझनी चाहिए। एक दूसरा उदाहरण लीजिए। एक लड़की अजंता पर एक पाठ याद कर रही थी। वह बार-बार दोहरा रही थी कि ट्रेन से औरंगाबाद उतरने पर अजंता के लिए सहज ही बस मिल जाती है। उसने मानचित्र पर औरंगाबाद नहीं देखा। यह भी पता लगाने की कोशिश नहीं की कि औरंगाबाद से किस दिशा में अजंता है। वह केवल इसलिए याद कर रही थी कि यदि परीक्षा में प्रश्न आए तो यह याद किया हुआ लिख देगी। पहाड़े और वर्तनी को तो याद करना होगा, किंतु बहुत सी ऐसी बातें होती हैं, जिन्हें समझने की आवश्यकता होती है, रटने की नहीं। आपने जिस दृष्टिकोण से ये बात बताई कि रटने के प्रति यदि शिक्षक से प्रोत्साहन मिला या रटने को आवश्यक बताया गया तो वह एक प्रकार से सृजनात्मकता के विकास में बाधक तत्त्व होता है।

सृजनात्मकता के विकास की बाधाएँ

अन्य तत्त्व भी हैं जो सृजनात्मकता के विकास में बाधक होते हैं। यह आश्चर्यजनक है कि भारतवर्ष में शोध के आधार पर यह पता लगा है कि आज्ञाकारिता को बहुत महत्त्व दिया गया है। और हम कभी-कभी कहते हैं 'बड़ा आज्ञाकारी बालक है, बड़ा अच्छा है', लेकिन आज्ञाकारिता और स्वयं सोचने, दोनों में विरोध है। एक ओर, वह जो स्वयं सोचता है, स्वयं निर्णय लेता है और दूसरी ओर, वह है जो केवल आज्ञाकारी है। वह शिक्षक की प्रत्येक बात को आँख बंद कर मान लेता है। शिक्षक खासतौर से हमारे देश के शिक्षक, आज्ञाकारिता पर बहुत बल देते हैं। यदि आज्ञाकारिता पर बहुत बल होगा तो स्वयं सोचने की, स्वयं निर्णय लेने की क्षमताएँ विकसित नहीं हो सकेंगी। कभी-कभी कक्षा में जो शिक्षक बताता है या जो किताब में लिखा है, ज्ञान उससे आगे बढ़ जाता है। बच्चे ने कोई मैगजीन पढ़ी और कोई नई जानकारी प्राप्त की या अपने पिताजी से बातचीत में कोई नई बात सीख ली। उदाहरण के लिए, चंद्रमा से पृथ्वी की दूरी कितनी है, अब लांसर रे से इस दूरी को इतनी परिशुद्धता से नापा जा सकता है कि केवल दस-बारह सेंटीमीटर का अंतर पड़ेगा। लांसर रे का इस कार्य के लिए उपयोग स्कूल की पुस्तकों में नहीं मिलेगा। इस प्रकार विज्ञान आगे बढ़ जाता है। जबकि पाठ्यपुस्तकों में अकसर नवीन जानकारी नहीं दी होती। यदि शिक्षक आज्ञाकारिता पर बहुत बल देता है तो छात्र की दृष्टि ज्ञान के नए स्रोतों की

ओर नहीं जाएगी। वह तो वही याद करेगा जो पाठ्यपुस्तक में हो या शिक्षक ने बताया हो। विभिन्न संस्कृतियों में शिक्षक छात्रों में किन गुणों पर बल देते हैं, इसका अध्ययन अमरीका, पश्चिमी जर्मनी, भारत और अन्य कई देशों में किया गया है। भारत में कई बार ये अध्ययन किए गए। इन सब में भारत में 'आज्ञाकारिता' प्रथम दस गुणों में अवश्य आ जाती है। पश्चिमी जर्मनी में शिक्षकों ने 'विचार करने में स्वतंत्रता और निर्णय लेने में स्वतंत्रता' को उच्च स्थान दिया—आज्ञाकारिता को नहीं। यही बात अमरीका के शिक्षकों में भी मिली। अमरीका और पश्चिमी जर्मनी के शिक्षकों ने 'थारोनेस' यानी बिना गलती के किसी कार्य को करने पर बल दिया। जबकि हम उसको किसी भी ढंग से कर देते हैं। उसके सारे पहलुओं को नहीं देखते। जब हम पूरे मन से कार्य नहीं करते, परिश्रम नहीं करते, तब बाद में हमारे काम में गलतियाँ दिखाई देती हैं। दो पाश्चात्य देश के शिक्षकों ने 'थारोनेस' पर जोर दिया, किंतु भारत के शिक्षकों ने नहीं। हमारे यहाँ 'विनयशीलता', 'आज्ञाकारिता' और 'समय पर काम कर लेना' इन पर शिक्षकों का बल था। हमारे शिक्षक आज्ञाकारी और सौजन्यशील छात्रों को अच्छा मानते हैं। 'स्वतंत्र रूप से निर्णय करना, स्वतंत्र रूप से विचार करना' इसकी ओर उतना ध्यान नहीं देते। यह पहलू अध्ययन में उभरकर आया। बालक या कोई व्यक्ति जब अपने विचारों को अच्छे ढंग से और दृढ़तापूर्वक कहता है, तब कई बार हम उसे अवज्ञाकारी मान लेते हैं, जो उचित नहीं है। हमें उन्हें उत्साहित करना चाहिए, खासतौर से, उन बच्चों को जो कि अपनी धारणाओं को बड़ों के सामने अच्छे ढंग से नहीं रख पाते। यह कोई नया सृजन करेगा तो उसमें थोड़ी हिम्मत होनी चाहिए। यदि हिम्मत नहीं है तो वह उन्हीं बातों को मानेगा जो पहले से चली आ रही हैं, जिन्हें अंग्रेजी में 'ट्रेडीशनल' कहते हैं। इसी में उसे सुरक्षा की भावना मिलेगी, क्योंकि इनके प्रति कोई प्रश्न भी नहीं उठाएगा। किंतु जब आप कोई नई बात उठाते हैं, तब उसके साथ थोड़ा खतरा भी मोल लेते हैं। यदि आप में हिम्मत है, और अपने विश्वासों को हिम्मत से मानते हैं, तब आप नए विचारों को प्रस्तुत कर सकेंगे। विशेषज्ञों ने भी इस गुण को सबसे प्रथम स्थान दिया है। यह गुण सृजनात्मकता की दृष्टि से सबसे अधिक महत्त्वपूर्ण है। खतरा उठाना ! अपने विश्वासों को हिम्मत से मानना और इसमें जो खतरे हैं उनका सामना करना। विशेषज्ञों ने जिस प्रवृत्ति को सृजनात्मकता की दृष्टि से सबसे निकृष्ट माना है, यह है, किसी बात को केवल इसलिए स्वीकार कर लेना क्योंकि उस फलां ने कहा है या वह फलां पुस्तक में लिखी है। जो अपने निर्णय का प्रयोग नहीं करते उनमें यह एक कमी रह जाती है।

सृजनात्मकता एवं अवसर

इतिहास में कुछ स्वर्ण युगों की चर्चा आती है और जब भी स्वर्ण युगों की चर्चा आती है तो ऐसा लगता है कि उस समय सृजनात्मकता से संपन्न व्यक्तियों की भरमार थी। बहुत से ऐसे व्यक्तियों के नाम आते हैं। ये जो विलक्षण प्रतिभावाले व्यक्ति एकाएक

किसी काल में हमारे सामने आते हैं, वे वास्तव में हर काल में होते हैं। यदि हम 'नारमल प्रोबेविलिटी' को माने। लेकिन किसी काल में ये छिपे रहते हैं, सामने नहीं आते और किसी काल में सामने आ जाते हैं। इन तत्त्वों का अध्ययन करें तो उन कारकों का पता लगेगा, जिनके द्वारा इन व्यक्तियों की प्रतिभा सामने आ पाई। ये प्रतिभाशाली व्यक्ति छिपे रहते हैं, तो शायद आपका तात्पर्य यह है कि इनकी प्रतिभा को सृजन के अवसर नहीं मिल पाते। इनको अवसर और प्रोत्साहन, दोनों ही नहीं मिल पाते और इसलिए ये सामने नहीं आ पाते। एक प्रतिभाशाली व्यक्ति को संरक्षण चाहिए। यदि शासक स्वयं कवि है तो कविता और कलाकृतियाँ उसके राज्य में पनपेंगी। ऐसा दृष्टांत समुद्रगुप्त के शासनकाल में देखने को मिलता है। समुद्रगुप्त के कुछ सिक्के हैं जिनमें उसे वीणा बजाता हुआ दिखाया गया है। समुद्रगुप्त एक महान् सेनापति था। उसने सुदूर दक्षिण भारत के राज्यों पर विजय प्राप्त की। अधिकतर सिक्कों पर शासक को एक शक्तिशाली व्यक्ति, एक विजेता के रूप में दिखाया गया है। एक वीणावादक के रूप में कोई शासक अपने आप को नहीं दिखाता। ऐसे सिक्कों से संकेत मिलता है। समुद्रगुप्त की रुचि संगीत में थी। इलाहाबाद के स्तंभलेख में उसे 'कविराज' यानी कवियों का राजा कहा गया है। अब यदि गुप्तकाल में अनेक कलाकार, साहित्यकार और विद्वान् हुए तो इसका एक कारण यह दिखाई देता है कि जब शासक में ये गुण होंगे तब समाज में भी पनपेंगे। कला के प्रसार के लिए यह आवश्यक नहीं कि शासक स्वयं कलाकार हो, यदि वह कला, साहित्य या विद्वत्ता की कदर करता है तो इससे भी इनका विकास होगा। अकबर का दृष्टांत लीजिए। अकबर स्वयं पढ़ा-लिखा नहीं था, लेकिन उसे विचार करने का, तर्क करने का और विद्वानों के बीच विचार-विनिमय करवाने का शौक था। अकबर ने अपना दर्शन दीन-ए-इलाही में प्रस्तुत किया। इसके पीछे विभिन्न धर्मों के प्रवर्तकों के बीच चर्चा थी। इसमें मुसलमान, हिंदू, सूफी, जैन, मिशनरी, पारसी, आदि सम्मिलित थे। सभी को चर्चा में भाग लेने का निमंत्रण था और सभी आए। इस प्रकार अकबर के संरक्षण के कारण सृजनशील व्यक्ति सामने आए। अकबर ने हिंदुओं के कई धार्मिक ग्रंथों का अनुवाद करवाया। जो सृजनशीलता अकबर के समय विकसित हुई, आगे चलकर, ऐसा मैं मानता हूँ, शाहजहाँ के शासनकाल में उसने एक उच्चतम कलाकृति ताजमहल का रूप लिया।

ये बातें तो पुरानी हैं। वर्तमान में, जो पुराने समय में सीमाएँ थीं, वे नहीं रहीं। अब समय बहुत बदल गया है। यदि वर्तमान को लें तो हमारे देश की सबसे बड़ी समस्या यह है कि बहुत से लोग ऐसे हैं जो शिक्षा से वंचित रह गए हैं। जो लोग अनपढ़ रह गए हैं, हो सकता है कि इनमें से कुछ बहुत अच्छे कलाकार, कवि, लेखक या मनोवैज्ञानिक निकलें। अब यह देखना है कि कौन-कौन से बाधक तत्त्व हैं, जिन्हें बिलकुल मिटाया तो नहीं जा सकता, किंतु कम अवश्य किया जा सकता है। इन सबकी चर्चा यदि की जाए तो वह बड़ी लंबी हो जाएगी। लेकिन सामान्य रूप से कहा जा सकता है कि स्वर्ण युग को फिर से लाया जा सकता है।

संवेदना के स्तर

बच्चे एवं दुर्घटनाएँ

कुछ साल पहले एक अभागा बच्चा शैक्षिक सत्र के अंतिम दिन क्लासरूम में बंद रह गया। किसी ने उस कमरे को नहीं खोला, क्योंकि स्कूल का हर कर्मचारी लंबी छुट्टियों के कारण चला गया था। बच्चे की ऐसी दर्दनाक दिल हिला देने वाली अंतिम परिणति थी। पिछले दिनों एक छोटी बच्ची रेलगाड़ी के एक डिब्बे से दूसरे डिब्बे में जा रही थी कि दोनों डिब्बों को जोड़ने वाले गलियारे के ठीक तरह से जुड़े न होने के कारण नीचे गिर गई और कुचली गई। कुछ ही क्षणों में एक बच्ची का जीवन टुकड़े-टुकड़े होकर जमीन पर फैल गया। गाड़ी नहीं रुकी। दुनिया के काम चलते रहे। इसी तरह पुराने जीर्ण-शीर्ण भवनों में चलते स्कूलों के गिरने से बच्चे मर रहे हैं। स्कूली बच्चों पर इसी तरह के कहर बरपा हो रहे हैं। कभी-कभी मरने वाले इन मासूमों की संख्या दिल दहला देने वाली होती है। पता नहीं मृतकों के आँकड़ों के बारे में सरकारी और गैर सरकारी घोषणाओं में इतना अंतर क्यों होता है ?

और अभी-अभी जो हादसा डबवाली में हुआ है वह भी आगे आने वाले सालों तक याद किया जाता रहेगा। दुनिया बेशक अपनी चाल से चलती रहे, दुर्घटनाग्रस्त परिवारों का जीवन कभी सामान्य नहीं हो पाएगा। उन्हें सांत्वना देने के लिए क्षतिपूर्ति, नौकरी और चिकित्सा सेवाओं में सुधार आदि के वायदे किए जाएँगे। लेकिन उन लोगों के असमय कुम्हला गए आँगन के फूल फिर नहीं खिलेंगे।

मनुष्य की गतिविधियों में इतना कुछ बदल रहा है, हिंसा, विपत्तियाँ, मृत्यु और दुर्घटनाएँ अफसोस के साथ पढ़ी और सुनी जा रही हैं जैसे कोई दैनिक समाचार पढ़े-सुने जाते हैं। ऐसा लगता है, लोगों ने इन्हें बदलती परिस्थितयों में अनिवार्य मान लिया है। एक विख्यात शिक्षाशास्त्री माइकल फुलन ने उत्तरी अमरीका के संदर्भ में शोध अध्ययन कर एक पाँच सौ पृष्ठ की पुस्तक लिखी है। शीर्षक है 'फेसेट्स ऑफ एजूकेशनल चेंज'। सीधे-साधे अपने आधारभूत सिद्धांत की व्याख्या करते हुए वह लिखता है—'सारे परिवर्तन जरूरी नहीं है कि प्रगति से जुड़े हों। परिवर्तन हर तरफ हो रहे हैं, लेकिन प्रगति सब तरफ नहीं हो रही।' हमने अपने शैक्षिक लक्ष्यों में काफी दूर तक सफलता हासिल की है। साक्षरता की दर काफी बढ़ गई है। शिक्षकों की

संख्या काफी हो गई है। स्कूलों में बच्चे और शिक्षा विभाग के अफसर बहुत बढ़ गए हैं। लेकिन इतना कुछ होने के साथ-साथ बच्चों के साथ होने वाले हादसे भी बढ़े हैं। बच्चे असमय मौत का शिकार हो जाते हैं। केवल इस कारण कि किसी ने अपना काम गंभीरता व दायित्व के साथ पूरा नहीं किया। लोग अपना काम कर रहे हैं और वेतन ले रहे हैं। लेकिन काम अच्छा होता कहीं दिखाई नहीं देता। शिक्षा का बुनियादी उद्देश्य व्यक्ति को समाज के प्रति प्रतिबद्ध बनाना है। लगता है, यह उद्देश्य हम में से किसी को भी पसंद नहीं। डबवाली की दुर्घटना बताती है कि कुछ खास तरह की सावधानियाँ, जो अत्यंत आवश्यक थीं, उनको नजरअंदाज कर दिया गया। अगर यह बात सत्य है तो उस उत्सव के आयोजकों को जिन्होंने मूलभूत सुरक्षा के उपायों की अनदेखी की सजा क्यों नहीं मिलनी चाहिए ?

अब तो हमें यह मान लेना चाहिए कि जो शिक्षण हम बच्चों को दे रहे हैं वह उन्हें बड़े होकर उत्तरदायित्व वहन करने के लिए पूरी तरह से सक्षम नहीं बनाती। जबकि यह काम केवल शिक्षा को ही करना चाहिए। एक ऐसा समाज, जिसके पुरुषों और स्त्रियों में ईमानदारी और समर्पण की भावना हो, का निर्माण देश के स्कूलों, कॉलेजों और यूनीवर्सिटियों की पहल व प्रयत्नों से ही हो सकता।

शैक्षिक संस्थाएँ एवं मूल्य

इसके लिए सबसे पहली पूर्वापेक्षा होगी—शैक्षिक संस्थाओं के कार्यकलाप का मूल्य आधारित होना। बहुत बड़ी संख्या में देश की यूनीवर्सिटियाँ कठोर वित्तीय कटौतियों के कारण पैसा पैदा करने के कुछ प्रोग्राम शुरू करने जा रही हैं। इनका प्रमुख लक्ष्य, (जिसे यद्यपि सार्वजनिक रूप से घोषित नहीं किया गया) युवकों को भावी जीवन के लिए तैयार करना अब नहीं रहा है, बल्कि वित्तीय संसाधन जुटाना हो गया है। इस लक्ष्य के सबसे बड़े शिकार बने हैं—वे युवक जो शिक्षक-प्रशिक्षण की डिग्री या डिप्लोमा पाठ्यक्रमों के द्वारा प्राप्त करना चाह रहे हैं, फीस के रूप में उनसे अतिशय धनराशि वसूल की जा रही है और उसका एक छोटा सा हिस्सा उन कार्यक्रमों पर खर्च किया जा रहा है, जिन्हें अब सभी लोग गुणवत्ता में कमजोर और विषयवस्तु में घटिया मान रहे हैं। इससे डिग्री-डिप्लोमा की महत्ता घट रही है। क्योंकि अब इनमें कठोरतापूर्वक न तो प्रशिक्षण पर और न ही कौशलों को प्रदान करने पर जोर दिया जा रहा है। यूनीवर्सिटियों का सारा जोर अब करोड़ों रुपया संसाधन के रूप में अर्जित करने में लग रहा है। यूनीवर्सिटियाँ बड़े गर्व से शैक्षिक गुणवत्ता की बात को दर किनार कर अर्थोपार्जन की अपनी उपलब्धियों का प्रचार कर रही हैं। बहुत ही घटिया ढंग से प्रशिक्षित अध्यापक अपने बेटों-बेटियों को उसी तरह का प्रशिक्षण दे रहे हैं जैसा उनकी संस्थाएँ चाहती हैं। बहुत बड़ी संख्या में शिक्षक-प्रशिक्षण महाविद्यालय ऐसे हैं जिनमें प्रशिक्षकों का कोई नियमित स्टाफ नहीं है और न ही वे स्थान और साज-सामान की शर्तों को पूरा करते हैं। फीस में काफी धन बटोरकर भी ये संस्थाएँ वर्षों से ऐसे ही

चलती आ रही हैं। दूरगामी राष्ट्रीय लक्ष्य को ताक पर रख ये वर्तमान में अधिकाधिक पैसा लूटने में लगी हैं। दिलचस्प बात है कि इन सभी पाठ्यक्रमों व कार्यक्रमों में अनिवार्यतः ऐसे पाठ पढ़ाए जा रहे हैं जो मानवीय जीवन मूल्यों या मूल्याधारित शिक्षा से संबंधित हैं। मूल्यों की शिक्षा पर हर परीक्षा में प्रश्न भी पूछे जाते हैं। परीक्षार्थी उनका उत्तर भी देते हैं।

सब कुछ होते हुए भी ये संस्थाएँ स्वयं अपने छात्रों को व्यवहार में क्या सिखाती हैं ? यह विचाराधीन है। छात्र-छात्राएँ तो बहुत कुछ शिक्षण संस्थाओं और शिक्षकों से ही सीखते हैं। उनकी सामान्य प्रेक्षण शक्ति काफी तेज और गहरी होती है। इसलिए आसपास जो कुछ घट रहा है वे उसके आर-पार देख लेते हैं। जिस तरह की आबोहवा हम छात्रों के लिए छोड़ रहे हैं उससे वे प्रतिबद्धता, ईमानदारी और सामाजिक दायित्वों को दिल से नहीं ग्रहण करें तो दोष किसका है ! हमारे स्कूली बच्चे पाठ्यक्रम के बोझ की क्रूरता से भयभीत रहते हैं। ज्यों-ज्यों वे बड़े होते हैं, उन्हें अपने अनिश्चित भविष्य का अहसास होता है। हम पाठ्यक्रम पूरा करवाने पर सारी शक्ति खर्च कर देते हैं और होनहार युवकों को शिक्षित बेरोजगारी की निरंतर बड़ी होती लाइन में खड़ा कर देते हैं। वे जो शिक्षा प्राप्त करते हैं समाज या राष्ट्र को उससे कोई लाभ नहीं होता।

इसीलिए शिक्षा की प्रासंगिकता अब मुख्य ध्यान देने का विषयबिंदु होना चाहिए। सारी दुनिया में इक्कीसवीं सदी के लिए शिक्षा की बात चल रही है। यूनेस्को ने जाक्स ड़ेवोरस की अध्यक्षता में एक शिक्षा आयोग नियुक्त किया है। अपनी एक प्रस्तुति में आयोग ने इक्कीसवीं सदी की शिक्षा के लिए दो मूलभूत सिद्धांत सामने रखे हैं– (1) विकास और रचनात्मकता, (2) सामाजिक सहचारिता। अब आगे से शिक्षा व्यवस्था को हर स्तर पर, स्कूल से लेकर उच्चतर शिक्षण संस्थान तक शिक्षा के इन बुनियादी सिद्धांतों को सामने रखना होगा। घटिया या खराब शिक्षा क्या कर सकती है इसे जानने के लिए हमें उस हृदयविदारक पत्र को याद करना होगा। जो बंदी यातना शिविर से छूटकर निकले एक व्यक्ति ने लिखा था–

'प्रिय शिक्षक,

मैं एक यातना शिविर से बच निकला व्यक्ति हूँ। मेरी आँखों ने वह देखा है जो किसी मनुष्य को नहीं देखना चाहिए। विद्वान् इंजीनियरों द्वारा बनाए गए गैस चैंबर, शिक्षित डॉक्टरों द्वारा दिया गया बच्चों को जहर, प्रशिक्षित नर्सों द्वारा मौत के घाट उतारे गए अबोध शिशु, हाई स्कूलों और कॉलेजों में पढ़े हुए डिग्री, सर्टिफिकेटधारी छात्रों द्वारा जलाए व गोली मारे गए मासूम बच्चे और उनकी माँएँ, इन सबको अपनी आँखों से देखा है। इसलिए अब मैं शिक्षा के प्रति शंकालु हो गया हूँ।

मेरी प्रार्थना है : अपने छात्रों को इनसान बनाने में मदद करें। आपके प्रयास पढ़े-लिखे दैत्य, कुशल मनोरोगी या सुशिक्षित हत्यारे पैदा करने के न हों।

पढ़ना-लिखना और अंकगणित तभी महत्त्वपूर्ण हैं, जब वे हमारे बच्चों को अधिक

दयालु बनाएँ।'

शैक्षिक संस्थानों को इस पत्र के आशय की गहराई को ध्यान में रखना चाहिए। सच है कि हम अभी उस दर्दनाक माहौल में नहीं पहुँचे हैं, लेकिन यह सच है कि हम उत्साहवर्धक हालत में नहीं हैं। इस पक्ष की एक दिशा और भी है जो आशा की किरण पैदा करती है। 1984 में जब भोपाल में कुख्यात गैस दुर्घटना घटित हुई थी तब बहुत दिनों तक विश्वविद्यालय और महाविद्यालय के वे छात्र जो शैतानियत के लिए बदनाम थे, उन्हें जरूरतमंदों की खिदमत और अभागों की मदद करते देखा गया था। उन्हें देखकर बहुत से लोगों को अपने विचार और मान्यताएँ बदलनी पड़ी थीं। हमारे युवकों में नैतिकता और मूल्यों के साथ संवेदनशील एवं उत्तरदायी नागरिक बनने की आवश्यक क्षमता विद्यमान है। लेकिन मुसीबत यह है कि उन्हें ऐसे आदर्श अध्यापक, नेता या अभिवावक नहीं मिल रहे, जिनका वे अनुकरण कर सकें। आजादी के पहले के दिनों में बड़े लोग स्वयं को उदाहरण के रूप में पेश करते थे। युवक भी पूरी ताकत के साथ वैसा ही करने की कोशिश करते थे। आज हमारी प्रौढ़ पीढ़ी निःसंदेह इस मामले में असफल हुई है। इसी का परिणाम है कि छुट्टियों की, धीरे काम करने की और जवाबदेही न मानने की संस्कृति हमारे युवकों में फैलती जा रही है। दिए गए काम को पूरा करने के लिए एक प्रकार के समग्र रूपांतरण की भी जरूरत है, ताकि डबवाली जैसी दुर्घटनाओं व हादसों के क्रम में और पुनरावृत्तियाँ न हों।

जीवन मूल्यों का व्यावहारिक प्रशिक्षण

सभी के लिए प्राथमिक शिक्षा की आवश्यकता हमारे संविधान निर्माताओं ने पूरी तरह समझी थी और उसके लिए आवश्यक निर्देश संविधान में ही निहित किए थे। यह भी निर्विवाद रूप से माना गया था कि स्वतंत्रता के बाद देश के विकास के लिए और अज्ञान, रूढ़िवादिता तथा गरीबी को मिटाने के लिए शिक्षा एक महत्त्वपूर्ण साधन होगी। इस क्षेत्र में उपलब्धियाँ नगण्य नहीं हैं। सदी के अंत में देश में साक्षरता का प्रतिशत पचास के ऊपर पहुँचा है। फिर भी महिलाओं की साक्षरता अभी भी चालीस प्रतिशत से नीचे है। छः से चौदह वर्ष के बच्चो में से लगभग आधे आज भी स्कूलों में नियमित रूप से नहीं जा रहे हैं, भले ही स्कूलों में अधिकांश नामांकन हुए हों।

शिक्षा के प्रसार की इस अवस्था में एक महत्त्वपूर्ण मुद्दा है—विभिन्न स्तरों पर मिल रही शिक्षा की गुणवत्ता तथा उपयोगिता का। क्या वर्तमान शिक्षा उन्हें जीवन में एक उपयोगी नागरिक बनाने के लिए तैयार कर रही है ? क्या शिक्षा का व्यक्ति को 'सँवारने' में पूर्ण उपयोग हम अपनी शिक्षा व्यवस्था और शिक्षण संस्थाओं के साथ कर पा रहे हैं ? क्या हम ऐसे समाज का निर्माण कर रहे हैं जहाँ पर व्यक्ति के अंदर मानवीय मूल्यों का समुचित विकास हो रहा हो ? इसमें ये आवश्यक होगा कि प्रत्येक व्यक्ति दूसरे के धर्म, संस्कृति और परंपराओं के प्रति आदर और सम्मान रखें, सहनशीलता को अपने में निहित करें और एक व्यापक दृष्टिकोण रखते हुए कल्पनाशीलता के साथ आगे आने वाले परिवर्तनों को समझ सकें तथा उनके साथ चल सकें। जो समस्याएँ इस समय देश के सामने उभरी हैं उनके संदर्भ में, विशेष रूप से उनके समाधान के लिए, शिक्षा का यह पक्ष अत्यंत महत्त्वपूर्ण हो जाता है। जनतांत्रिक मूल्यों और आस्थाओं का समुचित विकास करना शिक्षा व्यवस्था का आवश्यक उत्तरदायित्व है।

जीवन मूल्यों का विकास

जीवन में मूल्यों के प्रति सजगता और उनके विकास में सहजता का प्रारंभ निश्चित रूप से शिक्षण संस्थाओं और प्रशिक्षण विद्यालयों से ही बड़े स्तर पर प्रारंभ किया जा सकता है। शिक्षक को जो सम्मान पहले मिलता था, आज वह स्थिति बदल गई है। अब हमारे अध्यापक स्कूल-शिक्षक मात्र रह गए हैं। वे गाँवों के शिक्षक या समुदाय

के शिक्षक नहीं रहे। इसके कारणों को समझना प्रकारांतर होगा। यह हम सबको स्वीकार करना होगा कि स्कूलों और शिक्षण संस्थाओं की समाज और देश के निर्माण में भागीदारी केवल कुछ विषयों का अध्ययन या परीक्षा उत्तीर्ण करने तक ही सीमित नहीं रह सकती। यह समय व्यक्तित्व के विकास और निर्माण के लिए लगातार सुनियोजित प्रयत्न करने का है।

मूल्यों की शिक्षा किस प्रकार दी जाए; इस संबंध में कई अभिनव प्रयोग किए गए हैं और निश्चित रूप से गहन अध्ययन के बाद लिखी गई पुस्तकें और विचारधाराएँ ढूँढ़ी जा सकती हैं। एक दशक से अधिक समय तक शिक्षक-प्रशिक्षण महाविद्यालय में कुछ प्रयोग क्रियान्वित किए गए। इन प्रयत्नों में अधिकांश योजनाबद्ध तरीके से नहीं किए गए थे। केवल यह मान्यता सर्वोपरि थी कि संस्था का उत्तरदायित्व परीक्षाओं में प्रवीणता प्राप्त करने तक ही सीमित नहीं है, बल्कि और बहुत कुछ दिया जा सकता है। यह भी हमेशा ध्यान में रखा गया था। यदि अध्यापक-प्रशिक्षण की संस्था उदाहरण देकर मूल्यों का विकास करेंगी तो इसका प्रभाव बहुत से बच्चों पर आगे जाकर पड़ेगा। इसमें समय भले ही लगे, यह 'सब' तक पहुँचने का मार्ग हो सकता है। कुछ अनुभवों की चर्चा इस उद्देश्य से की जा रही है कि कोई भी शिक्षण संस्था एक बड़ा 'स्रोत' होती है; उनका उपयोग वहाँ के विद्यार्थी और अध्यापक मिलकर सीखने के लिए हर स्तर पर कर सकते हैं।

राष्ट्रीय सेवा योजना के अंतर्गत शहर से पंद्रह कि. मी. दूर लगभग पाँच सौ विद्यार्थी एक दिन के लिए गए थे। उन्होंने उस गाँव के आसपास काम किया और दोपहार को भोजन के लिए इकट्ठे हुए। उसी समय एक बूढ़ी महिला वहाँ पर आई। बुखार से वह काँप रही थी। उसने कहा कि आप लोगों में से किसी के पास बुखार की एक गोली होगी ? उस गाँव में एक प्राथमिक चिकित्सा केंद्र है। यह राज्य की राजधानी से इतना निकट है, फिर भी वहाँ पर ऐसी स्थिति है। उनमें से किसी ने प्राथमिक चिकित्सा का सामान साथ में नहीं रखा था। बुखार की वह गोली किसी के पास नहीं थी। आगे का कार्यक्रम बदल गया और कई घंटे इस बात पर चर्चा हुई कि एक संस्था को अपने कार्यक्षेत्र के समुदाय के लोगों से किस प्रकार उनकी समस्याओं को जानने का प्रयत्न करना चाहिए। उनके उत्तरदायित्व संस्था की सीमा के बाहर क्या हैं और किस प्रकार उनका निर्वाह किया सकता है ? इस घटना का प्रभाव कम न हो, अतः समय-समय पर इस प्रकार की स्थितियों में इन प्रशिक्षु अध्यापकों को भेजा जाता रहा और इन बिंदुओं की तरफ उनका ध्यान लगातार आकर्षित किया जाता रहा है। लोगों को निकटता से जानने पर प्रशिक्षार्थियों में उत्तरदायित्व तथा समझ निश्चित ही बढ़ती है।

विशिष्ट व्यक्तियों का मूल्य विकास में योगदान

वे लोग जिन्होंने जीवन में अपने त्याग से, अपनी प्रखरता, प्रतिभा या सृजनात्मकता

से समाज में एक स्थान बनाया है और सम्मान पाया है, जब विद्यार्थियों के सामने आते हैं तो एक न मिटने वाला प्रभाव छोड़ जाते हैं। ऐसे व्यक्ति आज बहुत कम हैं, जिनके प्रति समाज में अगाध श्रद्धा और सम्मान हो। कक्षा छः से बारह के लगभग साढ़े सात सौ विद्यार्थियों के सामने प्रसिद्ध गांधीवादी स्वतंत्रता सेनानी पं. काशीनाथ त्रिवेदी को लाया गया। उस समय उसकी उम्र अस्सी वर्ष के ऊपर थी। जो कुरता-धोती और चप्पल वे पहने थे, उसका उपयोग कई वर्षों से हो रहा था, यह स्पष्ट दिख रहा था। स्कूल के प्रारंभ होने का समय था। सारे विद्यार्थी खड़े थे। उनके सामने उनके अध्यापक भी खड़े थे। काशीनाथजी जब वहाँ पहुँचे तो विद्यार्थियों में एक हलकी सी हँसी की लहर दौड़ गई। वह थोड़ी देर में रुकी। काशीनाथजी ने पंद्रह मिनट विद्यार्थियों से बात की। विद्यार्थियों में परिवर्तन दिखाई दिया जो इतने कम समय में साधारणतयाः संभव न था। उनकी बात खत्म होने पर विद्यार्थियों ने वह सब निर्देश तोड़ दिए जो उन्हें ऐसे अवसरों पर दिए जाते थे। उनमें से एक यह था कि मुख्य अतिथि के चले जाने तक सभी विद्यार्थी चुपचाप खड़े रहें। विद्यार्थियों ने दौड़कर काशीनाथजी को घेर लिया। अध्यापक उनको रोकना चाहते थे, पर पंद्रह मिनट के अंदर सारे विद्यार्थी अपने मुख्य अतिथि से भावनात्मक रूप से जुड़ गए थे। वे अधिक-से-अधिक समय उनके साथ बिताना चाहते थे और जानना चाहते थे कि उन्होंने गांधीजी के साथ कैसे समय बिताया ? उन्हें निर्देशों का जीवनपर्यंत कैसे पालन किया और आज इस उम्र की दहलीज पर वे इतना कार्य कैसे कर लेते हैं। विद्यार्थी बहुत प्रभावित हुए और उनसे पुनः मिल पाने का आश्वासन पाकर ही विद्यार्थी अपनी कक्षाओं में गए। आदर की भावना और सम्मान और दूसरों के प्रति सम्मान को सीखने का इससे और अच्छा तरीका क्या हो सकता है ! इन्हीं काशीनाथजी के साथ महात्मा गांधी के पौत्र श्री प्रभुदास गांधी प्रशिक्षण महाविद्यालय में आए। सभी उनकी बात सुनना चाहते थे। शायद संस्था के चौकीदार और वह कर्मचारी जिन्हें अपने कार्यस्थल पर होना चाहिए था, वे भी वहाँ पहुँच गए थे। जब प्रभुदास गांधी मंच से उठकर चले तो उनकी चप्पल टूट गई। उन्होंने उसे उठाकर जोड़ने की कोशिश की और इस पर वहाँ सन्नाटा छा गया।

तुलसीदासजी के रामचरितमानस पर इस शहर में हर साल एक जाने-माने विद्वान् प्रवचन देने आते थे वे अपनी बात कितनी सहजता और सरलता से कह रहे हैं, वे सामने बैठे लोगों की मनोभावना से अपने को किस प्रकार जोड़ लेते हैं, उनके बोलने की शैली, अपना पक्ष रखने की क्षमता और अपने विषय के ज्ञान की गहनता—यह सभी बहुत प्रभावित करते हैं। यह देखकर उनसे आग्रह किया गया कि वह इन बिंदुओं को देखें जो एक अध्यापक के रूप में प्रशिक्षु शिक्षकों के लिए उपयोगी होंगे। उन्होंने कहा कि अपने स्वास्थ्य के कारण वे एक दिन में केवल एक घंटे ही बोलते हैं। उनसे अनुरोध किया गया कि संस्था में वे प्रशिक्षु अध्यापकों से केवल दस मिनट बातें कर लें। उन्होंने कहा दस मिनट में मैं क्या कह सकता हूँ ? उसने पुनः आग्रह था

कि 'संस्था में सभी धर्मों के विद्यार्थी हैं, इनमें से अधिकांश की मातृभाषा हिंदी नहीं है। रामचरितमानस से इनका परिचय बहुत अधिक नहीं होगा। क्या विभिन्न मातृभाषावाले इन विद्यार्थियों के लिए रामचरितमानस का कोई महत्त्व धार्मिक सीमाओं से अलग भी है ?' उनका उत्तर था, 'बहुत कठिन बात कही गई है, मैं आऊँगा'। वे आए और उन्होंने करीब सवा घंटे अपनी बात कही। सबको आश्चर्य हुआ कि उन्होंने सारी बात धार्मिक संदर्भों से हटकर की। उन्होंने उन बिंदुओं पर चर्चा की जो सभी धर्मों में समान रूप से स्वीकार्य हैं, जो सभी भाषाओं को जोड़ते हैं और जो समाज के विभिन्न वर्गों में कृत्रिम विरोधाभास को मिटाने का प्रयत्न करते हैं। उस दिन पहली बार लगा कि इस देश में जो संस्कृति पनपी है, उसमें सचमुच इस प्रकार की समझ का कितना बड़ा हाथ रहा है। जिस व्यक्ति को एक धर्म विशेष का धर्मोपदेशक मान लिया था। उसका कई धर्मों का अध्ययन कितना गूढ़ था और वर्तमान संदर्भ में लोगों के समक्ष उसे रखने की क्षमता कितनी प्रखर थी। विद्यार्थियों ने यह सब सीखा, साथ-साथ उनकी वाक्पटुता, शैली और समरूपता स्थापित करने की क्षमता भी सीखी। उनकी बात समाप्त होने के बाद लोगों ने इस पर लंबी चर्चा की।

ऐसा ही एक अन्य अवसर स्वामी आत्मानंदजी के साथ आया। आत्मानंदजी अपनी परीक्षाओं में प्रथम स्थान पर उतीर्ण हुए थे। भगवतगीता के प्रकांड विद्वान् और बस्तर के आदिवासी क्षेत्रों में शिक्षा के क्षेत्र में भी कार्य कर रहे थे। उनकी धाराप्रवाह बोलने की क्षमता और विचार बहुत प्रभावित करते थे। जब उनसे संस्था में आने का अनुरोध किया तो उनका भी यही प्रश्न था कि मैं क्या बोलूँगा ? उनसे सुझाव यह था कि आप विवेकानंदजी से कैसे प्रभावित हुए थे। आत्मानंदजी ने अपनी बात प्रारंभ करने के पहले कहा, उनके बोलने का विषय होगा—'मैं विवेकानंद के प्रेम में कैसे पड़ा ? स्वामी विवेकानंद के व्यक्तित्व और चिंतन के संबंध में समाने उपस्थित लोगों के साथ उनके ही स्तर पर आत्मानंदजी ने अपनी सारी बात कही। उनके चले जाने के कुछ दिन बाद लाइब्रेरी में पता किया कि क्या कुछ विद्यार्थियों ने स्वामी विवेकानंदजी के बारे में जानने का प्रयत्न किया ? पता चला कि स्वामीजी से संबंधित सभी पुस्तकें विद्यार्थियों ने देखी हैं और ली हैं तथा अनुरोध किया है कि वे और भी पुस्तकें इस संबंध में पढ़ना चाहेंगे। यह प्रयत्न सफल दिखाई दिया।

संभवतः शैक्षणिक वातावरण के निर्माण के लिए इस प्रकार के कार्यक्रमों का अपना महत्त्व है। व्यक्तित्व की पूर्णता के लिए भी ऐसे प्रयोग या कार्यक्रम लगातार होते रहने चाहिए। देशभक्ति की भावना प्रत्येक नागरिक के अंदर सही ढंग से विकसित करने के लिए यह आवश्यक है। अध्यापकों को इसकी समझ प्रशिक्षण के दौरान दी जानी चाहिए। इस संबंध में एक छोटा सा प्रयोग इस प्रकार है। बंगलादेश में 1971 की लड़ाई के एक 'हीरो' ब्रिगेडियर के. पी. पांडे भोपाल में रहते हैं। कई अवसरों पर उनसे मिलना होता था। उनसे एक बार अनुरोध किया गया कि वे प्रशिक्षु अध्यापकों के सम्मुख अपने अनुभव रखेंगे। वे तैयार हो गए। उनकी बात का उद्देश्य

यह भी था कि ये लोग जानें कि सेना किस प्रकार कार्य करती है और ऐसे अवसरों पर अपने को किस प्रकार व्यवस्थित करती है, नागरिकों का क्या कर्तव्य होता है। निश्चित ही वे उन घटनाओं को भी बताएँ जो लड़ाई के दौरान लोगों को प्रेरणा देती हैं। ब्रिगेडियर पांडे की शर्त यह थी वे तभी किसी भी समूह से चर्चा करते हैं, जब उनकी बात अनुशासन के तहत सुनी जाए। उन्हें इस बात का आश्वासन दिया गया। ब्रिगेडियर पांडे की बात सुनने के लिए बड़ी उत्सुकता थी। लगभग छः सौ लोग हॉल में बैठे थे। उनके आने पर उन्हें सीधा वहाँ नहीं ले जाया गया जहाँ विद्यार्थी बैठे थे। विद्यार्थियों से पहले यह बताया गया कि संभव है यह आयोजन तीन-चार घंटे तक चले। इसकी कोई निश्चित समय-सीमा नहीं है, जैसे लड़ाई कितनी देर चलेगी, यह पहले से निर्धारित नहीं किया जा सकता। अतः केवल वही लोग हॉल में रहें जिनमें आखिर तक बैठे रहने और सुनने की क्षमता हो और उसके लिए आवश्यक रुचि भी हो। जिनको ऐसा नहीं लगता है, वे बिना किसी संकोच के उठकर जा सकते हैं; उसके बाद ही वक्ता को यहाँ पर लाया जाएगा। कोई भी उठकर नहीं गया। करीब पौने तीन घंटे तक यह प्रस्तुति चली, जिसमें बहुत सी चीजें भी दिखाई गईं। सभी ने बड़े मनोयोग से सुना। इस दौरान कोई नहीं उठा। सेना के बारे में जानकारी, देशभक्ति की भावना की समझ और अनुशासन ये तीन मूल्य व्यावहारिक रूप से इन प्रशिक्षु-शिक्षकों के सामने रखे गए।

मूल्य विकास एवं संस्थाएँ

1984 में दो भीषण दुर्घटनाओं ने सारे देश को प्रभावित किया। 31 अक्तूबर के बाद देश में जो आक्रोश फैला उसमें कितने ही लोगों की जानें गईं। भोपाल में इस वर्ष गैस त्रासदी की क्रूर दुर्घटना हुई, जिसमें हजारों लोगों की अकाल मृत्यु हुई। लाखों आज भी उसके प्रभाव से ग्रसित हैं। '84 के दंगों के समय चार छात्रावासों में से एक में केवल एक ऐसा विद्यार्थी था जिसके लिए प्रशासन की तरफ से यह कहा गया कि ऐसे सभी विद्यार्थियों को उनके घर भेज दिया जाए। संबंधित अध्यापकों ने उस विद्यार्थी को बुलाकर पूछा कि वह क्या कहीं जाना चाहता है या नहीं, उसे किसी प्रकार की आशंका तो नहीं है ? वह चाहे तो उसको सुरक्षित रखने की व्यवस्था की जा सकती है। इस बातचीत का अंदाजा उस छात्रावास के अन्य विद्यार्थियों को लगा। वे बड़ी संख्या में पास आए और उन्होंने जो बात कही, वह किसी भी हृदय को छू जाने वाले थी। 'ये तो हमारा साथी है, इसके संबंध में किसी प्रकार की आशंका कैसे की जा सकती है ! यदि बाहर से भी कोई तत्त्व इसे हानि पहुँचाना चाहेंगे तो हम सब आगे आएँगे।' जहाँ पर भावनाएँ और वे भी मानवीय संबंधों की इतनी प्रबलता हो वहाँ किसी आशंका की गुंजाइश नहीं रखनी चाहिए। इन विद्यार्थियों की बात पर पूरा विश्वास किया गया और ये सभी उस दौरान वैसे साथ-साथ रहे जैसे कि उन्हें रहना चाहिए था।

भोपाल गैस त्रासदी की याद आते समय प्रारंभिक शिक्षा से मिलने वाली जानकारी की आवश्यकता और उसकी उपयोगिता का ध्यान आता है। जिस फैक्टरी से यह गैस रिसी थी, उसके आसपास के लोगों को यदि इतना बता दिया गया होता कि ऐसी अवस्था में चेहरे के ऊपर गीली पट्टी रखकर लेट जाने से कोई खतरा नहीं होगा; तो शायद कितनी ही जाने बच जातीं। इसके विपरीत लोग अपने घरों से भागे और भागने में उन्होंने और ज्यादा गैस अपने शरीर के अंदर प्रवेश होने दी। इस घटना का पता लगा। शहर में लोगों को भागते देखा, आवाजें सुनीं और कुछ व्यक्तियों और स्रोतों से संबंध स्थापित करने का प्रयत्न किया। चूँकि घटना रेलवे स्टेशन के पास हुई थी अतः एक फोन रेलवे स्टेशन पर भी किया गया। फोन किसी ने उठाया और कहा, 'मैं मर रहा हूँ, मुझसे बोला नहीं जा रहा है, चारों तरफ हाहाकार मचा है।' इसके बाद फोन कट गया। और जानकारी प्राप्त करने की कोशिश की और कहा गया कि गैस का रिसना बंद हो चुका है। जो लोग जहाँ हैं उन्हें वहीं रहना चाहिए। इस दौड़धूप में गैस का हलका प्रभाव गले और आँखों पर स्पष्ट रूप से पड़ चुका था। यह 2 और 3 दिसंबर के बीच की रात थी। संस्थान दुर्घटना के स्थान के करीब सात कि. मी. दूर था। बीच में भोपाल की प्रसिद्ध झील थी और हवा का रुख भी विपरीत दिशा में था। इसी कारण गैस का प्रभाव संस्थान में सीमित रहा।

अगली सुबह दुर्घटना की भीषणता का पता सबको लग चुका था। छात्रावासों के सारे विद्यार्थी और संस्था के अध्यापक इकट्ठे हुए और दुर्घटनाग्रस्त क्षेत्रों में चले गए। संस्था के स्कूल के अध्यापकों ने अपने विद्यार्थियों के घरों का पता लिया और एक-एक के बारे में जानकारी लेने गए। लगभग चार दिनों तक सारा संस्थान उन लोगों के बीच में कार्य करता रहा जो इस भयावह परिस्थिति से जूझ रहे थे। दूसरे दिन शाम को छात्रावासों में खबर आई कि कई विद्यार्थी बीमार हो गए हैं। यह कहना संभव नहीं था कि जो कुछ उन्होंने देखा, यह उसका प्रभाव है या अभी गैस की उपस्थिति उन क्षेत्रों में किसी-न-किसी प्रकार से है। एक वरिष्ठ डॉक्टर को लेकर प्रत्येक छात्रावास में गए और क्या-क्या सावधानियाँ बरतनी चाहिए, इस पर वहाँ चर्चा की गई।

भोपाल शहर इस दुर्घटना को कभी भूल नहीं सकेगा। शहर की हर संस्था और हर वह व्यक्ति जो मदद कर सकता था, आगे आया था। निराशा और दुख की उस स्थिति में भी इन लोगों को लगातार निःस्वार्थ भाव से काम करते देखा गया, जो आगे के लिए आशा और पुनर्निर्माण का संकेत था। हमीदिया अस्पताल में बहुत से विद्यार्थियों और छात्र-नेताओं को लगातार चालीस-पचास घंटे काम करते देखा था। अकसर छात्र-नेताओं के संबंध में धारणाएँ यही होती हैं कि वे इतनी जिम्मेदारी पूर्ण रूप से नहीं निभाते। परंतु इस अवसर पर जो कुछ देखा था, उससे इस आयु वर्ग के लोगों के प्रति सम्मान की भावना बढ़ी। जब भी समाज में ऐसी कोई दुर्घटना या दैवी विपत्ति आती है तो सामाजिक उत्तरदायित्व का बोध हर नागरिक के अंदर जाग्रत

होता है। जब शिक्षकों को प्रशिक्षित करते हैं, या संस्थानों में विद्यार्थियों को आगे के जीवन के लिए तैयार करते हैं तब उन्हें इन परिस्थितियों में योगदान करने के लिए ही तैयार करना होता है। मानवीय मूल्यों का विकास जिस रूप में इन परिस्थितियों में होता है उनको संस्थाएँ नजरअंदाज नहीं कर सकतीं। ऐसी कई संस्थाएँ इस देश में हैं जो बाढ़ आने या आग लगने पर दुर्घटनास्थलों पर जाकर महीनों रहीं और उन दिनों में उन्होंने जो कुछ सीखा वह शायद कक्षाओं में कई वर्षों में नहीं सीखा जा सकता। 1980 के आसपास शिक्षक-प्रशिक्षण के पाठ्यक्रमों में भारी परिवर्तन की संस्तुति की गई थी। उसमें समुदाय के साथ कार्य करने को विशेष महत्त्व दिया गया था। नीतिगत स्तर पर यह माना गया था कि सैद्धांतिक ज्ञान पर जोर देना सही है, परंतु उससे भी अधिक आवश्यक है प्रशिक्षु शिक्षकों को जीवन का व्यावहारिक ज्ञान देना; विशेष रूप से अपने सामाजिक उत्तरदायित्व का निर्वाह करना। इसके लिए आवश्यक है कि इन्हें वह सब कौशल सिखाया जाए जो इनके व्यक्तित्व को इस उत्तरदायित्व के लिए तैयार कर सके। इसी प्रक्रिया के तहत सप्ताह में एक बार इन्हें वर्गों में बाँटकर अस्पतालों, गाँवों, बस्तियों और अन्य संस्थानों में भेजा जाता था। इनमें से करीब बीस को 'आशा निकेतन' नामक संस्थान में अपंग बच्चों के साथ कार्य करने के लिए चुना गया। उसमें अधिकांश लड़कियाँ ही थीं। अपने अध्यापकों के साथ ये लोग वहाँ पहली बार गए और जो कुछ उन्होंने देखा उसे देख उन सबने कहा कि वे उस संस्थान में नहीं आएँगे। इस घटना पर विचार किया गया और स्थिति का समाधान खोजने का प्रयत्न कई सहयोगियों के सुझावों के आधार पर किया गया। अगले सप्ताह इन्हें बताया गया कि प्राचार्य भी साथ चलेंगे। विद्यार्थी अनमने भाव से जाने को तैयार हुए। जब सब लोग संस्था में उनके साथ पहुँचे तो एक बड़े हॉल के दरवाजे पर रुक गए। उसके अंदर कुछ अपंग बच्चे बिस्तरों पर थे। तीन और लोग भी थे—एक महिला, एक सहायक और कैमरामैन। सहायक की टोकरी में सेब थे। महिला उसमें से एक-एक सेब लेकर हर बच्चे को दे रही थी और फोटोग्राफ हर बिस्तर का लिया जा रहा था। सब लोग इसको काफी देर देखते रहे और उसके बाद आकर बाहर लॉन में बैठ गए। लगभग ढाई-तीन घंटे तक इस घटना की विवेचना होती रही और उसी समय उभरे—सामाजिक उत्तरदायित्व, वर्तमान परिस्थितियों में सही-गलत को समझने की क्षमता का विकास और इससे जुड़े हुए कई पहलुओं पर विचार-विमर्श हुआ। विद्यार्थी इन बच्चों के साथ कार्य करने को तैयार हो गए। उन्होंने वहाँ पूरे सत्र कार्य किया। इस घटना को याद रखकर उन सबको संस्था छोड़ने के तीन-चार दिन पहले पास बुलाया। उनके अनुभव सुने और उनमें से प्रत्येक ने कहा कि अगर उन्हें ऐसी किसी संस्था में कार्य करने का अवसर मिले तो वे पहले स्थान पर वहीं कार्य करना चाहेंगे। किसी अन्य साधारण स्कूल में तभी जाएँगे, जब ऐसा नहीं हो पाएगा। यह जानने की कोशिश की गई कि उनकी बातों में कितनी गहराई और समझ है। 'टीचर ट्रांसफारमेशन' के संबंध में जितनी भी सैद्धांतिक बातें कही जाती हैं, उन

सबको एक तरफ रखते हुए लगा कि इस प्रक्रिया के दौरान अध्यापक के दृष्टिकोण, समझ और परिप्रेक्ष्य में परिवर्तन अपेक्षित ढंग से प्राप्त कर लिया गया है। संभवतः व्यावहारिक अनुभव जो कुछ सिखाता है वह कक्षा के अंदर सीखे हुए को भी उपयोगी बनाता है।

समुदाय के संबंध में एक और अनुभव शिक्षा के प्रसार और सार्वजनीकरण से संबंधित है। 1980 के आसपास अनौपचारिक शिक्षा केंद्र खोलने की परियोजना प्रारंभ की गई। क्षेत्रीय शिक्षा महाविद्यालयों को कहा गया कि वे विभिन्न राज्यों में प्रायोगिक तौर पर केंद्र खोलें, उन्हें चलाएँ और शैक्षणिक दृष्टिकोण से इनका पूर्णरूपेण अध्ययन करें। इसके अंतर्गत चंद्रपुर (महाराष्ट्र), गोधरा (गुजरात) और राजगढ़ (मध्य प्रदेश) में दस-दस अनौपचारिक शिक्षा केंद्र खोले गए। राजगढ़ के पास एक गाँव में केंद्र खुला। वहाँ पर करीब दो सौ परिवार रहते थे, वे जंगलों में कार्य करते थे। वहाँ पर कोई स्कूल नहीं था। जब इन लोगों से बात की गई कि यहाँ पर एक अनौपचारिक शिक्षा केंद्र खोला जाना है तो उनकी प्रतिक्रिया अप्रत्याशित थी। उन्होंने इसमें कोई रुचि नहीं ली और बताया कि अकसर यहाँ पर लोग आते हैं, बड़ी-बड़ी बातें करते हैं और दोबारा नहीं आते। कुल मिलाकर उन्होंने प्रस्ताव को लगभग अस्वीकर कर दिया। काफी प्रयत्न के बाद वहाँ पर एक लड़की का पता लगा जो पढ़ी-लिखी थी। उस परिवार से बात की गई और उन्हें इस बात के लिए तैयार किया गया कि उस घर में वह लड़की एक अनौपचारिक शिक्षा केंद्र चलाए।

लगभग छः महीने बाद में वहाँ उस परिवार के पास जहाँ केंद्र चलाया था, बताया गया कि प्रारंभ में केवल आठ-दस बच्चे ही आते थे, आजकल करीब साठ बच्चे आते हैं। चूँकि सबको एक साथ नहीं बैठाया जा सकता था, अतः कुछ को सुबह तथा बाकी को शाम को बुलाने का प्रावधान किया गया। परंतु सभी बच्चे सुबह ही आना चाहते हैं और शाम को भी आ जाते हैं। गाँव के लोगों ने इसका समाधान निकाला। उन्होंने बाहर एक झोंपड़ी बनाई जिसमें ये सब बच्चे आराम से बैठ गए। इस बार उन्होंने बहुत सम्मान देते हुए बातचीत की और स्वयं वह जगह दिखाई जो उन लोगों ने अपने बच्चों के पढ़ने के लिए बनाई थी। यह बहुत बड़ा उदाहरण था। इस देश में अशिक्षित माता-पिता भी ये जानते हैं कि प्रारंभिक शिक्षा उनके बच्चों के लिए कितनी उपयोगी है। जब यह केंद्र प्रारंभ हुआ और पहले आने वाले आठ-दस बच्चों ने अक्षर-ज्ञान प्राप्त किया तथा अपने घरों में कुछ शब्द या अंक लिखकर दिखाने लगे तो उसका प्रभाव कई लोगों पर पड़ा और बच्चों की संख्या एकदम बढ़ गई। केंद्र नियमित रूप से चलता था। जिसका श्रेय उस केंद्र को चलाने वाली लड़की को जाता है। बच्चों ने कम समय में ज्यादा सीखा और समुदाय का सहयोग स्वतः प्राप्त हुआ। ऐसा हर उस जगह पर किया जा सकता है, जहाँ पर अनौचारिक शिक्षा केंद्र नियमित रूप से चलें, अध्यापक अपने उत्तदायित्व को समझें और सभी विद्यार्थी उचित समय पर वह सब सीखें जो उन्हें सीखना चाहिए। 1992 की शिक्षा नीति में और उसके पहले 1986 की शिक्षा

नीति में इस बात को माना गया है कि शिक्षा के सार्वजनीकरण के लिए समुदाय की भागीदारी आवश्यक है। यह पूर्ण विश्वास के साथ कहा जा सकता है कि यदि प्रयत्न सही दिशा में किया जाए तो यह भागीदारी बिना किसी कठिनाई के उपलब्ध होगी। अनौपचारिक शिक्षा केंद्र में पढ़ने वाले इन बच्चों को भोपाल में 15 अगस्त के कार्यक्रम में भाग लेने के लिए बुलाया गया। इन बच्चों के लिए यह नया अनुभव था। इसका प्रभाव उनके माता-पिता और गाँव के अन्य लोगों पर भी पड़ा।

शिक्षण संस्थाओं और प्रशिक्षण संस्थाओं में बिना किसी विशेष आयोजन के भी बहुत कुछ सीखा और सिखाया जा सकता है। जितने भी कार्यक्रम समारोह और आयोजन होते हैं, उन सबमें सभी विद्यार्थियों की सहभागिता आवश्यक होती है। संस्था को स्वच्छ रखना आगे के जीवन के लिए बड़ी तैयारी करवाता है। किसी भी घटना या दुर्घटना के प्रति संस्था के प्रबंधक और अध्यापक किस प्रकार का दृष्टिकोण अपनाते हैं, यह भी लगातार प्रभाव डालता है। स्वाभाविक तौर पर हर विद्यार्थी सीखने आता है और उसके लिए अवसर खोजता है। बहुत हद तक व्यक्तित्व के विकास और मूल्यों की शिक्षा बिना किसी दिखावे या अतिरिक्त प्रयत्नों के भी काफी हद तक दी जा सकती है। सबसे महत्त्वपूर्ण यह है कि संस्थाओं से जुड़े सभी लोग इसे अपना उत्तरदायित्व मानें और लगातार इसे याद रखें।

पाठ्यक्रम एवं सामाजिक अपेक्षाएँ

किसी भी शैक्षिक प्रक्रिया को मूर्त रूप प्रदान करने के लिए पाठ्यक्रम एक अत्यंत महत्त्वपूर्ण उपकरण है। इसके अभाव में शिक्षा दिशाविहीन, एकांगी एवं अधूरी परिलक्षित होती है। एक देश की शिक्षा के क्षेत्र में वहाँ का पाठ्यक्रम वहाँ की सामाजिक अपेक्षाओं तथा व्यक्तिगत आवश्यकताओं का दर्पण-सा प्रतीत होता है, जिसमें कोई अपरिचित भी तत्संबंधी जानकारियों को ढूँढ़ सकता है। देश की शिक्षा नीति के आधार पर राष्ट्रीय लक्ष्यों की प्राप्ति के उद्देश्य को ध्यान में रखकर पाठ्यक्रम का निर्माण किया जाता है। इस प्रकार पाठ्यक्रम में अनेक संभावनाएँ छिपी रहती हैं, जो भावी समाज तथा भावी पीढ़ी की परिकल्पना को साकार करती हैं। वास्तव में पाठ्यक्रम शिक्षण एवं अधिगम प्रक्रिया के लिए एक आधार प्रस्तुत करता है, इसलिए इसका नियोजन आवश्यक है। पाठ्यक्रम वे नियोजित अनुभव हैं जो कि अनुदेश द्वारा प्रदान किए जाते हैं; साथ ही पाठ्यक्रम निर्माण एक सतत परिवर्तनशील एवं विकासशील प्रक्रिया का परिणाम होता है। यह परिवर्तनशील प्रक्रिया कई बातों से प्रभावित होती है। उदाहरण के लिए सामाजिक परिवर्तन पाठ्यक्रम के द्वारा दिखाए जाते हैं। अन्य शिक्षा व्यवस्थाओं के पाठ्यक्रम भी इसे प्रभावित करते हैं एवं कुछ अनुकरण करने के लिए सामग्री देते हैं। शिक्षा जगत के नए शोध भी पाठ्यक्रम प्रभावित करने में सहायक होते हैं। इस प्रकार ये विभिन्न प्रभाव ही पाठ्यक्रम के संदर्भ में महत्त्वपूर्ण बिंदु बनते हैं जिनका अध्ययन आवश्यक होता है। परंतु इन बिंदुओं के अतिरिक्त और भी महत्त्वपूर्ण बिंदु हैं—पाठ्यक्रम का संगठन, इसकी तकनीकी तथा इसकी प्रणालियाँ। यद्यपि जिस प्रकार ज्ञान का भंडार बढ़ा है उससे विषयों की संख्या भी बढ़ी है। इसमें विज्ञान एवं प्रौद्योगिकी के विकास ने बहुत बढ़ावा दिया है। इससे अनेक नए विषयों का प्रादुर्भाव हुआ और पाठ्यक्रम में अनेक विषय जुड़े जैसे आजकल कंप्यूटर कोर्स इत्यादि। जहाँ सत्रहवीं तथा अठारहवीं सदी में प्राथमिक स्तर पर केवल तीन कौशलों—पढ़ना, लिखना और गणित का कौशल ही ध्यान देने योग्य माना गया था, वहीं उन्नीसवीं तथा बीसवीं सदी में अनेक विषय जैसे इतिहास, भूगोल, नागरिकशास्त्र, विज्ञान, गणित आदि अनेक विषयों को सूचीबद्ध किया गया, जिससे पाठ्यक्रम वृहद् होता चला गया। साथ ही अनेक प्रणालियाँ भी विकसित हुईं जिनके द्वारा पाठ्यक्रम

का नियोजन किया जाता रहा है। इस परिप्रेक्ष्य में पाठ्यक्रम संगठन के बारे में भिन्न-भिन्न विचारधाराओं ने जन्म लिया। इनके विस्तार में जाने से पहले यह जानना आवश्यक है कि समाज को पाठ्यक्रम से क्या अपेक्षाएँ हैं ?

सामाजिक अपेक्षाएँ

1. बच्चों में तार्किक रूप से सोचने की प्रक्रिया सिखाना।
2. उन्हें समाजोपयोगी बनाना।
3. उनको समता पर आधारित समाज का निर्माण करने के लिए विकसित करना।
4. मानवीय विकृतियों को कम करना।
5. सांस्कृतिक विरासत को उन पर हस्तांतरित करना।
6. बुद्धिमान एवं देशभक्त नागरिक उत्पन्न करना।

इन अपेक्षाओं को ध्यान में रखकर ही अधिकतर पाठ्यक्रम संगठित किए जाते हैं। पाठ्यक्रम संगठन की दो मुख्य विचारधाराएँ हैं—विषय केंद्रित पाठ्यक्रम एवं छात्र केंद्रित पाठ्यक्रम निर्माण। एक, विषयों के अध्ययन पर विशेष जोर देती है और दूसरी, बच्चों की आवश्यकताओं एवं उनके दृष्टिकोण पर बल देती है। इस प्रकार ये दोनों विचारधाराएँ अतिवादी हैं, अतः कुछ व्यवसायी (प्रैक्टिसनर) दोनों विचारों का मिश्रण करके दोनों के अतियों के बीच के सांतव्यक (कंटीन्यूयम) तक पाठ्यक्रम का निर्माण क्षेत्र निर्धारित करते हैं। इस प्रणाली में संज्ञानात्मक तथा मनोवैज्ञानिक शिक्षण अधिगम प्रक्रिया, दोनों के ही पहलू सम्मिलित हैं। अब प्रत्येक प्रणाली पर विस्तृत चर्चा आवश्यक है।

विषय केंद्रित पाठ्यक्रम

विषय केंद्रित पाठ्यक्रम में विश्वास रखने वाले चार आधारों पर अपनी विचारधारा के समर्थन में अपने तर्क देते हैं। ये चार आधार हैं :

1. विषय अधिगम को संगठित करने एवं व्याख्या करने के तार्किक तरीके हैं।
2. यह अधिगम संगठन भावी प्रयोग के लिए जानकारी को याद रखने में सहायता प्रदान करता है।
3. अध्यापक विषय विशेषज्ञ के रूप में प्रशिक्षित किए जा सकते हैं।
4. पाठ्यपुस्तक तथा अन्य शिक्षण सामग्री भी विषय के इर्द-गिर्द ही बनाई जाती हैं।

विषय केंद्रित पाठ्यक्रम निर्माण करने का तरीका एक पुराना तरीका है, फिर भी अधिकतर यही तरीका प्रयोग में लाया जाता है। इसके आधार पर प्रत्येक विषय को एक विशेष ज्ञान का खंड माना जाता है तथा विभिन्न विषय विभिन्न विषयवस्तुओं में श्रेणीबद्ध कर दिए जाते हैं। इन विषयवस्तुओं को सामान्य, विशेष तथा वैकल्पिक विषयों में बाँट दिया जाता है। शिक्षा में विभिन्न स्तरों पर इन विभिन्न विषयों को निश्चित करके रख जाता है।

इस विचारधारा के लोग शैक्षिक योग्यता के उन्नयन में विश्वास रखते हैं तथा वे

उच्च स्तर एवं कठोर परीक्षणों तथा ग्रेडिंग की पद्धति लागू करने पर जोर देते हैं। इस तरह के पाठ्यक्रम निर्माताओं की विचारधारा को इशेंशियलिस्ट तथा पेरेनियलिस्ट के समूह में रख गया। इनके पश्चात ऐसी विचारधारा उभरी, जो कि विज्ञान एवं गणित जैसे विषयों पर विशेष जोर देने लगी तथा विषयवस्तु के रटने पर विश्वास न करके धारणाओं, सिद्धांतों को जोड़ने में विश्वास करने लगी। इसी से एक नई प्रणाली ने जन्म लिया, जिसे 'इंक्वायरी पद्धति' का नाम दिया गया। इस पद्धति का उपयोग विज्ञान के विषयों में तो आसानी से हो सका, परंतु सामाजिक विज्ञान एवं कला विषयों में किस प्रकार जाँच-पड़ताल प्रणाली (इंक्वायरी) का प्रयोग किया जाए इस पर पाठ्यक्रम नियोजकों में मतभेद है। इस प्रणाली के प्रयोग के बाद पुनः पाठ्यक्रम की विषय की अनिवार्यता वाली उपागम आ गई, जिसमें अनिवार्य विषयों को कठिन तथा वैकल्पिक विषयों को सरल (साफ्ट) माना गया। इस तरीके को आधारभूत विषयों पर पुनः वापसी (बैक टु बेसिक्स) माना गया। तत्पश्चात् पाठ्यक्रम के स्तर को ऊँचा उठाने की प्रवृत्ति का विकास हुआ तथा यह माना गया कि न्यूनतम अधिगम स्तर की परिभाषा में परिवर्तन करते हुए उसमें वर्तमान में अन्य उन्नत कौशल जैसे संप्रेषण कौशल तथा कंप्यूटर कौशल भी शामिल करना चाहिए, ताकि वर्तमान पीढ़ी उस भावी समाज के लिए तैयार रहे जो उन्नति प्रौद्योगिकी से ओत-प्रोत होगा। इस प्रकार विषय केंद्रित प्रणाली विभिन्न चरणों से गुजरकर एक ओर आगे बढ़ती रही। दूसरी तरफ एक अन्य प्रणाली ने जन्म लिया, वह थी छात्र केंद्रित पाठ्यक्रम के संगठन की प्रणाली।

छात्र केंद्रित पाठ्यक्रम

जैसाकि नाम से ही विदित है, यह पाठ्यक्रम बच्चों की रुचियों, आवश्यकताओं पर जोर देता है, उनके भावनात्मक पक्ष को उभारने पर विशेष ध्यान देता है। इस अधिगम (वे, एप्रोच) का मूल महान् दार्शनिक रूसो के विचारों में है जिसने बच्चों की आत्म-अभिव्यक्ति को बहुत महत्त्वपूर्ण माना। उन्होंने सृजनात्मकता तथा स्वतंत्रता को बच्चों के विकास के लिए आवश्यक माना। बच्चे यदि अध्यापक की निरंकुशता से स्वतंत्र हैं तो बहुत प्रसन्न रहेंगे, जबकि विषय केंद्रित पाठ्यक्रम बच्चों के ऊपर प्रौढ़ों का आरोपित पाठ्यक्रम होता है और बच्चे उसके दबाव में रहते हैं। प्रगतिशील शिक्षा बच्चों के केंद्रित पाठ्यक्रम को उन्नत करने में विश्वास रखती है। बच्चे अपनी रुचि के अनुसार पढ़कर अधिक सीखते हैं। फिर भी कुछ आलोचकों का यह मानना है कि इस विधि से पढ़ने पर बच्चों की संज्ञानात्मक पकड़ कमजोर रहती है।

संभवतः इस उपरिवर्णित आलोचना की वजह से ही जॉन डिवी ने एक समन्वित एवं संतुलित पाठ्यक्रम की अनुशंसा की, जिसमें विषयवस्तु एवं बच्चों की रुचियों, दोनों का सम्मिश्रण किया गया। उनका मानना था कि रुचियों का विकास संज्ञानात्मक अधिगम के विकास में सहायक हो सकता है।

जॉन डिवी के इन विचारों के बावजूद भी कुछ विचारकों जैसे पेस्टालाजी तथा

फ्रोबेल ने मानव भावनाओं को ऊपर रखा। फ्रोबेल ने जर्मनी में किंडरगार्टन को प्रारंभ किया, जहाँ स्वतंत्र वातावरण में गानों, कहानियों तथा खेलों के माध्यम से पढ़ाई का कार्यक्रम आगे बढ़ाया और शिक्षण का प्रयास किया। इसी प्रकार मारिया मान्टेसरी ने रोम में जो शिक्षण विधि अपनाई वह कार्य एवं खेल, दोनों को जोड़ती थी। संभवतः विद्यालय पूर्व शिक्षा के कार्यक्रमों में इन्हीं सिद्धांतों को अपनाते हुए आजकल भी खेल-विद्यालयों की भरमार होती जा रही है। अनेक प्रकार के प्रयोग-विद्यालय इन्हीं सिद्धांतों पर स्थापित किए जा रहे हैं, जहाँ नवाचारों का प्रयोग करके देखा जा रहा है।

यही नहीं, यह बाल केंद्रित पद्धति विशिष्ट वर्ग समूहों के लिए भी कारगर मानी जा रही है। ये वर्ग समूह प्रतिभाशाली बच्चों, सुविधा विहीन, अपंग, स्कूल छोड़े हुए, अल्पसंख्यक तथा जाति समूह से संबंधित हैं।

इसी धारा का आगे बढ़ाते हुए कई ऐसे क्रांतिकारी विचारक भी हुए जिन्होंने मात्र बच्चों की स्वतंत्रता पर जोर दिया। इनमें प्रमुख इवान इलिच, हर्बर्ट कोल, जार्ज डेरीसन, जेम्स हर्डन हैं। इन्होंने स्कूल की स्थापना पर ही प्रश्न चिह्न लगा दिया।

किल्पैट्रिक ने क्रियाविधि केंद्रित पाठ्यक्रम का प्रारंभ किया; जिसमें जीवन का समस्याओं से सीधा संबंध है। उनके विचार को कॉलिन्स, जो किल्पैट्रिक के शोध छात्र थे, जो पाठ्यक्रम तथा शैक्षिक रणनीतियाँ बताईं उसमें जीवन के अनुभव पर आधारित ज्ञान, समूह खेल, नाटकीयता कहानी प्रोजेक्ट, फील्ड ट्रिप, रुचि केंद्र, सामाजिक एंटरप्राइज सम्मिलित किए।

राष्ट्रीय स्तर पर पाठ्यक्रम

भारतीय शैक्षिक जगत में भी इन विदेशी शिक्षा के विचारों का प्रभाव धीरे-धीरे प्रविष्ट हुआ। परिणामतः दोनों प्रकार के पाठ्यक्रमों का उपयोग भिन्न स्कूलों में होता है। अधिकतर सरकारी विद्यालय तो विषय केंद्रित पाठ्यक्रम का उपयोग करते हैं। कुछ निजी विद्यालय या प्रयोगात्मक विद्यालय ही दूसरी श्रेणी के पाठ्यक्रम का प्रयोग करते हैं। देश की शिक्षा नीति सरकार द्वारा अनुमोदित होती है। उस नीति को क्रियान्वित करने तथा शिक्षा के क्षेत्र में शोध एवं नवाचार का कार्य करने के लिए 'राष्ट्रीय शैक्षिक अनुसंधान एवं प्रशिक्षण परिषद्' नामक संस्था पाठ्यक्रम निर्माण का भी कार्य करती है, जिससे राज्यों के स्तर की शिक्षा के लिए भी निर्देश एवं मार्गदर्शन मिलता है। उदाहरण के लिए 1975 का 10+2 पाठ्यक्रम तथा 1986 की शिक्षा नीति के बाद बनाया गया राष्ट्रीय पाठ्यक्रम नीति के क्रियान्वयन का परिचय देते हैं। 10+2 पाठ्यक्रम की प्रमुख विशेषता यह रही कि यह विषय केंद्रित पाठ्यक्रम है तथा कक्षा दस तक विभिन्न विषयों को अनिवार्य रूप से सभी बच्चों को पढ़ने के लिए अनिवार्य किया गया। जो विषय इसमें सम्मिलित किए गए वे इस प्रकार थे—प्राथमिक स्तर पर भाषा, गणित, पर्यावरण अध्ययन (सामाजिक अध्ययन एवं विज्ञान) कार्य अनुभव कला तथा स्वास्थ्य शिक्षा एवं खेल। प्राथमिक स्तर में कक्षा एक से पाँच तक का पाठ्यक्रम

था। माध्यमिक स्तर पर कक्षा छः से कक्षा आठ तक का पाठ्यक्रम निर्धारित किया गया। जिसके विषय इस प्रकार थे—प्रथम भाषा, द्वितीय भाषा, विज्ञान (जीव विज्ञान तथा भौतिक विज्ञान), सामाजिक विज्ञान (इतिहास, भूगोल, नागरिकशास्त्र एवं अर्थशास्त्र), कला, कार्यानुभव, शारीरिक शिक्षा—स्वास्थ्य शिक्षा और खेल।

उच्च माध्यमिक स्तर पर कक्षा नौ एवं दस के लिए प्रमुख विषय थे—प्रथम भाषा, द्वितीय भाषा, तृतीय भाषा, गणित, विज्ञान, सामाजिक विज्ञान (उपरिवर्णित तरीके से) कला, कार्यानुभव, शारीरिक शिक्षा, स्वास्थ्य शिक्षा एवं खेल।

इस पाठ्यक्रम का उद्देश्य था कि देश के सभी राज्यों में कमोबेश इसी पाठ्यक्रम को स्वीकार किया जाए, ताकि शिक्षा में एकरूपता स्थापित हो सके और बच्चों के स्थानांतरण में किसी असुविधा का सामना न करना पड़े।

दूसरा राष्ट्रीय स्तर का पाठ्यक्रम 1988 में बना जिसकी प्रमुख विशेषता यह थी कि न्यूनतम अधिगम स्तरों को विद्यालयीन शिक्षा के प्रत्येक स्तर पर परिभाषित करना, उन सामान्य आधारभूत तत्त्वों को पाठ्यक्रम में सम्मिलित करना जो देश की सामाजिक, सांस्कृतिक तथा राजनीतिक लोकाचारों (इथॉस) को परिलक्षित करते हैं। इस पाठ्यक्रम में दो वर्ष का कोर्स पूर्व प्राथमिक विद्यालय का है। जिसमें समूह गतिविधियाँ, खेल-खेल में पढ़ने के तरीके, भाषा के खेल, संख्या के खेल तथा पर्यावरणी जानकारी से संबंधित क्रियाविधि आदि का समावेश है। जिससे सीखने की प्रक्रिया आनंददायी बने। किसी भी विषय विशेष की पढ़ाई आवश्यक नहीं मानी गई है। प्राथमिक शिक्षा आठ वर्ष की तय की गई है। प्रारंभिक इसमें पाँच वर्ष की प्राथमिक शिक्षा तथा तीन वर्ष की उच्च प्राथमिक शिक्षा है। प्राथमिक स्तर पर I भाषा जो कि मातृभाषा होगी अथवा क्षेत्रीय भाषा, गणित, पर्यावरण अध्ययन और II कार्यानुभव, कला शिक्षा, स्वास्थ्य तथा शरीरिक शिक्षा।

उच्च प्राथमिक स्तर पर—तीन भाषाएँ, विज्ञान, सामाजिक विज्ञान, कार्यानुभव, कला शिक्षा, स्वास्थ्य और शरीरिक शिक्षा।

उच्च प्राथमिक स्तर के पश्चात् माध्यमिक स्तर का दो वर्ष का पाठ्यक्रम तीन भाषाएँ, गणित, विज्ञान, सामाजिक विज्ञान, कार्यानुभव, कला शिक्षा, स्वास्थ्य और शरीरिक शिक्षा।

इन राष्ट्रीय स्तर पर निर्मित पाठ्यक्रमों को विभिन्न राज्यों ने थोड़े-बहुत परिवर्तनों के साथ अपनाने का प्रयास किया है। राज्य के स्तर पर शिक्षा बोर्ड या राज्य शिक्षा विभाग पाठ्यक्रम को निर्धारित करते हैं। वे ही निर्देश देते हैं कि कौन से विषय पढ़ाए जाएँ, उन्हें क्या अंक दिए जाएँ और परीक्षा प्रणाली क्या हो आदि। इस प्रकार विभिन्न राज्यों में पाठ्यक्रम की रूपरेखा में भिन्नता पाई जाती है।

पाठ्यक्रम संशोधन

पाठ्यक्रम को संशोधन एक सतत प्रक्रिया है। यद्यपि यह सुझाव तो दिया जाता है—

प्रति पाँच वर्ष के बाद पाठ्यक्रम का संशोधन उसकी क्रियान्विती के बाद प्राप्त टिप्पणियों एवं सुझावों के आधार पर होना चाहिए। वास्तव में शिक्षण कार्यक्रमों के ऊपर प्रतिक्रिया मूल्यांकन के द्वारा प्राप्त होती है और यदि कोई पाठ्यवस्तु कक्षा के स्तर से ऊपर या नीचे की प्रतीत हो रही हो तो उसका परिवर्तन आवश्यक है, ताकि पाठ्यक्रम एवं विद्यार्थियों के परिपक्वता के स्तर में तालमेल बैठ सके। अधिकतर शैक्षिक शोधों में इस विषय पर अधिक ध्यान नहीं दिया जाता और न ही पाठ्यक्रम संशोधन हो पाते हैं। विषयवस्तु जो वर्षों से किसी पाठ्यक्रम में समाहित है वही चलती रहती है। हाँ, यदि कोई आकादमिक किसी विदेशी प्रभाव के फलस्वरूप कुछ नई जानकारियाँ पाठ्यक्रम में बढ़ाता है या पुरानी परिवर्तित करता है, तभी कुछ संशोधन हो पाता है, लेकिन इस स्थिति में एक बात निश्चय ही नजरअंदाज हो जाती है वह है कि क्या उस विषयवस्तु का समावेश हमारे देश एवं समाज की आवश्यकताओं से मेल खाता है ? क्या वह अनुपयोगी तो नहीं है ? क्या हमारा देश उन्हें करने में सक्षम है ? आदि ज्वलंत प्रश्न हैं। इसी से जुड़ा हुआ दूसरा प्रश्न है, बच्चों के बस्तों के बोझ का। कहीं नवीनता लाने के उत्साह में विषयवस्तु इतनी तो नहीं बढ़ा दी गई है कि बच्चे उन जानकारियों के तले दबे जा रहे हैं जो जीवनोपयोगी न हों तथा मात्र जानकारी का बोझ ही हों। अतः पाठ्यक्रम के नियोजन में इस पहलू पर भी विशेष ध्यान देना चाहिए तथा यदि पाठ्यक्रम विस्तृत हो गया हो तो उसे संकुचित करना ही अभीष्ट है।

पाठ्यक्रम की भावी संभावनाएँ

यद्यपि भारत कंप्यूटर के क्षेत्र में उतना सक्षम नहीं है कि सभी विद्यार्थी उसकी जानकारी प्राप्त कर सकें तथा उसका उपयोग कर सकें, फिर भी आगामी वर्षों के लिए इसे पाठ्यक्रम का भाग बनाना ही होगा। यद्यपि आजकल भी विभिन्न निजी विद्यालयों में यह पाठ्यक्रम का भाग है।

चूँकि समस्त विश्व एक विश्व-गाँव के रूप में उभर रहा है तथा संप्रेषण तकनीकी विकसित हो रही है, इसलिए पाठ्यक्रम में इसकी तकनीकी एवं प्रौद्योगिकी को अवश्य जोड़ना पड़ेगा।

इसके अतिरिक्त शांति की शिक्षा देना भी अत्यंत आवश्यक होगा। यदि तनाव विहीन विश्व समाज का निर्माण करना है। लोगों को क्षेत्रीय, राष्ट्रीय, जातियों आदि के बीच के संघर्ष एवं तत्जनित तनावों से मुक्ति प्रदान करने के लिए शांति शिक्षा उनके जीवन निर्माण में सहायक होगी।

आजकल पर्यावरण प्रदूषण तथा पर्यारवरण संरक्षण दो अत्यंत महत्त्वपूर्ण मुद्दे हैं। जिनसे समस्त विश्व किसी-न-किसी तरह ग्रस्त है, अतः आवश्यक है कि विद्यार्थियों को इन समस्याओं के प्रति जागरूक एवं संवेदनशील बनाया जाए जिससे वे पर्यावरण संबंधी चुनौतियों का सामना कर सकें।

इसके साथ अपने देश की सांस्कृतिक धरोहर की रक्षा, उससे लगाव तथा उसके प्रति अपनी श्रद्धा बनाए रखने की शिक्षा भी आवश्यक है अन्यथा व्यक्ति अपनी अस्मिता ही खो बैठेगा। भारत में जो सांस्कृतिक अनेकता है उसको अक्षुण्य बनाए रखना तथा उसे सामंजस्य स्थापित करने के लिए बच्चों को प्रेरित करने के लिए शिक्षा का महत्त्वपूर्ण योगदान हो सकता है और यह पाठ्यक्रम का एक मुख्य बिंदु होगा।

वर्तमान में लिंग भेद मिटाने तथा बालिकाओं को समान दर्जा देने तथा उन्हें असुविधापूर्ण स्थिति से निकालकर सुविधापरस्त बनाने के लिए भी शिक्षा ही यह माध्यम है जो यह सुधार ला सकती है, अतः यह भी पाठ्यक्रम का अंग बनेगा।

परिवार नियोजन, स्त्रियों के शोषण के विरुद्ध अधिकार आदि की शिक्षा में यौन शिक्षा का महत्त्वपूर्ण स्थान है। इसका सबसे बड़ा योगदान एड्स जैसी भयानक बीमारी से बचने के लिए दी जाने वाली जानकारी से भी संबंधित है तथा अन्य देशों के पाठ्यक्रम का मुख्य हिस्सा है। अब भारत भी इस असाध्य बीमारी की त्रासदी से मुक्त नहीं है, अतः शैक्षिक विचारक यह मानने लगे है कि यौन शिक्षा को पाठ्यक्रम में जोड़ना चाहिए।

व्यावसायिक शिक्षा एक अत्यंत ही महत्त्वपूर्ण भाग है, जिसे देश की आवश्यकताओं के अनुसार पाठ्यक्रम में अवश्य जोड़ना चाहिए। औद्योगिकीकरण के चरण में लोगों की व्यावसायिक तकनीक कौशल विकसित करना अत्यंत आवश्यक है। समाज को समृद्ध बनाने तथा लोगों का जीवन स्तर ऊँचा उठाने के लिए आवश्यक है कि वे तकनीकी क्षेत्र में निपुण हों तथा मशीनों को सफलतापूर्वक उपयोग कर सकें।

अंत में, मूल्यों की शिक्षा पाठ्यक्रम का अभिन्न अंग होना चाहिए जो कि पाठ्यक्रमों में अंतर्निहित तो है, पर मुखर नहीं है। उनका स्पष्टीकरण अत्यंत आवश्यक है। भारत में तो मूल्यों का प्राचीन शिक्षा व्यवस्था में बहुत जोर दिया जाता था, परंतु आजकल यह कुछ ढीला पड़ गया है। उसे फिर से कसने की आवश्यकता है और इसकी अनिवार्यता पर ध्यान देने की जरूरत है। तभी सामाजिक मूल्यों के ढाँचे को सुदृढ़ किया जा सकता है। यह समाज अनुशासन से परिधिबद्ध रहेगा, तभी आपस में भाईचारा, सहयोग एवं सहिष्णुता जैसे मूल्य विकसित होंगे और पनपेंगे।

इस प्रकार पाठ्यक्रम का उत्तरदायित्व बड़ा ही वृहद् एवं गहन है। कई संवेदनशील एवं भयावह प्रश्नों को हल करने की जिम्मेदारी भी पाठ्यक्रम पर है। ये प्रश्न मुँह बाए नई सदी की दहलीज पर खड़े हैं जैसे न्यूक्लियर अस्त्र, प्रदूषित पर्यावरण, जातीय विभाजन, गरीबी, ईंधन की कमी इत्यादि ? क्या हमारे पाठ्यक्रम इन नई चुनौतियों का सामना करने वाले विद्यार्थियों को सक्षम बनाने के लिए पर्याप्त हैं ? क्या वर्तमान पाठ्यक्रम अभी के लिए एवं भविष्य के लिए युक्तिसंगत है ? क्या वे बदलते समाज के परिवेश के साथ बदल रहे हैं ? क्योंकि आज का समाज बहुत शीघ्रता एवं तीव्रता से बदल रहा है आदि, अनेक प्रश्न है जो समय-समय पर शैक्षिक जगत को झकझोरते हैं, अतः पाठ्यक्रम का नियोजन सामाजिक अपेक्षाओं, राष्ट्रीय आकांक्षाओं के अनुरूप होना अत्यंत आवश्यक है, तभी शिक्षा की गुणवत्ता सुनिश्चित की जा सकती है।

सीखने का स्रोत : भीतर का खजाना

यद्यपि शिक्षा व्यवस्था की जड़ देश की अपनी संस्कृति एवं आवश्यकता में रोपित होनी चाहिए, तथापि वह विश्व के संदर्भों से अछूती नहीं रह सकती। इसीलिए अंतरराष्ट्रीय स्तर पर शिक्षा के भूमंडलीय विकास को ध्यान में रखते हुए यूनेस्को ने 1991 में एक आयोग बैठाया जो विश्व के समस्त देशों को अपने-अपने देश की शिक्षा व्यवस्था को सुदृढ़ बनाने तथा शिक्षा प्रसार एवं शिक्षा की गुणवत्ता को बढ़ाने के प्रयास में दिशा ज्ञान दे सके। इस आयोग ने अपनी रिपोर्ट विभिन्न संस्तुतियों के साथ 1996 में प्रस्तुत की जो कि इक्कीसवीं सदी की शिक्षा व्यवस्था को रूपरेखा प्रदान करती है तथा शिक्षा के विभिन्न क्षेत्रों में क्रियान्वित करने के लिए अनेक सुझाव देती है। इस रिपोर्ट के उद्‌देश्य क्या हैं, क्षेत्र क्या है, किन सिद्धांतों पर आधारित है, क्या संस्तुतियाँ हैं आदि की विस्तृत जानकारी में जाने से पहले उन सभी पड़ावों की जानकारी भी आवश्यक है जिनकी यात्रा पूरी कर विश्व शिक्षा व्यवस्था आज इक्कीसवीं सदी की ओर जाने को तत्पर खड़ी है। अंतरराष्ट्रीय स्तर पर अन्य रिपोर्टें भी प्रस्तुत हुईं जो कि शिक्षा विकास की प्रगति यात्रा के मील के पत्थर हैं जिनके अभाव में वर्तमान आयोग की रिपोर्ट को आधार नहीं मिलता।

1972 में एक अंतरराष्ट्रीय आयोग ने शिक्षा के विकास पर एक रिपोर्ट प्रस्तुत की, जिसका नाम 'लर्निंग टु बी' था। इस आयोग के अध्यक्ष फ्रांस के प्रधानमंत्री एडगर फारे थे। वर्ष 1970 आर्थिक एवं सामाजिक प्रगति का वर्ष था। इस समय तक उपनिवेशवाद का पतन हो गया था और प्रगतिपूर्ण सह-अस्तित्व की संभावनाओं की चर्चा होने लगी थी। अंतरराष्ट्रीय सहयोग में विश्वास बढ़ने लगा था तथा 1960 का विद्यार्थियों का विद्रोह थम चुका था। वातावरण नई आशाओं तथा सुनहरे भविष्य की कल्पनाओं से भरा हुआ था। इस प्रकार इस रिपोर्ट ने एक 'लर्निंग सोसायटी' के निर्माण पर जोर दिया। 'जीवनपर्यंत शिक्षा' सभी देशों की शिक्षा का मुख्य तत्त्व बन गया तथा पृथक्-पृथक् देशों ने अपनी स्थानीय परिस्थितियों के अनुसार भिन्न-भिन्न रणनीतियों को अपनाया। 'फारे कमीशन' ने यद्यपि जीवनपर्यंत शिक्षा को विद्यालयीन शिक्षा प्रक्रिया नहीं माना, फिर भी इसे एक सिद्धांत के रूप में स्वीकार किया; जिस पर शिक्षा की समूची व्यवस्था आधारित हो, ताकि समाज का प्रत्येक व्यक्ति शिक्षित

हो सके और एक शिक्षित समाज का निर्माण हो सके। फारे रिपोर्ट ने एक नई शिक्षा व्यवस्था को लागू करने के लिए रूढ़िवादी शिक्षा के ढाँचे की असंगत बाधाओं को दूर करने का सुझाव दिया। उनकी आशा यह थी कि शिक्षा का पिछड़ापन तथा कमियाँ दूर की जाएँ, ताकि वे धीरे-धीरे शिक्षा की मानवीय आवश्यकता के संदर्भ में अनेक अपेक्षाओं को पूरा कर सकें।

'पिछले दशकों में हजारों प्रयोग इस दिशा में किए गए। सभी समय राष्ट्रीय स्तर पर रूढ़िवाद के विरुद्ध विकसित राष्ट्रों के तथा अंतरराष्ट्रीय संस्थाओं के अपर्याप्त सहयोग एवं घरेलू मामलों में विदेशी हस्तक्षेप एवं प्रशासकीय तथा अन्य संरचनाओं की कठोरता के विरुद्ध युद्धस्तर पर प्रहार आरंभ हुआ।' (एशर डेलन, कोरियर, 1995)

फारे रिपोर्ट के बाद विगत दो दशकों में शिक्षा के क्षेत्र में बहुत कुछ बदला है। जोमतियन (थाइलैंड) में 'सबके लिए शिक्षा' के संदर्भ में संगठित सम्मेलन में एक विश्वव्यापी प्रस्ताव प्रस्तुत हुआ जिसके अनुसार सन् 2000 तक 'सबके लिए शिक्षा' प्रदान करने का निश्चय किया गया। इस प्रस्ताव का सकारात्मक प्रभाव न केवल विकासशील देशों की शिक्षा नीतियों पर, बल्कि क्रियान्वयन रणनीतियों पर भी पड़ा। अब दबाव गुणवत्ता की ओर बढ़ा; जिसमें विद्यार्थी की उपलब्धि विद्यालय में प्रमुख थी तथा उन बच्चों को शिक्षा के लिए विद्यालय के विकल्प देने पर भी जोर था जो विद्यालय नहीं जा सकते तथा जिन्होंने शिक्षा पूरी किए बिना विद्यालय जाना छोड़ दिया था। जोमतियन के पश्चात् अनेक अन्य अंतरराष्ट्रीय उच्चस्तरीय संवाद हुए जिनका उद्देश्य सुनिश्चित किए गए लक्ष्यों को प्राप्त करना था। दिसंबर 1993 में दिल्ली में ई-9 समिति ने विशिष्ट मुद्दों पर जोर दिया। इस समिति में उन नौ जनसंख्या बहुल्य राष्ट्रों ने भाग लिया जो अपने अनगिनत अनपढ़ों की समस्या से जूझ रहे थे। इसी दौरान प्रौढ़ साक्षरता तथा अनौपचारिक शिक्षा का महत्त्व बढ़ा। यह एक सराहनीय प्रयास है।

बीसवीं सदी का अंतिम दशक संचार तकनीक के विस्फोट के लिए हमेशा याद किया जाएगा। इस संचार तकनीक का महत्त्व शिक्षा के फैलाव तथा इसकी गुणवत्ता की स्थापना के लिए दूरगामी महत्त्व रखता है। शिक्षा के प्रत्येक स्तर पर शिक्षण एवं अधिगम के स्वरूप के लिए इसके गंभीर परिणाम हो सकते हैं। विद्यालय, समुदाय तथा शिक्षक—सभी की भूमिकाएँ अत्यंत तेज गति से बदल रही हैं। सरकार का उत्तरदायित्व भी जटिल तनाव से ग्रस्त है। टेलीविजन, टेलीफोन तथा कंप्यूटर कक्षा के अंदर भी प्रयुक्त वस्तुएँ बन गई हैं। इसलिए अब संप्रेषण संचार तकनीक के संदर्भ में शिक्षा की नीतियों का नए सिरे से मूल्यांकन अत्यंत आवश्यक है, जो अनपेक्षित रूप से अपना प्रसार कर रही है, फिर भी स्वागत योग्य है। शिक्षा के एक ओर भूमंडलीकरण की वास्तविकताओं तथा दूसरी ओर उभरती हुई स्थानीय तथा सांस्कृतिक अस्मिता के संदर्भ में अपनी जिम्मेदारी निभानी है। संपूर्ण विश्व इस तथ्य की ओर संवेदनशील है। इसीलिए इन परिवर्तनों एवं चुनौतियों का सामना करने के लिए कैसे पहल की जाए इस संदर्भ में यूनेस्को ने इक्कीसवीं सदी के लिए एक अंतरराष्ट्रीय आयोग

नियुक्त किया जिसके अध्यक्ष जैक्स डेलर थे। आयोग की रिपोर्ट का शीर्षक है—'लर्निंग : द ट्रेजर विदिन' यानी 'अधिगमः अंतर्निष्ठ निधि' है। यह रिपोर्ट अगले दशकों में वाद-विवाद के लिए कई प्रमुख मुद्दे प्रस्तुत करेगी तथा अनेक भावी बिंदुओं, आशाओं तथा संभावनाओं को समझने के लिए एक प्रभावी साधन बनेगी। डेलर ने प्रारंभ में ही यह बताने का प्रयास किया कि किस प्रकार उन्होंने रिपोर्ट का शीर्षक चुना। यह फॉनटेन की कहानियों में से 'बच्चे एवं किसान' नामक कहानी से लिया गया :

विश्वास करो (कृषक ने कहा)
बेचो न विरासत को
छोड़ी है हमारे पुरखों ने
जो हमारे लिए
उन्हीं में भरा है
समूचा खजाना।

इन पंक्तियों को शिक्षा के परिप्रेक्ष्य में पुनर्वर्णित किया गया और इस प्रकार रखा गया :

विद्वान् था बूढ़ा व्यक्ति
जिसने बतलाया
अपनी मृत्यु के पहले ही
कि शिक्षा ही खजाना है।

श्री डेलर ने चौदह अन्य सदस्यों के साथ इस रिपोर्ट को तैयार करने का कार्य पाँच वर्षों में संपन्न किया। उनके साथी विश्व के भिन्न देशों की संस्कृति एवं शिक्षा व्यवस्था के विशेषज्ञ थे। ये क्रमशः फ्रांस (अध्यक्ष), जोर्डन, जापान, पुर्तगाल, जिंबाब्वे, पोलैंड, अमरीका, स्लोवेनिया, जमायिका, वेनेज़ुएला, सेनेगाल, भारत, मैक्सिको, कोरिया, चीन देशों का प्रतिनिधित्व करते हैं।

आयोग के उद्देश्य

समूची मानवता के लिए शिक्षा, विज्ञान एवं संस्कृति के संरक्षण एवं प्रसार के माध्यम से प्रगति एवं अंतरराष्ट्रीय सहयोग की सेवा करना आयोग का ध्येय है। इस महान् ध्येय के तहत इस आयोग के समक्ष उद्देश्य हैं :

- ❑ शिक्षा भावी वर्षों में जिन चुनौतियों को सामना करने वाली है उसका अध्ययन एवं उस पर चिंतन करना।
- ❑ रिपोर्ट के रूप में सुझावों एवं संस्तुतियों का निर्माण करना जो कि नीति-निर्धारकों को अपनी योजनाओं के नवीनीकरण में सहायता कर सकें। रिपोर्ट मुख्यतः सरकारों को ही संबोधित होगी।

- ❑ राष्ट्रीय सहयोग एवं सहायता के मुद्दों पर भी प्रकाश डालना।
- ❑ किस तरह के भावी समाज के लिए किस प्रकार की शिक्षा व्यवस्था की आवश्यकता होगी, बताना।
- ❑ भिन्न देशों में प्रचलित शिक्षा व्यवस्थाओं का अध्ययन करके उनके गुण-दोषों को जानना।
- ❑ शिक्षा से जुड़े निम्न आयु वर्ग के विद्यार्थियों, अध्यापकों, अभिभावकों, समुदाय के अन्य लोगों पर विशेष ध्यान देना।
- ❑ सरकार, समाज, शिक्षाविदों के सामने आने वाले मुख्य मुद्दों को ढूँढ़कर उनका विश्लेषण करना।
- ❑ समाज के नए स्वरूप की प्राथमिकताएँ तय करना, जो विश्वस्तरीय एवं क्षेत्रस्तरीय हों।
- ❑ शिक्षा एवं व्यवस्था संबंधी प्रश्न दो श्रेणियों में विभाजित होंगे। प्रथम श्रेणी के प्रश्न शिक्षा के उद्देश्य, लक्ष्य तथा कार्य से संबंधित होंगे जिसमें व्यक्ति के अपने स्वयंसिद्ध उद्देश्य भी निहित होंगे। दूसरी श्रेणी के प्रश्न उन लोगों से संबंधित हैं जो शिक्षा प्रदान करने वाले हैं जिसमें शिक्षा का मॉडल, ढाँचा, विषयवस्तु तथा शिक्षा व्यवस्था का कार्य करने का ढंग सम्मिलित है। इन दोनों ही प्रकार के प्रश्नों का अध्ययन एवं विश्लेषण करना।
- ❑ शिक्षा एक प्रगतिशील एवं सकारात्मक भूमिका निभा सके इसके लिए प्रयुक्त साधनों को प्रकाश में लाना।

क्षेत्र

उद्देश्यों की पृष्ठभूमि में आयोग ने अपना कार्य निष्पादन करने के लिए शिक्षा को जिस रूप में स्वीकार किया वह औपचारिक एवं अनौपचारिक क्षेत्र में विद्यालयीन शिक्षा के पूर्व-विद्यालय से लेकर विश्वविद्यालयीन तक के सभी स्तरों के एक वृहद् कैनवस को समेटती है। इसके अतिरिक्त सीखने की प्रक्रिया के व्यक्तिगत एवं सामाजिक उद्देश्यों की दृष्टि से छः प्रकार के विषयों को चुना गया। ये विषय थे : शिक्षा एवं संस्कृति, शिक्षा एवं नागरिकता, शिक्षा एवं सामाजिक समन्वय, शिक्षा कार्य एवं रोजगार, शिक्षा एवं विकास तथा शिक्षा शोध एवं विज्ञान। इन छः धाराओं में तीन अन्य विषयवस्तुओं को भी जोड़ा गया है जो कि शिक्षा व्यवस्था से संलग्न हैं। ये तीन विषयवस्तु हैं : शिक्षा व्यवस्था तथा संचार तकनीक, अध्यापक एवं शिक्षण और अर्थव्यवस्था एवं प्रबंधन। ये बिंदु आयोग के क्षेत्र का विवरण देते हुए उसकी सीमाएँ भी निर्धारित करते हैं।

रिपोर्ट के विभिन्न अध्यायों की मुख्य झलकियाँ

श्री डेलर ने स्वयं जो रिपोर्ट का भाग लिखा है उसका शीर्षक है—'एजुकेशन : द

नेसेसरी यूटोपिया' यानी 'शिक्षा : एक आवश्यक काल्पनिक व्यवस्था'। वे उसे काल्पनिक व्यवस्था मानते हुए ही लिखते हैं कि शिक्षा कोई जादू की छड़ी नहीं है जो खुल जा सिमसिम कहकर ऐसा दरवाजा खोल सके कि भीतर सभी आदर्श प्राप्त किए जा सकें। आगे उन्होंने सात प्रकार के तनाव रेखांकित किए, चार स्तंभ ढूँढ़े तथा तीन वर्तमान संकटों पर प्रकार डाला। साथ ही शिक्षा के समक्ष चार अहम मुद्दे बताए। श्री डेलर के अध्याय के बाद रिपोर्ट को तीन भागों में विभाजित किया गया जिनमें नौ अध्याय समाहित हैं तथा रिपोर्ट के अंतिम भाग में आयोग के ग्यारह सदस्यों के व्यक्तिगत लेख हैं। अवशिष्टों समेत दो सौ छियासठ पृष्ठों की यह रिपोर्ट अत्यंत मनोरंजक, अंतर्दृष्टि बढ़ाने वाली, ज्ञानवर्धक एवं मानसिक ताज़गी देने वाली है। शिक्षा के सभी आयामों जैसे पुराने संदर्भ, शिक्षा का विकास, प्रगति, अन्य क्षेत्रों से संबंध पर प्रकाश डालती हुई यह भावी दृष्टि एवं परिप्रेक्ष्य का परिदृश्य उभारती-सी प्रतीत होती है। समस्त अध्यायों के बीच जीवनपर्यंत शिक्षा की धारणा एक धारा की तरह लगातार प्रवाहित होती रहती है।

तनाव

मानवता के समक्ष शांति, स्वतंत्रता एवं सामाजिक न्याय चिरकालीन लक्ष्य हैं। इन्हें प्राप्त करने के प्रयासों को अनेक चुनौतियों का सामना करना पड़ता है। शिक्षा एक सार्थक संपदा है जो चुनौतियों का सामना करने के लिए किए गए प्रयासों की सफलता में सहायक हो सकती है। आयोग इस विश्वास को दोहरता है कि शिक्षा व्यक्तिगत एवं सामाजिक विकास में आधारभूत भूमिका निभाती है। 'शिक्षा एक महत्त्वपूर्ण साधन है जिसमें मानव के विकास का सुसंगठित स्वरूप पनप सके तथा जिससे गरीबी, अलगाव, अज्ञान, शोषण एवं युद्ध की स्थितियों का निराकरण हो सके।' यह वक्तव्य अत्यंत व्यापक है। नीति-निर्धारकों एवं क्रियान्वयन करने वालों के समक्ष शिक्षा व्यवस्था के लक्ष्य प्रस्तुत करता है। शिक्षा के परिणाम सभी को प्रभावित करते हैं चाहे वे जीवन की गुणवत्ता के संदर्भ में हों अथवा आर्थिक लाभ के लिए हों। अनेक देश विकास के अभाव की छाया से बाहर आए हैं तथा पर्याप्त जीवनस्तर को प्राप्त कर सके हैं। फिर भी बहुत से देश इतने भाग्यशाली साबित नहीं हुए। इसके अतिरिक्त धर्म या भाषा सरीखी अनेक प्रवृत्तियाँ जो सांस्कृतिक अस्मिता एवं समूह अभिव्यक्ति पर आधारित हैं, बड़े प्रभावपूर्ण ढंग से आगे आई हैं। इस प्रकार मात्र आर्थिक विकास ही सामाजिक विकास का मापदंड नहीं माना जा सकता है। जहाँ तक शिक्षा का प्रश्न है उसकी जिम्मेदारी तो शांति, धैर्य एवं साहस प्रदान करना भी है, परंतु दुर्भाग्यवश कई तरह के तनाव चारों ओर हैं, जिन्हें डेलर आयोग ने इक्कीसवीं सदी की समस्याओं का केंद्र बिंदु माना है। इन तनावों को सात प्रकारों में वर्गीकृत करते हुए प्रारंभ में वे स्थानीय तनावों एवं विश्वव्यापी तनाव की चर्चा करते हैं, क्योंकि उनका यह मानना है कि किसी भी स्थान के व्यक्ति धीरे-धीरे विश्व नागरिक बन जाएँगे। उनके जीवन

का प्रधान भाग देश और स्थानीय समुदाय को समर्पित होगा। साथ ही व्यक्तियों के मानवीय पक्ष की चारित्रिक विशेषताओं को भी भुलाया नहीं जा सकता। वे स्वयं अपने भविष्य को चुनने का अधिकार रखते हैं तथा उसकी पूरी संभावनाओं के प्रति आशांवित रहते हैं। अतः वे वर्तमान के विकास पर सावधानी पूर्ण नजर रखते हुए अपनी संस्कृति के विरुद्ध किसी भी खतरे को दूर करने का प्रयास करेंगे। परंपराओं एवं आधुनिकता के मध्य का तनाव निरंतर है, परंतु वर्तमान में इसका आकार बढ़ गया है। इसीलिए यद्यपि वर्तमान में फोकस तो आसपास की समस्याओं पर ही है, परंतु दीर्घ अवधि की समस्याओं को पूर्णतः छोड़ा नहीं जा सकता। शिक्षा को इस परिप्रेक्ष्य में अपनी भूमिका भी निश्चित करनी चाहिए।

विकासशील देशों में प्रतियोगिता की आवश्यकता के मध्य अवसर की समानता एक व्यावहारिकता बन गई है। सदियों से जो पृथक् एवं दूर रहे हैं वे न केवल अवसर की समानता चाहते हैं, बल्कि शासन एवं संसाधन में भागीदारी भी चाहते हैं। उन मुद्दों की अब और अवहेलना भी बरदाश्त नहीं कर सकते, जो कि अधिकार के आदी तथा निर्णय करने की क्षमता रखने वाले बहुधा करते रहते हैं। जानकारी के असाधारण फैलाव ने अनेक विरोधी स्थितियों को जन्म दिया है। इनमें से एक प्रमुख स्थिति है—बच्चों पर पाठ्यक्रम का बोझ। ज्ञान के प्रसार के बोझ को उठाने की लोगों की क्षमता तो निश्चय ही सीमित है। इस प्रक्रिया में आधारभूत शिक्षा प्रदान करने के लिए बच्चों को तैयार करना पड़ेगा, ताकि वे अपने जीवन में ज्ञान, प्रयोग तथा व्यक्तिगत विशेषताओं को विकसित कर सकें और यह तथ्य सबसे आगे होगा। अंतिम तनाव आध्यात्मिक एवं भौतिकवादी प्रवृत्तियों से संबंधित है। मानवीय नैतिक तथा आध्यात्मिक मूल्यों पर ही जीवन की उच्च स्तरीय गुणवत्ता निर्भर करती हैं। एक तरह से मानव जीवन का यापन ही इन पर निर्भर करता है। प्रत्येक देश विभिन्न कारणों से यह अवश्य मानता है कि नए सिरे से शिक्षा के नैतिक एवं सांस्कृतिक आयामों पर जोर डाला जाए, ताकि प्रत्येक व्यक्ति दूसरे व्यक्ति के व्यक्तित्व को समझ सके। इस समझ के लिए आवश्यक है स्वयं को समझना और स्वयं को समझने के लिए ज्ञान, ध्यान एवं आत्मनिंदा के तत्त्व आवश्यक हैं। जो लोग इस तरह की मनोदशा से ओत-प्रोत होंगे वे ही परिवर्तन के तर्क एवं विवेक को समझ सकेंगे। वे ही एक प्रभावपूर्ण परिसर के सदस्य, नागरिक अथवा समाज के उपयोगी सदस्य के रूप में काम कर सकेंगे। साथ ही आयोग ने यह माना कि मस्तिष्क की शक्ति तथा नवाचारों के सृजन की क्षमता की केंद्रीय भूमिका को किसी प्रकार नकारा नहीं जा सकता है। आर्थिक एवं सामाजिक विकास में शिक्षा की भूमिका के प्रति भी आयोग सचेत है।

शिक्षा के स्तंभ

रिपोर्ट में शिक्षा के चार स्तंभों की विवेचना की गई है। उनमें 'लर्निंग टु नो' यानी कैसे जानें या ज्ञान प्राप्त करें, यह सीखना शिक्षा का प्रथम स्तंभ है। आयोग ने जोर

देकर बताया कि सामान्य जानकारी जो कि ज्ञान का परिणाम है अत्यंत आवश्यक है। फिर आयोग ने इस तथ्य को भी महत्त्वपूर्ण बताया कि कार्य करने के लिए एक विशेष समंझदारी विकसित करने की आवश्यकता है तथा क्षेत्र विशेष में पर्याप्त प्रवीणता हासिल करना भी आवश्यक है। विद्यार्थियों एवं नागरिकों को सूचनाओं के प्रवाह से भयभीत होने की आवश्यकता नहीं है। जटिलताओं एवं बाधाओं से भरे विश्व में लोगों को इनकी जानकारी तथा इनसे जूझने का कौशल आना चाहिए। प्रत्येक व्यक्ति को स्वाध्याय की आवश्यकता है तथा जीवनपर्यंत उन अवसरों का लाभ उठाकर आत्मकौशल का विकास करना चाहिए। इससे उन्हें जानकारी, कौशल, दृष्टिकोण तथा अपने को जटिल, परिवर्तनीय एवं अंतर-संबंधी विश्व के अनुरूप ढाल लेने की क्षमता के विकास में सहायता प्राप्त हो सकती है। जीवनपर्यंत शिक्षा की खोज में प्रत्येक व्यक्ति को निरंतर सामान्य जानकारी का नवीकरण करना तथा जानकारी की गहराई तक जाना आवश्यक होगा। ज्ञान प्राप्त करना, सीखने से पहले कैसे सीखें—यह सीखना पड़ेगा। 'लर्निंग टु नो' से पहले 'लर्निंग टु लर्न' जानना होगा। टेलीविजन के उपयोग के लिए ध्यान केंद्रित करने की क्षमता, स्मरण शक्ति तथा चिंतन की शक्ति विकसित करने की आवश्यकता अनुभव की गई। यह कहना आवश्यक नहीं है कि दूरदर्शन, सैटेलाइट तथा कंप्यूटर का आधिपत्य शीघ्र ही सर्वव्यापी हो जाएगा। परिणामतः ये तीनों शिक्षा की प्रक्रिया के तीन विश्वपरक संदर्भ हो जाएँगे।

पहले स्तंभ 'लर्निंग टु नो' से जुड़ा दूसरा शिक्षा का स्तंभ है—'लर्निंग टु डू'। दोनों ही एक-दूसरे से जुड़े हुए हैं और एक-दूसरे पर आधारित हैं। दुर्भाग्यवश विकासशील देशों में शिक्षा ने इन दोनों के संबंधों पर विशेष ध्यान नहीं दिया। 'लर्निंग टु डू' वास्तव में व्यावसायिक प्रशिक्षण से संबंधित है, ताकि जीवन में इसकी उपयोगिता सुनिश्चित हो सके। ये पहलू प्रत्येक देश में अपने संदर्भ में विश्लेषित किए जाने चाहिए, क्योंकि औद्योगिक देशों तथा अधिक मानव संसाधन वाले देश में दृष्टिकोण निश्चय ही भिन्न होंगे। इसीलिए वर्तमान में दक्षता को कौशल से अधिक महत्त्व देना इस मुद्दे के लिए उत्तर ढूँढ़ने जैसा प्रतीत होगा। कार्मिकों को परिवर्तन के एजेंट के रूप में देखना गलत नहीं होगा। इस स्थिति में उन्हें भिन्न क्षेत्रों की गतिविधियों में कार्य करने के लिए व्यक्तिगत दक्षताएँ तथा जीवन कौशल दोनों ही आवश्यक होंगे। उदाहरण के लिए बातचीत करने की योग्यता, समूह में कार्य करने की दक्षता तथा झगड़ा निपटाने की योग्यता आदि अब अधिक महत्त्वपूर्ण माने जाएँगे। शिक्षा को इन पहलुओं पर अधिक जोर देना होगा, क्योंकि उच्चस्तरीय तकनीक आधारित संस्थाओं में एक-दूसरे के साथ तालमेल बैठाकर काम करने की आवश्यकता अधिक होगी। परिणामतः वहाँ बौद्धिक क्षमता से भी अधिक नए प्रकार की व्यवहार कुशलता अनिवार्य होगी। इसीलिए बहुत से विकासशील देश वैज्ञानिक संस्कृति की प्राप्ति को सुनिश्चित करने में लगे हैं, ताकि तकनीकी की शिक्षा भविष्य की जीवन शैली के लिए स्थान प्राप्त कर सकें। नवाचारों के लिए क्षमताओं एवं योग्यताओं तथा सृजनात्मकता का पोषण स्थानीय संदर्भ में

करना होगा। मुख्य मुद्दा उन लोगों को तैयार करने का है जो मानवता के भविष्य निर्माण में प्रभावी भूमिका निभाएँगे।

वर्तमान में खाइयाँ पैदा करने वाली प्रवृत्तियाँ, हिंसा, टूटन तथा जातीय स्पर्धा आदि शिक्षा के तीसरे स्तंभ पर ज़ोर डालते हैं। यह तीसरा स्तंभ है, साथ-साथ रहना सीखना। जिसे दूसरे शब्दों में दूसरों के साथ रहने की शिक्षा यानी 'लर्निंग टु लिव विद अदर्स' भी कहा जा सकता है। व्यक्तियों, समूहों, समुदायों, समाजों एवं राष्ट्रों के मध्य झगड़े सदैव रहे हैं। फिर भी इतिहास के वर्तमान मोड़ पर इन झगड़ों में नई प्रवृत्तियाँ दिखाई दे रही हैं। कैसे और कहाँ तक शिक्षा इन गंभीर मुद्दों को सुलझाने में मदद कर सकती है, इसका विश्लेषण आवश्यक है। रिपोर्ट एक वृहद् प्रश्न उठाती है कि क्या एक ऐसी शिक्षा का प्रकार विकसित किया जा सकता है जो झगड़ों को रोकने तथा उन्हें शांतिपूर्ण ढंग से हल करने के उपाय सिखा सके; जिससे दूसरे लोगों, उनकी संस्कृति तथा उनके आध्यात्मिक मूल्यों के प्रति सम्मान विकसित हो सके ? आयोग का यह विचार कि अहिंसा विद्यालयीन शिक्षा का अंग हो, सराहनीय है। साथ ही आयोग ने यह भी माना कि मात्र अहिंसा की शिक्षा ही उन पूर्वग्रहों से लड़ने के लिए पर्याप्त नहीं है जो झगड़ों को जन्म देते हैं। अन्य रास्तों को भी ढूँढ़ना होगा। तकनीकी विकास एवं सूचना प्रसार से नई संभावनाएँ उभरी हैं, जिससे अन्य समुदायों, संस्कृतियों, धर्मों, प्रचलित प्रथाओं तथा सामाजिक संरचनाओं की जानकारी प्राप्त होती है। क्या यह लाभपूर्ण ढंग से दूसरी संस्कृतियों, धर्मों एवं रूढ़ियों के लिए प्रयुक्त हो सकता है ? वास्तव में किसी के लिए भी इनसे अनभिज्ञ रहना कठिन होगा, क्योंकि विश्व का फैलाव सूचनाओं के प्रसार से संकुचित होता जा रहा है। भावी सदी की नई शिक्षा को अपने सिद्धांतों, नीतियों एवं प्रचलित व्यवहारों से इन मुद्दों के प्रति अपना उत्तरदायित्व निभाना होगा।

शिक्षा का चौथा स्तंभ है—'लर्निंग टु बी' यानी शिक्षा कुछ बनने के लिए। यही फारे रिपोर्ट का शीर्षक भी था। फारे रिपोर्ट में यह भय दर्शाया गया था कि तकनीकी के विकास एवं परिवर्तन से विश्व अमानवीय बन जाएगा। तब शिक्षा का कार्य यह माना गया है कि 'व्यक्ति को इस योग्य बनाए कि वह अपनी समस्याएँ हल कर सके, अपने निर्णय स्वयं ले सके तथा अपने उत्तरदायित्व स्वयं निभा सके।' इस वक्तव्य की अनिवार्यता में आयोग को अधिक उपयुक्तता दिखाई पड़ी। यहाँ यह भी समझना आवश्यक है कि यह अनिवार्यता केवल व्यक्तियों के लिए नहीं है। इसे समूहों, समुदायों तथा समाजों के संदर्भ में भी देखना होगा।

शिक्षा के चारों निर्धारित स्तंभों को सार रूप में इस प्रकार कहा जा सकता है कि शिक्षा वह तरीका है जिसके द्वारा व्यक्ति विकसित हो सकता है। अतः 'विकसित होने के लिए शिक्षा' एक ऐसा 'टर्म' है जो विश्व स्तर पर, भविष्य में शिक्षा के क्षेत्र में प्रयोग में लाया जाएगा। शैक्षिक वातावरण सामान्यतः समझी जाने वाली परिधि एवं प्रावधान से और अधिक बढ़ जाएगा।

वर्तमान संकट

प्रत्येक देश आर्थिक संकट का सामना करता है, परंतु सभी के संकटों के अनुपात में अंतर होता है। ये संकट विकसित राष्ट्रों के समक्ष बहुत महत्त्वपूर्ण होते हैं, परंतु विकासशील देशों के लिए तो कठिन ही हो जाते हैं। इस संकट में सबसे अधिक नुकसान शिक्षा को पहुँचता है, क्योंकि देश के सारे व्ययों के लिए शिक्षा पर अनुदान कम करके ही साधन बचाए जाते हैं।

प्रगति की विचारधारा का संकट भी महत्त्वपूर्ण है, परंतु वह प्रत्यक्ष नहीं है। राष्ट्रों के मध्य प्रगति एवं विकास के सामाजिक एवं सांस्कृतिक उद्‌देश्यों को लेकर बहुत गंभीर भिन्नताएँ हैं। जब संस्कृति, धर्म एवं इतिहास के मुद्‌दे वस्तुनिष्ठता से परे केवल भावनाओं के वशीभूत होकर सुलझाए जाते हैं तो निश्चय ही उनका स्वरूप भिन्न होता है। साथ ही अधिकतर विकासशील देशों में शिक्षा का स्वरूप एवं उसकी पाठ्यवस्तु विदेशी पद्धति की धरोहर है। इस प्रकार अनेक कारकों ने विकासशील देशों की शिक्षा स्वनिर्मित व्यवस्था के न पनपने में अपनी भूमिका निभाई है। परंतु अब इस प्रवृत्ति का रुख शीघ्र ही बदलना होगा। इसमें और देर नहीं की जा सकती।

लड़कियों के लिए शिक्षा में प्रवेश एवं उसकी उपलब्धि के क्षेत्र में अवसर की समानता प्रत्येक राष्ट्र अनुमोदित कर रहा है। बालिकाओं का अभावग्रस्त जीवन जैसा पहले था वैसा ही अब भी है। भौतिकवादी मूल्य अन्य सभी चीजों पर अपनी बढ़त बनाए हुए हैं, जिसकी वजह से उन लोगों की कमी हुई है जो अपने गुण, निष्ठा एवं सेवा के कारण सामाजिक एवं सांस्कृतिक क्षेत्र में शीर्ष पर पहुँचते थे। इससे दूसरों के लिए सम्मान की कई प्रथाएँ पृष्ठभूमि में छिपती दिखाई दे रही हैं। युवा पीढ़ी अपने से ऊपर की पीढ़ी से समस्त कार्य अपने हाथों में तभी ले लेने को आतुर है, जबकि वह पूर्णतः सक्षम एवं तैयार भी नहीं है। ये ऐसे गूढ़ मुद्‌दे हैं जो कि शिक्षा व्यवस्था का ध्यान बिना आकृष्ट किए नहीं रह सकते। आयोग की रिपोर्ट में ये मुद्‌दे अपना मुँह खोले हुए सभी जगह दिखाई देते हैं।

गंभीर मुद्‌दे

विश्व स्तर पर तथा राष्ट्रीय संदर्भ में गहराई से यह परीक्षण आवश्यक है कि शिक्षा को विकास का प्रमुख साधन बनाने की रणनीति क्या हो ? शिक्षा से सामाजिक आशा यह है कि जीवन की बेहतर गुणवत्ता हासिल की जा सके। इसे प्राप्त करने के लिए शिक्षा के तीन प्रमुख कार्य हैं : आर्थिक, वैज्ञानिक एवं सांस्कृतिक। प्रत्येक क्षेत्र में दक्ष एवं सृजनशील व्यक्तियों की एक कार्मिक फौज हो जो नई तकनीक को समझ सके, ग्रहण कर सके तथा उपयोग में ला सके। यद्यपि प्रमुख उद्‌देश्य आर्थिक विकास है। एक मानवीय एवं प्राकृतिक वातावरण की व्यवस्था सरीखे दूसरे पहलू भी उतने ही महत्त्वपूर्ण हैं। प्रत्येक नागरिक का अपनी संस्कृति की जड़ों से जुड़ा होना आवश्यक है। साथ में ही उसमें दूसरों की संस्कृतियों के लिए खुलापन भी होना चाहिए और

अपने समाज की प्रगति के प्रति निष्ठा भी।

शिक्षा व्यवस्था परिवर्तन के प्रति अपनी निष्क्रियता के लिए जानी जाती है। फिलिप कूंब ने अपनी प्रसिद्ध टीका 'द वर्ल्ड क्राइसेज़ इन एजुकेशन : द व्यू फ्रॉम एटीज' में इस तथ्य का विश्लेषण किया और पाया कि शिक्षा में छोटा सा परिवर्तन करना भी कठिन है। उन्होंने इसे विस्तार में इस प्रकार कहा, "1970 के दशक में औपचारिक शिक्षा में अत्यंत महत्त्वपूर्ण परिवर्तन एवं नवाचार विश्वपर्यंत हुए। ये परिवर्तन ढाँचे, उद्देश्य, पाठ्यक्रम, अध्यापक, शिक्षण विधियों एवं उनके वातावरण से संबंध आदि से जुड़े थे। इतने पर भी यदि विश्व के कई विद्यालयों, विश्वविद्यालयों की 1980 के प्रारंभ में एक निश्चित दिन फोटो खींची जाए तो परिदृश्य ठीक वैसा ही होगा जैसा दस, बीस या तीस वर्ष पहले था। जैसाकि फ्रांसीसी कहते हैं कि चीजें जितना बदलती हैं उतनी ही वे वैसी-की-वैसी ही रहती हैं।"

माइकल फुलन (1991) ने भी इस पक्ष का गहराई से परीक्षण किया और बताया—

"शैक्षिक परिवर्तन की शर्म यह है कि इससे नेक इरादे व्यर्थ हो जाते हैं तथा महान् मानवीय परिणामों से ओत-प्रोत व्यक्तिगत एवं सामाजिक आवश्यकताओं के परिप्रेक्ष्य में संसाधन बरबाद हो जाते हैं। परिवर्तन लाने की क्षमता तथा सुधार लाने की क्षमता ये दो बातें हैं। परिवर्तन हर जगह है, परंतु विकास नहीं। चाहे जितना भी परिवर्तन करें चीज़ें वहीं-की-वहीं रहती हैं। यदि हम इस स्थिति से सीखें तो पता चलेगा कि परिवर्तन के लिए भिन्न मानसिकता तथा कार्य प्रणाली की आवश्यकता है।"

इस समय शिक्षा व्यवस्था को हर जगह बदलना होगा, भले ही दबाव में सही। यद्यपि शिक्षा प्रक्रिया के स्वरूप एवं क्षेत्र के प्रति बड़ी गंभीर शंकाएँ एवं अनिश्चितताएँ हैं। इसके बावजूद परिवर्तनों को समझने, उसका विश्लेषण करने तथा उन्हें क्रियान्वित करने की रणनीति विकसित करने के लिए यह एक महत्त्वपूर्ण तरीका माना जाता रहा है। केवल शिक्षा ही इतनी सक्षम शक्ति है जो विभिन्न प्रकार के मुद्दों, समस्याओं को सुलझा सकती है, अन्यथा ये मुद्दे एवं समस्याएँ समुदायों एवं समाजों को एक अनिश्चय एवं उलझन की स्थिति में डाल दें। इन मुद्दों में सामाजिक मूल्य, औपचारिक ढाँचा, लिंग भेद, अल्पसंख्यक समूह, भाषा विवाद, प्रगति की प्रक्रिया तथा पर्यावरण का पतन सम्मिलित हैं। शिक्षा व्यवस्था को विश्वव्यापी स्तर पर परिवर्तन के लिए मानसिकता बनानी होगी। समूचे परिवर्तन का हिस्सा बनना होगा तथा परिवर्तन में प्रभावी ढंग से एवं एक ज़ोरदार शैली में योगदान करना होगा।

शिक्षा व्यवस्था एवं सरकार के बीच संबंध आगामी वर्षों में बुरे ही होंगे। प्रत्येक विकासशील देश संसाधनों की कमी की स्थिति से गुज़र रहा है। फलतः अंतरराष्ट्रीय एजेंसियाँ शिक्षा परिदृश्य पर सामने आ रही हैं। साथ ही कुछ देशों में शिक्षा के प्रति सामुदायिक उत्तरदायित्व का अभाव भी बढ़ रहा है। इसलिए शैक्षिक नीतियों में समुदाय एवं विद्यालय के संबंधों को पुनः शक्तिवान करने की आवश्यकता पर ज़ोर

दिया जा रहा है। उस पारंपरिक समन्वय को बढ़ाने पर भी ज़ोर है जो सदियों से दोनों के बीच में रहा है। बहुत सी सरकारें संसाधनों की कमी तथा विशेषज्ञों के अभाव में एक विकल्प व्यवस्था ढूँढ़ने का प्रयास कर रही हैं, ताकि शिक्षा के प्रसार एवं विकास में सहायता मिल सके। ये प्रयास महात्मा गांधी के विचारों से मेल खाते हैं; जब वे देशी शिक्षा व्यवस्था की वकालत करते हैं :

"इससे दृश्य समाप्त नहीं हो जाता। हमारे पास एक भावी राज्य की शिक्षा है। मैं बिना किसी भय के कहता हूँ कि मेरे आँकड़ों को सफलतापूर्वक चुनौती दी जा सकती है। आज भारत में अधिक अनपढ़ हैं, जितने कि पचास वर्ष या सौ वर्ष पहले नहीं थे। ऐसा ही ब्रर्मा में भी है, क्योंकि ब्रिटिश शासकों ने भारत में आकर यहाँ की चीजों को सँभालने के स्थान पर जड़ समेत उखाड़ना प्रारंभ कर दिया। उन्होंने जमीन को खरोंचा और जड़ को देखना शुरू किया। फिर जड़ को वैसा ही छोड़ दिया और सुंदर वृक्ष नष्ट हो गया। 'गाँव के विद्यालय उतने अच्छे तो नहीं थे, इसलिए ब्रिटिश शासक ने एक कार्यक्रम बनाया कि प्रत्येक विद्यालय के पास भवन तथा अनेक सुविधाएँ हों। परंतु वैसे विद्यालय बन नहीं पाए। ब्रिटिश प्रशासक बहुत से आँकड़े छोड़ गए जो कि उन्होंने सर्वेक्षण से प्राप्त किए थे। पुराने विद्यालय बोर्ड के आधीन हो गए। यूरोपियन तरीकों पर आधारित विद्यालय बहुत खर्चीले थे। इस प्रकार वे चीजों को ठीक से ग्रहण नहीं कर सके। मैं किसी का भी इस बात पर विरोध करता हूँ कि यदि वह कहे कि सभी भारतीयों को इस सदी के अंदर प्राथमिक कार्यक्रम के अंतर्गत साक्षर बनाया जा सकता है। हमारा गरीब देश इतनी खर्चीली शिक्षा व्यवस्था के भार का वहन करने में असमर्थ है। हमारे राज्य को गाँव के विद्यालय के मास्टर को पुनर्जीवित करना होगा और प्रत्येक गाँव में एक विद्यालय स्थापित करना होगा, जिसमें लड़के और लड़कियाँ पढ़ सकें।"

शिक्षा व्यवस्था के सामने खुलेपन के मूल्यों की अभिव्यक्ति एक चौथा मुद्दा है जिसे डेलर आयोग ने पहचाना। कहाँ तक शिक्षा विश्व शांति के लिए योगदान कर सकेगी यह विचारणीय है। क्या शिक्षा का कोई ऐसा उद्देश्य निर्धारित करना संभव है, जो विश्व के सभी नागरिकों से संबंधित हो ? भावनात्मक स्तर पर जुड़े समूहों एवं समुदायों की स्वाभाविक भिन्नता के बावजूद विश्व स्तरीय सौहार्द्र विकसित करने में शांति और दया की भाषा ही मात्र सर्वव्यापी भाषा हो सकती है। प्रत्येक भाषा, संस्कृति एवं विरासत में आस्था एवं विश्वास रखने के लिए केवल शिक्षा ही परिवर्तन ला सकती है; जिससे प्रत्येक व्यक्ति दूसरों की भाषा एवं संस्कृति का सम्मान अपनी भाषा एवं संस्कृति की तरह कर सके। शिक्षा भविष्य में उन संभावनाओं को खोल सके जिससे एक सशक्त एवं समग्र समाज निर्मित किया जा सके।

एक व्यापक वक्तव्य

यूनेस्को का इक्कीसवीं सदी के लिए अंतरराष्ट्रीय शिक्षा का आयोग अपनी रिपोर्ट में

उन सभी पहलुओं पर एक अत्यंत ही व्यापक वक्तव्य प्रस्तुत करता है जो कि महत्त्वपूर्ण ढंग से आज के संदर्भ में युक्तिसंगत है और आगामी वर्षों में भी उतना ही महत्त्वपूर्ण रहेगा। जब आगे बढ़ने एवं नए भविष्य के लिए रणनीतियाँ निर्मित करने की बात की गई तब जीवनपर्यंत शिक्षा पर पुनः जोर दिया गया। शिक्षा के प्रत्येक स्तर पर, सीखने की पद्धति, विषयवस्तु, निश्चय ही भिन्न होंगे, क्योंकि वे मानवीय क्रियाकलापों के अन्य क्षेत्रों के विकास से संबंधित हैं। विश्व-गाँव का काल्पनिक विचार अब एक प्रत्यक्ष वास्तविकता बन गया है। मानवीय क्रियाकलाप विश्वस्तरीय हो गए हैं। सूचना प्रसार तकनीक के विकास ने विराट रूप धारण कर लिया है। विश्वस्तरीय अंतर्निर्भरता आज अच्छी तरह समझ में आ रही है। इस समझ को विकसित करने में शिक्षा ही भविष्य में भी प्रमुख उपकरण रहेगी। विश्व में और अधिक आपसी समझ के विकास की आवश्यकता है, ताकि दूसरों के प्रति उत्तरदायित्व निभा सकें। परिणामतः बहुसंख्यक लोगों के लिए प्राथमिक शिक्षा का सर्वव्यापीकरण उन अल्पसंख्यक लोगों की स्वेच्छा पर नहीं छोड़ा जा सकता जो सफल लोगों की श्रेणी में वर्गीकृत हैं। वास्तव में प्रत्येक व्यक्ति को भावी समाज एवं अपने जीवन को आगे बढ़ाने में अपनी बात कहने का अधिकार है और रहेगा।

शिक्षा नीतियों को पर्याप्त रूप से भिन्नता पर आधारित होना चाहिए। इनका उद्देश्य विद्यालय में प्रवेश पाने के लिए प्रोत्साहित करना होना चाहिए तथा बच्चे विद्यालय से बाहर न जाने पाएँ, इसके सभी कारणों को दूर करने का प्रयास करना चाहिए। शिक्षा का प्रयास साथ-साथ रहने की इच्छा का पोषण करना भी होना चाहिए, ताकि सामाजिक समग्रता को प्रोत्साहन मिले। किसी को भी पीछे घिसटने के लिए नहीं छोड़ा जा सकता। अल्पसंख्यक, भ्रमणकारी जनसंख्या, जनजातियाँ तथा आर्थिक दृष्टि से पिछड़े लोग—सभी को बिन भूले तथा अत्यंत शीघ्र शिक्षा सुलभ कराने की आवश्यकता है। इसके साथ-साथ उन्हें सकारात्मक भेदभाव की भी आवश्यकता है, ताकि उन्हें सफलता प्राप्ति के लिए समान अवसर प्राप्त हो सकें। इस प्रकार की शिक्षा ही सचेत एवं क्रियाशील नागरिक तैयार करने के उद्देश्य को प्राप्त कर सकेगी।

पिछले कुछ वर्षों में विश्व स्तर पर प्राथमिक शिक्षा को सशक्त बनाने की आवश्यकता पर जोर दिया गया। कई देशों में प्रौढ़ शिक्षा के कार्यक्रम पर्याप्त सफलता के साथ क्रियान्वित किए गए। उच्च माध्यमिक एवं उच्च शिक्षा के स्तर पर इसी प्रकार के प्रयास देश के विकास की स्थिति, जनसंख्या के मुद्दों, राष्ट्रीय संसाधनों की उपलब्धि और समुदाय तथा विद्यालय के संबंधों पर निर्भर करते हैं। इन सभी के बीच मजबूत बंधन ही प्राथमिक शिक्षा की गति एवं उसके महत्त्व को बढ़ा सकते हैं।

समस्त शिक्षा प्रयास अध्यापक की गुणवत्ता से विचारणीय ढंग से जुड़े हुए हैं तथा उनके ज्ञान एवं कौशल को निरंतर सामयिक बनाने की आवश्यकता है। अब रुझान कौशल से हटकर दक्षता की ओर बढ़ रहा है। दक्षता की प्राप्ति एवं लगातार उसको नए ढंग से संशोधित करना शिक्षण अधिगम प्रक्रिया के लिए मुख्य स्रोतबिंदु होगा।

शिक्षा नीतियों को शिक्षकों की तैयारी में गुणवत्ता की बढ़ोत्तरी के लिए उन्मुखीकरण एवं प्रशिक्षण के प्रावधान करने होंगे।

आयोग ने अपने विचार एवं सुझाव बताए हैं जिनके दूरगामी परिणाम होंगे। इसने राजनीतिक सत्ता की भूमिका पर विशेष जोर दिया है। साथ-साथ सार्वजनिक एवं व्यक्तिगत उद्योगों की साझेदारी, आर्थिक संकोच की स्थिति को सुधारने के लिए तथा उसे और आगे बढ़ाने पर विचार प्रकट किए हैं। यह प्रौढ़ शिक्षा एवं अध्यापकों के सेवाकालीन प्रशिक्षण के लिए विभिन्नता एवं दूरगामी शिक्षा की तकनीक के बेहतर प्रयोग पर भी जोर देता है। एक विशेष सुझाव यह भी दिया गया कि विकास कोष का एक हिस्सा शिक्षा के ऊपर खर्च किया जाए तथा कर्ज़ भार को भी बढ़ावा दिया जाए, ताकि शिक्षा के व्यय को विदेशी एवं घरेलू खर्चों में से कम करने की नीतियों के दुष्परिणाम दूर हो सकें। क्या इस विचार को मानने वाले अनेक लोग मिलेंगे ?

दिशाएँ एवं सुझाव

सभी अध्यायों के अंत में 'दिशाएँ एवं सुझाव' शीर्षक के अंतर्गत छोटे वक्तव्य हैं। इनमें से कुछ युक्तिसंगत एवं उचित हैं, जो कि सभी देशों के नीति-निर्देशकों के लिए सहायक होंगे।

आयोग ने विश्वपर्यंत अंतर्निर्भरता एवं विश्वव्यापीकरण को सामयिक जीवन की प्रमुख वेग शक्ति माना है। ये इक्कीसवीं सदी के प्रत्येक नागरिक के जीवन पर गहरी छाप छोड़ेंगे। यहाँ उन अल्पसंख्यकों के बीच जो अपने जीवन की राह सफलतापूर्वक ढूँढ़ लेंगे तथा वे अधिकांश लोग जो पृष्ठभूमि में चले जाएँगे एक बड़ी खाई का भय है। केवल सर्वव्यापी शिक्षा ही इस खाई को पाट सकती है। शिक्षा नीतियों का पर्याप्त विभेदीकरण आवश्यक है, जो अंततः सामाजिक अलगाव के कारणों को समाप्त कर सकता है। परंतु यह भी ध्यान रहे कि केवल शिक्षा ही सभी समस्याओं का हल नहीं ढूँढ़ सकती। यह साथ रहने की इच्छा का विकास कर सकती है जो कि सामाजिक सद्भाव तथा राष्ट्रीय अस्मिता का एक प्रमुख तत्त्व है। साथ ही भिन्न प्रकार के सामाजिक न्याय एवं समता को प्राप्त करने में सहायक हो सकती है।

शिक्षा की नीतियाँ विकास कार्यक्रमों की नीतियों के साथ-साथ चल सकें इसकी बहुत आवश्यकता है। यह देश की बौद्धिक पूँजी को सशक्त बनाने, नए प्रयासों, समूहकार्य, स्वरोज़गार तथा अन्य उन पहलुओं को, जो समाज की अपेक्षाओं से संबंधित हैं, बढ़ावा देने के लिए आवश्यक है। इस संदर्भ में शिक्षा के चार स्तंभ : जानना, करना, साथ रहना और बनना, निर्धारित किए गए। इनके बारे में विस्तार में लिखा गया और इन्हें जीवनपर्यंत शिक्षा की धारणा से जोड़ा गया। प्राथमिक शिक्षा का सशक्तीकरण एवं उसका प्रसार जहाँ कहीं संभव हो गुणवत्ता को बनाए रखने के लिए नए रास्ते खोले, भले ही वे अभावग्रस्त देश में ही क्यों न हों। उच्च शिक्षा के क्षेत्र में योग्य एवं दक्ष मानव शक्ति अनुसंधान तथा विशेष प्रशिक्षण के शिक्षण

पाठ्यक्रम के लिए आवश्यक हैं जो कि आर्थिक एवं सामाजिक जीवन की आवश्यकताओं को पूरा कर सकें और जीवनपर्यंत शिक्षा के विभिन्न पहलुओं को भी समाहित कर सकें। भारत जैसे देश में उच्च माध्यमिक स्तर के विद्यालयों की बहुलता युवा लोगों की ऐसी दक्षता हासिल करने के लिए अवसर प्रदान करेगी, जिससे वे स्वरोज़गार के प्रति सकारात्मक दृष्टिकोण बना सकें। उच्च शिक्षा किसी भी समाज की शिक्षा का एक महत्त्वपूर्ण बिंदु होता है तथा आर्थिक विकास का प्रेरक तत्त्व। इसके द्वारा ज्ञान का सृजन एवं संरक्षण दोनों होता है। तकनीकी प्रगति एवं नवाचारों के लिए उच्च स्तरीय अध्यापन ही क्षमताओं का विकास करने में समर्थ हो सकता है। सर्वत्र उच्च शिक्षा में संख्या के विस्तार पर दबाव है। विश्वस्तर पर 1970 में अट्ठाईस लाख विद्यार्थी थे जो अब साठ लाख हो गए हैं। यद्यपि विद्यार्थियों के प्रवेश, अध्यापन और शोध के क्षेत्र में काफी विसंगतियाँ हैं। यदि अफ्रीका में एक हजार में एक विद्यार्थी उच्च शिक्षा ग्रहण कर रहा है तो उत्तरी अमरीका में पचास में एक। इसी प्रकार औद्योगिक राष्ट्रों में कम विकसित राष्ट्रों की तुलना में शिक्षा पर खर्च भी दस गुना अधिक है।

शिक्षित बेरोजगारी ने उच्च शिक्षा में विश्वास कम किया है। सामाजिक विज्ञान के प्रति किए गए पक्षपात से रोजगार बाज़ार में असंतुलन पैदा हुआ है। साथ ही जो उच्च शिक्षा में पढ़ाया जा रहा है उसके प्रति विद्यार्थियों का आकर्षण भी कम हुआ। परिणामतः अब विश्वविद्यालयों का उच्च शिक्षा पर एकाधिकार भी कम हुआ है। वस्तुतः उच्च शिक्षा व्यवस्था भिन्नता से पूर्ण तथा जटिल हो गई है। उसका ढाँचा, कार्यक्रम, विद्यार्थियों की संख्या तथा आय के स्रोत सभी इतने पृथक्-पृथक् हैं कि उन्हें श्रेणीबद्ध करना भी कठिन हो गया है। सभी के लिए उच्च शिक्षा एक चुनौती है जिसका सामना अभी भी पर्याप्त रूप से नहीं किया जा सकता है। इस संदर्भ में उच्च शिक्षा की भूमिका का पुनर्परीक्षण करना आवश्यक है।

उच्च शिक्षा के कार्यों में ज्ञान का प्रसार, शोध, नवाचार, शिक्षण-प्रशिक्षण एवं सतत शिक्षा के साथ एक अत्यंत महत्त्वपूर्ण कार्य और जुड़ गया है। वह है अंतरराष्ट्रीय सहयोग। ये समस्त कार्य स्थायी विकास में योगदान देते हैं। उच्च शिक्षा संस्थान ही वे जगहें हैं, जहाँ भूमंडलीकरण को एक उपकरण के रूप में प्रयोग किया जा सकता है। ज्ञान के उन रिक्त स्थानों को भरा जा सकता है जिसमें लोगों एवं संस्कृतियों के बीच संवाद स्थापित हो सके। एक ही क्षेत्र में कार्य करने वाले वैज्ञानिक राष्ट्र की सीमाओं को लाँघकर अंतरराष्ट्रीय शोध के लिए सहयोग प्रदान करते हैं और यह सहयोग तकनीक, विचारों, दृष्टिकोणों एवं गतिविधियों—सभी के लिए महत्त्वपूर्ण होता है।

संचार की नई संभावनाओं ने शोध के अंतरराष्ट्रीयकरण को बहुत प्रभावशाली बना दिया है। विशेष रूप से कंप्यूटर के उपयोग से इसमें निश्चय ही ऐसे परिवर्तन हो सकते हैं जिससे अध्यापन, सामग्री का प्रलेखन, इंटरऐक्टिव रिसर्च आदि क्षेत्रों में

काफी परिवर्तन हो सकता है और शैक्षिक प्रक्रिया भी बदल सकती है। व्यक्तियों एवं वैज्ञानिक ज्ञान का आदान-प्रदान करने पर विशेष जोर दिया जा रहा है। इसमें विद्यार्थी अध्यापक का आदान-प्रदान, संचार व्यवस्था के विकास में सहायता, शोध के परिणामों का एकीकरण, अंतःविश्वविद्यालयों का संजाल तथा उच्च ज्ञान के क्षेत्रीय केंद्र शामिल होंगे।

आयोग ने उपलब्धि के निम्न स्तर पर भी अपनी आशंकाएँ व्यक्त की हैं। इससे उन नवयुवकों को तो हानि ही है जिनकी उपलब्धि कम है, समाज भी उतना ही प्रभावित होता है। इस हानि के कई स्वरूप होते हैं जैसे एक ही कक्षा को दोहराना, शिक्षा छोड़ना, उस कोर्स को महत्त्वहीन बनाना जिसमें अधिक उज्ज्वल भविष्य नहीं है और अंत में विद्यार्थियों का बिना दक्षता सीखे और बिना योग्यता प्राप्त किए व्यवस्था से निकल जाना। ये निश्चय ही सभी स्थितियों में संसाधनों की बरबादी की ओर संकेत करते हैं, नैतिकता पर भयानक असर डालते हैं तथा मानवीय एवं सामाजिक स्तरों पर भी प्रभाव डालते हैं। निम्नस्तर प्राप्त विद्यार्थी हमेशा अपने को अलग-थलग महसूस करते हैं। यह एक आश्चर्यजनक विरोधाभास है। शिक्षा का उद्देश्य तो बच्चों को असुविधापूर्ण पृष्ठभूमि से निकालकर आगे बढ़ाने का है, ताकि वे गरीबी एवं अलगाव से निकलकर सामान्य धारा में जुड़ें। इन विद्यार्थियों के लिए विशेष प्रकार के अध्यापन तरीकों को अपनाया जाना चाहिए, जैसाकि विभिन्न देशों में किया जा रहा है। शिक्षा में पुनः जोड़ने के साधन तथा उपचार कार्यों का निर्माण किया जाए, ताकि कार्य करने के लिए दक्षताएँ विकसित की जा सकें; जिससे वे किसी धंधे को अपना सकें। इसके अतिरिक्त आगे बढ़ने के लिए अन्य कोर्स भी हों जो वे पढ़ सकें। इस प्रकार जीवनपर्यंत शिक्षा की लगातार सुविधाएँ एवं अवसर प्राप्त हों, ताकि समाज की आवश्यकता को पूरा करने के लिए उन्हें नई योग्यता प्राप्त हो सके। नई योग्यता के लिए सर्टिफिकेट देने की व्यवस्था पर भी पुनर्विचार करना आवश्यक है, ऐसी आयोग की राय है। सर्टिफिकेट उन दक्षताओं के लिए हो जो योग्यता प्राप्त करने के दौरान सीखी गई हों। ये उनके कार्य के स्थान के लिए आवश्यक हो। इन दक्षताओं की पहचान बनाना न केवल कार्य क्षेत्र में, बल्कि शिक्षा व्यवस्था तथा विश्वविद्यालय में भी आवश्यक है। इस तरह की योजनाएँ बनाने के लिए अनेक देशों में चिंतन चल रहा है। यूरोपियन कमीशन ने अपने 'ह्वाइट पेपर' में 'पर्सनल स्किल कार्ड' की अनुशंसा की है जो व्यक्ति की प्राप्त की गई योग्यता एवं दक्षता का पहचान पत्र होगा। यह सर्टिफिकेट सामान्य शिक्षा व्यवस्था के सर्टिफिकेट के अतिरिक्त होगा। इस प्रकार कार्य क्षेत्र के वातावरण एवं शिक्षा के बीच अधिक तालमेल बैठ सकता है। ये दक्षता के सर्टिफिकेट उन्हें भी मिल सकते हैं जिन्होंने औपचारिक शिक्षा व्यवस्था के सर्टिफिकेट प्राप्त नहीं किए हैं।

योग्यताओं एवं दक्षताओं को सीखने तथा सर्टिफिकेट प्राप्त करने से ही जुड़ा है अध्यापक एवं अध्यापन से संबंधित कौशल का प्रश्न। इस समस्या का आयोग ने

विस्तार से विवेचन किया है। जिसमें अध्यापकों के लिए नए क्षितिज ढूँढ़ने का प्रयास है। इक्कीसवीं सदी के अध्यापक को परिवर्तन के एजेंट की विशेष भूमिका निभानी है। अध्यापक को नई पीढ़ी के मस्तिष्कों में नई चारित्रिक विशेषताओं को ढालना है। यह एक अत्यंत गंभीर जिम्मेदारी है। यह जिम्मेदारी ऐसी पृष्ठभूमि में बहुत बढ़ जाती है जब नई सदी के परिवर्तन राष्ट्रीयता से विश्वबंधुत्व की ओर, जातीय एवं सांस्कृतिक पूर्वग्रहों से सहनशीलता, समझ एवं बहुलवाद की ओर, अराजकता से लोकतंत्र तथा उच्च तकनीक से ओत-प्रोत विश्व की ओर बढ़ रहे हैं। नई पीढ़ी का काफी कुछ दाँव पर है तथा चयन के नैतिक मूल्य जीवनपर्यंत महत्त्वपूर्ण रहेंगे। अतः अध्यापक को उन्हें नई सदी में रहने लायक बनाने के लिए महत्त्वपूर्ण भूमिका अदा करनी है।

शिक्षा व्यवस्था की प्रोन्नति तो अध्यापकों की नियुक्ति, प्रशिक्षण, सामाजिक प्रतिष्ठा एवं कार्य करने के वातावरण पर निर्भर है। उन्हें पर्याप्त ज्ञान एवं कौशल, व्यक्तिगत विशेषताओं, व्यावसायिक संभावनाओं एवं प्रेरणा की आवश्यकता है। तभी वे उन आशाओं को पूरा कर सकेंगे, जो उनसे अपेक्षित हैं। इन्हीं मुद्दों ने प्राथमिक एवं माध्यमिक स्तर के विद्यालय के शिक्षकों के संदर्भ में उठाकर उनका हल ढूँढ़ने का प्रयास किया गया है। अंत में यह भी कहा गया है कि निश्चय ही शिक्षकों की गुणवत्ता शिक्षण प्रक्रिया तथा शिक्षण विषयवस्तु को सुधारने के लिए कोई सरल उत्तर नहीं है। अध्यापक अपने कार्य के लिए प्रशंसा चाहते हैं, चाहे वे जिन परिस्थितियों में कार्य कर रहे हैं और जिस प्रतिष्ठा में रह रहे हैं। उन्हें वे उपकरण प्रदान किए जाएँ, ताकि वे अपनी अनेक भूमिकाएँ निभा सकें। तभी विद्यार्थी एवं समाज यह आशा कर सकते हैं कि अध्यापक अपना कर्तव्य पूर्ण लगन एवं सशक्त उत्तरदायित्व की भावना से निभाएँगे।

अध्यापक को निम्न एवं कठिन परिस्थिति में काम करना होगा, जिसमें वैज्ञानिक तकनीकी विकास बहुत मदद करेंगे तथा बदलते सामाजिक एवं सांस्कृतिक परिदृश्य में उनका उत्तरदायित्व और बढ़ाएँगे। व्यावसायिक रूप से उन्हें नए कौशल, नई दक्षताएँ तथा सतत परिवर्तित होती हुई संचार तकनीकी के प्रभाव के लिए तैयारी करनी होगी। व्यवसाय के स्तर पर विचारों का आदान-प्रदान, मेल-जोल जो कि योजनाबद्ध एवं सेवाकालीन कार्यक्रमों से भिन्न हो, अध्यापकों की अधिक सहायता करेंगे एवं मार्गदर्शन देंगे। देश के अंदर एवं बाहर शिक्षा संस्थाओं के आपसी संबंध इक्कीसवीं सदी के शिक्षा के विकास में अहम भूमिका निभाएँगे। यही नहीं जो संस्थाएँ शैक्षिक उपलब्धि में आगे होंगी, उनका दायित्व बाकी पिछड़ी संस्थाओं के प्रति अधिक होगा। उन्हें आगे आकर शिक्षा का प्रसार ही सुनिश्चित नहीं करना होगा, बल्कि शिक्षा की गुणवत्ता का अपस्तरीकरण एवं व्यावसायिक बोध का विकास भी करना होगा।

विश्व-गाँव उन देशों के बीच एक स्पष्ट अंतर प्रस्तुत करता है जो कि एक काल्पनिक उपलब्धि तथा अपने देश की शिक्षा दोनों के काफी समीप है तथा दूसरे

वे जो काफी पीछे हैं और आगे बढ़ने के लिए संघर्षरत हैं। आयोग एक विश्वस्तरीय विचार प्रस्तुत करता है जो संभवतः दूसरी श्रेणी के देशों को अपने उद्देश्यों की प्राप्ति में मदद करेगा तथा पहली श्रेणी के देशों को उस प्रक्रिया में सक्रिय साझेदार बनने में सहायता देगा।

संस्तुतियाँ

प्रत्येक अध्याय के अंत में उभरती प्रवृत्तियाँ एवं संस्तुतियाँ प्रस्तुत की गई हैं। ये वे मुख्य बिंदु हैं जो पूरे अध्याय के निष्कर्ष भी हैं। सभी अध्यायों के निष्कर्ष अध्यायवार प्रस्तुत हैं। प्रथम अध्याय के मुख्य सुझाव हैं :

❑ विश्वव्यापी अंतर्निर्भरता के लिए अंतरराष्ट्रीय संस्थाओं की भूमिका एवं संगठन दोनों पर ध्यान देने की आवश्यकता है।

❑ शिक्षा का कार्य लोगों को दूसरे देश के व्यक्तियों को समझने में मदद करना होगा, ताकि आध्यात्मिक एवं सांस्कृतिक भिन्नताओं को स्वीकार करते हुए वे आपसी समझ, दायित्व के काल्पनिक उद्देश्य को प्राप्त कर सकें।

द्वितीय अध्याय की संस्तुतियाँ लोकतंत्र की भागीदारी, ऐतिहासिक परिप्रेक्ष्य, व्यक्तियों के समाजीकरण से संबंधित हैं। कुछ प्रमुख संस्तुतियाँ इस प्रकार हैं :

❑ शिक्षा नीति अनेकता पर आधारित हो तथा लोगों में साथ रहने की क्षमता विकसित करे जिसमें अल्पसंख्यकों को पूरा सम्मान प्रदान किया जा सके।

❑ सजग तथा सक्रिय नागरिकता के विकास के लिए शिक्षा विद्यालय स्तर पर प्रारंभ की जाए।

तृतीय अध्याय आर्थिक विकास तथा मानव संसाधन की प्रगति को जोड़ता है। अतः इस अध्याय की मुख्य संस्तुति है :

❑ बेसिक शिक्षा आवश्यक विकास के लिए जरूरी है। इसलिए शिक्षा नीति एवं विकास नीति में नई संधियाँ होनी चाहिए।

चौथा अध्याय उन सिद्धांतों पर प्रकाश डालता है जो शिक्षा के आधारस्तंभ के रूप में कार्य करते हैं। इस अध्याय की प्रमुख संस्तुति है :

❑ जीवनपर्यंत शिक्षा चारों स्तंभों पर आधारित है। शिक्षा पर वृहद् क्षेत्र के संदर्भ में सोचा जाना चाहिए और यह व्यापकता शिक्षा के सुधार एवं नीतियों की आधार होनी चाहिए।

पाँचवाँ अध्याय समूचे रूप में जीवनपर्यंत सीखने पर ज़ोर देता है तथा इक्कीसवीं सदी के प्रवेश के लिए द्वार खोलने का साधन है। इसी के द्वारा सीखोन्मुख समाज की स्थापना हो सकती है। जीवनपर्यंत शिक्षा के लिए समाज के द्वारा उपलब्ध अवसरों का लाभ उठाया जा सकता है।

छठे अध्याय में उन दिशा-निर्देशों का उल्लेख है जो प्रारंभिक से लेकर उच्च स्तरीय शिक्षा से संबंधित हैं। इसके सुझाव हैं :

❑ बच्चों के लिए साक्षरता एवं प्रौढ़ों के लिए बुनियादी शिक्षा पर जोर दिया जाए।

❑ माध्यमिक स्तर की शिक्षा पर पुनर्विचार करते हुए भिन्न व्यवस्थाओं का प्रबंधन हो।

❑ विभिन्न कोर्सों के चुनाव के लिए दिशा-निर्देश अच्छी तरह समझाए जाएँ, ताकि किसी भी किशोर व किशोरी को ऐसा न लगे कि उसके लिए किसी कोर्स के दरवाजे बंद हैं। विश्वविद्यालय उच्च स्तरीय शिक्षा केंद्र बनें, वे नैतिक एवं सामाजिक समस्याओं पर अपने विचार प्रस्तुत करें, ताकि समाज को बौद्धिक अनुशासन प्राप्त हो सके।

सातवाँ अध्याय अध्यापकों को नई सोच, क्षेत्र एवं दिशा प्रदान करता है। अध्यापकों की स्थिति सुधारने के लिए दिए गए सुझाव हैं :

❑ जीवनपर्यंत शिक्षा के विचार को साकार करने के लिए शिक्षकों की स्थिति का अपस्तरीकरण आवश्यक है।

❑ अध्यापकों की व्यावसायिक उन्नति के लिए अवसर प्रदान किए जाएँ तथा उन्हें उसकी प्राप्ति के लिए अवकाश की भी व्यवस्था।

❑ माध्यमिक स्तर पर अध्यापकों का समूह कार्य करना अधिक अभीष्ट होगा।

❑ अध्यापकों का विभिन्न देशों एवं विभिन्न संस्थाओं में आदान-प्रदान भी आवश्यक है जो न केवल शिक्षा की गुणवत्ता की वृद्धि में सहायक होगा, बल्कि दूसरी संस्कृतियों को समझने में भी सहायक होगा।

आठवें अध्याय में शिक्षा एवं राजनीतिक तत्त्व पर प्रकाश डाला गया है। इससे संबंधित सुझाव हैं :

❑ शिक्षा व्यवस्था के मूल्यांकन के लिए एक सार्वजनिक बहस होनी चाहिए जिससे शैक्षिक सुधारों की रणनीति तय की जा सके।

❑ शिक्षा के क्षेत्र में निर्णय लेने के लिए प्रशासकीय विकेंद्रीकरण आवश्यक है, ताकि शैक्षिक संस्थाओं तथा व्यवस्थाओं की स्वायत्तता स्थापित हो जो कि नवाचारों को विकसित करने में सहायक हो।

❑ शिक्षा के लिए सरकारी धन व्यवस्था तो प्राथमिक रहेगी, लेकिन व्यक्तिगत एवं सार्वजनिक सहयोग बाधित नहीं किया जाना चाहिए। धन व्यवस्था सतत शिक्षा के संदर्भ में देखी जानी चाहिए।

❑ संचार व्यवस्था की प्रगति से भावी शिक्षा की रूपरेखा तय होगी। दूरगामी शिक्षा का नई तकनीक से विकास होगा।

नौवाँ अध्याय अंतरराष्ट्रीय सहयोग एवं विश्वग्राम में शिक्षा के स्वरूप को रेखांकित करता है। अंतरराष्ट्रीय समुदाय शिक्षा से संबंधित किस प्रकार की समस्याओं से जूझ रहा है और उसके लिए क्या किया जाना चाहिए। ये सुझाव अध्याय के अंत में संक्षेप में दिए हैं। वे इस प्रकार हैं :

❑ अंतरराष्ट्रीय सहयोग शिक्षा के नीति-निर्धारकों तथा अध्यापकों के लिए अत्यंत आवश्यक है।

❑ अंतरराष्ट्रीय सहयोग स्त्री शिक्षा एवं बालिकाओं की शिक्षा के विकास के लिए प्रेरित करे।

❑ क्षेत्रीय समूहों में सहायता नीति अपनाना आवश्यक है। सहायता राशि का एक-चौथाई शिक्षा पर खर्च किया जाए।

❑ कर्ज़ का लेन-देन प्रोत्साहित किया जाए, जिससे शिक्षा के खर्च पर विपरीत प्रभाव न पड़े। घरेलू एवं विदेशी खर्चों में शिक्षा का खर्च समन्वित किया जा सकता है।

❑ राष्ट्रीय शिक्षा व्यवस्था क्षेत्रीय समूहों में विभिन्न देशों के मंत्रालयों के बीच समझौतों के द्वारा सशक्त बनाई जा सकती है।

❑ अंतरराष्ट्रीय प्रयोजनाएँ जीवनपर्यंत शिक्षा के संदर्भ में विकसित एवं संपन्न की जाएँ।

❑ अंतरराष्ट्रीय स्तर पर शिक्षा के राष्ट्रीय निवेश के आँकड़े उपलब्ध कराए जाएँ।

❑ शिक्षा व्यवस्था के सबसे अधिक निष्क्रिय पक्ष उभारने के लिए इंडिकेटर्स बनाए जाएँ।

❑ एक यूनेस्को पर्यवेक्षणशाला स्थापित की जाए, जो नई सूचना तकनीक और उसके शिक्षा तथा आधुनिक समाज पर पड़ते प्रभाव का अध्ययन कर सके।

❑ शिक्षा में बौद्धिक सहयोग के विकास के लिए यूनेस्को प्रोफेसर के पदों की स्थापना, एसोसिएटेड स्कूल, ज्ञान के आदान-प्रदान के लिए भिन्न देशों में अध्यापकों एवं विद्यार्थियों के आदान-प्रदान की व्यवस्था कारगर हो सकती है।

इन अध्यायों के पश्चात् आयोग के सदस्यों के व्यक्तिगत वक्तव्य प्रस्तुत किए गए। इसमें ग्यारह सदस्यों ने अपना योगदान दिया जो रिपोर्ट का हिस्सा है।

भारतीय संदर्भ

भारत के अत्यंत महत्त्वपूर्ण शिक्षा दार्शनिक एवं राजनयिक डॉ. कर्णसिंह ने भी अपना वक्तव्य दिया है। यह इन ग्यारह वक्तव्यों में से एक है। उन्होंने एक विश्व समाज के लिए शिक्षा की परिकल्पना प्रस्तुत की है। उनके अनुसार इक्कीसवीं सदी की शिक्षा के लिए जो प्रमुख चुनौती है वह समाज की उन प्रवृत्तियों से है, जिनके होने से समाज में अमीर-गरीब की खाई बढ़ी है तथा जहाँ प्रतियोगिता एवं संघर्ष का बोलबाला है। समूची मानवता एक विश्व समाज का रूप धारण करने को तत्पर है, क्योंकि युद्ध की विभीषिकाओं से गुज़रा हुआ समाज अब ऐसे मोड़ पर है जहाँ विश्व की दूरियों को सीमित करके संघर्ष एवं प्रतियोगिता के स्थान पर सहयोग एवं मिलाप की नई संस्कृति के लिए स्थान बनाना होगा। इस नई संस्कृति के निर्माण में शिक्षा की नई भूमिका होगी।

जानकारी का प्रसार हो रहा है, परंतु ज्ञान की शक्ति क्षीण हो रही है। इनके बीच की खाई को सदी के अंत होने से पहले पाटना आवश्यक है, ताकि भयानक त्रासदी को रोकने के लिए वर्तमान प्रवृत्तियों का रुख बदला जा सके। इस प्रक्रिया को स्वरूप देने में ही शिक्षा की भूमिका है।

रूढ़िवादी विचार एवं नकारात्मक एवं प्रगतिहीन दृष्टिकोण नई पीढ़ी को पर्याप्त जानकारी प्राप्त करने से प्रतिबाधित करते हैं। परिणामतः वे अन्य समुदायों, राष्ट्रों के प्रति नकारात्मक दृष्टिकोण विकसित करते हैं जो विश्वव्यापकता के विकास में बाधक हैं।

वर्तमान संप्रेषण तकनीक भी शायद ही उस चेतना के विकास में सहायता देती है जो स्नेह एवं उदारता पर आधारित हो। इसके विपरीत दूरसंचार संसाधन जाने-अनजाने में हिंसा, भय, क्रूरता एवं संहार, अशोभनीय उपभोक्तावाद का प्रचार-प्रसार कर रहे हैं। ऐसे शर्मनाक दृश्य प्रस्तुत करते हैं, जो न केवल बच्चों की जानकारी को कुप्रभावित करते हैं, बल्कि बड़े लोगों की मानव यंत्रणा एवं दुख के प्रति संवेदनशीलता को भी भोथरा बना देते हैं। अतः अपनी शिक्षा तथा संचार नीति में सृजनात्मक आंदोलन की आवश्यकता है। इसलिए सावधानी से कार्यक्रम बनाए जाएँ, जो विश्वव्यापी स्तर के हों तथा उसमें विश्वबंधुत्व की चेतना भी हो। हमारी नई शिक्षा विचारधारा में आध्यात्मिक पक्ष को केंद्रीय महत्त्व दिया जाना चाहिए।

विश्व समाज के उदय में समय बिलकुल नहीं खोया जा सकता, ताकि शोषण, भयाक्रांत व्यक्तियों को फिरकापरस्त तथा धर्मांध लोगों से बचाया जा सके। अतः एक सर्वांगीण शिक्षा दर्शन इन परिकल्पनाओं पर आधारित करके प्रतिपादित किया जाए :

- पृथ्वी, जिसके हम सब नागरिक हैं, एक है। यहाँ धर्म, राष्ट्रीयता, विचारधारा, लिंग भेद, आर्थिक एवं सामाजिक स्थिति को विश्वव्यापी एकता के संदर्भ में देखना होगा।
- पृथ्वी के पर्यावरण का संरक्षण करना होगा, ताकि भावी पीढ़ियाँ समृद्ध रहें।
- घृणा, धर्मांधता, लोभ, ईर्ष्या चाहे समूहों के मध्य हो या राष्ट्रों के मध्य, निश्चय ही ध्वंसात्मक भावनाएँ हैं, जिन पर विजय पाकर ही नई सदी में जाना होगा जहाँ स्नेह, करुणा, दया, ममता एवं सहयोग जैसे तत्त्वों को प्रोत्साहित करना होगा। तभी भूमंडलीय जानकारी विकसित होगी।
- विश्व का धर्म युद्ध न होकर, सहयोग होगा जो मानवजाति के कल्याण का कार्य करेगा, जो सतत एवं सृजनात्मक संवाद से ही संभव होगा। आध्यात्मिक आशाओं के सुनहरे धागे से सब बँधेंगे तभी वे सशक्त होंगे। अलगाववाद एवं रूढ़िवादिता तो उन्हें केवल बाँट देगी।
- निरक्षरता को दूर करने के लिए एक वृहद् एवं प्रयत्नपूर्ण अभियान आवश्यक है जो कि विश्वव्यापी होगा और 2010 ई. तक बालिकाओं एवं स्त्रियों की साक्षरता विकासशील देशों में विशेष रूप से प्रोत्साहित की जाएगी। सर्वांगीण शिक्षा को

व्यक्तित्व के भिन्न पहलुओं जैसे शारीरिक, बौद्धिक, भावनात्मक व आध्यात्मिक रूप और सौंदर्यबोध का विकास करना है, जिससे एक ऐसे समन्वित व्यक्ति के विकास का सपना पूरा हो जो पृथ्वी पर सद्भाव से रह सके।

इसके पश्चात् भारत में शिक्षा के विकास तथा उसमें मदद करने वाले विभिन्न आयोगों की शिक्षा नीतियों का इस रिपोर्ट के परिप्रेक्ष्य में परीक्षण भी समीचीन होगा।

'शिक्षा आयोग' (1964-66) जो 'कोठरी आयोग' के नाम से प्रसिद्ध है, उसने अपनी रिपोर्ट में शिक्षा नीति से संबंधित नीतियाँ प्रतिपादित करके स्वतंत्रता के पश्चात् के युग में एक कीर्तिमान प्रस्तुत किया। रिपोर्ट में राष्ट्रीय विकास की समस्याओं में सामाजिक एवं राष्ट्रीय एकता को मुख्य समस्या मानते हुए निम्नलिखित विवेचना की गई :

"शिक्षा की मुख्य भूमिका सामाजिक एवं राष्ट्रीय एकता की प्राप्ति में है। भारतीय समाज सोपानबद्ध है, इसलिए इसमें एकस्तरीय गतिशीलता की कमी है। भिन्न वर्गों में सामाजिक दूरी काफी लंबी है। ये दूरियाँ अमीर एवं गरीब के बीच, शिक्षित एवं अशिक्षित के बीच हैं तथा इन दूरियों की और लंबी होने की प्रवृत्ति भी है।"

आयोग की इस रिपोर्ट के बाद शैक्षिक नीतियों पर अनेक रिपोर्टें प्रस्तुत की गईं। फिर भी अनेक शिक्षाविदों ने शिक्षा आयोग की रिपोर्ट को ही वैध माना। शिक्षा देश की जड़ों से जुड़ी होनी चाहिए। इस तथ्य पर शिक्षा आयोग की रिपोर्ट में प्रकाश डाला गया तथा इस रिपोर्ट के आने के तीस वर्ष बाद ये विचार विश्व के संदर्भ में इक्कीसवीं सदी की शिक्षा से संबंधित जैक्स डेलर की यूनेस्को की रिपोर्ट में मुख्य सिद्धांत के रूप में उभरकर सामने आए।

श्री डेलर ने स्वलिखित अध्याय को जो शीर्षक दिया है वह भारतीय शिक्षा के लिए अत्यंत युक्तिसंगत है। भारतीय संविधान के प्रावधान के अनुसार सभी बच्चों के लिए चौदह वर्ष की आयु तक निःशुल्क शिक्षा अनिवार्य रूप से दी जाए, परंतु 1996 तक भी यह लक्ष्य दुष्प्राप्य ही रहा है।

अंतरराष्ट्रीय रिपोर्ट में विकासशील देशों के आर्थिक संकट से गुजरने की ओर संकेत है, जिससे शिक्षा को सबसे अधिक नुकसान पहुँचता है। भारत में भी यह स्थिति है। शिक्षा के लिए प्राप्त संसाधन अधिकतर अध्यापकों का वेतन देने में खर्च होते हैं। तीन या चार प्रतिशत से अधिक धन किसी कार्यक्रम, नवाचार या किसी नई योजना में खर्च नहीं होता। इससे ही यह अंदाज लगाया जा सकता है कि कोई शिक्षक क्या नया प्रयास कर सकता है। राजकीय सरकारें शिक्षा को अपने संसाधनों पर भार समझती हैं। यहाँ तक कि विश्वविद्यालयों के भी संसाधनों की कमी का अनुभव हो रहा है। शिक्षा के विभिन्न स्तरों पर साधन जुटाने के अनेक प्रयास किए जा रहे हैं परंतु सफलता बहुत कम मिल पा रही है। इसीलिए डेलर रिपोर्ट वैकल्पिक व्यवस्था की ओर ध्यान आकृष्ट करती है। इस व्यवस्था में समुदाय एवं विद्यालय से संबंध को

जोड़ने पर भी जोर है।

राष्ट्रीय शिक्षा नीति (1986) भी सभी के लिए शिक्षा का अनुमोदन करती है। शिक्षा में समानता, स्त्रियों के लिए शिक्षा, पिछड़ी जातियों को शिक्षा के अवसर, अल्पसंख्यकों एवं विकलांगों की शिक्षा तथा प्रौढ़ शिक्षा आदि इस नीति के प्रमुख बिंदु हैं। खुले विश्वविद्यालय एवं दूरगामी शिक्षा, व्यावसायिक शिक्षा भी इस नीति के प्रमुख अंग हैं। इसमें अध्यापक एवं अध्यापक प्रशिक्षण को विशेष महत्त्व दिया गया है। इस नीति में ही सतत शिक्षा का भी उल्लेख है, ताकि शिक्षक लगातार नई प्रविधियों से उन्मुख हो सकें। इसमें राष्ट्रीय अध्यापक शिक्षा परिषद् की स्थापना एवं उसके कार्यों का भी वर्णन है, जिसका प्रमुख कार्य अध्यापक शिक्षा के केंद्रों को मान्यता प्रदान करना होगा। यह भी कहा गया कि यह संस्था अधिकतर संपन्न संस्था होगी जो कि पाठ्यक्रम, विधियों आदि के मानदंड भी तय करेगी। इसके अतिरिक्त शिक्षा को व्यवस्थित करने के लिए योजना एवं प्रबंधन जैसे विषयों पर भी ज़ोर दिया गया। इस नीति में अध्यापकों के सैद्धांतिक कर्तव्यों व उत्तरदायित्वों का स्वरूप भी निर्धारित किया गया है।

वैसे तो बहुत सारे शिक्षा से जुड़े महत्त्वपूर्ण मुद्दे भारतीय शिक्षा आयोगों एवं नीतियों में अंतर्निहित हैं, फिर भी डेलर रिपोर्ट भावी सदी की संभावनाओं का खाका खींचती हुई उसकी समस्याओं एवं समाधानों का विश्लेषण प्रस्तुत करती है। इसमें से भारत को अपनी परिस्थितियों के अनुकूल, प्राथमिकताओं के आधार पर सुझावों को ग्रहण करके शिक्षा व्यवस्था में परिवर्तन लाने होंगे। जिससे इक्कीसवीं सदी की चुनौतियों का सामना करने के लिए भावी पीढ़ी को सक्षम बनाया जा सके।

सेवानिवृत्त अध्यापक से

जा रहा हूँ
है लिखा
तुमने मुझे इस पत्र में
मैं अचंभित
सोचता हूँ
कर रहे उपयोग
उस अधिकार का
जो खो चुके थे
आज से कुछ दशक पहले
ठीक है यह
आज कुछ बंधन खुले हैं
सब धुँधलके छट गए हैं
कुछ नई राहें खुली हैं
पा सकोगे कुछ उजाले
प्यार के विश्वास के
अपनत्व के अहसास के
किंतु जा पाना अकेले
है असंभव
यह नियति तुमने चुनी थी
जब उठा था
दर्द
चेहरे पर तुम्हारे
देख उस मासूम को
जो तक रहा था
दूर से उस जगह को
स्कूल है जो आज भी
वर्ष बीते दशक बीते

वह बेचारा
कुछ डरा-सहमा हुआ-सा
आज भी बाहर खड़ा है
क्या पढ़ोगे ? पूछकर
तुमने उसे चौंका दिया था
बँध गए थे
तुम उसी दिन
प्यार के उस तार से
जा सकोगे
छोड़कर उसको वहीं पर
खो दिए अधिकार तुमने
जब बड़े उत्साह से
तुमने कहा था
उस सभा में
देख लें सब लोग
इस मासूम को
पाँच दशकों से खड़ा
जो माँगता है
एक अक्षर
एक पुस्तक
एक पन्ना
यह नहीं है एक
लाखों लाख हैं हर ओर
छा गई चुप्पी
सभी सिर झुक गए थे
किंतु
वह सभाएँ बैठकें
अब भी लगी हैं
बीच की दीवार
वर्षों में बढ़ी हैं
आज बाहर आ गए तुम
देख लो इनको
तुम्हें जो देखते हैं
प्यार के अपनत्व के अधिकार से
आज आने से तुम्हारे

कुछ नई आशा जगी है
आज वह मासूम
तुम् से कह रहा है
पास आओ दर्द बाँटों
राह के काँटे समेटो
हाथ पकड़ो
ले चलो उस राह पर
जिस पर नया सूरज उगे
यह हँस सके यह गा सके
अक्षर जगत से जो मिले
कुछ वह अमृत कण पा सके

●●●